에듀윌과 함께 시작하면,
당신도 합격할 수 있습니다!

이 일 저 일 전전하다 관리자가 되려고 시작해
최고득점으로 동차 합격한 퇴직자

4살 된 딸아이가 어린이집에 있는 동안 공부해
고득점으로 합격한 전업주부

밤에는 대리운전, 낮에는 독서실에서 공부하며
에듀윌의 도움으로 거머쥔 주택관리사 합격증

누구나 합격할 수 있습니다.
시작하겠다는 '다짐' 하나면 충분합니다.

마지막 페이지를 덮으면,

에듀윌과 함께
주택관리사 합격이 시작됩니다.

14년간
베스트셀러 1위

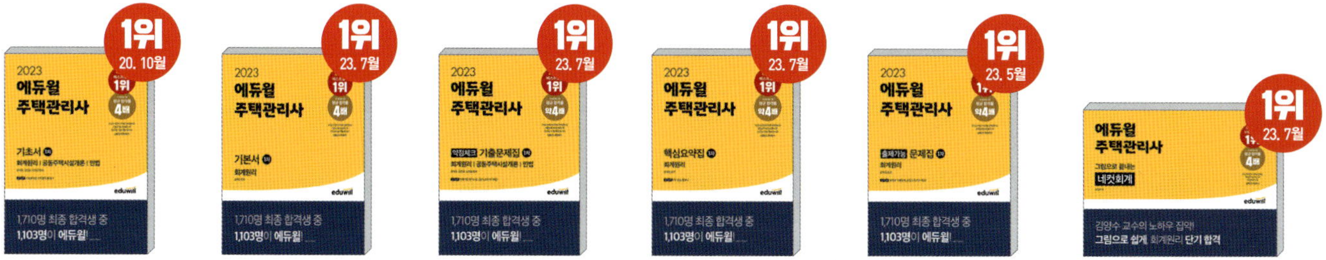

기초서 기본서 기출문제집 핵심요약집 문제집 네컷회계

베스트셀러 1위 교재로 따라만 하면 합격하는 커리큘럼

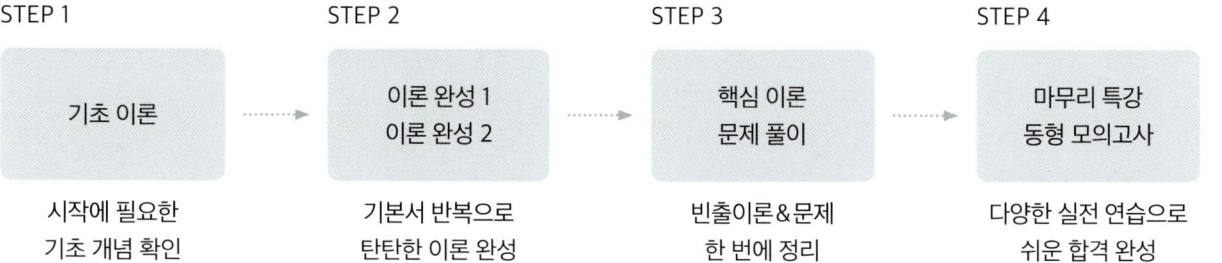

STEP 1	STEP 2	STEP 3	STEP 4
기초 이론	이론 완성 1 이론 완성 2	핵심 이론 문제 풀이	마무리 특강 동형 모의고사
시작에 필요한 기초 개념 확인	기본서 반복으로 탄탄한 이론 완성	빈출이론&문제 한 번에 정리	다양한 실전 연습으로 쉬운 합격 완성

* 커리큘럼의 명칭 및 내용은 변경될 수 있습니다.

주택관리사 교재 보기

주택관리사,
에듀윌을 선택해야 하는 이유

오직 에듀윌에서만 가능한 합격 신화

4년 연속 최고득점자 배출

합격을 위한 최강 라인업

주택관리사 명품 교수진

주택관리사

취업까지 보장하는 취업지원센터 운영

6개월 내 100% 전원 취업

합격생들이 가장 많이 선택한 교재

14년간 베스트셀러 1위

* 2022년 공동주택관리실무 시험 최고득점, 2021년, 2020년 주택관리관계법규, 공동주택관리실무 시험 과목별 최고득점, 2019년 주택관리관계법규 시험 최고득점
* 에듀윌 주택관리사 취업성공캠프 1기 수료자 중 2021년 상반기 공채 합격자 수 (2021년 5월 기준)
* YES24 수험서 자격증 주택관리사 베스트셀러 1위(2010년 12월, 2011년 3 ,9, 12월, 2012년 1월, 3월~12월, 2013년 1월~5월, 8월~11월, 2014년 2월~8월, 10월~12월, 2015년 1월~5월, 7월~12월, 2016년 1월~12월, 2017년 1월~12월, 2018년 1월~12월, 2019년 1월~12월, 2020년 1월~7월, 9월~12월, 2021년 1월~12월, 2022년 1월~12월, 2023년 1월~7월 월별 베스트, 매월 1위 교재는 다름), YES24 국내도서 해당분야 월별 베스트 기준

eduwill

네 컷 회계

반복학습 플래너

테마 학습을 마칠 때마다 체크하고, 3회독 반복 학습!

단원	THEME	1	2	3
PART 1 - CH 01 회계의 기초개념	01. 회계의 정의 및 분류	☑	☐	☐
	02. 재무상태 및 재무성과	☐	☐	☐
	03. 순손익 계산	☐	☐	☐
	04. 회계의 순환과정	☐	☐	☐
	05. 결산	☐	☐	☐
PART 1 - CH 02 재무보고를 위한 개념체계	06. 개념체계	☐	☐	☐
	07. 일반목적 재무제표	☐	☐	☐
	08. 외부 회계감사	☐	☐	☐
	09. 자산의 분류 및 특성	☐	☐	☐
PART 1 - CH 03 금융자산	10. 금융상품	☐	☐	☐
	11. 현금 및 현금성자산	☐	☐	☐
	12. 은행계정조정표	☐	☐	☐
	13. 매출채권 · 매입채무	☐	☐	☐
	14. 받을어음의 할인	☐	☐	☐
	15. 매출채권의 손상	☐	☐	☐
	16. 기타채권과 채무	☐	☐	☐
	17. 기타금융자산	☐	☐	☐
PART 1 - CH 04 재고자산	18. 재고자산의 의의 및 흐름	☐	☐	☐
	19. 기말재고 포함여부	☐	☐	☐
	20. 재고자산 취득원가	☐	☐	☐

단원	THEME	1	2	3
	21. 재고자산의 측정	☐	☐	☐
	22. 소매재고법	☐	☐	☐
	23. 매출총이익률법	☐	☐	☐
	24. 감모손실과 평가손실	☐	☐	☐
	25. 재고자산의 오류	☐	☐	☐
PART 1 - CH 05 유형자산	26. 유형자산의 개념	☐	☐	☐
	27. 유형자산의 취득	☐	☐	☐
	28. 차입원가의 자본화	☐	☐	☐
	29. 교환에 의한 취득	☐	☐	☐
	30. 정부보조금에 의한 취득	☐	☐	☐
	31. 유형자산의 후속측정	☐	☐	☐
	32. 감가상각	☐	☐	☐
	33. 유형자산 처분	☐	☐	☐
	34. 유형자산 손상	☐	☐	☐
	35. 원가모형과 재평가모형	☐	☐	☐
PART 1 - CH 06 무형자산/투자부동산	36. 무형자산의 개념	☐	☐	☐
	37. 무형자산의 상각	☐	☐	☐
	38. 영업권	☐	☐	☐
	39. 투자부동산의 의의 및 분류	☐	☐	☐
	40. 투자부동산의 인식과 측정	☐	☐	☐

반복 학습은 합격의 비결!

단원	THEME	1	2	3
PART 1 - CH 07 부채회계	41. 부채의 의의 및 분류	☐	☐	☐
	42. 충당부채	☐	☐	☐
	43. 우발부채 · 우발자산	☐	☐	☐
	44. 사채	☐	☐	☐
PART 1 - CH 08 자본회계	45. 자본의 분류	☐	☐	☐
	46. 주식의 발행 및 소각	☐	☐	☐
	47. 배당회계 · 주식분할	☐	☐	☐
	48. 자기주식	☐	☐	☐
	49. 주당순이익	☐	☐	☐
PART 1 - CH 09 수익 · 비용회계	50. 수익의 개념	☐	☐	☐
	51. 건설계약	☐	☐	☐
	52. 비용의 개념	☐	☐	☐
PART 1 - CH 10 회계변경 · 오류수정	53. 회계변경	☐	☐	☐
	54. 오류수정	☐	☐	☐
PART 1 - CH 11 재무제표	55. 재무제표 일반	☐	☐	☐
	56. 재무제표 작성기준	☐	☐	☐
	57. 재무상태표	☐	☐	☐
	58. 포괄손익계산서	☐	☐	☐
	59. 재분류조정	☐	☐	☐
	60. 현금흐름표	☐	☐	☐

단원	THEME	1	2	3
PART 1 - CH 12 재무제표 분석	61. 유동성비율	☐	☐	☐
	62. 안전성비율	☐	☐	☐
	63. 활동성비율	☐	☐	☐
	64. 수익성비율	☐	☐	☐
	65. 보통주식 평가비율	☐	☐	☐
PART 2 원가 · 관리회계	66. 원가의 분류	☐	☐	☐
	67. 원가의 흐름	☐	☐	☐
	68. 제조간접원가의 배부	☐	☐	☐
	69. 부문별 원가계산	☐	☐	☐
	70. 개별원가계산	☐	☐	☐
	71. 종합원가계산	☐	☐	☐
	72. 결합원가계산	☐	☐	☐
	73. 전부 · 변동원가계산	☐	☐	☐
	74. 표준원가계산	☐	☐	☐
	75. 원가의 추정	☐	☐	☐
	76. 손익분기점 분석	☐	☐	☐
	77. 단기 특수의사결정	☐	☐	☐

_____월 _____일
1회독 완성

_____월 _____일
2회독 완성

_____월 _____일
3회독 완성

에듀윌이
너를
지지할게

ENERGY

세상을 움직이려면

먼저 나 자신을 움직여야 한다.

– 소크라테스(Socrates)

에듀윌 주택관리사

그림으로 끝내는 **네컷회계**

eduwill

네컷 회계가

회계원리 고민을 풀어드립니다!

낯설기만 한 개념과 어려운 계산문제,
회계원리 정복이 멀게만 느껴지시나요?

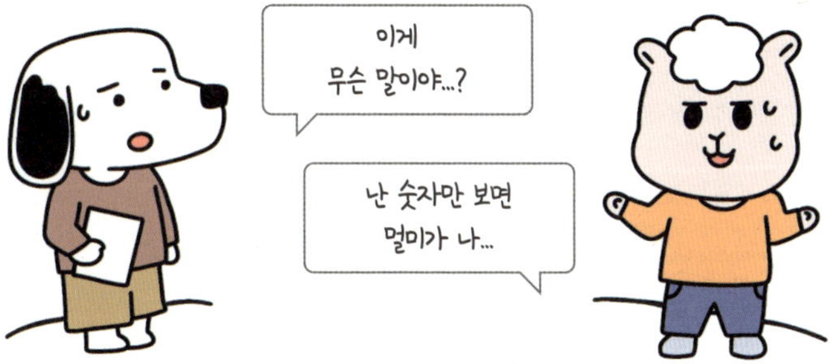

1

다른 나라 언어 같은 회계원리,
그림으로 쉽고 빠르게 이해하세요!

2

업무, 육아, 살림으로 너무 바빠서
투자할 시간이 많지 않으시다구요?

3

가벼운 교재 한 권으로
자투리 시간에 어디서든 활용할 수 있어요!

4

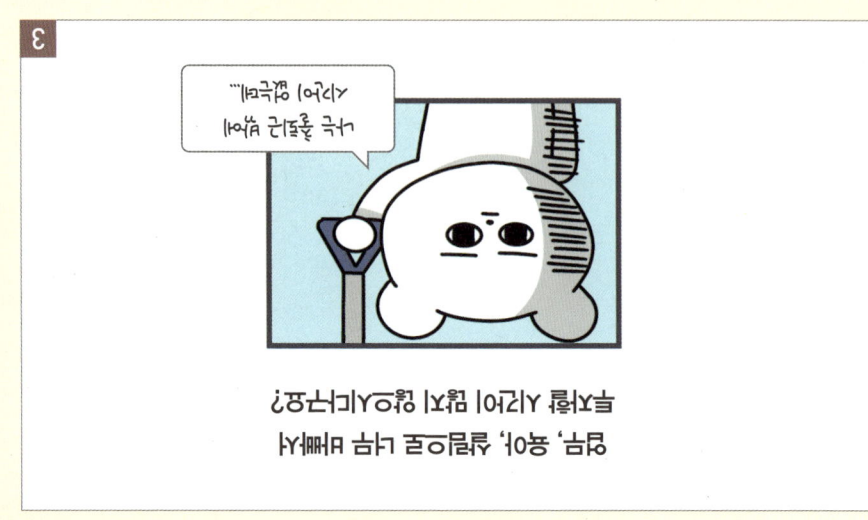

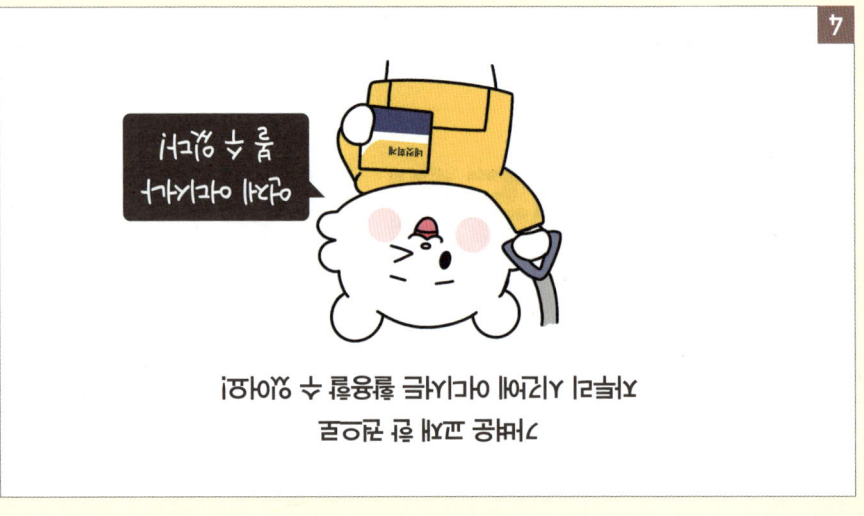

⊕ PLUS 더 자세히 공부하고 싶다면?

에듀윌 기본서와 함께 확실한 합격!

에듀윌 주택관리사 기본서 회계원리

베스트셀러 1위 기본서로
출제경향 분석부터 상세한 이론까지 빈틈없는 학습!

※ 상기 교재의 이미지, 명칭 및 구성은 변경될 수 있습니다.
* YES24 수험서 자격증 주택관리사 기본서 베스트셀러 1위(2022년 6월 월별 베스트 기준)

네컷회계

구성과 특징

그림으로 쉽고 빠르게 끝내는 회계원리 필수이론

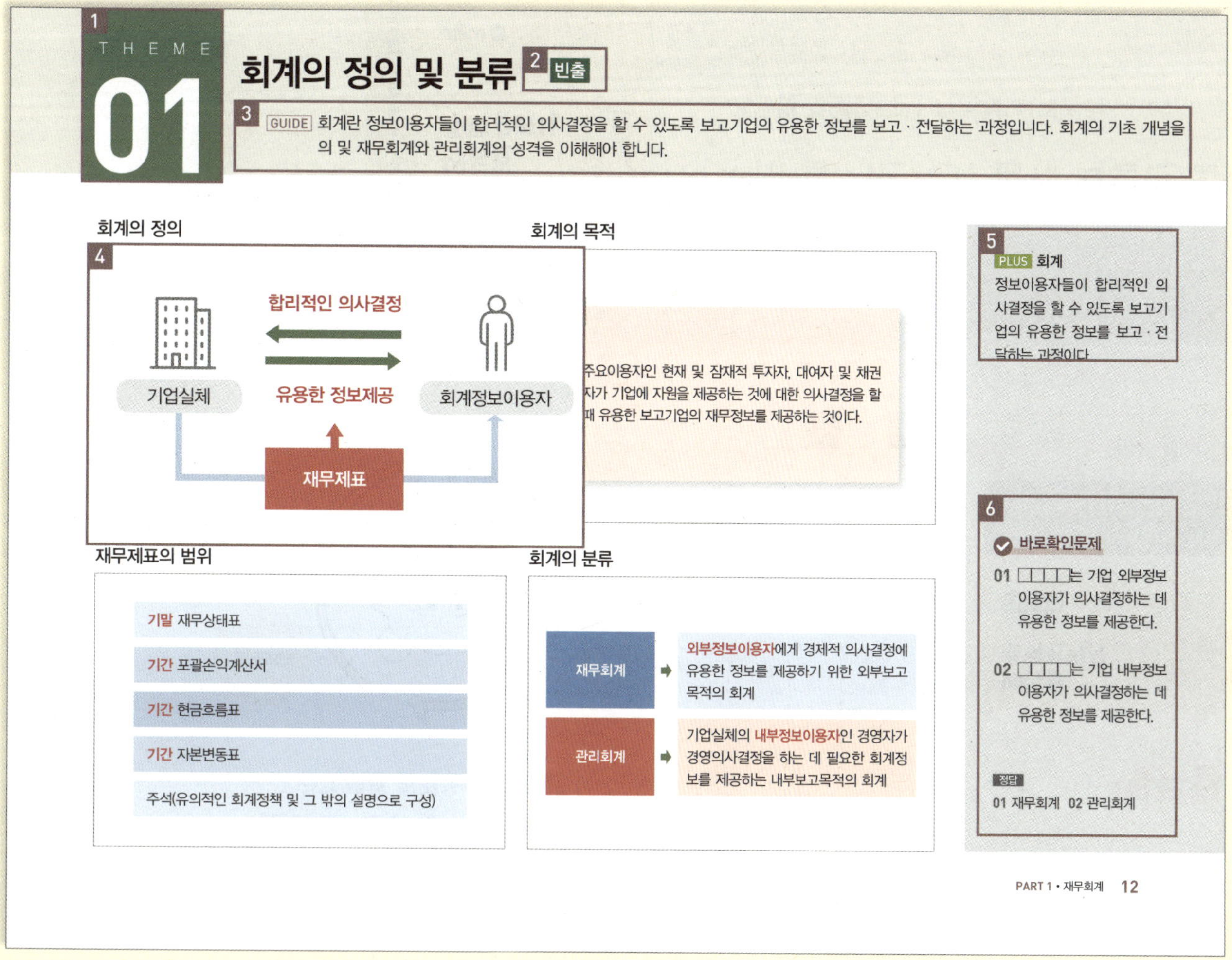
1 THEME 01

회계의 정의 및 분류 2 빈출

3 GUIDE 회계란 정보이용자들이 합리적인 의사결정을 할 수 있도록 보고기업의 유용한 정보를 보고 · 전달하는 과정입니다. 회계의 기초 개념을 의 및 재무회계와 관리회계의 성격을 이해해야 합니다.

회계의 정의

4

회계의 목적

주요이용자인 현재 및 잠재적 투자자, 대여자 및 채권자가 기업에 자원을 제공하는 것에 대한 의사결정을 할 때 유용한 보고기업의 재무정보를 제공하는 것이다.

재무제표의 범위

- 기말 재무상태표
- 기간 포괄손익계산서
- 기간 현금흐름표
- 기간 자본변동표
- 주석(유의적인 회계정책 및 그 밖의 설명으로 구성)

회계의 분류

- 재무회계 → 외부정보이용자에게 경제적 의사결정에 유용한 정보를 제공하기 위한 외부보고 목적의 회계
- 관리회계 → 기업실체의 내부정보이용자인 경영자가 경영의사결정을 하는 데 필요한 회계정보를 제공하는 내부보고목적의 회계

5 PLUS 회계

정보이용자들이 합리적인 의사결정을 할 수 있도록 보고기업의 유용한 정보를 보고 · 전달하는 과정이다.

6 바로확인문제

01 □□□□는 기업 외부정보이용자가 의사결정하는 데 유용한 정보를 제공한다.

02 □□□□는 기업 내부정보이용자가 의사결정하는 데 유용한 정보를 제공한다.

정답

01 재무회계 02 관리회계

PART 1 • 재무회계 12

1 테마식 구성

합격에 꼭 필요한 필수이론만 압축한 77개 테마

2 빈출테마

자주 나오는 테마를 확인하고 반복 학습

3 GUIDE

해당 테마 학습에 길잡이가 되어줄 가이드

4 도해식 이론

그림으로 쉽고 빠르게 이해하는 회계원리 필수이론

5 PLUS

참고 이론 및 용어 설명으로 보충 학습

6 바로확인문제

핵심지문의 빈칸을 채우며 바로바로 나의 이해도 확인

대표 기출문제로 실전까지 완벽 대비

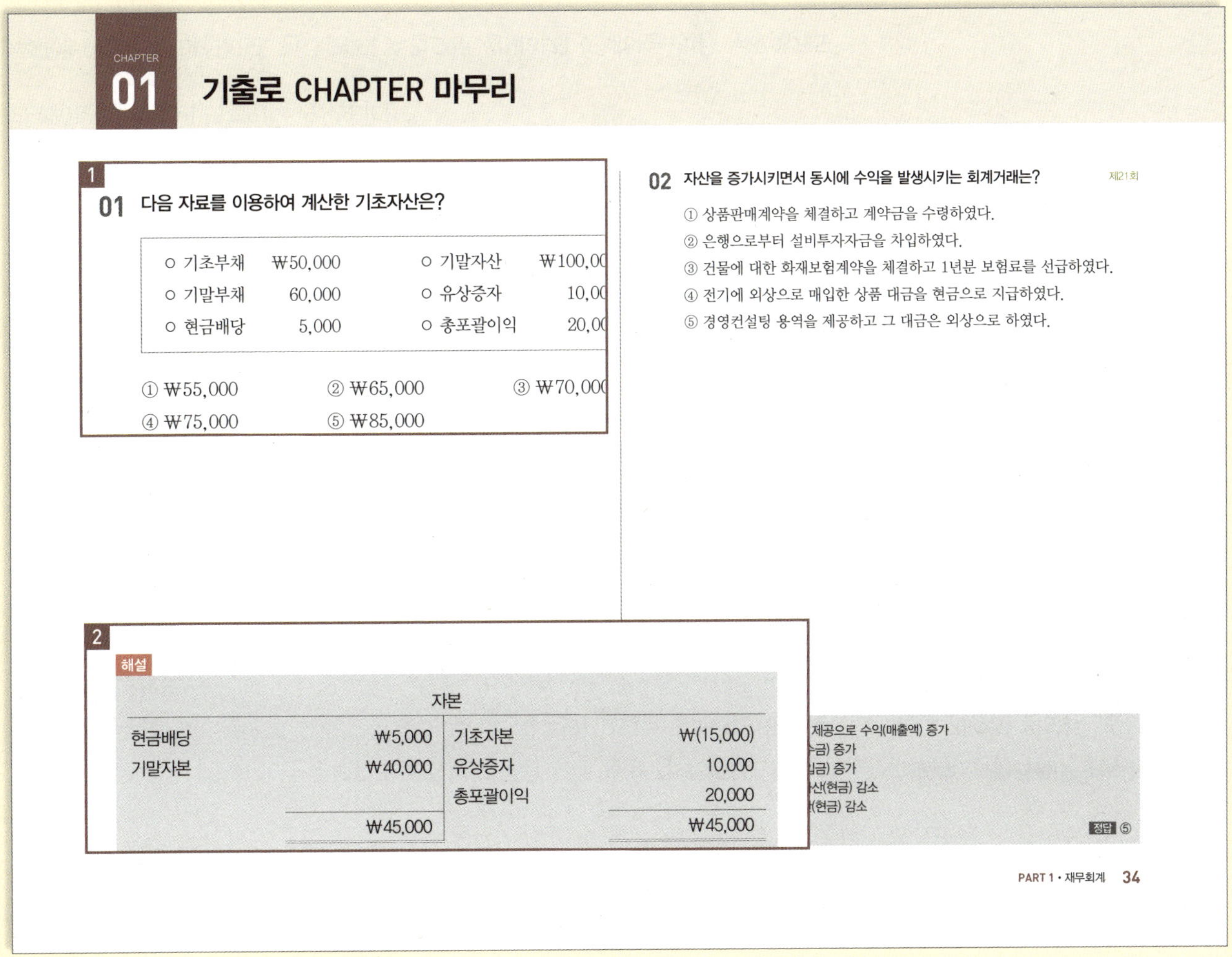
CHAPTER 01 기출로 CHAPTER 마무리

1

01 다음 자료를 이용하여 계산한 기초자산은?

○ 기초부채	₩50,000	○ 기말자산	₩100,00
○ 기말부채	60,000	○ 유상증자	10,00
○ 현금배당	5,000	○ 총포괄이익	20,00

① ₩55,000 ② ₩65,000 ③ ₩70,000
④ ₩75,000 ⑤ ₩85,000

02 자산을 증가시키면서 동시에 수익을 발생시키는 회계거래는? 제21회

① 상품판매계약을 체결하고 계약금을 수령하였다.
② 은행으로부터 설비투자자금을 차입하였다.
③ 건물에 대한 화재보험계약을 체결하고 1년분 보험료를 선급하였다.
④ 전기에 외상으로 매입한 상품 대금을 현금으로 지급하였다.
⑤ 경영컨설팅 용역을 제공하고 그 대금은 외상으로 하였다.

2

해설

자본

현금배당	₩5,000	기초자본	₩(15,000)
기말자본	₩40,000	유상증자	10,000
		총포괄이익	20,000
	₩45,000		₩45,000

제공으로 수익(매출액) 증가
금) 증가
금) 증가
산(현금) 감소
(현금) 감소

정답 ⑤

PART 1 • 재무회계 34

1 기출로 CHAPTER 마무리

단원별 대표 기출문제로 실전까지 완벽 대비

2 정답 및 해설

정답과 해설을 확인하고, 내 풀이과정과 비교해 보며 완벽 복습

⊕ 반복학습 플래너

반복 학습은 합격의 비결!
플래너와 함께 포기하지 말고 달려 보세요.

머리말

여전할 것인가,
역전할 것인가?

『그림으로 끝내는 네컷회계』는 주택관리사 회계 과목을 오랜 시간 강의하면서, 힘들게 공부하는 수강생 여러분에게 꼭 필요한 것이 무엇인지 깊이 고민한 끝에 출간하게 된 그림 요약집입니다.

이론부터 가장 튼튼히 하여 어떤 문제 변형에도 논리적으로 접근하여 정답을 도출할 수 있도록 하였으며, 두꺼운 교재가 주는 막연함과 불안감을 해소하고, 하루하루 조금씩 테마를 마스터하면서 자신감을 극대화시켜 공부의 효율성을 제고하고자 심혈을 기울였습니다.

여러분 거의 대부분은 평일 하루 중 단 한 시간도 개인 공부를 할 시간이 없을 것입니다. 그렇다면 합격을 위한 선택은 명백합니다.

각 교수진이 이끄는 대로 의심 없이 따르십시오. 수업에 집중하시고, 이동하거나 잠깐의 여유시간이 생긴다면 수없이 반복하여 온전히 본인 것으로 만들어야 합니다.

주변 수험생과 비교하지 마십시오. 각기 생김이나 성격, 놓인 처지가 다르듯 공부하는 방법이나 과목마다 실력의 차이는 분명하게 드러날 수밖에 없습니다. 자기만의 계획과 페이스가 합격의 비결일 수 있습니다.

투자에 인색하지 마십시오. 한 차례의 수업으로 완벽하게 이해하는 것은 누구에게도 불가능합니다.

여러분의 합격률이 교수진들의 가장 큰 자산이 됩니다. 여러분의 합격을 여러분만큼이나 간절히 원하는 교수님의 보강이나 전문가들의 특강을 적극 활용하십시오. 합격 후의 인생 제2막을 생각한다면 결단코 부담스러운 시간과 비용은 아닐 것입니다.

부디 오랜 시간 주택관리사 회계 교수로서의 저의 커리어를 집약한 이 교재 한 권이 여러분에게 역전의 기회가 되기를 간절히 바라며, 오늘도 교재와 씨름하고 있을 전국의 수많은 수험생 여러분의 건투를 빕니다.

오늘도 목표를 위한 끝없는 길을 외롭게 달리고 있을 수험생 여러분의 곁에서 저 또한 쉬지 않고 뛰겠습니다. 숨이 턱까지 차오를 땐 물을 드리고, 쓰러질 듯 비틀거릴 땐 다시 일어설 힘을 내실 때까지 묵묵히 그늘이 되어 드리겠습니다.

그저 여러분은 제가 여러분을 볼 수 있는 곳에 계셔만 주시면 됩니다. 어디에 계시든 포기하지만 않으신다면, 마지막 한 분이 결승점을 통과할 때까지 가장 낮은 곳에서, 가장 맨 뒤에서 함께 할 것을 약속드립니다.

저자 **김양수**

차례

PART 1

재무회계

80%

PART 1 재무회계
32문제 출제

CHAPTER 01

회계의 기초개념

주택관리사 자격 취득을 위해
우리는 모두 동일한 조건에서 출발하였습니다.
인생 2막을 준비하는 여러분 모두는
현재에 안주하는 사람들보다 분명 위대한 분들입니다.
이 길을 선택한 이유와 상황은 모두 다르겠지만,
그 결정까지 많은 고민과 망설임이 있었을 것이라 생각됩니다.
그 고민과 망설임을 실현시키기 위한 시작을
누구나 겪는 잠깐의 고비에 맥없이 포기한다면
해마다 다른 핑계 뒤에 숨어 새로운 시작을 하게 될 수도 있습니다.

여러분과 함께 출발하여
여러분과 함께 합격이라는 결승점까지 쉬지 않고
뛰어드릴 저를 믿고 따라오시기 바랍니다.

THEME 01

회계의 정의 및 분류

GUIDE 회계란 정보이용자들이 합리적인 의사결정을 할 수 있도록 보고기업의 유용한 정보를 보고 · 전달하는 과정입니다. 회계의 기초 개념을 파악하기 위해 회계의 정의 및 재무회계와 관리회계의 성격을 이해해야 합니다.

회계의 정의

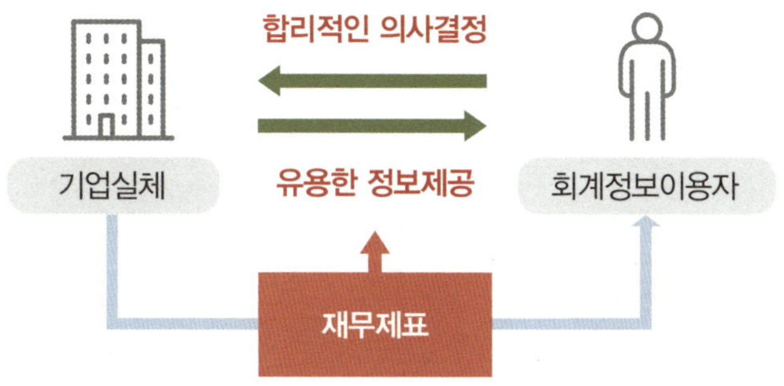

회계의 목적

주요이용자인 현재 및 잠재적 투자자, 대여자 및 채권자가 기업에 자원을 제공하는 것에 대한 의사결정을 할 때 유용한 보고기업의 재무정보를 제공하는 것이다.

재무제표의 범위

- 기말 재무상태표
- 기간 포괄손익계산서
- 기간 현금흐름표
- 기간 자본변동표
- 주석(유의적인 회계정책 및 그 밖의 설명으로 구성)

회계의 분류

재무회계	**외부정보이용자**에게 경제적 의사결정에 유용한 정보를 제공하기 위한 외부보고 목적의 회계
관리회계	기업실체의 **내부정보이용자**인 경영자가 경영의사결정을 하는 데 필요한 회계정보를 제공하는 내부보고목적의 회계

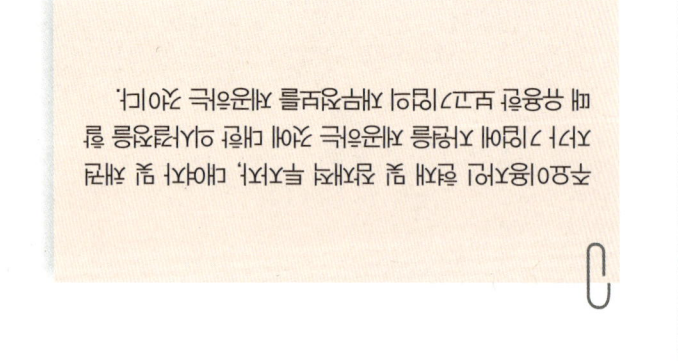

PLUS **회계**
정보이용자들이 합리적인 의사결정을 할 수 있도록 보고기업의 유용한 정보를 보고 · 전달하는 과정이다.

바로확인문제

01 □□□□는 기업 외부정보이용자가 의사결정하는 데 유용한 정보를 제공한다.

02 □□□□는 기업 내부정보이용자가 의사결정하는 데 유용한 정보를 제공한다.

정답
01 재무회계 02 관리회계

THEME 02 재무상태 및 재무성과 빈출

GUIDE 일정시점의 재무상태와 일정기간의 재무성과에 대한 의미를 이해해야 합니다. 재무상태표와 포괄손익계산서에 대한 문제가 자주 출제되므로 빠짐없이 정리해야 합니다.

차변과 대변

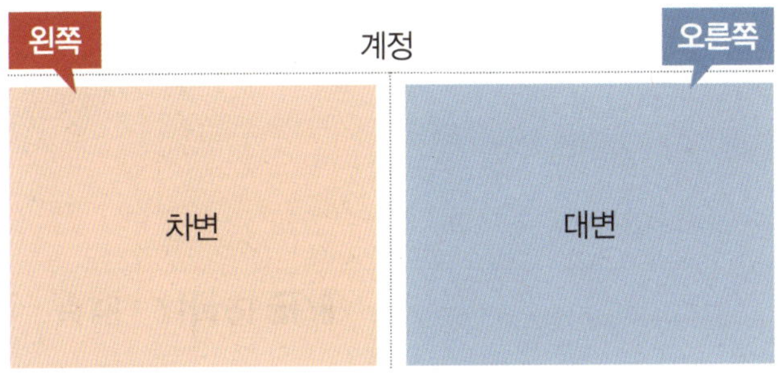

재무상태표의 구조

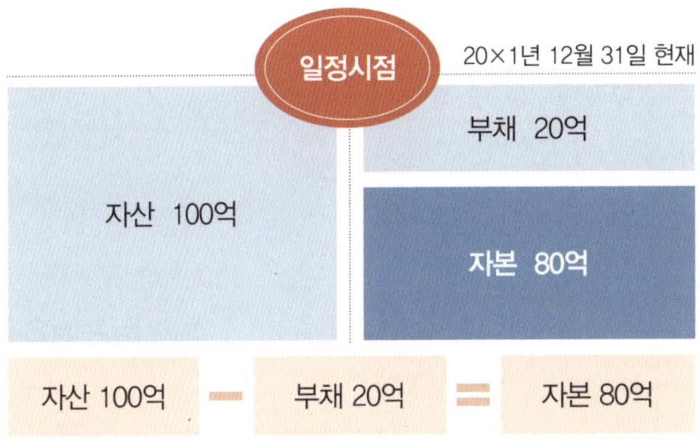

재무상태표의 요소

자산 100억 →	총자산	총자본
부채 20억 →	타인자본	채권자지분
자본 80억 →	자기자본 (순자산)	소유주지분 주주지분 **(잔여지분)**

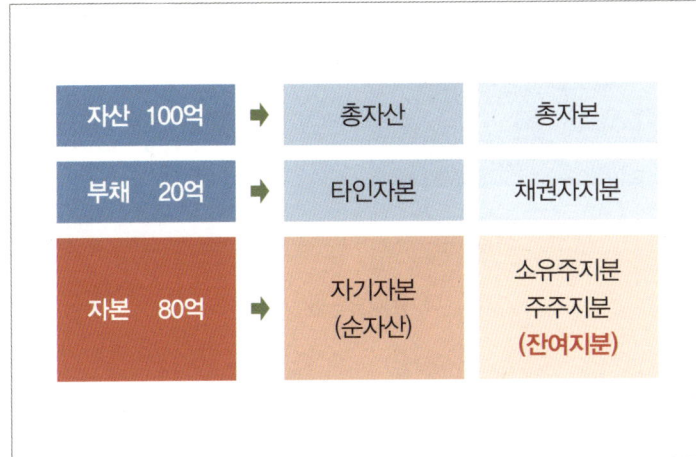

재무상태표의 구성요소

자산 →	**과거사건**의 결과로 기업이 통제하고 있는 현재의 경제적 자원
부채 →	과거사건의 결과로 기업이 경제적 자원을 이전해야 하는 **현재의무**
자본 →	기업의 자산에서 모든 부채를 차감한 후의 **잔여지분**

PLUS 재무상태표

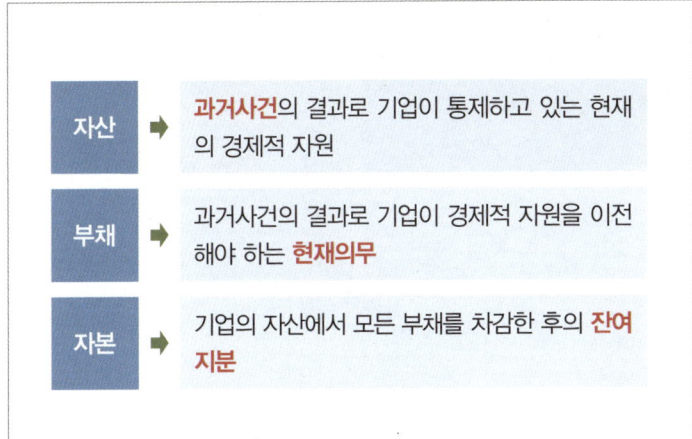

기업의 일정시점에 있어서 재무상태를 나타내주는 재무제표이다. 재무상태표의 구성항목으로는 자산, 부채, 자본이 있다.

바로확인문제

01 자산은 □□□□의 결과로 기업이 통제하는 현재의 경제적 자원이다.

02 부채는 과거사건의 결과로 기업이 경제적 자원을 이전해야 하는 □□□□이다.

03 자본은 기업의 자산에서 모든 부채를 차감한 후의 □□□□이다.

정답

01 과거사건 02 현재의무
03 잔여지분

재무상태표 변동 파악 I

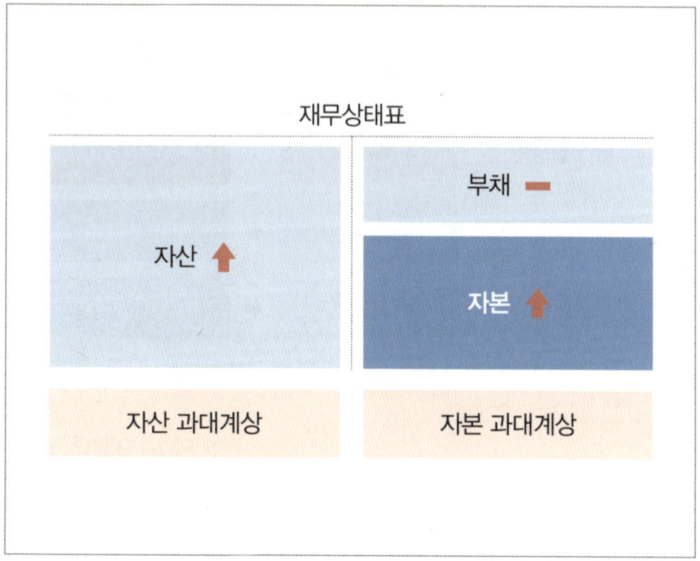

재무상태표 변동 파악 II

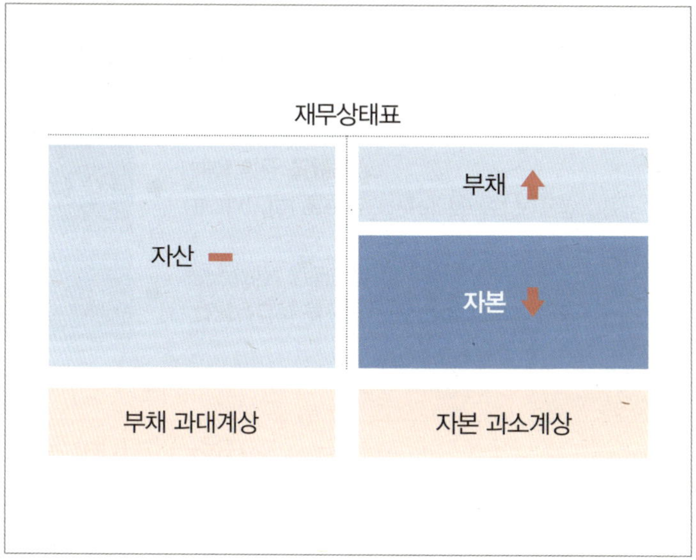

자산 · 부채 · 자본의 관계

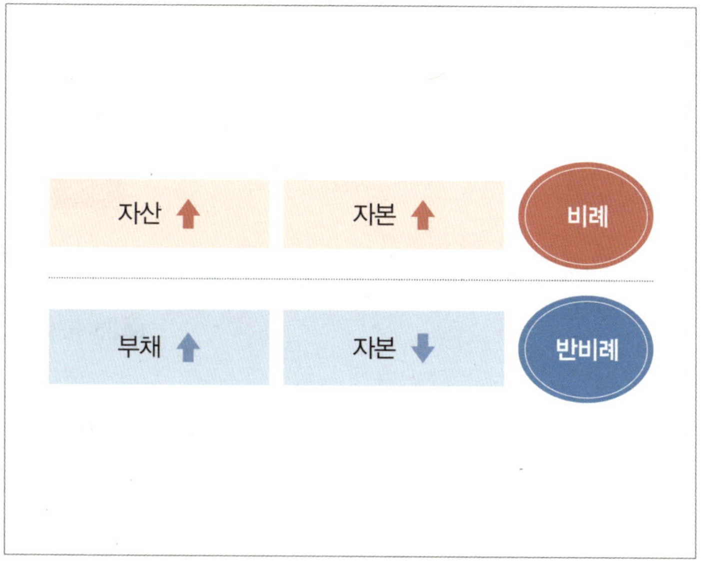

재무상태표의 구조 I

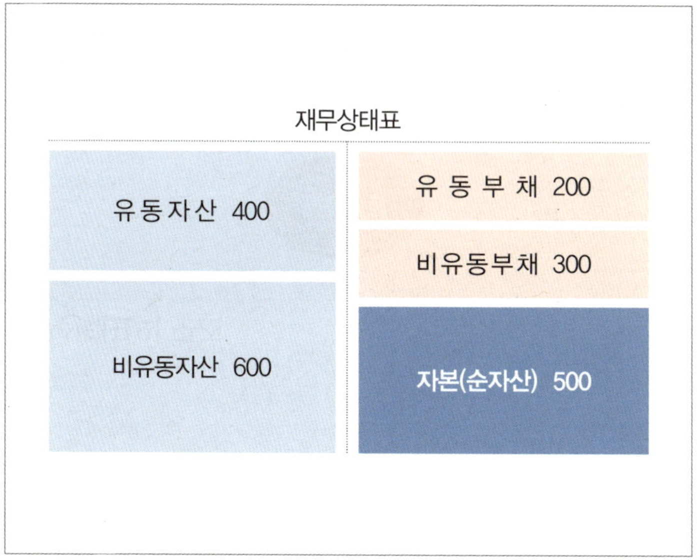

PLUS 자본의 금액 측정

재무상태표에 표시되는 자본의 금액은 자산과 부채금액의 측정에 따라 결정된다.

바로확인문제

부채는 결산일로부터 상환기일에 따라 유동부채와 □□□□□로 분류할 수 있다.

정답

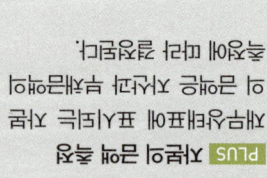

비유동부채

재무상태표의 구조 Ⅱ

재무상태표	
당좌자산	유동부채
재고자산	비유동부채
유형자산	자본금
무형자산	자본잉여금
투자부동산	자본조정
	기타포괄손익누계액
	이익잉여금

자산의 분류별 출제 비중

유동자산	당좌자산	4~5문제
	재고자산	4~6문제
비유동자산	유형자산	4~6문제
	무형자산	1문제
	투자부동산	1문제

자산의 분류(품 3가지)

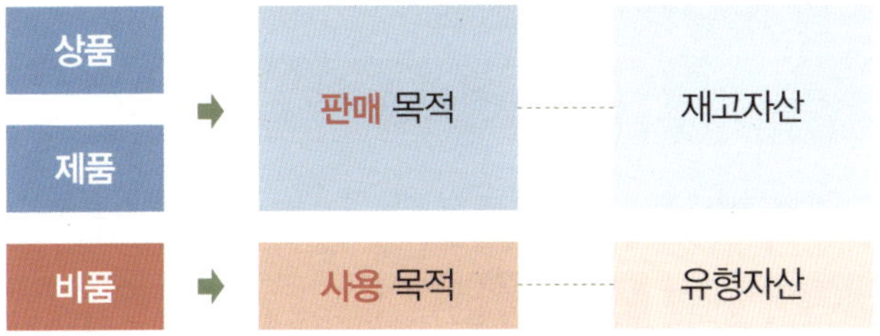

토지 · 건물 보유 목적에 따른 분류

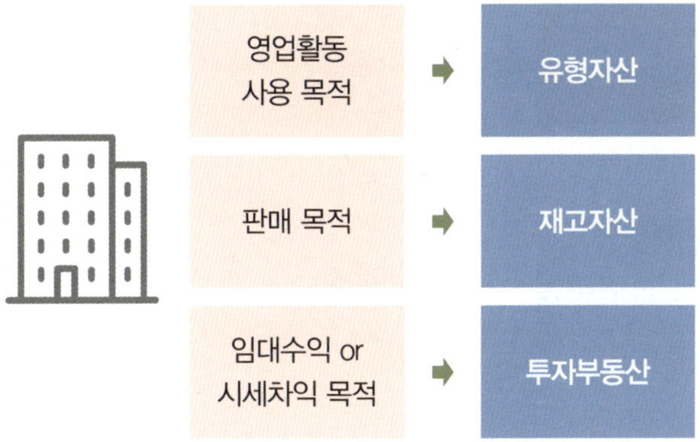

PLUS 상품
부동산매매업에 있어서 판매를 목적으로 소유하고 있는 토지, 건물, 기타 이와 유사한 부동산도 상품에 포함한다.

PLUS 제품
기업 내부에서 판매를 목적으로 제조한 생산품을 말한다.

바로확인문제
부동산매매기업이 정상적인 영업과정에서 판매를 목적으로 보유하고 있는 건물은 □□□□으로 구분한다.

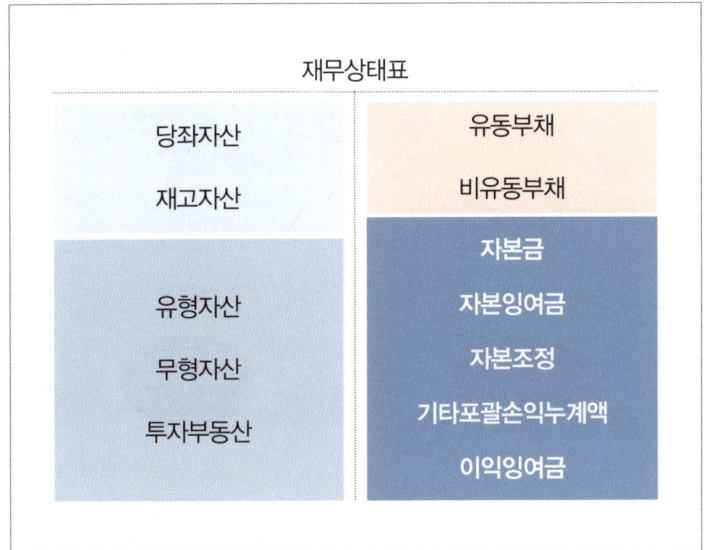

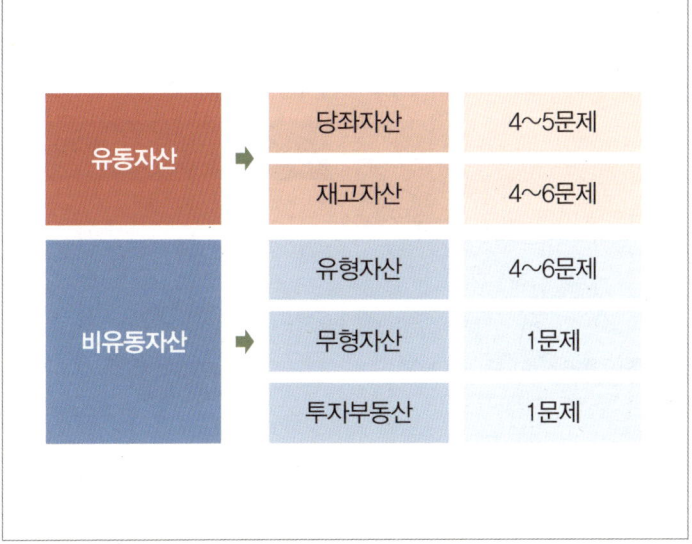

정답
재고자산

채권 · 채무관계

자산(채권)	구분	부채(채무)
매출채권	상거래의 외상	매입채무
미수금	상거래 이외의 외상	미지급금
대여금	금전 대 · 차 거래	차입금
선급금	계약금	선수금

매출채권과 매입채무

외상매출금 + 받을어음 = 매출채권

외상매입금 + 지급어음 = 매입채무

자산과 부채의 분류

자산	부채
선급금	선수금
선급비용	선수수익
미수금	미지급금
미수수익	미지급비용

포괄손익계산서의 구조 I

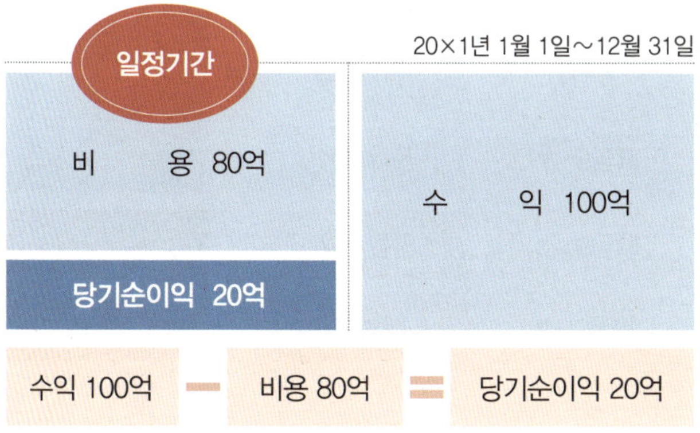

PLUS **포괄손익계산서**
일정기간 동안의 재무성과를 파악하기 위해 작성하는 재무제표이다.

바로확인문제
상품매입으로 인한 채무를 인식하는 계정과목은 □□□□이다.

정답
매입채무

포괄손익계산서의 구조 Ⅱ

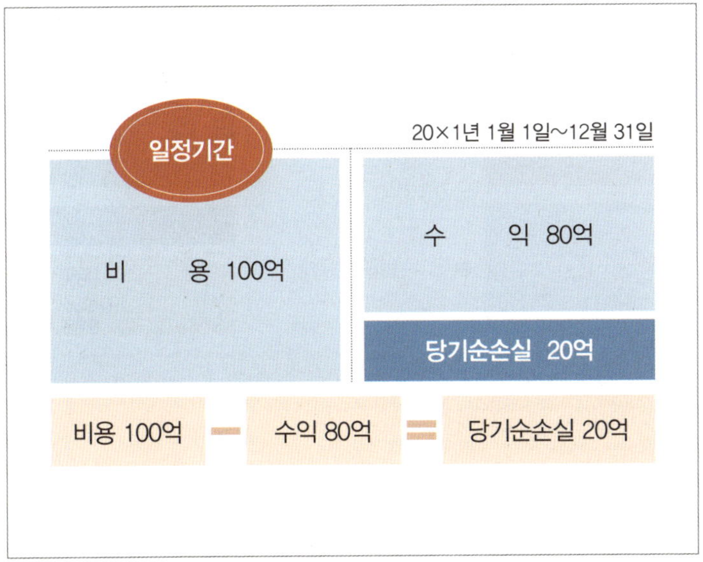

포괄손익계산서의 표시방법

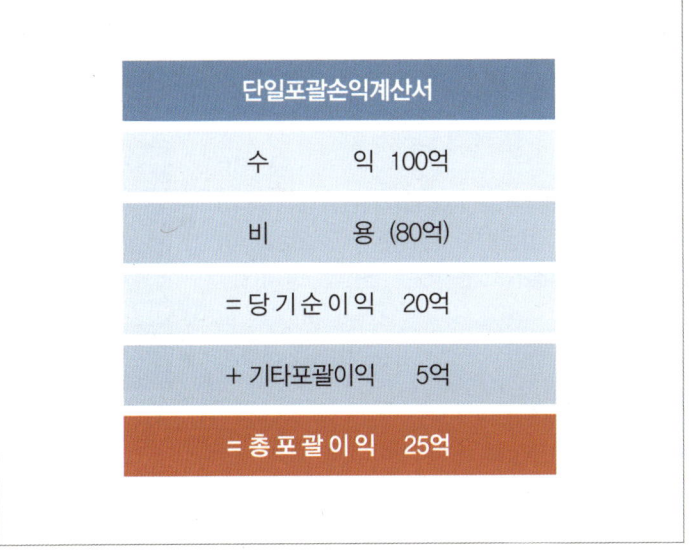

단일포괄손익계산서	
수 익	100억
비 용	(80억)
= 당기순이익	20억
+ 기타포괄이익	5억
= 총포괄이익	25억

기타포괄손익

미실현 손익

- **재** 평가잉여금
- **해** 외사업환산손익
- **기** 타포괄손익 – 공정가치 측정 금융자산평가손익
- **파** 생상품평가손익
- **확** 정급여부채(자산)의 재측정요소

수익의 정의

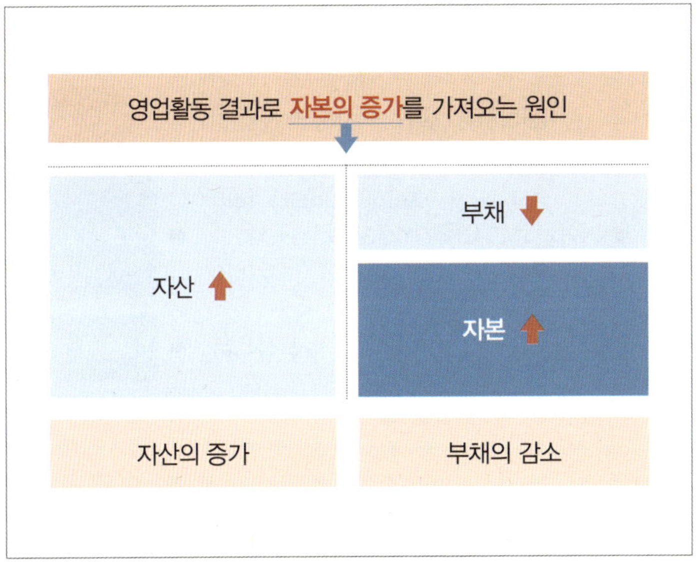

PLUS 기타포괄손익

다른 한국채택국제회계기준에서 요구하거나 허용하여 당기손익으로 인식하지 않은 수익과 비용항목(재분류조정 포함)을 포함한다.

바로확인문제

수익은 자산의 증가 또는 부채의 감소로서 □□□ □□를 가져온다.

정답

자본의 증가

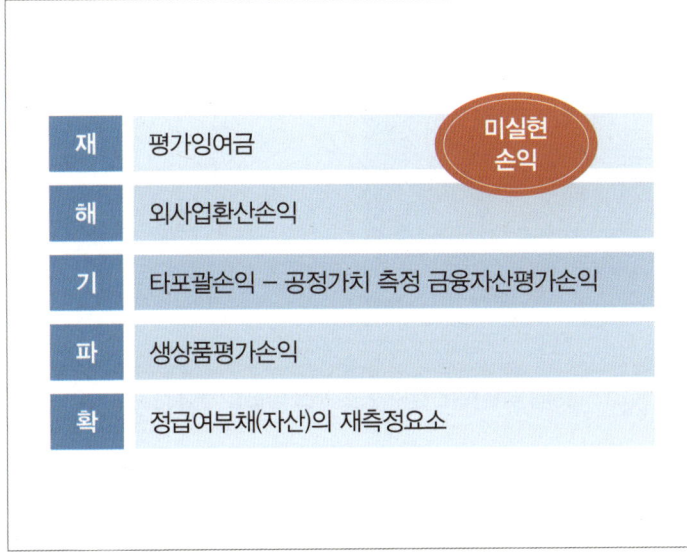

비용의 정의

영업활동 결과로 **자본의 감소**를 가져오는 원인

자산 ↓	부채 ↑
	자본 ↓
자산의 감소	부채의 증가

수익의 분류

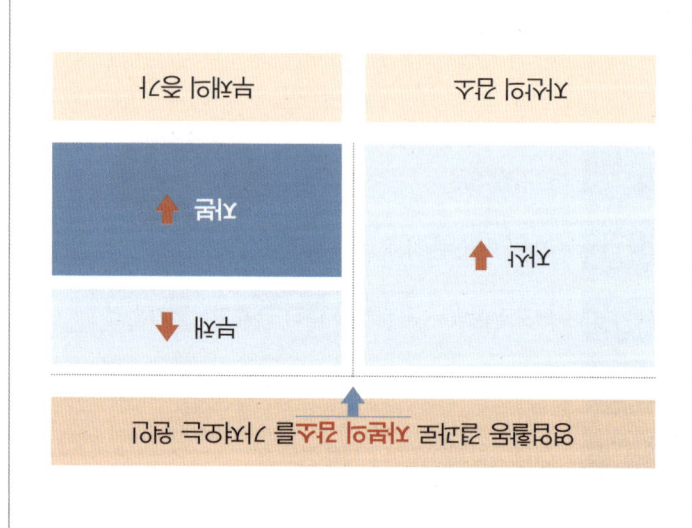

매출	영업상 수익
기타수익	이자수익, 임대료, 배당금수익**(현금배당)**, 유형자산처분이익, 사채상환이익, 자산수증이익, 채무면제이익 등

주의! 자기주식처분이익 – 자본(자본잉여금)

수익의 인식

구분		수익 인식
	재화의 판매	판매시점
	용역의 제공	진행기준

비용의 분류

매출원가	매출한 상품의 원가
기타비용	이자비용, 임차료, 급여, 광고선전비, 접대비, 복리후생비, 기부금, 소모품비, 사채상환손실, 유형자산처분손실, 잡손실, 법인세비용 등

매출원가 = 기초상품재고액 + 순매입액 – 기말상품재고액

PLUS 채무면제이익

채무를 면제 받음으로 인해 부채의 감소로 발생하는 이익이며, 당기의 수익으로 계상한다.

PLUS 진행기준

계약의 진행률을 기준으로 수익과 비용을 인식하는 방법이다.

바로확인문제

비용은 자산의 감소 또는 부채의 증가로서 □□□ □□를 가져온다.

정답

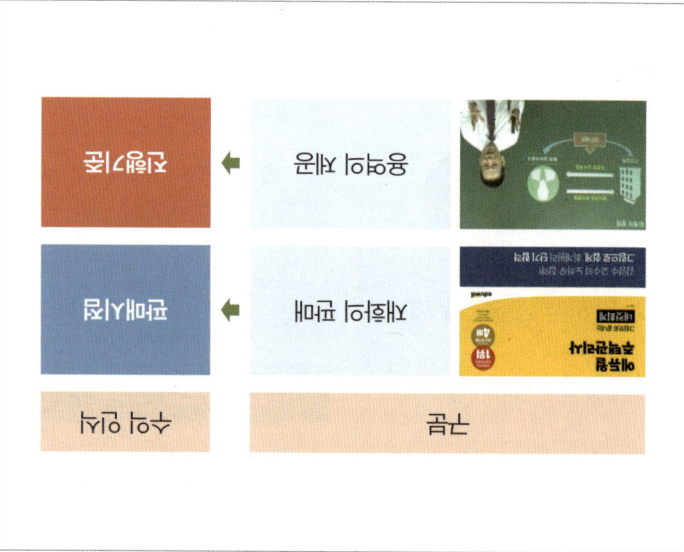

자본의 감소

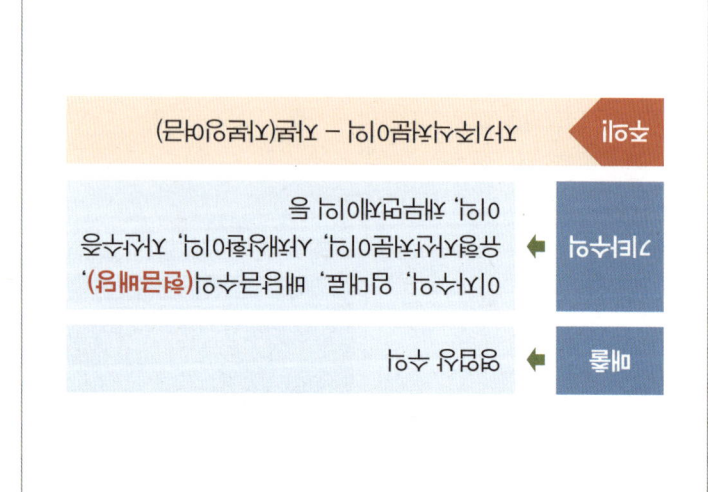

포괄손익계산서의 구조 I

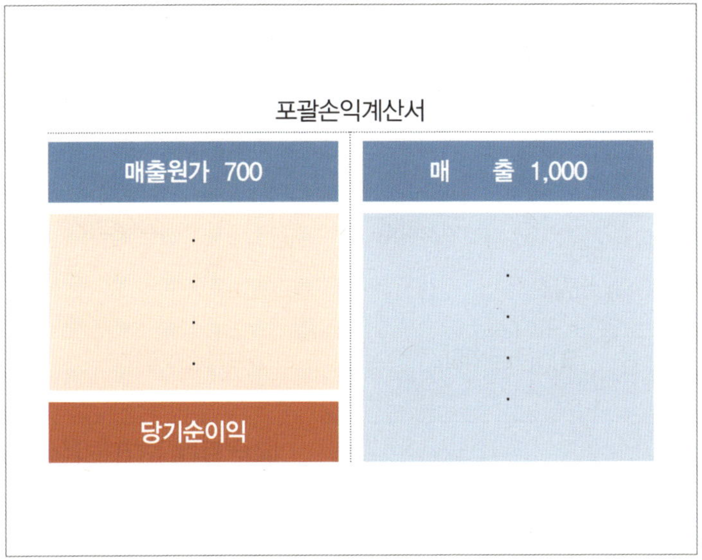

포괄손익계산서의 구조 II

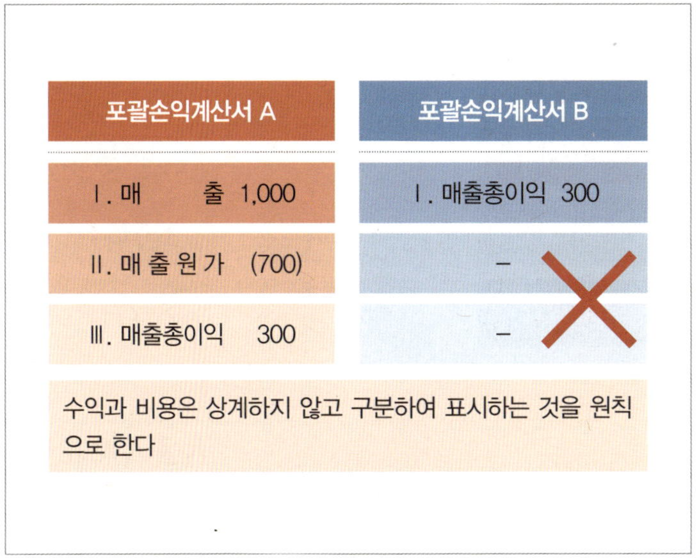

MEMO

THEME 03

순손익 계산 빈출

GUIDE 순손익 계산(기초자산, 기말자산, 당기순이익, 총포괄이익, 수익 또는 비용 등) 문제가 거의 매년 빠짐없이 출제되고 있으므로 정확한 자본계정을 이용해 연습하기 바랍니다.

기초재무상태표

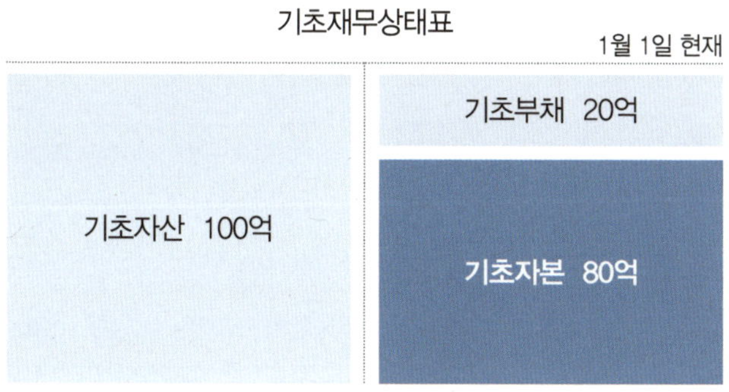

기말재무상태표

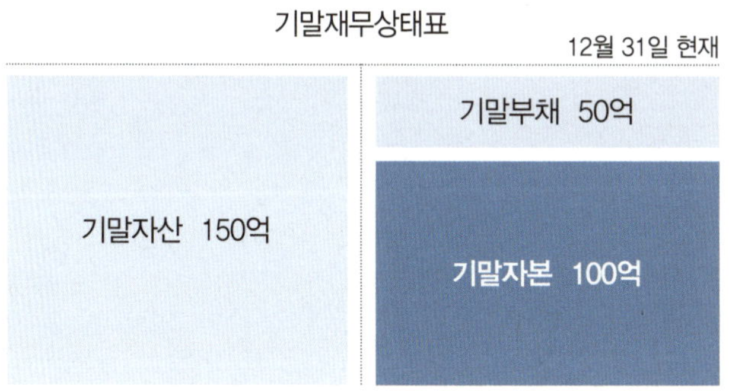

재무상태표의 상호관계

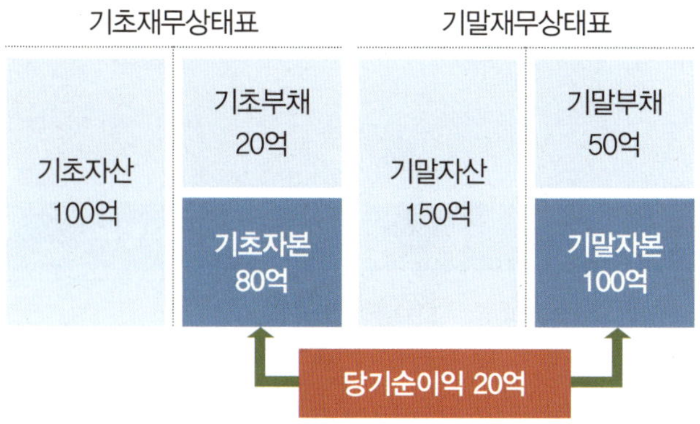

순손익 계산 등식

기초자산 − 기초부채 = 기초자본

기말자산 − 기말부채 = 기말자본

총수익 − 총비용 = 당기순이익

총비용 − 총수익 = 당기순손실

PLUS 기초와 기말

회계기간이 시작하는 시점을 기초라 하고, 끝나는 시점을 기말(보고기간 종료일)이라 한다.

PLUS 재산법

- 기말자본 − 기초자본 = 당기순이익
- 기초자본 − 기말자본 = 당기순손실

자본 계정

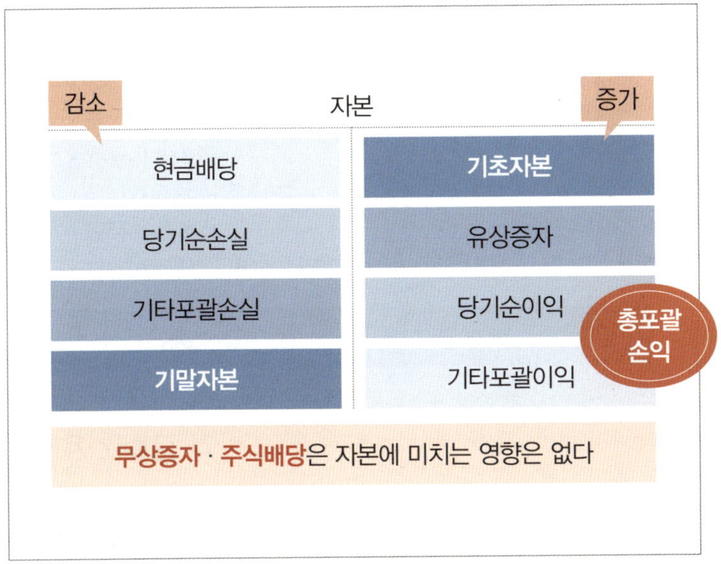

총포괄손익

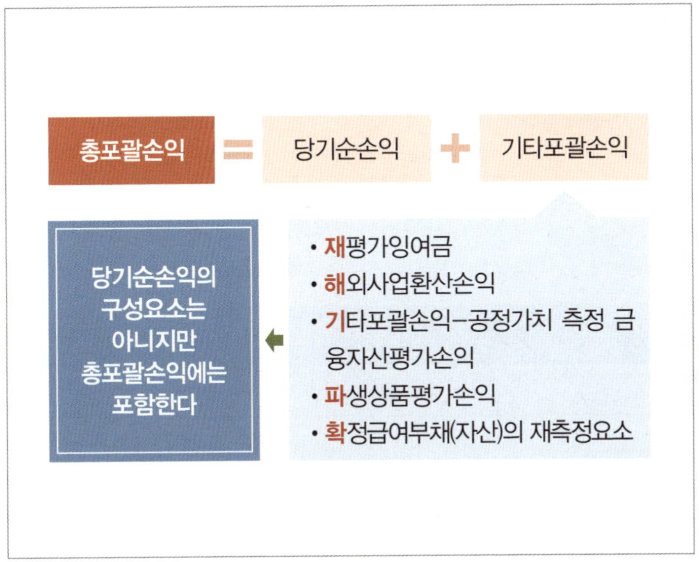

MEMO

PLUS 무상증자 · 주식배당

무상증자나 주식배당은 자본 총액이 불변하므로 이를 고려하지 아니한다.

PLUS 총포괄손익

당기순손익과 총포괄손익의 차이를 발생시키는 항목은 기타포괄손익이다.

THEME 04

회계의 순환과정 빈출

GUIDE 회계상의 거래와 분개, 전기에 대해 알아두어야 하며, 특히 거래의 결합관계에 대한 이해를 요하는 문제는 매년 빠짐없이 출제되고 있으므로 반복을 통한 연습이 필수입니다.

회계의 순환과정 절차

거래 발생 → 분개 → 전기 → 수정전 시산표

결산수정 분개 → 수정후 시산표 → 계정의 마감 → 재무제표 작성

거래의 정의

자산 · 부채 · 자본의 변동을 가져오는 것을 거래라고 한다

회계상 거래인 것

회계상 거래 YES

- 화재, 재해로 인한 자산 감소
- 현금의 분실
- 설비자산의 가치 감소
- 채권의 회수불능
- 토지, 건물 등의 기증받음
- 주주로부터의 현금 출자
- 주식배당의 실시

주식배당 O

회계상 거래가 아닌 것

회계상 거래 NO

- 상품, 원재료 등의 **주문**
- 상품 매매**계약**의 체결
- 임원 및 종업원의 **채용**
- 건물 등의 **담보 제공**
- 주식의 액면분할

주식분할 X

PLUS 회계순환과정

거래의 발생으로부터 재무제표가 작성되기까지의 반복적인 과정을 말한다. 다시 말해, 경영진(작성자)과 정보이용자 사이에서 정보전달의 순환과정을 의미한다.

PLUS 회계상 거래

자산 · 부채 · 자본 · 수익 · 비용에 화폐금액상의 증감변화를 일으키는 모든 사항을 말한다.

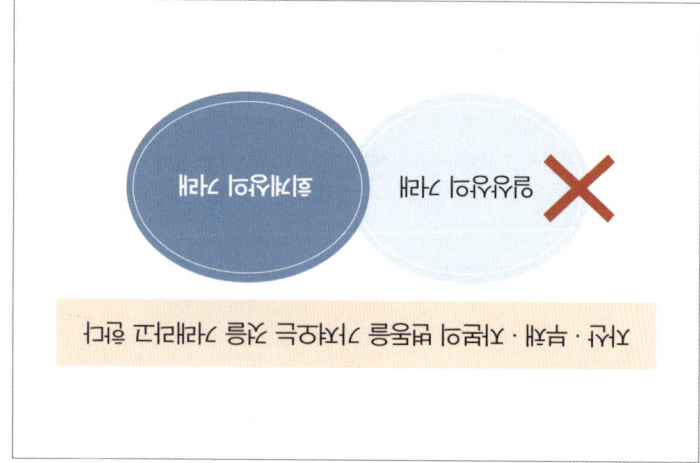

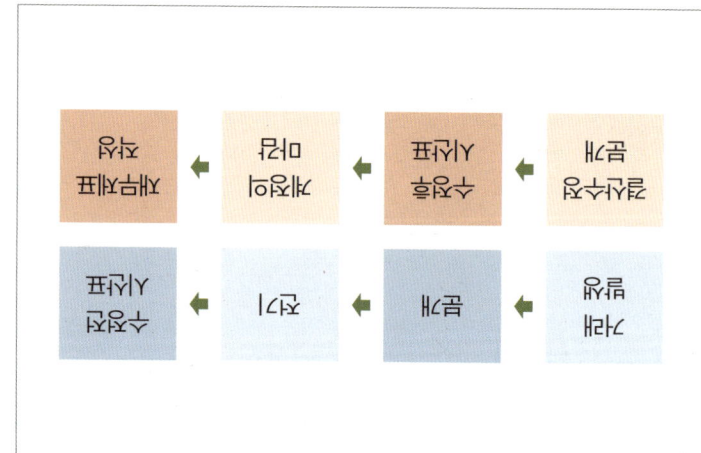

거래의 결합관계

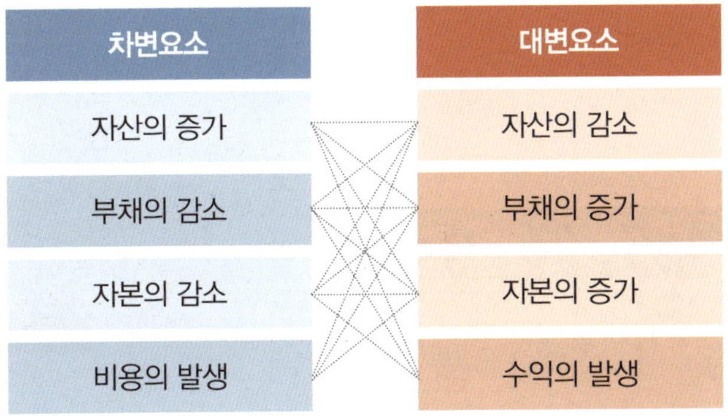

계정이란?

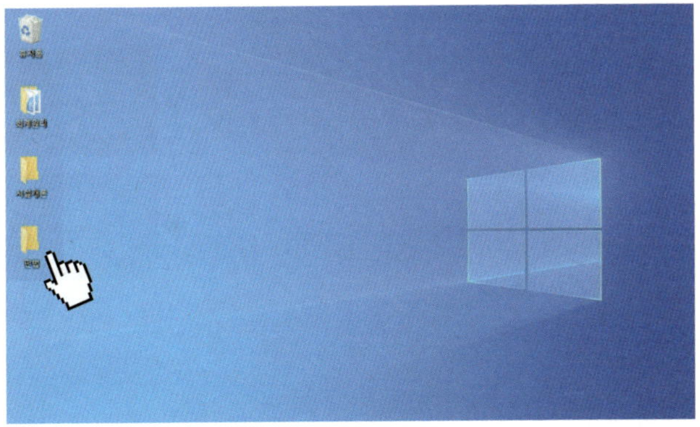

계정의 개념

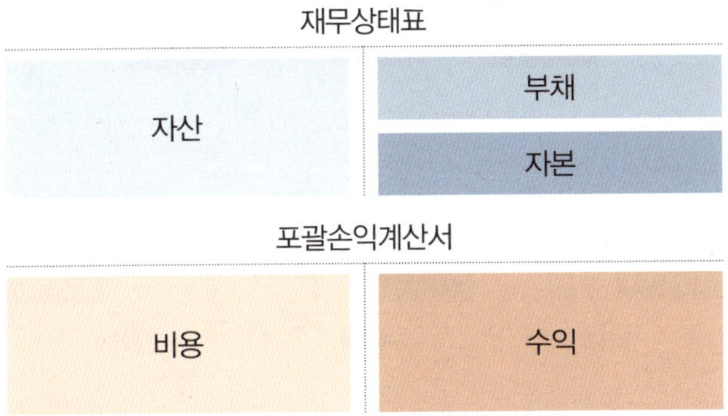

계정의 분류

재무상태표 계정	자산	현금, 매출채권, 미수금, 상품
	부채	매입채무, 미지급금, 차입금
	자본	자본금, 자본잉여금, 이익잉여금
포괄손익계산서 계정	수익	매출, 임대료, 이자수익
	비용	매출원가, 이자비용, 임차료

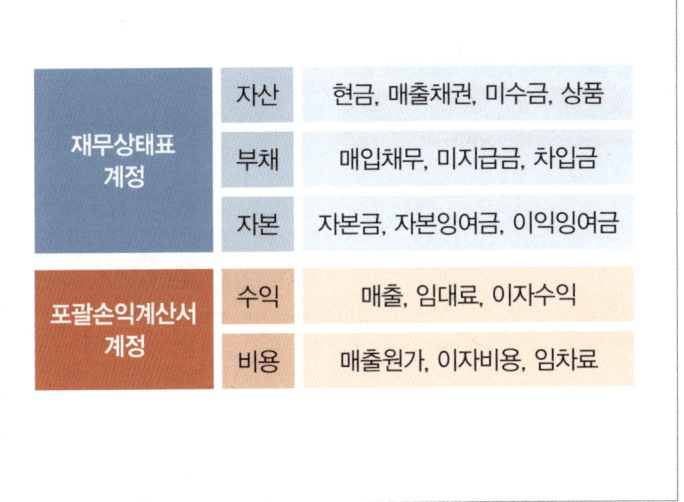

PLUS **계정(account; A/C)**
자산과 부채 및 자본의 증감변동과 수익과 비용의 발생 또는 소멸의 거래를 명확하게 기록할 목적으로 항목별로 나누어 기록 · 계산 · 정리하기 위해 설정되는 계산단위를 말한다.

계정 기입방법

매출채권 계정

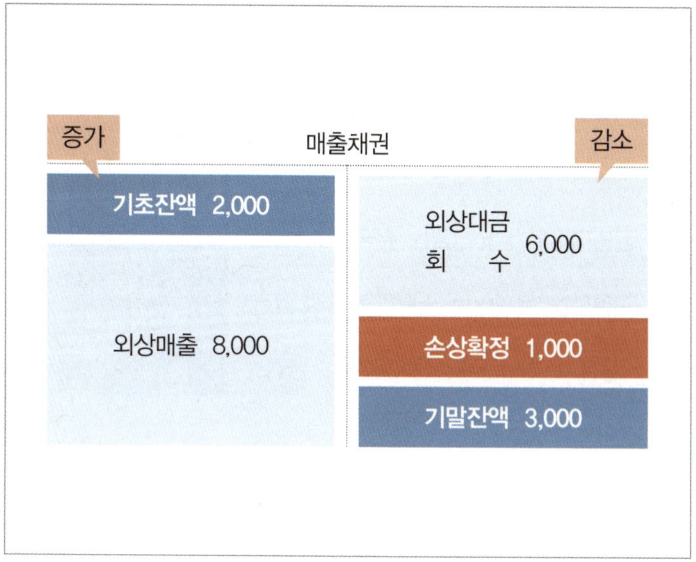

매입채무 계정

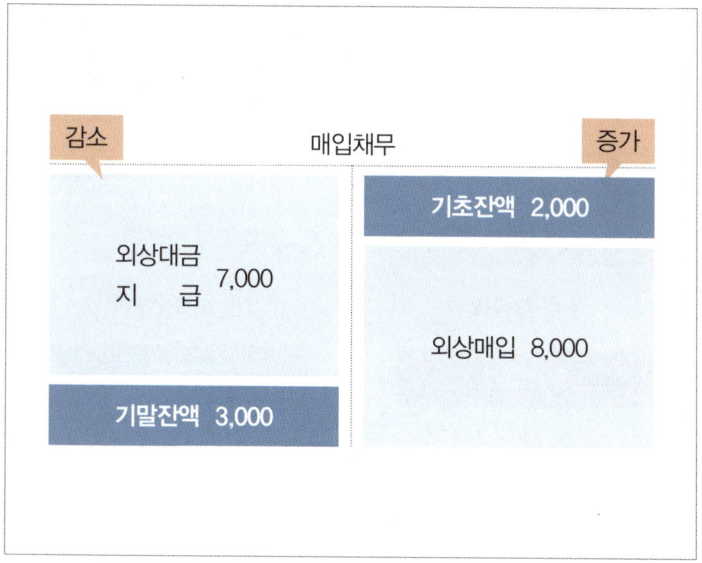

잔액 계정

PLUS 재무상태표 계정 기입

자산은 차변(왼쪽)에 기입하므로, 그 증가를 해당 자산 계정과목 차변에 기입하고, 감소를 대변에 기입한다.

부채와 자본은 대변(오른쪽)에 기입하므로, 그 증가를 해당 부채 및 자본 계정과목 대변에 기입하고, 감소를 차변에 기록한다.

PLUS 포괄손익계산서 계정 기입

비용은 차변(왼쪽)에 기입하므로, 그 발생을 해당 비용 계정과목 차변에 기입하고, 소멸을 대변에 기입한다.

수익은 대변(오른쪽)에 기입하므로, 그 발생을 해당 수익 계정과목 대변에 기입하고, 소멸을 차변에 기입한다.

실재계정과 명목계정

실재계정(영구계정)	• 재무상태표의 **자산 · 부채 · 자본**계정 • 매 결산기에 잔액으로 남아 차기로 이월된다
명목계정(임시계정)	• 포괄손익계산서의 **수익 · 비용**계정 • 결산기말에 집합손익계정에 대체 마감되어 차기로 이월되지 않고, 그 회계기간에만 일시적으로 존재한다

분개(회계처리)

분개란 복식부기의 원리를 이용하여 발생한 거래를 분개장에 기록하는 절차이다

회계상의 거래	YES →	분개(회계처리) O
회계상의 거래	NO →	분개(회계처리) X

전기(posting)

전기란 분개를 총계정원장의 각 계정에 옮겨 적는 절차이다

거래	한국은행으로부터 현금 100을 차입하다	
분개	(차) 현 금 100	(대) 차입금 100
전기	현금 차입금 100	차입금 현 금 100

회계장부조직

주요부	분개장, 총계정원장	
보조부	보조기입장	현금출납장, 당좌예금출납장, 매입장, 매출장, 받을어음기입장, 지급어음기입장
	보조원장	상품재고장, 매입처원장, 매출처원장, 적송품원장, 수탁판매원장, 유형자산대장

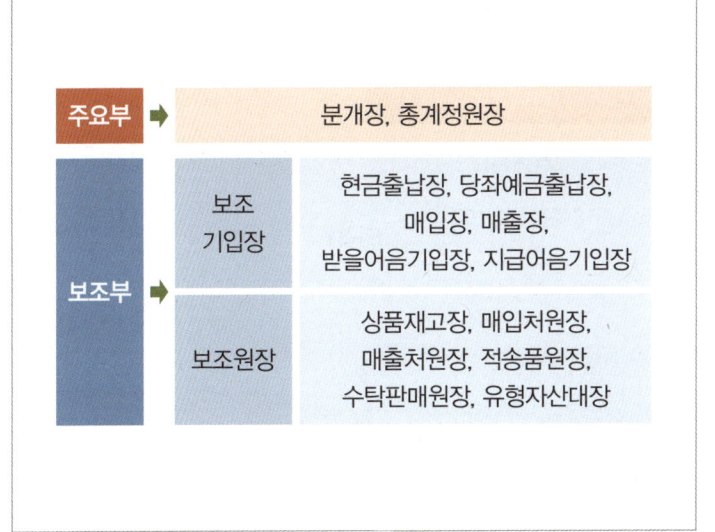

PLUS 실재계정
유형, 무형을 막론하고 실제로 존재하여 실재가치를 가지는 계정이다. 현금 및 현금성자산, 매출채권, 대여금, 차입금, 미지급금, 자본금, 이익잉여금 항목이 실재계정에 해당한다.

PLUS 명목계정
포괄손익계산서 계정과 일치하며 임시계정이라고도 한다. 이러한 임시계정에는 매출, 이자수익, 임대료 등의 수익계정과 매출원가, 감가상각비, 임차료, 이자비용 등의 비용계정이 있다.

바로확인문제

01 분개장의 거래기록을 총계정원장의 각 계정에 옮겨 적는 것을 □□라고 한다.

02 주요 회계장부로는 □□□과 총계정원장이 있다.

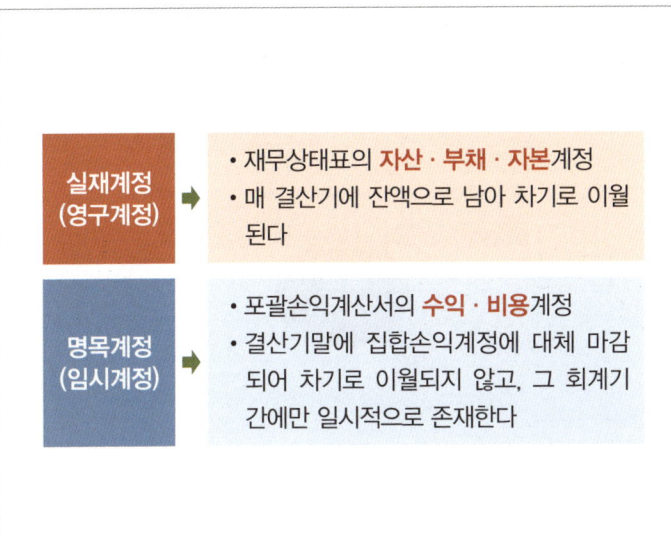

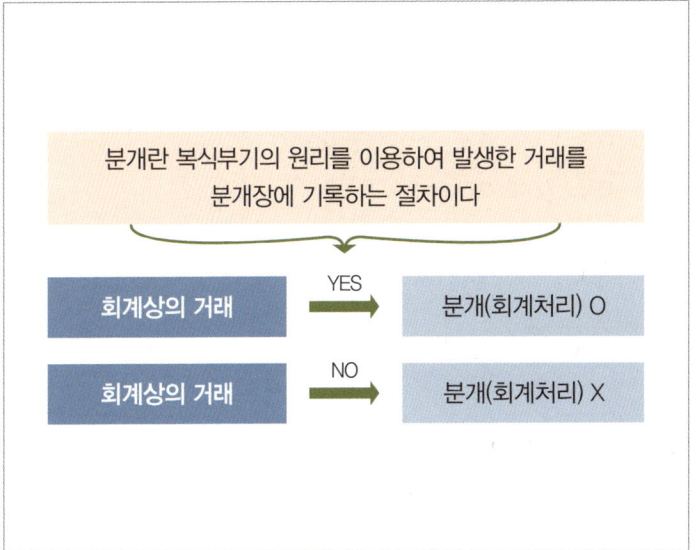

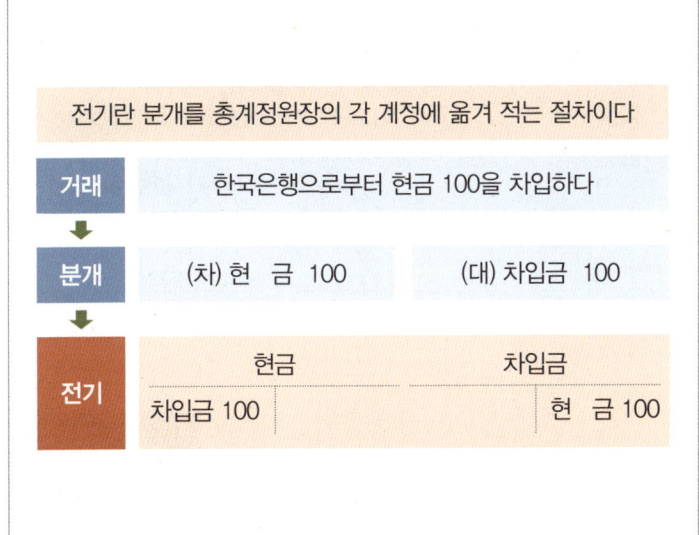

정답
01 전기 02 분개장

THEME 05

결산 빈출

GUIDE 결산 과정은 매년 1~2문제가 빠짐없이 출제되는 부분입니다. 그중에서도 시산표, 결산정리사항 분개, 결산정리사항 누락 시 재무제표에 미치는 영향은 반드시 정리해야 합니다.

시산표의 의의

- 재무제표를 작성하기 이전에 거래가 오류 없이 작성되었는지 **자기검증**하기 위하여 작성한다
- 재무상태표 계정(자산 · 부채 · 자본)과 포괄손익계산서 계정(수익 · 비용)의 계정 잔액이 모두 표시된다
- 시산표는 회계장부의 일부도 아니고, 외부에 공시되어야 하는 재무제표도 아니다
- 차변합계와 대변합계가 일치하더라도 오류가 존재할 수 있다

시산표의 등식

시산표

20×1년 12월 31일 현재

차변	대변
기말자산	기말부채
	기초자본
총 비 용	총 수 익

기말자산 + 총비용 = 기말부채 + 기초자본 + 총수익

시산표의 종류

시산표 종류

- 합계시산표
- ☆잔액시산표
- 합계 · 잔액시산표

시산표의 작성

합계 · 잔액시산표

차변		계정과목	대변	
잔액	합계		합계	잔액
1,000	4,000	현금	3,000	
	300	차입금	500	200
		자본금	500	500
		매출	1,000	1,000
700	700	매출원가		
1,700	5,000		5,000	1,700

PLUS **잔액시산표**

총계정원장에서 각 계정과목의 차변합계와 대변합계의 차이금액인 각 계정 잔액을 기초로 작성된다.

바로확인문제

시산표는 재무제표를 작성하기 이전에 거래가 오류 없이 작성되었는지 □□□□하기 위하여 작성한다.

정답

자기검증

시산표에서 발견할 수 없는 오류

- 거래 전체의 분개가 누락 또는 전기가 누락된 경우
- 거래를 이중으로 분개 또는 이중으로 전기한 경우
- 대 · 차 양변을 똑같이 틀린 금액으로 분개 또는 전기한 경우
- 계정과목을 서로 바꾸어 분개 또는 전기한 경우
- 오류가 우연히 상계된 경우

시산표에서 발견할 수 있는 오류

- 대 · 차변 중 어느 **한쪽**만 누락한 경우
- 대 · 차변 중 어느 **한쪽**만 틀린 금액으로 분개 및 전기한 경우
- 대 · 차변 중 어느 **한쪽**만 이중 분개 또는 이중 전기한 경우

수정전시산표와 수정후시산표

거래 발생 → 분개 → 전기 → 수정전 시산표

결산수정 분개 → 수정후 시산표 → 계정의 마감 → 재무제표 작성

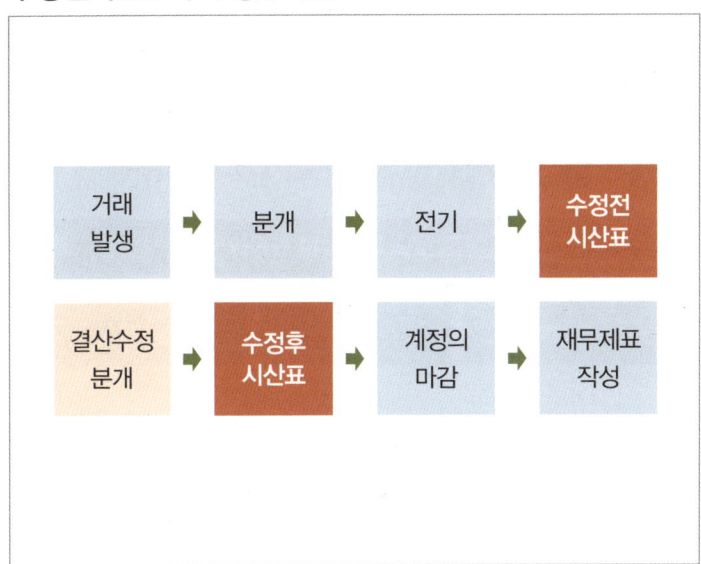

잔액시산표의 합계금액을 증가시키지 않는 사례

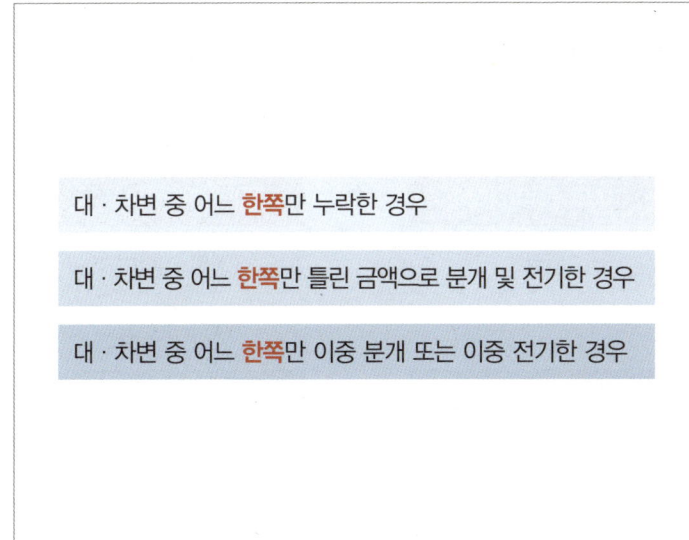

선급보험료 50	보 험 료 50	X
임 대 료 30	선수임대료 30	X
소 모 품 40	소 모 품 비 40	X
미 수 이 자 20	이 자 수 익 20	O
이 자 비 용 60	미지급이자 60	O

PLUS 수정전시산표

결산정리사항을 수정하기 전 원장의 대 · 차변의 각 계정과 금액을 모아 작성한 시산표이다.

잔액시산표의 합계금액을 증가시키지 않는 거래

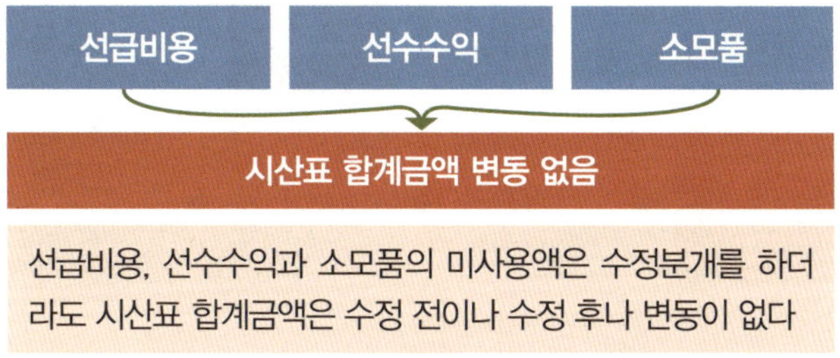

집합손익 계정

집합손익은 포괄손익계산서를 마감시키기 위해 등장하는 **임시계정**이다. 장부를 마감하고 나면 최종적으로 보고되는 재무제표에는 집합손익 계정이 보고되지 않는다.

집합손익 계정과 회계처리

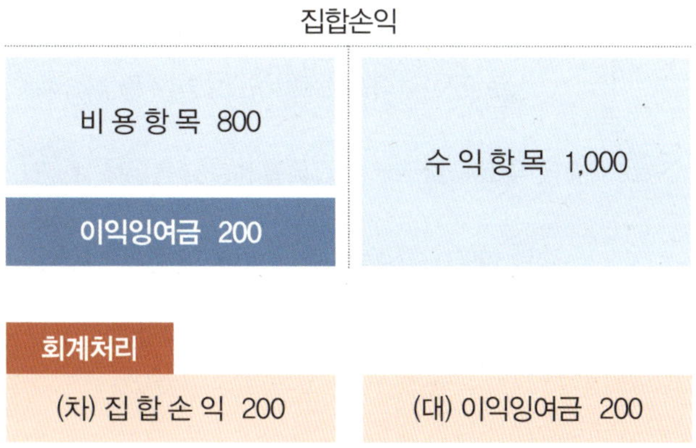

포괄손익계산서와 재무상태표의 표시방법

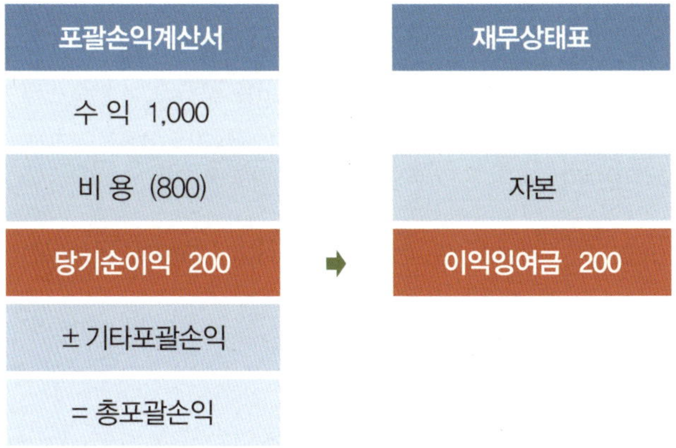

PLUS 집합손익

집합손익 계정의 차변합계가 비용총액이고 대변합계가 수익총액이므로 잔액이 대변에 생기면 당기순이익이고, 차변에 생기면 당기순손실이 된다. 따라서 당기순이익만큼 자본인 이익잉여금이 증가하고, 당기순손실의 금액만큼 이익잉여금이 감소한다.

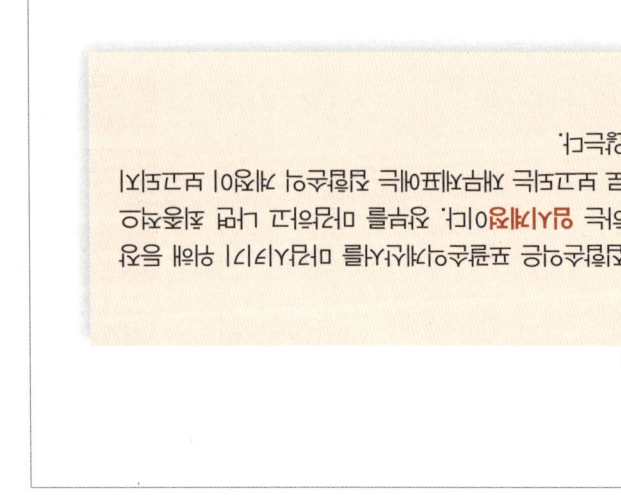

결산정리사항 비교

결산정리사항 NO	결산정리사항 YES
• 선급금 • 선수금 • 미수금 • 미지급금	• 선급비용 • 선수수익 • 미수수익 • 미지급비용

결산정리사항인 것 I

- 재고자산(상품계정 등)의 정리
  예 • **실지재고조사법**에 의한 매출원가 계산
  • 재고자산감모손실 및 평가손실 계상
- 당기손익 – 공정가치 측정 금융자산평가손익
- 매출채권 등 손실충당금 설정(손상액 추산)
- 유형자산의 감가상각 · 재평가, 무형자산의 상각

결산정리사항인 것 II

- 충당부채의 설정(제품보증충당부채 등)
- 자산의 손상차손 · 손상차손환입
- 소모품 결산정리
- 임시가계정 정리
  예 현금과부족, 가지급금, 가수금, 미결산 등

결산정리사항이 아닌 것 I

- **계속기록법**에 의한 매출원가 계산
- 은행계정조정표 작성
- 기중에 실제 손상액 처리
  예 매출채권이 회수불능되어 **손실충당금과 상계** 등
- 선급금, 선수금, 미수금, 미지급금

PLUS **결산**
기업이 일정한 기간을 단위로 하여 회계연도를 정하고, 보고시점의 재무상태와 보고기간의 재무성과를 명백히 파악하기 위해서 회계연도 말에 각종 장부를 정리 · 마감하는 절차를 말한다.

결산정리사항이 아닌 것 Ⅱ

- 충당부채의 지급
- 소모품 구입
- 잉여금 처분
  - 예 배당금의 지급 등
- 자산을 처분하여 **처분손익** 인식
- 현금수수의 모든 거래

손익의 결산정리

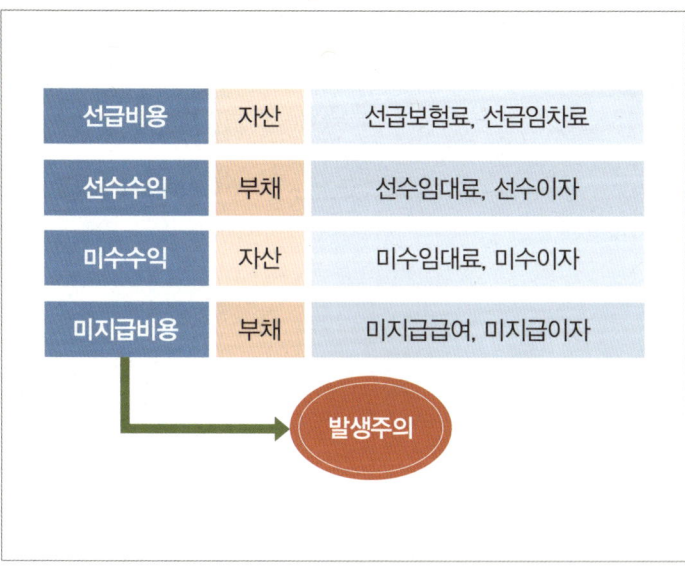

선급비용	자산	선급보험료, 선급임차료
선수수익	부채	선수임대료, 선수이자
미수수익	자산	미수임대료, 미수이자
미지급비용	부채	미지급급여, 미지급이자

→ 발생주의

선급비용의 결산정리 Ⅰ

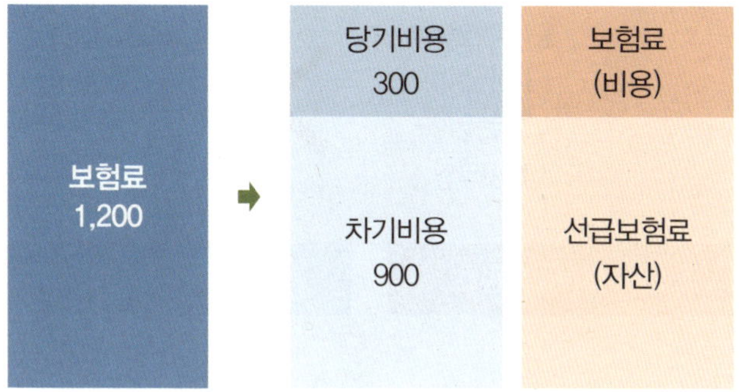

선급비용의 결산정리 Ⅱ

• 비용 처리한 경우

지급 시	10월 01일: (차) **비 용** 1,200 (대) 현 금 1,200
결산 시	12월 31일: (차) **선급비용** 900 (대) 비 용 900

• 자산 처리한 경우

지급 시	10월 01일: (차) **선급비용** 1,200 (대) 현 금 1,200
결산 시	12월 31일: (차) **비 용** 300 (대) 선급비용 300

PLUS 발생주의(또는 발생기준)

거래와 회계사건의 재무적 영향을 현금의 유입 또는 유출이 있는 기간이 아니라 그 거래와 회계사건이 발생한 기간에 수익을 인식하는 방법이다. 현행 회계기준은 발생주의에 근간을 두고 있다.

PLUS 선급비용

차기에 속하는 비용을 당기의 비용에서 차감하여 선급분을 선급비용(자산)으로 계상하는데, 이를 선급비용의 계상이라고 한다.

선수수익의 결산정리 I

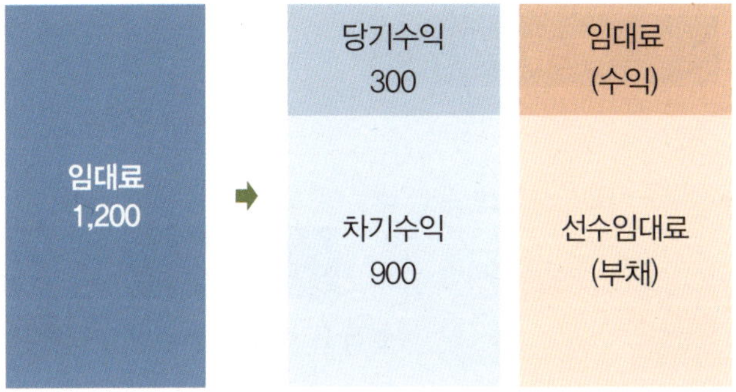

선수수익의 결산정리 II

• 수익 처리한 경우

수취 시 10월 01일: (차) 현 금 1,200 (대) 수 익 1,200

결산 시 12월 31일: (차) 수 익 900 (대) 선수수익 900

• 부채 처리한 경우

수취 시 10월 01일: (차) 현 금 1,200 (대) 선수수익 1,200

결산 시 12월 31일: (차) 선수수익 300 (대) 수 익 300

당기손익에 미치는 영향

차변	대변	순이익?
선급보험료	보험료	증가
미수이자	이자수익	증가
임대료	선수임대료	감소
이자비용	미지급이자	감소

자산 · 부채 · 자본 · 당기순이익의 변동

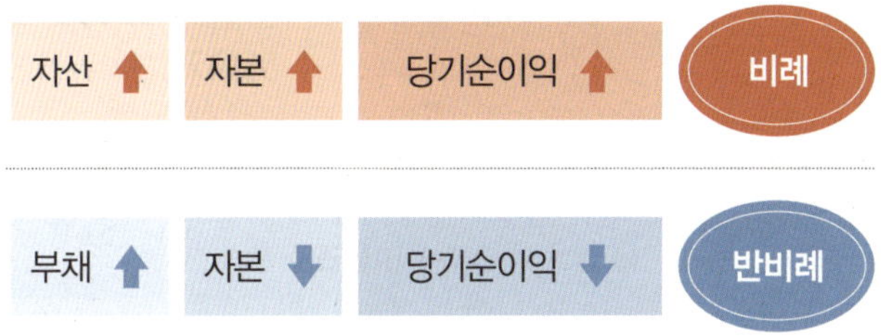

PLUS 선수수익

받은 수익 중 차기 이후에 속하는 금액으로 당기의 수익에서 차감하여 선수수익 계정의 대변에 대체하여 차기로 이월하여야 하며, 이때 사용하는 계정과목으로는 선수이자, 선수임대료, 선수수수료 등이 있다.

PLUS 미수수익

수익이 발생되었으나 아직 현금유입이 없을 경우 자산으로 기록되는 계정과목이다. 미수임대료, 미수이자, 미수수수료 등이 미수수익에 해당한다.

PLUS 미지급비용

발생된 비용으로서 아직 지급되지 아니한 채무를 말한다. 미지급이자, 미지급임차료, 미지급보험료 등이 미지급비용에 해당한다.

소모품의 결산정리 I

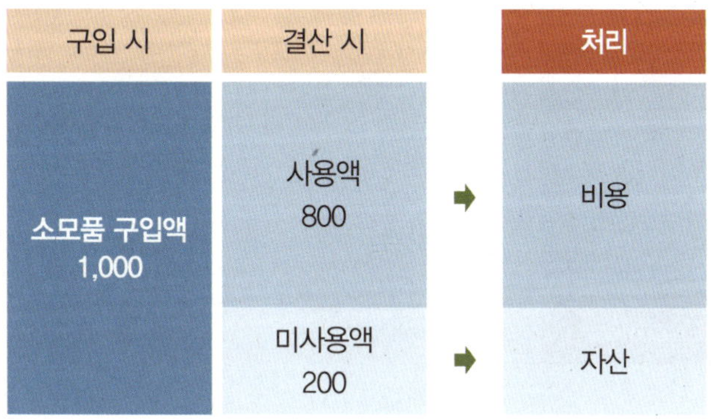

소모품의 결산정리 II

• 비용 처리한 경우

구입 시	(차) **소모품비** 1,000	(대) 현 금 1,000
결산 시	(차) **소 모 품** 200	(대) 소모품비 200

• 자산 처리한 경우

구입 시	(차) **소 모 품** 1,000	(대) 현 금 1,000
결산 시	(차) **소모품비** 800	(대) 소 모 품 800

소모품 계정

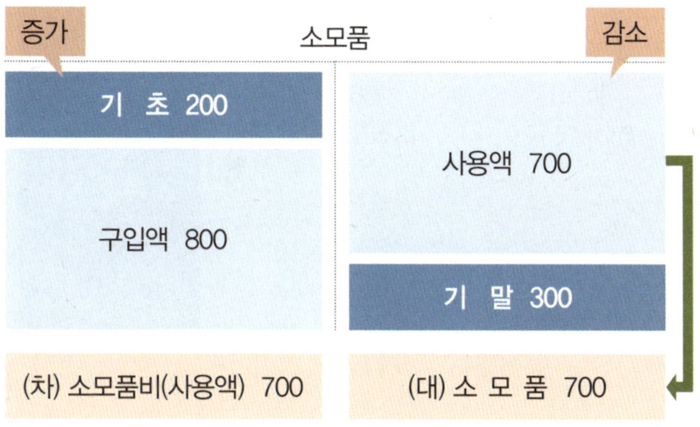

결산정리분개를 누락한 경우

선급비용 누락	자산 과소, 비용 과대, 당기순이익 과소
미수수익 누락	자산 과소, 수익 과소, 당기순이익 과소
선수수익 누락	부채 과소, 수익 과대, 당기순이익 과대
미지급비용 누락	부채 과소, 비용 과소, 당기순이익 과대

PLUS 소모품 정리

기업이 소모품을 구입하고 현금을 지출하였을 때 전체 소모품 중 사용한 부분은 비용(소모품비)으로, 사용하지 않은 부분은 자산(소모품)으로 보고 되어야 한다.

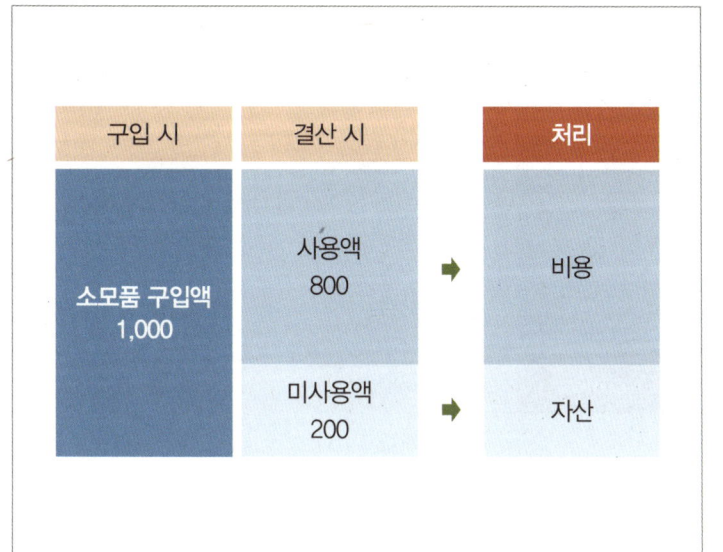

수정 전 순이익에서 수정 후 순이익 계산

수정 전 순이익	➡	수정 후 순이익
+		−
자산의 증가 부채의 감소 수익의 발생		자산의 감소 부채의 증가 비용의 발생

좋은 것 +
나쁜 것 −

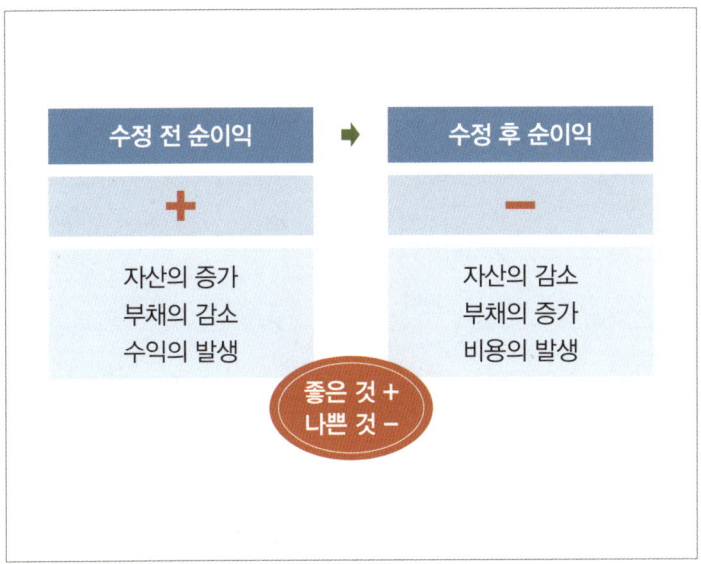

정확한 순이익 계산 – 가산항목

수정 전 당기순이익 ×××

- 기말(당기) 선급비용 계상
- 기말(당기) 미수수익 계상
- 미사용액 소모품 자산인식
- 당기손익–공정가치 측정 금융자산평가이익
- 자산 손상차손환입(당기수익)

가산항목

수정 후 당기순이익 ×××

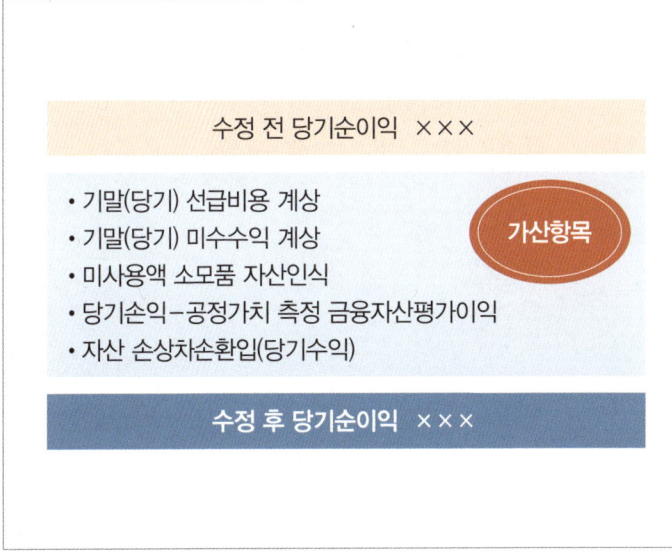

정확한 순이익 계산 – 차감항목

수정 전 당기순이익 ×××

- 기말(당기) 선수수익, 미지급비용 계상
- 사용액 소모품비(비용) 계상
- 대손액의 추산(손상차손의 계상)
- 감가상각비의 계상
- 당기손익–공정가치 측정 금융자산평가손실
- 자산 손상차손 계상(당기비용)

차감항목

수정 후 당기순이익 ×××

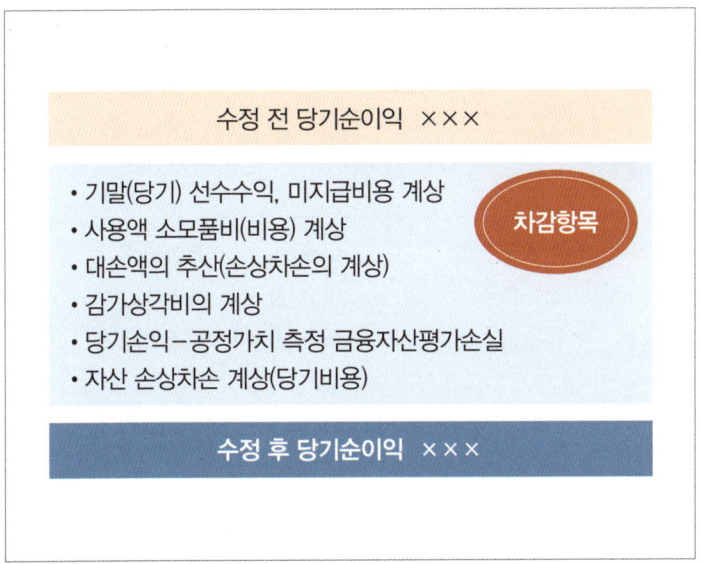

당기순이익에 영향을 주지 않는 것

재평가잉여금**(자본항목)**

기타포괄손익–공정가치 측정 금융자산평가이익**(자본항목)**

자기주식처분이익**(자본항목)**

감자차익**(자본항목)**

외상매출금 현금회수(교환거래)

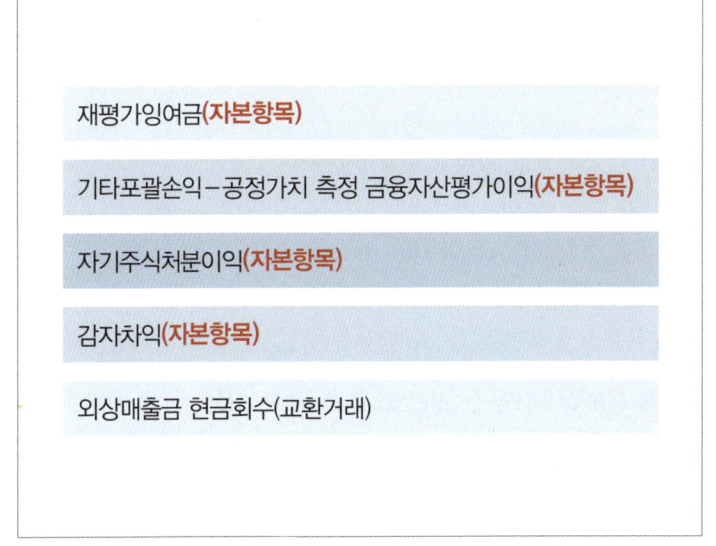

PLUS 정확한 순이익 계산
재평가잉여금, 기타포괄손익–공정가치 측정 금융자산평가손익, 자기주식처분손익, 감자차익 등은 자본항목으로 정확한 순이익 계산 시 가감조정항목이 아니다.

CHAPTER 01

기출로 CHAPTER 마무리

01 **다음 자료를 이용하여 계산한 기초자산은?** 제24회

ㅇ 기초부채	₩50,000	ㅇ 기말자산	₩100,000
ㅇ 기말부채	60,000	ㅇ 유상증자	10,000
ㅇ 현금배당	5,000	ㅇ 총포괄이익	20,000

① ₩55,000 ② ₩65,000 ③ ₩70,000
④ ₩75,000 ⑤ ₩85,000

해설

자본

현금배당	₩5,000	기초자본	₩15,000
기말자본	40,000	유상증자	10,000
		총포괄이익	20,000
	₩45,000		₩45,000

1. 기말자본: 기말자산(100,000) − 기말부채(60,000) = ₩40,000
2. 기초자본: 기초자산(x) − 기초부채(50,000) = ₩15,000
∴ 기초자산(x) = ₩65,000

정답 ②

02 **자산을 증가시키면서 동시에 수익을 발생시키는 회계거래는?** 제21회

① 상품판매계약을 체결하고 계약금을 수령하였다.
② 은행으로부터 설비투자자금을 차입하였다.
③ 건물에 대한 화재보험계약을 체결하고 1년분 보험료를 선급하였다.
④ 전기에 외상으로 매입한 상품 대금을 현금으로 지급하였다.
⑤ 경영컨설팅 용역을 제공하고 그 대금은 외상으로 하였다.

해설

자산(매출채권) 증가와 용역의 제공으로 수익(매출액) 증가
① 자산(현금) 증가와 부채(선수금) 증가
② 자산(현금) 증가와 부채(차입금) 증가
③ 자산(선급보험료) 증가와 자산(현금) 감소
④ 부채(매입채무) 감소와 자산(현금) 감소

정답 ⑤

03 시산표의 차변금액이 대변금액보다 크게 나타나는 오류에 해당하는 것은?

제23회

① 건물 취득에 대한 회계처리가 누락되었다.
② 차입금 상환에 대해 분개를 한 후, 차입금계정에는 전기를 하였으나 현금계정에는 전기를 누락하였다.
③ 현금을 대여하고 차변에는 현금으로 대변에는 대여금으로 동일한 금액을 기록하였다.
④ 미수금 회수에 대해 분개를 한 후, 미수금계정에는 전기를 하였으나 현금계정에는 전기를 누락하였다.
⑤ 토지 처분에 대한 회계처리를 중복해서 기록하였다.

해설

차입금 상환에 대한 분개는 '(차) 차입금 / (대) 현금'으로 회계처리해야 한다. 차변의 차입금 계정에는 전기를 하였으나 대변의 현금계정에는 전기를 누락한 경우 시산표의 차변금액이 대변금액보다 크게 나타나는 오류에 해당한다.

정답 ②

04 (주)한국은 20×1년 8월 1일 화재보험에 가입하고, 향후 1년간 보험료 ₩12,000을 전액 현금지급하면서 선급보험료로 회계처리 하였다. 동 거래와 관련하여 (주)한국이 20×1년 말에 수정분개를 하지 않았을 경우, 20×1년 말 재무상태표에 미치는 영향은? (단, 보험료는 월할계산한다)

제24회

	자산	부채	자본
①	₩5,000(과대)	영향 없음	₩5,000(과대)
②	₩5,000(과대)	₩5,000(과대)	영향 없음
③	₩7,000(과대)	영향 없음	₩7,000(과대)
④	₩7,000(과대)	₩7,000(과대)	영향 없음
⑤	영향 없음	₩7,000(과소)	₩7,000(과대)

해설

1. 지급 시: (차) 선급보험료 ₩12,000 (대) 현 금 ₩12,000
2. 결산 시: (차) 보 험 료 ₩5,000 (대) 선급보험료 ₩5,000
   * 12,000(1년분) × 당기분 5/12 = ₩5,000
3. 결산 시 수정분개를 하지 않으면 선급보험료(자산)는 ₩5,000 과대계상되고, 부채에는 영향이 없고, 자본은 ₩5,000 과대계상된다.

정답 ①

05 (주)한국은 20×1년 4월 1일 향후 1년간(20×1년 4월 1일～20×2년 3월 31일) (주)대한에게 창고를 임대하고 그 대가로 ₩1,200(1개월 ₩100)을 현금으로 받아 수익으로 회계처리 하였다. 이 거래와 관련하여 (주)한국이 20×1년 말에 수정분개를 하지 않았을 경우, 기말 재무제표에 미치는 영향으로 옳지 않은 것은? 제22회

① 부채가 ₩300 과대계상된다.
② 자산에 미치는 영향은 없다.
③ 자본이 ₩300 과대계상된다.
④ 비용에 미치는 영향은 없다.
⑤ 수익이 ₩300 과대계상된다.

해설

1. 수취 시: (차) 현　　금 ₩1,200　　(대) 임대료수익 ₩1,200
2. 결산 시: (차) 임대료수익 ₩300　　(대) 선 수 수 익 ₩300
3. 결산 시 수정분개를 하지 않으면 부채는 ₩300 과소표시되고, 임대료수익은 ₩300 과대표시되어 자본은 ₩300 과대표시된다. 또한 자산 및 비용에 미치는 영향은 없다.

정답 ①

06 20×1년 초에 설립한 (주)한국의 20×1년 말 수정전시산표상 소모품계정은 ₩50,000이었다. 기말 실사 결과 미사용 소모품이 ₩20,000일 때, 소모품에 대한 수정분개의 영향으로 옳은 것은? 제23회

① 비용이 ₩30,000 증가한다.
② 자본이 ₩30,000 증가한다.
③ 이익이 ₩20,000 감소한다.
④ 자산이 ₩30,000 증가한다.
⑤ 부채가 ₩20,000 감소한다.

해설

1. 소모품계정(50,000) − 기말 미사용액(20,000) = 사용액 ₩30,000을 다음과 같이 회계처리한다.
(차) 소모품비 ₩30,000　　(대) 소모품 ₩30,000
2. 소모품비(비용)가 ₩30,000 증가하고, 자산이 ₩30,000 감소한다. 따라서 이익이 ₩30,000 감소하고, 자본이 ₩30,000 감소한다. 부채에 미치는 영향은 없다.

정답 ①

CHAPTER 02

재무보고를 위한 개념체계

합격의 기준은 명확합니다.
그 시험에서 요구하는 점수를 획득하는 것.
강의 내용을 첫 번째, 두 번째에 이해하지 못한다고 해서
합격과 멀어지는 것은 결코 아닙니다.
누구보다 먼저 대답하는 수강생이 불합격하고
한 문제로 쩔쩔매던 수강생이 합격하는 경우를
수도 없이 보아왔습니다.

어떤 자세로, 어떤 마음가짐으로
어떤 계획을 어떻게 실행하고 있는지가 가장 중요합니다.

지금 잠시 여러분 자신이 가지고 있는 승자의 조건은
무엇인지 되돌아보시기 바랍니다.

THEME 06

개념체계 빈출

GUIDE 매년 1문제 정도 출제되는 부분으로, 특히 재무정보의 질적 특성인 근본적 질적 특성과 보강적 질적 특성에서 매년 출제되고 있으므로 반복적으로 정독하여 정리해야 합니다.

한국채택국제회계기준의 특징

과거의 회계기준		국제회계기준
규칙중심	➡	원칙중심
취득원가 평가 (자산 · 부채)	➡	공정가치 평가 (자산 · 부채)
개별재무제표 중심	➡	연결재무제표 중심

개념체계와 국제회계기준

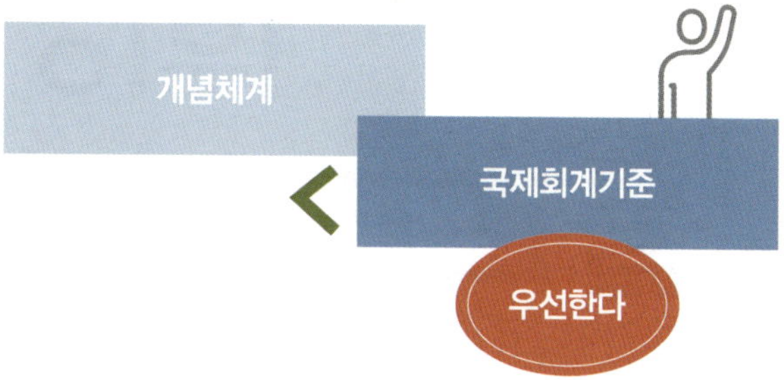

개념체계의 목적

회계기준위원회	**회계기준위원회**가 일관된 개념에 기반하여 한국채택국제회계기준을 제 · 개정하는 데 도움을 준다
재무제표 작성자	특정 거래나 다른 거래 사건에 적용할 회계기준이 없거나 회계기준에서 회계정책을 선택하는 것을 허용하는 경우에 **재무제표작성자**가 일관된 회계정책을 개발하는 데 도움을 준다
모든 이해관계자	**모든 이해관계자**가 회계기준을 이해하고 해석하는 데 도움을 준다

개념체계의 위상

- 개념체계는 한국채택국제회계기준이 아니므로 특정한 측정과 공시에 관한 기준을 정하지 아니한다
- 재무보고를 위한 개념체계는 외부이용자를 위한 재무제표의 작성과 표시에 있어 기초가 되는 개념을 정립한다
- 개념체계는 어떤 경우에도 특정 한국채택국제회계기준에 **우선하지 않는다**

PLUS 국제회계기준

2011년부터 모든 주권 상장법인은 전면 도입하여 적용하고 있으며, 비상장법인은 선택적으로 적용할 수 있다.

PLUS 연결재무제표

단일 경제적 실체의 재무제표로 표시되는 연결실체의 재무제표를 말한다.

바로확인문제

01 한국채택국제회계기준은 □□재무제표를 주 재무제표로 한다.

02 한국채택국제회계기준은 과거의 기업회계기준에 비해 자산과 부채를 측정함에 있어 역사적원가보다는 □□□□를 반영하도록 하고 있다.

정답

01 연결 02 공정가치

일반목적 재무보고의 목적과 대상

목적

일반목적 재무보고의 목적은 현재 및 잠재적 투자자, 대여자 및 기타 채권자가 기업에 자원을 제공하는 것에 대한 의사결정을 할 때 유용한 보고기업의 재무정보를 제공하는 것이다

대상

현재 및 잠재적 투자자, 대여자 및 기타 채권자는 일반목적 재무보고서가 대상으로 하는 주요 이용자이다

주의! 경영자 또는 일반대중은 재무보고의 대상이 아니다

일반목적 재무보고의 한계점

- 일반목적 재무보고서는 현재 및 잠재적 투자자, 대여자 및 기타 채권자가 필요로 하는 모든 정보를 **제공하지 않으며** 제공할 수도 없다
- 일반목적 재무보고서는 보고기업의 가치를 보여주기 위해 **고안된 것은 아니다**
- 현재 및 잠재적 투자자, 대여자 및 기타 채권자가 보고기업의 가치를 **추정**하는 데 도움이 되는 정보를 제공한다
- 재무보고서는 정확한 서술보다는 상당부분 추정, 판단 및 모형에 기초한다.

제공하는 정보

<table>
<tr><th colspan="3">구분</th><th>관련 재무제표</th></tr>
<tr><td colspan="3">경제적 자원과 청구권에 관한 정보</td><td>재무상태표</td></tr>
<tr><td rowspan="3">경제적 자원과 청구권의 변동에 관한 정보</td><td rowspan="2">재무성과로 인한 변동</td><td>발생기준회계 반영</td><td>포괄손익계산서</td></tr>
<tr><td>과거 현금흐름 반영</td><td>현금흐름표</td></tr>
<tr><td colspan="2">재무성과 이외로 인한 변동</td><td>현금흐름표와 자본변동표</td></tr>
<tr><td colspan="3">경제적 자원 사용에 관한 정보</td><td>전체 재무제표</td></tr>
</table>

유용한 재무정보의 질적 특성

중요한 것은?

정보의 Quality

바로확인문제

01 재무보고서는 현재 및 잠재적 투자자, 대여자 및 기타 채권자가 필요한 모든 정보를 제공□□ □□□, 제공할 수도 없다.

02 재무보고서는 보고기업의 가치를 보여주기 위해 고안된 □□ □□□.

정답

01 하지 않으며

02 것은 아니다

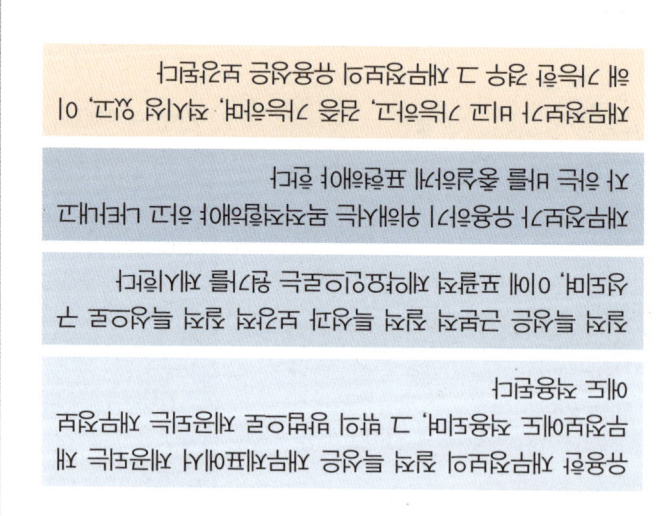

유용한 재무정보의 질적 특성의 의의

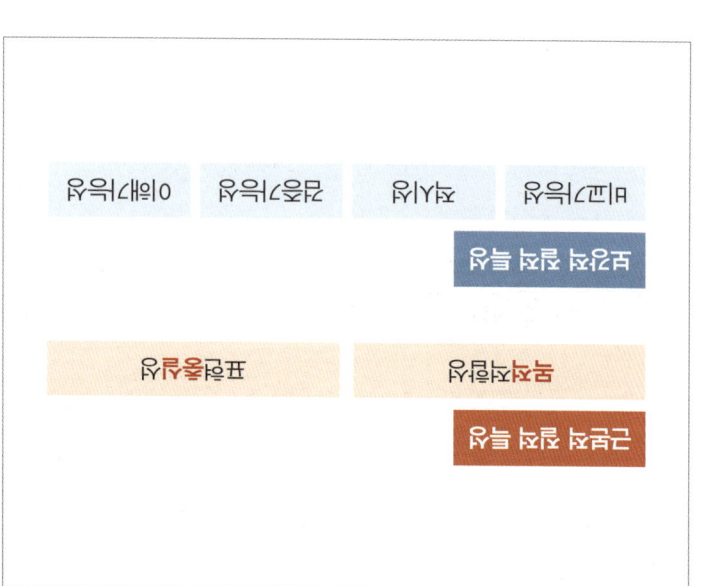

유용한 재무정보의 질적 특성은 재무제표에서 제공되는 재무정보에도 적용되며, 그 밖의 방법으로 제공되는 재무정보에도 적용된다

질적 특성은 근본적 질적 특성과 보강적 질적 특성으로 구성되며, 이에 포괄적 제약요인으로는 원가를 제시한다

재무정보가 유용하기 위해서는 목적적합해야 하고 나타내고자 하는 바를 충실하게 표현해야 한다

재무정보가 비교 가능하고, 검증 가능하며, 적시성 있고, 이해 가능한 경우 그 재무정보의 유용성은 보강된다

근본적 질적 특성과 보강적 질적 특성

근본적 질적 특성

목적적합성 | 표현충실성

보강적 질적 특성

비교가능성 | 적시성 | 검증가능성 | 이해가능성

근본적 질적 특성의 종류

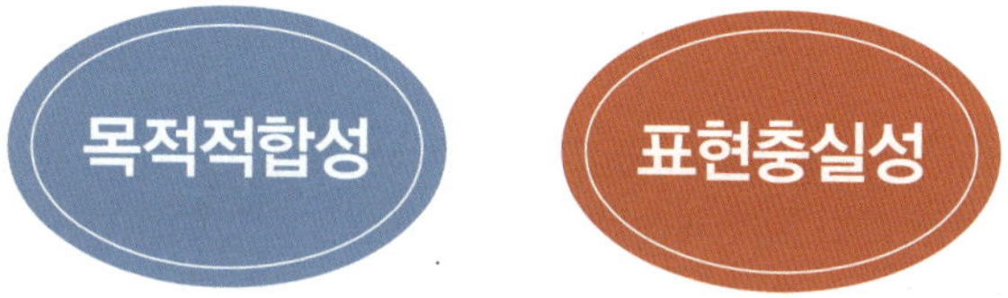

목적적합성

목적적합성

유용한 목적적합한 재무정보는 정보이용자의 의사결정에 차이가 나도록 할 수 있다

투자자가 재무정보를 이용했을 경우와 이용하지 않았을 경우의 의사결정이 다르다면 목적적합성이 있다고 판단한다

바로확인문제

01 유용한 재무정보의 질적 특성은 재무제표에서 제공되는 재무정보에도 적용되며, 그 밖의 방법으로 제공되는 재무정보에도 □□□□.

02 목적적합성과 □□□□□은 근본적 질적 특성이다.

정답

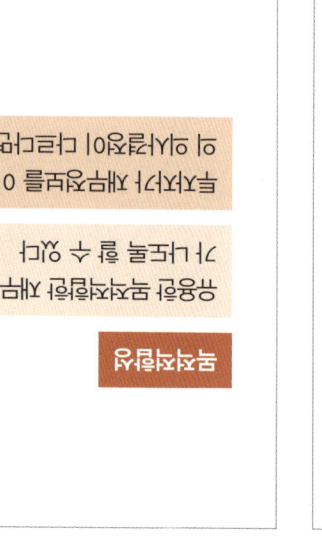

01 적용된다 02 표현충실성

목적적합성의 구성요소

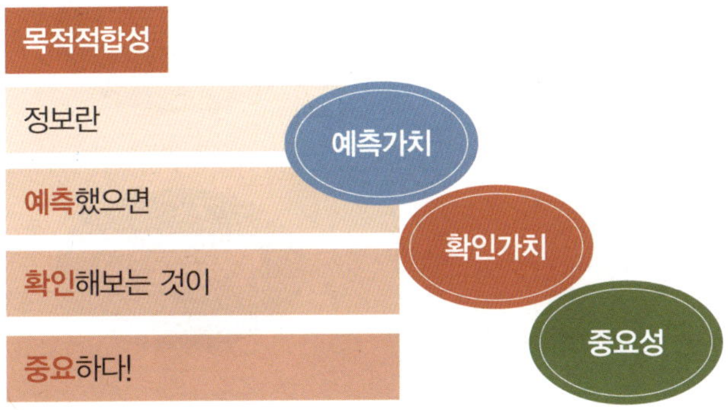

목적적합성의 요소 Ⅰ

예측가치와 확인가치

재무정보에 예측가치, 확인가치 또는 이 둘 모두 있다면 그 재무정보는 의사결정에 차이가 나도록 할 수 있다

재무정보가 예측가치를 갖기 위해서 제공되는 정보 그 자체가 예측치 또는 **예상치일 필요는 없다**

재무정보가 과거 평가에 대해 피드백을 제공한다면(과거 평가를 확인하거나 변경시킨다면) **확인가치**를 가진다

재무정보의 예측가치와 확인가치는 상호 연관되어 있다

목적적합성의 요소 Ⅱ

중요성

정보가 **누락**되거나 **잘못 기재**된 경우 특정 보고기업의 재무정보에 근거한 정보이용자의 의사결정에 영향을 줄 수 있다면 그 정보는 중요한 것이다

회계기준위원회는 중요성에 대한 획일적인 계량 임계치를 정하거나 특정한 상황에서 무엇이 중요한 것인지를 미리 결정할 수 **없다**

표현충실성

표현충실성

재무정보가 유용하기 위해서는 목적적합한 현상을 표현하는 것뿐만이 아니라, 나타내고자 하는 현상을 충실하게 표현해야 한다

완벽하게 표현충실성을 하기 위해서는 서술에 세 가지의 특성이 있어야 할 것이다. 서술은 **완전**하고, **중립적**이며, **오류**가 없어야 한다

바로확인문제

01 재무정보가 예측가치를 갖기 위해서는 제공되는 정보 그 자체가 예측치 또는 예측치일 □□□ □□.

02 재무정보가 과거 평가에 대해 피드백을 제공한다면 □□□□를 갖는다.

03 □□□은 정보가 누락되거나 잘못 기재된 경우 정보이용자의 의사결정에 영향을 줄 수 있다면 그 정보는 중요하다는 것을 의미한다.

정답

01 필요는 없다 02 확인가치
03 중요성

표현충실성의 구성요소

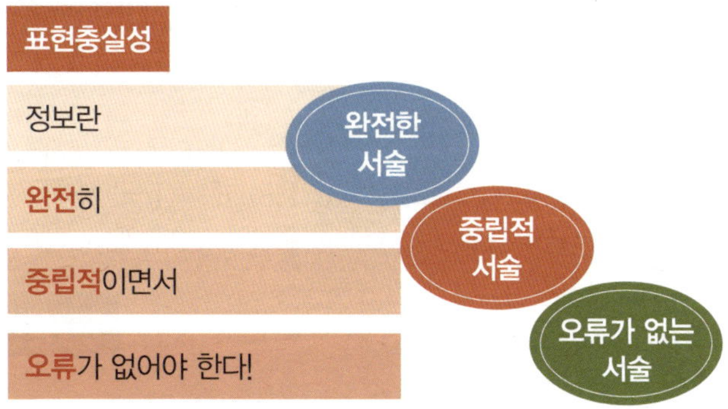

표현충실성의 요소

완전한 서술	완전한 서술은 필요한 기술과 설명을 포함하여 정보이용자가 서술되는 현상을 이해하는 데 필요한 모든 정보를 포함하는 것이다
중립적 서술	중립적 서술은 재무정보의 선택이나 표시에 편의가 없는 것이다
오류가 없는 서술	표현충실성은 모든 면에서 정확한 것을 의미**하지는 않는다**. 또한 표현충실성 그 자체가 반드시 유용한 정보를 만들어 내는 것은 아니다

보강적 질적 특성의 종류

보강적 질적 특성의 의의

보강적 질적 특성

비교가능성, 검증가능성, 적시성 및 이해가능성은 목적적합하고 충실하게 표현된 정보의 유용성을 보강시키는 질적 특성이다

보강적 질적 특성은 그 정보가 목적적합하지 않거나 충실하게 표현되지 않으면, 개별적으로든 집단적으로든 정보를 유용하게 할 수 없다

바로확인문제

01 완벽한 표현충실성을 위해서는 서술이 완전하고, □□□이며, 오류가 없어야 할 것이다.

02 표현충실성은 모든 면에서 정확한 것을 의미□□□ □□□.

03 정보의 유용성을 보강시키는 질적 특성에는 비교가능성, 검증가능성, □□□ 및 이해가능성이 있다.

정답

01 중립적 02 하지는 않는다
03 적시성

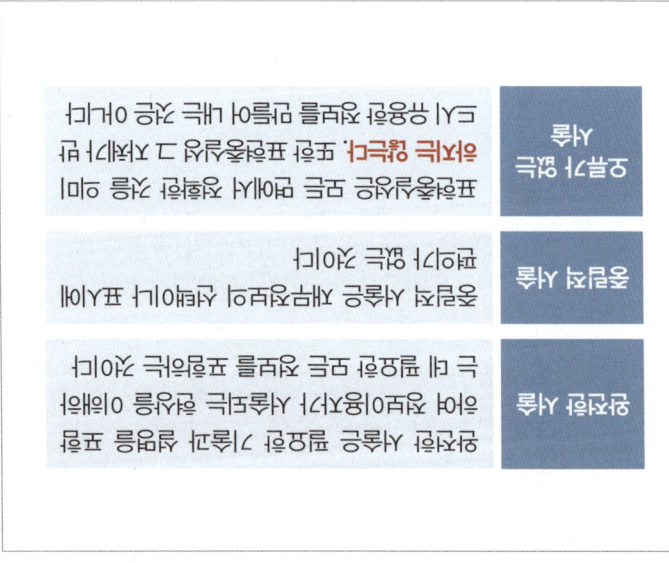

비교가능성

비교가능성

비교가능성은 정보이용자가 항목 간의 유사점과 차이점을 **식별**하고 이해할 수 있게 하는 질적 특성이다

일관성은 비교가능성과 관련은 되어 있지만 동일하지는 않다

비교가능성은 목표이고 일관성은 그 목표를 달성하는 데 도움을 준다

동일한 경제적 현상에 대해 대체적인 회계처리방법을 허용하면 비교가능성이 **감소**한다

검증가능성

검증가능성

검증가능성은 정보가 나타내고자 하는 경제적 현상을 충실히 표현하는지를 정보이용자가 **확인**하는 데 도움을 준다

검증가능성은 합리적인 판단력이 있고 독립적인 다른 관찰자가 어떤 서술이 표현충실성이라는 데 비록 반드시 완전히 일치하지는 않더라도 의견이 일치할 수 있다는 것을 의미한다

계량화된 정보가 검증가능하기 위해서는 단일 점 추정치이어야 할 필요는 **없다**

적시성과 이해가능성

적시성

적시성은 의사결정에 영향을 미칠 수 있도록 의사결정자가 정보를 **제때**에 이용가능하게 하는 것을 의미한다

이해가능성

이해가능성은 정보를 명확하고 **간결**하게 분류하고, **특징**지으며, 표시하면 이해가능하게 된다

유용한 재무보고에 대한 원가제약

원가제약

원가는 재무보고로 제공될 수 있는 정보에 대한 포괄적인 제약요인이다

재무정보의 이용자에게도 제공된 정보를 분석하고 해석하는 데 **원가가 발생한다**

바로확인문제

01 □□□□□은 정보이용자가 항목 간의 유사점과 차이점을 식별하고 이해할 수 있게 하는 질적 특성이다.

02 □□□□□은 정보가 나타내고자 하는 경제적 현상을 충실히 표현하는지를 정보이용자가 확인하는 데 도움을 준다.

03 □□□은 의사결정에 영향을 미칠 수 있도록 의사결정자가 정보를 제때에 이용가능하게 하는 것을 의미한다.

04 □□□□□은 정보를 명확하고 간결하게 분류하고, 특징지으며, 표시하면 이해가능하게 된다.

정답

01 비교가능성 02 검증가능성
03 적시성 04 이해가능성

재무제표의 기본가정

재무제표는 일정한 가정하에서 작성되며, 그러한 기본가정으로는 **계속기업**이 있다

재무제표는 일반적으로 기업이 계속기업이며, 예상 가능한 기간 동안 영업을 계속할 것이라는 가정하에 작성된다

계속기업의 가정에서 파생되는 개념

자산과 부채를 순실현가능가치나 순공정가치가 아닌 **역사적 원가**로 측정할 수 있다

유 · 무형자산을 역사적원가에 근거하여 **감가상각**할 수 있다

자산과 부채를 정상영업기준 또는 1년을 기준으로 **유동과 비유동**으로 구분할 수 있다

수익 · 비용 대응의 개념을 적용할 수 있다

MEMO

PLUS 역사적원가

자산을 취득할 때 지급한 교환가격을 취득원가로 결정하는 것을 말한다.

바로확인문제

재무제표 작성을 위한 기본가정으로는 □□□□이 있다.

정답

계속기업

THEME

07

일반목적 재무제표

GUIDE 재무제표의 요소인 재무상태(자산, 부채, 자본)와 재무성과(수익, 비용)의 정의 및 재무제표 요소의 측정에 대한 내용을 알아두어야 합니다.

재무제표의 목적

재무제표의 목적은 보고기업에 유입될 미래 순현금흐름에 대한 전망과 보고기업의 경제적 자원에 대한 경영진의 **수탁책임**을 평가하는 데 유용한 보고기업의 자산, 부채, 자본, 수익 및 비용에 대한 재무정보를 재무제표 이용자들에게 제공하는 것이다.

재무제표 요소 – 재무상태

자산	**과거사건**의 결과로 기업이 통제하고 있는 현재의 경제적 자원
부채	과거사건의 결과로 기업이 경제적 자원을 이전해야 하는 **현재의무**
자본	기업의 자산에서 모든 부채를 차감한 후의 **잔여지분**

재무제표 요소 – 재무성과

수익	**자본의 증가**를 가져오는 자산의 증가나 부채의 감소로서 자본의 증가를 말한다. 자본청구권 보유자의 출자와 관련된 것은 **제외**한다
비용	**자본의 감소**를 가져오는 자산의 감소나 부채의 증가로서 자본의 감소를 말한다. 자본청구권 보유자에 대한 분배와 관련된 것은 **제외**한다

재무제표 요소의 측정

측정기준은 역사적원가와 현행가치가 있으며, 측정대상과 주어진 상황에 따라 다양한 방법으로 결합되어 사용된다.

PLUS **수탁책임**
경영자가 주주나 채권자로부터 수탁받은 자본을 효과적이고 효율적으로 관리 · 경영할 책임을 말한다.

PLUS **경제적 자원**
경제적 효익을 창출할 잠재력을 지닌 권리이다.

PLUS **현재의무**
보고기간 종료일 현재의무의 이행을 회피할 수 없는 법적의무 또는 의제의무를 말한다.

측정의 기준

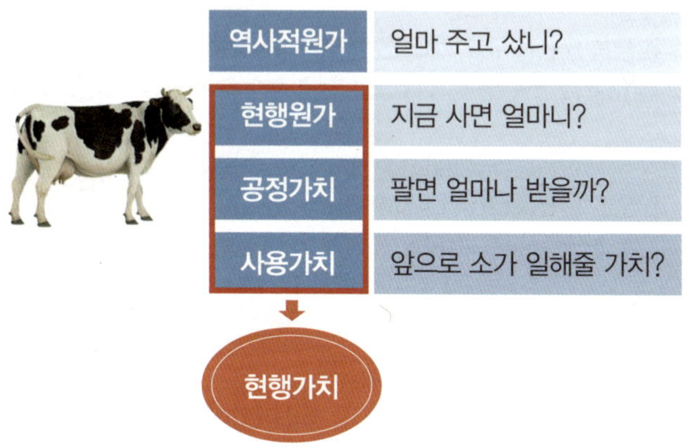

재무제표 측정 I

측정기준		내용
역사적 원가	자산	과거에 **지급**한 대가 + 발생한 거래원가
	부채	과거에 **수취**한 대가 − 발생한 거래원가
현행 원가	자산	측정일 **현재** 동등한 자산의 원가로서 지급할 대가 + 발생할 거래원가
	부채	측정일 **현재** 동등한 부채에 대해 수취할 대가 − 발생할 거래원가

재무제표 측정 II

측정기준		내용
공정가치	자산	측정일에 시장참여자 사이의 정상거래에서 자산을 **매도**할 때 수령할 가격
	부채	측정일에 시장참여자 사이의 정상거래에서 부채를 **이전**할 때 지급할 가격

재무제표 측정 III

측정기준		내용
사용가치 (이행가치)	자산	측정일에 자산의 사용과 처분으로 인해 유입될 기대 현금흐름의 **현재가치**
	부채	측정일에 부채의 이행으로 인해 유출될 기대 현금흐름의 **현재가치**

PLUS **현행가치**

현행가치는 현행원가, 공정가치, 사용가치 및 이행가치로 분류한다.

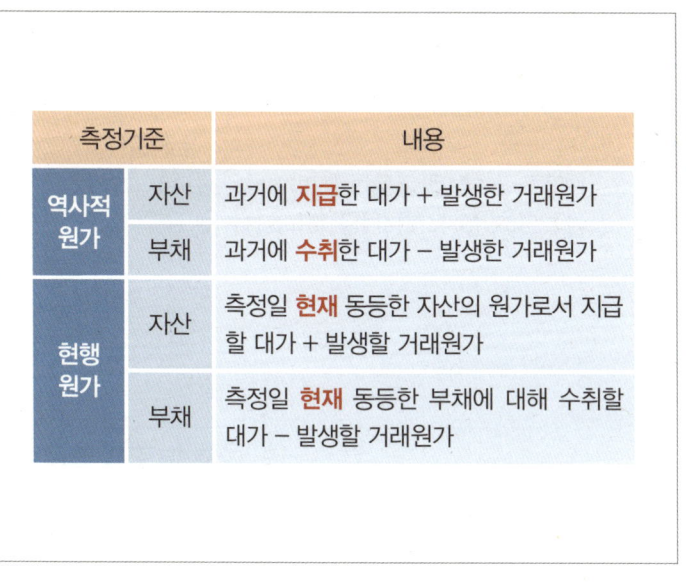

THEME 08

외부 회계감사

GUIDE 회계감사의 목적, 감사보고서에 대한 구체적인 감사의견 표명을 알고 있어야 하는 테마입니다. 감사의견의 전반적인 내용을 묻는 문제가 출제되고 있습니다.

회계감사의 목적

회계기준에 따라 적정하게 표시하고 있는지에 대해 독립적인 감사인이 감사의견을 표명함으로써 재무제표의 **신뢰성**을 제공하고, 재무제표의 이용자가 회사에 관하여 올바른 판단할 수 있도록 함을 목적으로 한다

적정의견 / 한정의견 / 부적정의견 / 의견거절

적정의견과 한정의견

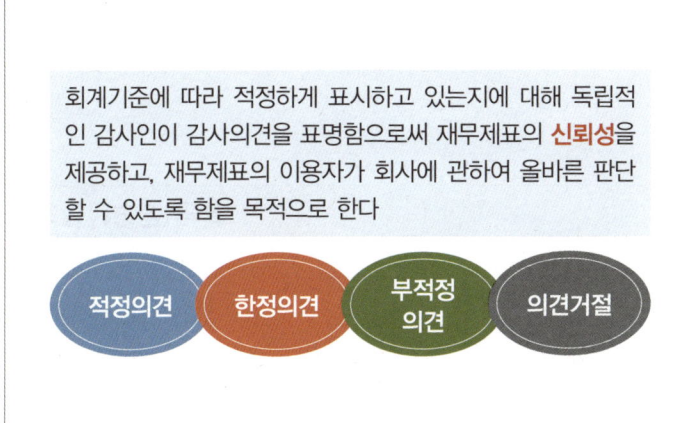

적정의견	감사인이 재무제표가 일반적으로 인정된 회계처리기준에 따라 중요성의 관점에서 적정하게 표시되고 있다고 판단했을 경우에 표명하는 감사의견
한정의견	감사인과 경영진 간의 의견불일치나 **감사범위의 제한**으로 인한 영향이 **중요**하여 적정의견을 표명할 수는 없지만, 부적정의견이나 의견거절을 표명할 정도로 매우 중요하지 않거나 전반적이지 않은 경우에 표명하는 감사의견

부적정의견과 의견거절

부적정의견	감사인과 경영진 간의 의견불일치로 인한 영향이 재무제표에 **매우 중요**하고 전반적이어서 한정의견의 표명으로는 재무제표의 오도 또는 불완전성을 적절히 공시할 수 없다고 판단하는 경우에 표명하는 감사의견
의견거절	**감사범위의 제한**에 의한 영향이 **매우 중요**하고 전반적이어서 감사인이 충분하고 적합한 감사증거를 획득할 수 없는 경우에 표명하는 감사의견

감사의견 내용

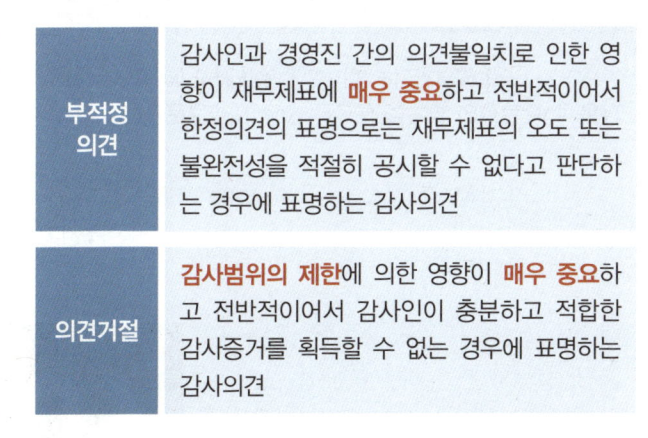

감사의견 상황	중요하지 않은 경우	중요한 경우	매우 중요한 경우	
	적정의견	한정의견	부적정의견	의견거절
회계기준 위배		○	○	
감사범위 제한		○		○

PLUS **경영자와 의견불일치**

재무제표가 일반적으로 인정된 회계원칙(한국채택국제회계기준)에 따라 작성되지 않은 경우를 말한다.

바로확인문제

외부 회계감사를 통해 회계정보의 □□□이 제고된다.

정답

신뢰성

THEME 09

자산의 분류 및 특성

GUIDE 출제 가능성은 상대적으로 낮은 테마이지만, 자산의 분류(유동자산, 비유동자산) 및 자산의 특성을 이해하여 정리해야 합니다.

유동자산

- 기업의 정상영업주기 내에 실현될 것으로 예상하거나, 정상영업주기 내에 판매하거나 소비할 의도가 **있다**
- 주로 단기매매 목적으로 보유하고 있다
- 보고기간 후 12개월 이내에 실현될 것으로 예상한다
- 현금이나 현금성자산으로서, 교환이나 부채 상환 목적으로의 사용에 대한 제한기간이 보고기간 후 12개월 **이상이 아니다**

정상영업주기

정상영업주기

2년

유동자산 분류

유동자산으로 분류

재고자산 및 매출채권과 같이 정상영업주기의 일부로서 판매, 소비 또는 실현되는 자산의 경우에는 보고기간 후 12개월 이내에 실현될 것으로 예상되지 않는 경우에도 **유동자산**으로 분류한다.

자산의 특성

- 자산의 존재를 판단하기 위해서 물리적 형태가 필수적인 것은 **아니다**
- 소유권이 자산의 존재를 판단함에 있어 필수적인 것은 **아니다**
- 지출의 발생과 자산의 취득은 밀접하게 관련되어 있으나 양자가 반드시 일치하는 것은 **아니다**. 예를 들어, 증여받은 재화는 자산의 정의를 충족할 수 있다

PLUS 정상영업주기

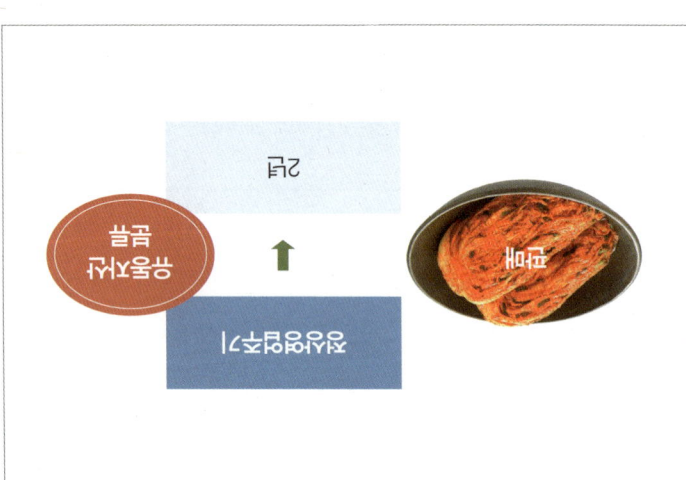

영업활동을 위한 자산의 취득 시점부터 그 자산이 현금이나 현금성자산으로 실현되는 시점까지 소요되는 기간을 말한다.

바로확인문제

재고자산의 판매 또는 매출채권의 회수시점이 보고기간 후 12개월을 초과하더라도 □□□□으로 분류한다.

정답

유동자산

CHAPTER 02

기출로 CHAPTER 마무리

01 다음 설명에 해당하는 재무정보의 질적 특성은? 제22회

> (가) 정보이용자가 항목 간의 유사점과 차이점을 식별하고 이해할 수 있게 한다.
> (나) 정보가 나타내고자 하는 경제적 현상을 충실히 표현하는지를 정보이용자가 확인하는 데 도움을 준다.

	(가)	(나)
①	비교가능성	검증가능성
②	중요성	일관성
③	적시성	중립성
④	중립성	적시성
⑤	검증가능성	비교가능성

해설

(가) 비교가능성은 정보이용자가 항목 간의 유사점과 차이점을 식별하고 이해할 수 있게 하는 질적 특성이다.
(나) 검증가능성은 정보가 나타내고자 하는 경제적 현상을 충실히 표현하는지를 정보이용자가 확인하는 데 도움을 준다.

정답 ①

02 재무정보의 질적 특성에 관한 설명으로 옳지 않은 것은? 제25회

① 근본적 질적 특성은 목적적합성과 표현충실성이다.
② 목적적합한 재무정보는 이용자들의 의사결정에 차이가 나도록 할 수 있다.
③ 재무제표에 정보를 누락할 경우 주요 이용자들의 의사결정에 영향을 주면 그 정보는 중요한 것이다.
④ 재무정보가 과거 평가에 대해 피드백을 제공한다면 확인가치를 갖는다.
⑤ 완벽한 표현충실성을 위해서는 서술에 완전성과 중립성 및 적시성이 요구된다.

해설

완벽한 표현충실성을 위해서는 서술이 완전하고, 중립적이며, 오류가 없어야 할 것이다.

정답 ⑤

CHAPTER 03

금융자산

수험생 여러분은 누군가의 가족이자 한 회사의 회사원으로
경제활동까지 겸하고 계실 수 있습니다.

바쁜 하루의 몇 시간을 강의에 할애하고 나면
정작 예습과 복습 시간을 따로 빼기는 불가능한
스케줄을 소화하고 계실 수 있으나,
여러분의 선배들 또한 그런 상황을 이겨내고
지금의 주택관리사가 되었음을 기억해 주시기 바랍니다.

자격 취득 후 누리게 될 시간에 비하면
지금의 노력은 당연한 대가일 수도 있습니다.

어떠한 이유든 주저앉고 싶으실 때마다
그 고비를 넘기고 이뤄 낸 합격의 기쁨이
얼마나 크고 값질지 상상해 보십시오.

THEME 10

금융상품 빈출

GUIDE 미래에 현금을 수취할 권리에 해당하는 금융자산과 미래에 현금을 지급할 의무에 해당하는 금융부채는 매년 출제되고 있으므로 반드시 암기해야 합니다.

금융상품의 정의 및 분류

금융상품이란 거래당사자 일방에게 금융자산을 발생시키고 동시에 거래상대방에게 금융부채나 지분상품을 발생시키는 모든 계약을 말한다

금융자산	현금 및 현금성자산, 외상매출금, 받을어음, 대여금, 미수금, 미수수익, 지분상품, 채무상품 등
금융부채	외상매입금, 지급어음, 차입금, 미지급금, 미지급비용, 사채 등

금융자산과 금융부채

금융자산	금융부채
외상매출금	외상매입금
받을어음	지급어음
대여금	차입금
미수금	미지급금
투자사채	사채

비금융자산과 비금융부채

비금융자산 ➡	유형자산, 무형자산, 투자부동산, 재고자산, 생물자산, 선급금, 선급비용, 금융리스자산, 이연법인세자산 등
비금융부채 ➡	선수금, 선수수익, 미지급법인세, 충당부채, 소득세예수금 등

비금융상품

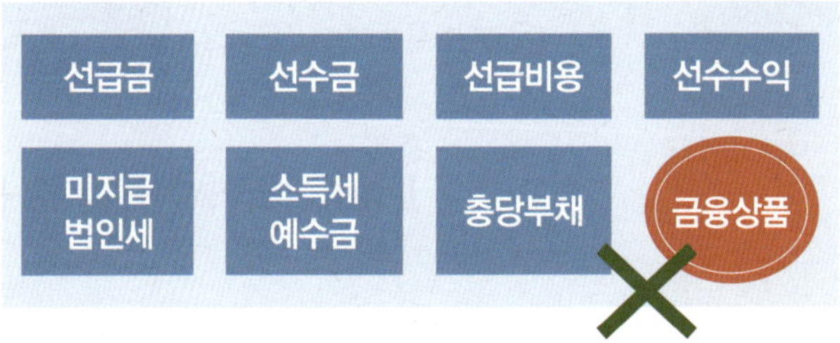

바로확인문제

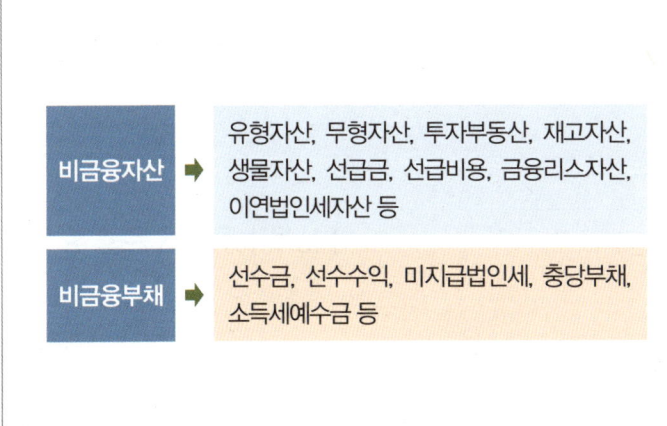

선급금, 선수금, 선급비용, □□□□, 미지급법인세, 소득세예수금, 충당부채는 금융상품에 해당하지 아니한다.

정답
선수수익

THEME 11

현금 및 현금성자산 빈출

GUIDE 현금 및 현금성자산은 기업의 유동성 판단에 있어 중요한 정보입니다. 계산문제로 매년 출제되고 있으며, 반드시 현금 및 현금성자산의 범위를 알아두어야 합니다.

현금 및 현금성자산의 범위 I

수표	VS	어음
부도수표 X		만기 도래전 어음 X
선일자수표 X		만기 도래한 어음 O

현금 및 현금성자산의 범위 II

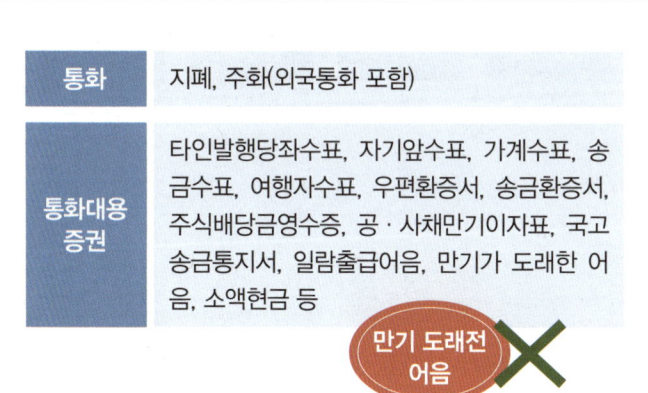

통화	지폐, 주화(외국통화 포함)
통화대용증권	타인발행당좌수표, 자기앞수표, 가계수표, 송금수표, 여행자수표, 우편환증서, 송금환증서, 주식배당금영수증, 공·사채만기이자표, 국고송금통지서, 일람출급어음, 만기가 도래한 어음, 소액현금 등

만기 도래전 어음 ✕

현금 및 현금성자산의 범위 III

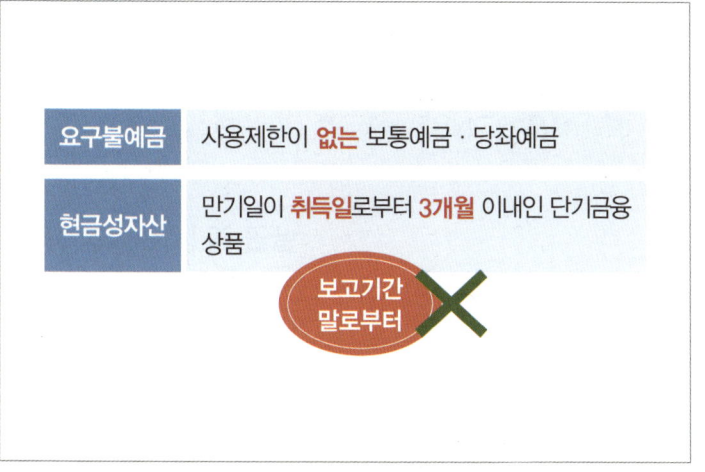

요구불예금	사용제한이 **없는** 보통예금 · 당좌예금
현금성자산	만기일이 **취득일**로부터 **3개월** 이내인 단기금융상품

보고기간 말로부터 ✕

현금성자산의 사례 I

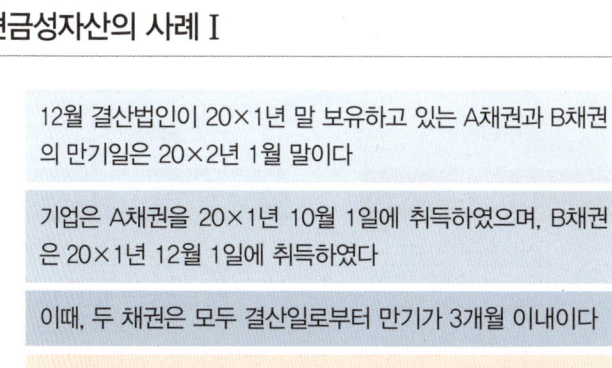

12월 결산법인이 20×1년 말 보유하고 있는 A채권과 B채권의 만기일은 20×2년 1월 말이다

기업은 A채권을 20×1년 10월 1일에 취득하였으며, B채권은 20×1년 12월 1일에 취득하였다

이때, 두 채권은 모두 결산일로부터 만기가 3개월 이내이다

➡ A채권은 취득 당시 만기가 4개월이므로 단기금융상품으로 분류하며, 취득 당시 만기가 2개월인 B채권은 현금성자산으로 분류한다

PLUS 현금
보유현금과 요구불예금을 말한다. 현금은 통화와 통화대용증권으로 분류하며, 요구불예금은 보통예금과 당좌예금으로 분류한다.

PLUS 현금성자산
유동성이 매우 높은 단기투자자산으로서 확정된 금액의 현금으로 전환이 용이하고 가치변동의 위험이 중요하지 않은 자산을 가리키며, 일반적으로 만기일이 단기에 도래하는 것을 말한다.

현금성자산의 사례 Ⅱ

구분	취득일	만기일	범위
A 채권	×1년 10월 1일	×2년 1월 31일	제외
B 채권	×1년 12월 1일	×2년 1월 31일	포함

결산일 ×1년 12월 31일

회계상 현금으로 취급할 수 없는 것

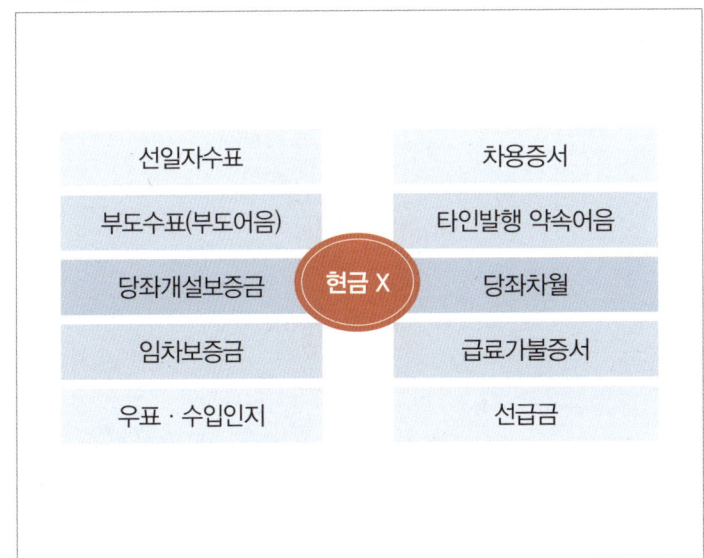

현금 X

선일자수표	차용증서
부도수표(부도어음)	타인발행 약속어음
당좌개설보증금	당좌차월
임차보증금	급료가불증서
우표 · 수입인지	선급금

PLUS 당좌예금

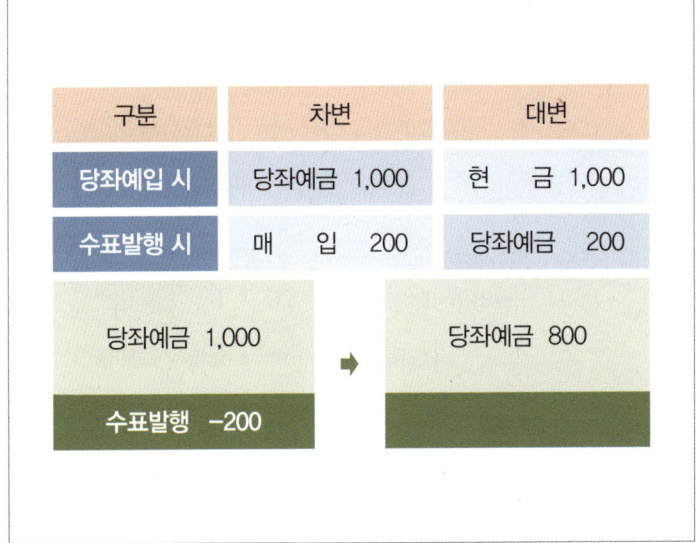

당좌예금은 거래은행과 당좌거래계약을 맺어 은행에 현금을 예입하고 필요에 따라 수표를 발행하여 현금을 인출할 수 있는 요구불예금이다.

PLUS 선일자수표

발행일이 도래하기까지 매출채권으로 분류한다.

당좌예금의 개념

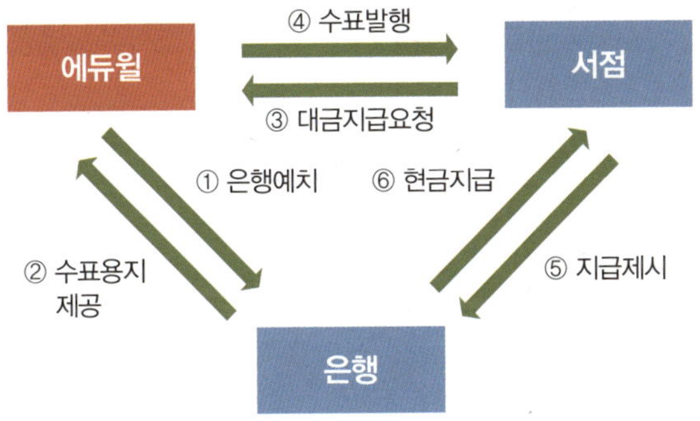

당좌예금의 회계처리

구분	차변	대변
당좌예입 시	당좌예금 1,000	현 금 1,000
수표발행 시	매 입 200	당좌예금 200

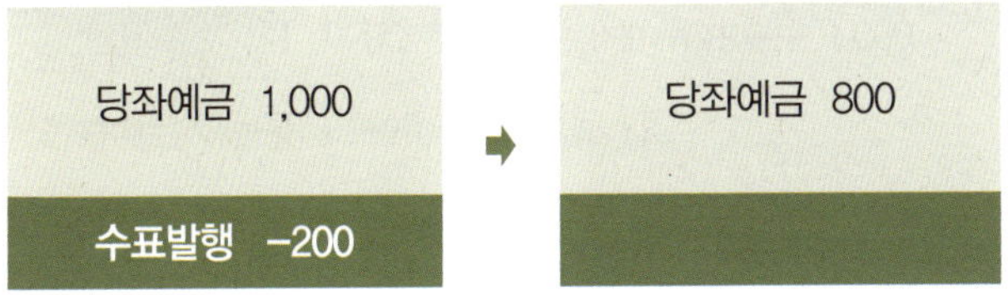

당좌차월의 개념

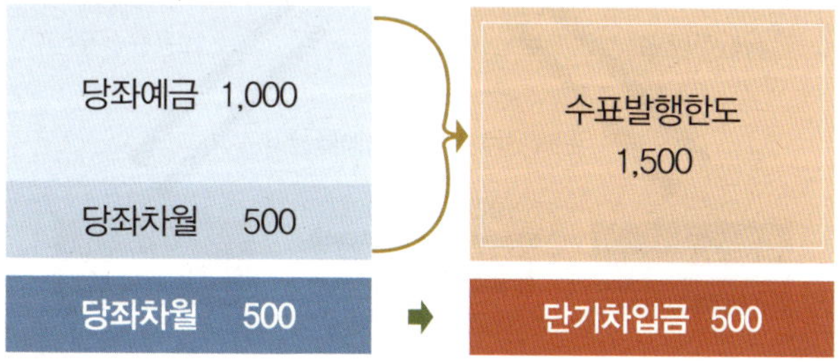

당좌차월의 회계처리

• 당좌예금 잔액을 초과하여 수표발행 시

차변	대변
(차) 매 입 1,500	(대) 당좌예금 1,000 당좌차월 500

• 당좌차월을 초과하여 예입한 경우

차변	대변
(차) 당좌차월 500 당좌예금 300	(대) 현 금 800

MEMO

PLUS 당좌차월

당좌차월은 차입금의 성격을 처리하는 부채 계정으로 당좌예금 대변에 잔액이 나타난다. 이는 마이너스(−)예금으로 당좌차월이다. 이러한 당좌차월은 유동부채인 단기차입금에 통합하여 표시한다.

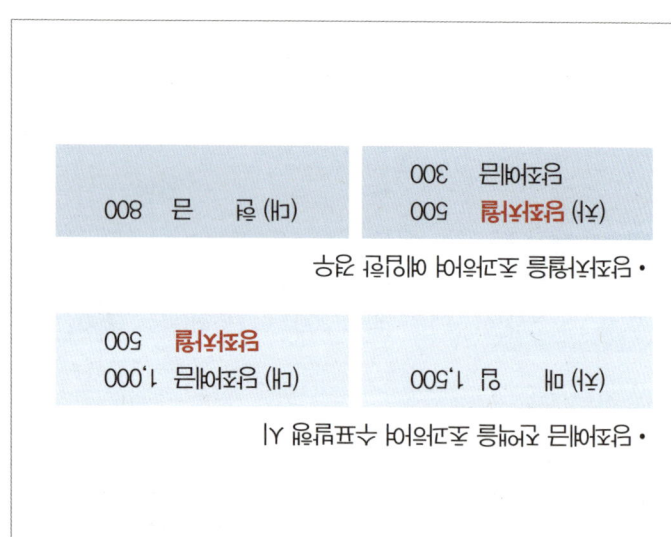

THEME

12

은행계정조정표 빈출

GUIDE 은행계정조정표는 불일치 원인을 조정하여 정확한 당좌예금으로 수정해야 합니다. 매년 출제되는 부분이므로 실제로 예시를 통한 문제풀이를 해보아야 합니다.

은행계정조정표 – 불일치 원인

조정 전	회사 측	은행 측
가산	이자수익 미통지입금 받을어음 추심	미기입 예금
차감	이자비용 은행수수료 지급어음 결제 부도수표	기발행미인출 [미결제] 수표
조정 후	×××	×××

회사 측 오류와 은행 측 오류

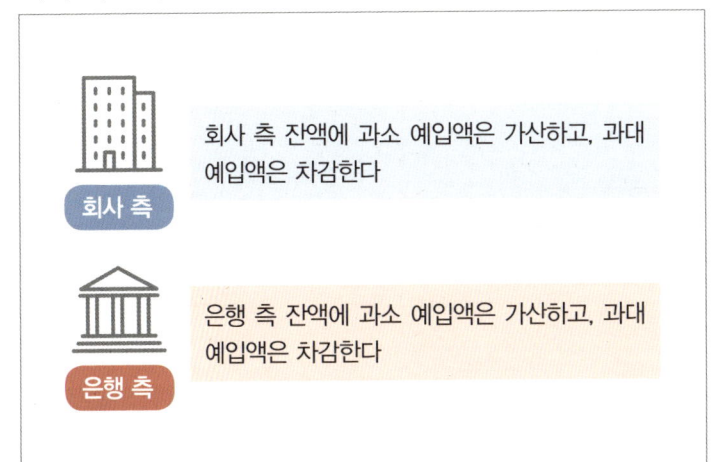

회사 측: 회사 측 잔액에 과소 예입액은 가산하고, 과대 예입액은 차감한다

은행 측: 은행 측 잔액에 과소 예입액은 가산하고, 과대 예입액은 차감한다

MEMO

PLUS 은행계정조정표

회사장부상 예금잔액과 은행장부상 예금잔액 사이에 차이가 발생한 경우, 그 불일치의 원인을 밝혀내고 정확한 잔액을 파악하기 위하여 회사가 작성하는 표를 말한다.

THEME 13

매출채권 · 매입채무

GUIDE 일반적인 상거래인 매출채권과 매입채무를 이용한 계산문제로 종종 출제되고 있습니다. 계정을 통한 암기가 필요한 부분입니다.

매출채권 계정

증가	매출채권 감소
기초잔액 2,000	회 수 6,000
외상매출 8,000	손상확정 1,000
	기말잔액 3,000

매입채무 계정

감소	매입채무 증가
지 급 7,000	기초잔액 2,000
기말잔액 3,000	외상매입 8,000

상품 계정

증가	상품 감소
기초상품	현금매출
현금매입	외상매출
외상매입	
매출총이익	기말상품

PLUS 매출채권 및 매입채무

보고기간 후 12개월 이내 또는 정상영업주기 내에 만기가 도래하는 것은 유동자산 또는 유동부채로 보고한다.

THEME 14

받을어음의 할인 빈출

GUIDE 만기일 이전에 자금을 융통할 목적으로 어음을 금융기관에 배서양도하는 것을 말합니다. 할인과 관련된 문제가 출제되고 있으므로 실제로 예시를 통한 문제풀이를 해보아야 합니다.

받을어음의 할인

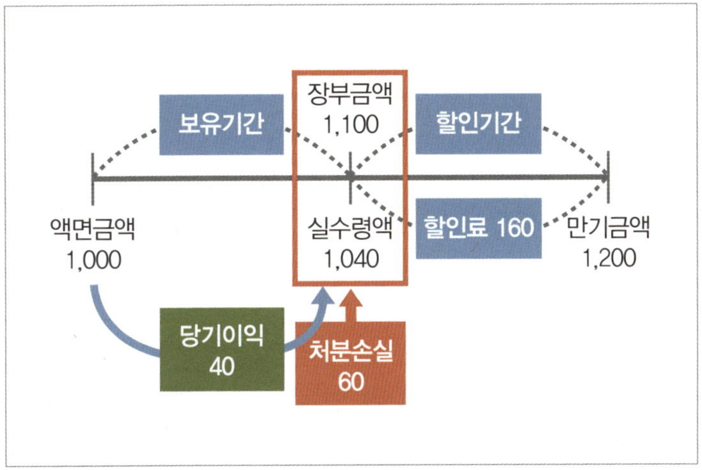

받을어음의 할인 – 이자부어음 I

만기금액 ➡ 액면금액 + 만기까지의 이자*

* 액면금액 × 연이자율 × 만기까지 어음기간/12

할인료 ➡ 만기금액 × 연할인율 × (할인기간/12)

받을어음의 할인 – 이자부어음 II

현금수령액 ➡ 만기금액 – 할인료

매출채권 처분손실 ➡ 할인시점의 장부금액 – 현금수령액

당기손익 ➡ 이자수익 – 매출채권처분손실

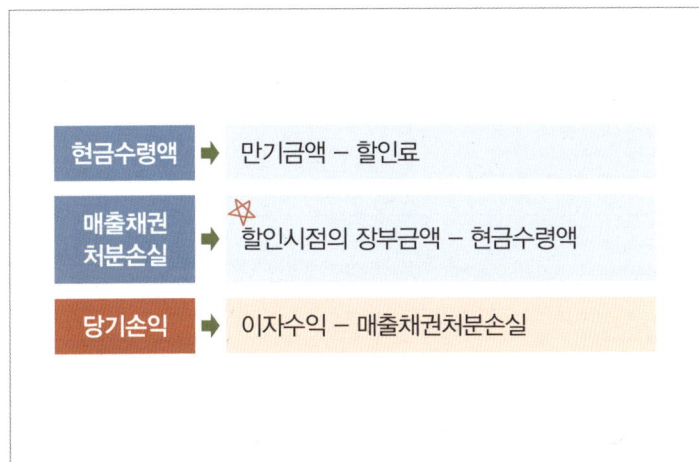

어음의 할인(매각거래) 회계처리

차변		대변	
현금	1,040	매출채권	1,000
매출채권처분손실	60	이자수익	100

당기이익 40

PLUS 받을어음의 할인

소지하고 있던 어음을 만기일 이전에 현금화하기 위해 거래은행에 배서양도하고 자금을 융통하는 것을 말하며, 할인 시 발생하는 이자를 할인료라 하고 액면금액에서 할인료를 차감한 잔액을 실수금이라 한다.

PLUS 무이자부어음

무이자부어음인 경우에는 액면금액이 만기금액이 된다.

THEME 15

매출채권의 손상 빈출

GUIDE 매출채권의 손상회계는 매년 1문제 정도가 출제되고 있습니다. 매 보고기간 말 회계처리를 이해해야 하며, 반드시 손실충당금 계정에 대한 암기가 필요합니다.

손상(대손)회계

구분	차변	대변
손상추정 시	손상차손 1,000	손실충당금 1,000
손상확정 시	손실충당금 1,000 손상차손 500	매출채권 1,500
현금회수 시	현금 1,000	손실충당금 1,000

충당금설정법

손상금액을 추정한 후 차변에 손상차손, 대변에 손실충당금으로 기록하고, 차변의 손상차손은 포괄손익계산서의 비용으로, 손실충당금은 재무상태표의 매출채권에서 차감하여 표시하는 방법이다.

손실충당금 계정

손상차손 금액을 손실충당금으로 설정하여 당해 수취채권에서 차감하여 표시한다

매출채권		100억
손실충당금	(2억)	98억 ← 순장부금액

매출채권 차감계정

손상추정 시

설정 전		설정 후
400	+600	1,000
(차) 손상차손 600		(대) 손실충당금 600
1,200	−200	1,000
(차) 손실충당금 200		(대) 손상차손환입 200

PLUS 손실충당금

손실충당금은 매출채권 중 기말까지 회수하지 못하여 미회수액으로 남아 있는 것에 대해 회수가 불가능할 것으로 추정되는 금액을 비용으로 처리하기 위해 설정하는 계정이다.

PLUS 손실충당금의 표시

매출채권에 대한 손실충당금과 같은 평가충당금을 차감하여 관련 자산을 순액으로 측정하는 것은 상계표시에 해당하지 아니한다.

손실충당금 계정

매출채권과 손실충당금 계정

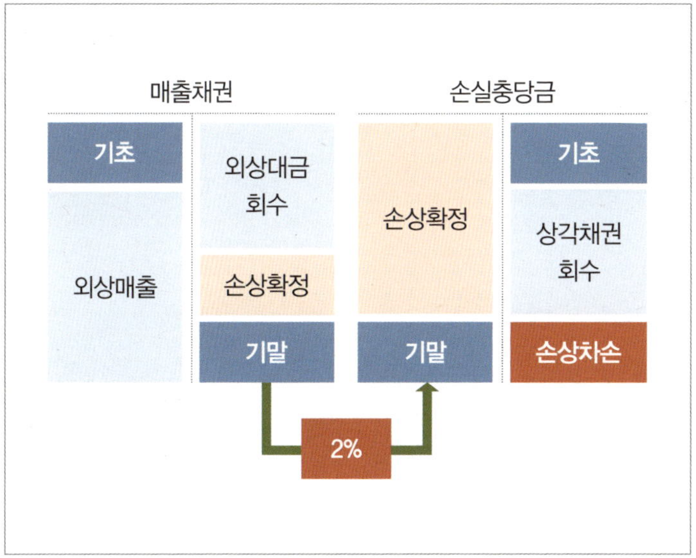

PLUS **손상추정금액**

보고기간 말 매출채권의 총장부금액 × 기대신용손실률

MEMO

THEME 16

기타채권과 채무

GUIDE 출제 가능성은 상대적으로 낮지만 기본적인 회계처리 시 어떤 계정과목으로 회계처리 되는지 알아야 하며, 임시계정도 학습이 필요합니다.

채권 · 채무의 분류

거래 내용	채권(자산)	채무(부채)
상거래의 외상채권 · 채무	외상매출금	외상매입금
약속어음 수취와 약속어음 발행	받을어음	지급어음
상거래 이외의 외상채권 · 채무	미수금	미지급금
금전 대여와 차입(1년 이내)	단기대여금	단기차입금
계약금 및 착수금 지급과 수입	선급금	선수금
급여 지급일 전의 지급(가불)	선대금	–
급여 지급 시 소득세 등의 원천징수	–	예수금

어음상 채권 · 채무의 분류

구분	채권	채무
상거래	받을어음	지급어음
금전 대 · 차거래	대여금	차입금
기타거래	미수금	미지급금

임시계정

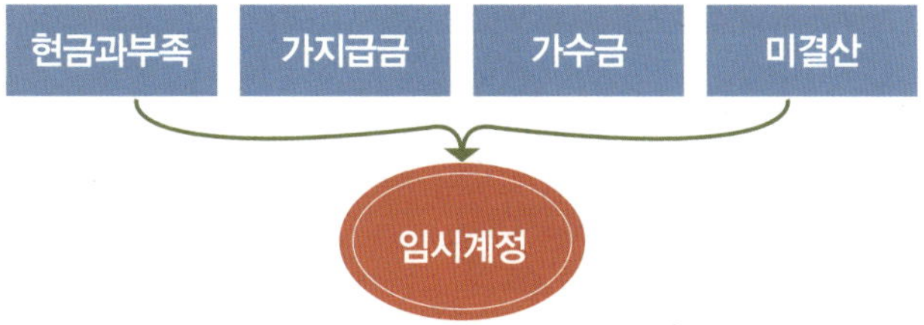

현금과부족, 가지급금, 가수금, 미결산계정 등으로 기말 결산 시에는 반드시 적절한 계정과목으로 대체하여 처리해야 한다

PLUS 가지급금

현금이 지급되었지만 계정과목 또는 금액을 확정할 수 없을 때 일시적으로 차변에 처리하는 계정이다. 가지급금, 가수금은 기말 결산분개를 통해 제거되어야 한다.

PLUS 가수금

현금을 받았지만 계정과목 또는 금액을 확정할 수 없을 때 일시적으로 대변에 처리하는 계정이다.

바로확인문제

약속어음을 받고 현금을 빌려줄 경우, 이에 대한 채권을 □□□으로 기록한다.

정답

대여금

THEME 17

기타금융자산 빈출

GUIDE 기타금융자산에서는 매년 1문제 이상 정도 출제되고 있습니다. 특히 금융자산의 분류와 최초측정 및 후속측정(금융자산의 평가손익) 그리고 금융자산의 처분손익에 대하여 철저한 이해가 요구됩니다.

기타금융자산의 분류

보유 목적에 따른 분류

- 당기손익-공정가치 측정 금융자산
- 기타포괄손익-공정가치 측정 금융자산
- 상각후원가 측정 금융자산

기타금융자산의 분류기준

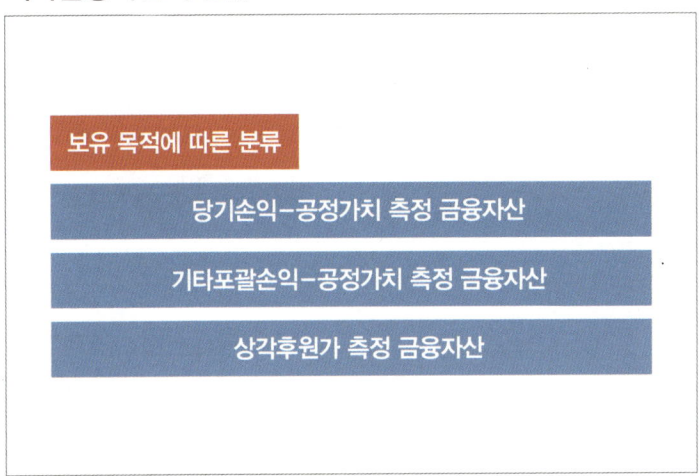

구분	채무상품	지분상품
상각후원가 측정	계약상 현금흐름 수취 사업모형	-
기타포괄손익-공정가치 측정	계약상 현금흐름 수취 + 매도사업모형	최초 인식시점에 지정
당기손익-공정가치 측정	나머지 모두	원칙

기타금융자산의 측정

취득 → 평가 → 처분

최초측정(최초원가) I

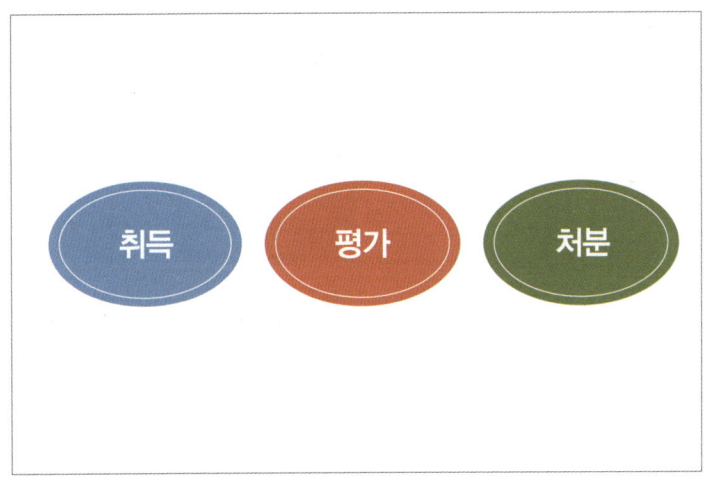

구분	거래원가(수수료)
당기손익-공정가치 측정 금융자산	당기비용
기타포괄손익-공정가치 측정 금융자산	공정가치에 가산
상각후원가 측정 금융자산	공정가치에 가산

PLUS 지분상품

지분상품은 계약상 현금흐름 특성(원금과 이자)이 없으므로 당기손익-공정가치 측정 금융자산으로 분류된다. 다만, 단기매매 목적이 아닌 한 최초 인식시점에 기타포괄손익-공정가치 측정 금융자산으로 선택할 수 있고 선택한 이후에는 당기손익-공정가치 측정 금융자산으로 변경(취소)할 수 없다.

✔ 바로확인문제

당기손익-공정가치 측정 금융자산의 취득과 직접 관련되는 거래원가는 당기□□으로 처리한다.

정답

비용

최초측정(최초원가) Ⅱ

취득 10,000, 거래원가 500	취득원가	
당기손익-공정가치 측정 금융자산	10,000	비용 500
기타포괄손익-공정가치 측정 금융자산	10,500	
상각후원가 측정 금융자산	10,500	

후속측정(기말평가) Ⅰ

구분	측정(평가)
당기손익-공정가치 측정 금융자산	공정가치법
기타포괄손익-공정가치 측정 금융자산	공정가치법
상각후원가 측정 금융자산	상각후원가법

후속측정(기말평가) Ⅱ

구분	평가손익
당기손익-공정가치 측정 금융자산	당기손익
기타포괄손익-공정가치 측정 금융자산	기타포괄손익(자본)
상각후원가 측정 금융자산	없음

기타금융자산의 정리

구분	측정(평가)	평가손익
당기손익-공정가치 측정 금융자산	공정가치	당기손익
기타포괄손익-공정가치 측정 금융자산	공정가치	기타포괄손익
상각후원가 측정 금융자산	상각후원가	없음

PLUS 공정가치

측정일에 시장참여자 사이의 정상거래에서 자산을 매도할 때 받거나 부채를 이전할 때 지급하게 될 가격을 말한다.

PLUS 상각후원가 측정 금융자산

최초 인식시점의 유효이자율을 적용하여 상각후원가로 측정하고 재무상태표에 표시한다. 따라서 공정가치 측정에 따른 평가손익이 없다.

당기손익-공정가치 측정 금융자산(지분상품)

구분		회계처리
취득	➡	거래원가는 당기**비용**으로 인식
평가	➡	**당기손익**으로 인식
처분	➡	처분 대가 - 처분 **직전**

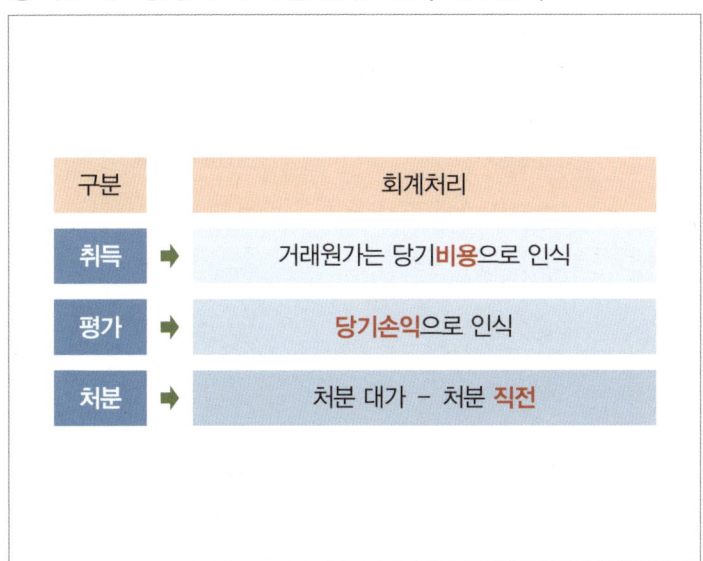

기타포괄손익-공정가치 측정 금융자산(지분상품)

구분		회계처리
취득	➡	최초 인식 공정가치에 **가산**
평가	➡	**기타포괄손익(자본)**으로 인식
처분	➡	처분손익 **없음**
기타포괄손익누계액은 이익잉여금으로 대체할 수 있다		

지분상품(처분손익)

구분	장부금액	처분금액
당기손익-공정가치 측정 금융자산	처분 직전	×××
기타포괄손익-공정가치 측정 금융자산	처분손익 **없음**	

당기손익에 미치는 영향?

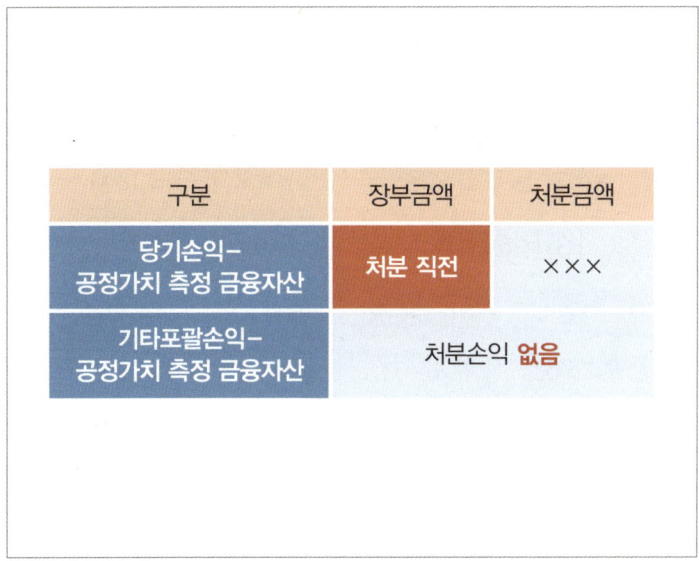

구분	20×1 초	20×1 말	20×2 말	20×3 초 처분
공정가치	1,000	1,200	900	1,100
당기손익-금융자산	당기 손익?	+200	-300	+200
기타포괄손익-금융자산	당기 손익?	0	0	0

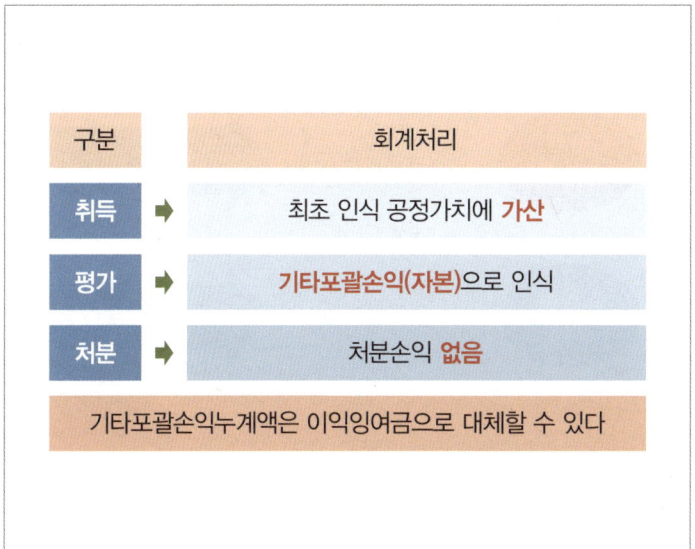

PLUS **당기손익-공정가치 측정 금융자산의 처분**

처분 시의 장부금액은 취득연도에 처분하는 경우에는 취득 당시 공정가치가 되고, 취득연도 이후에 처분하는 경우에는 전기 보고기간 말 공정가치로 평가한 후의 금액이 된다. 처분 시의 거래원가는 처분금액에서 이를 직접 차감한다.

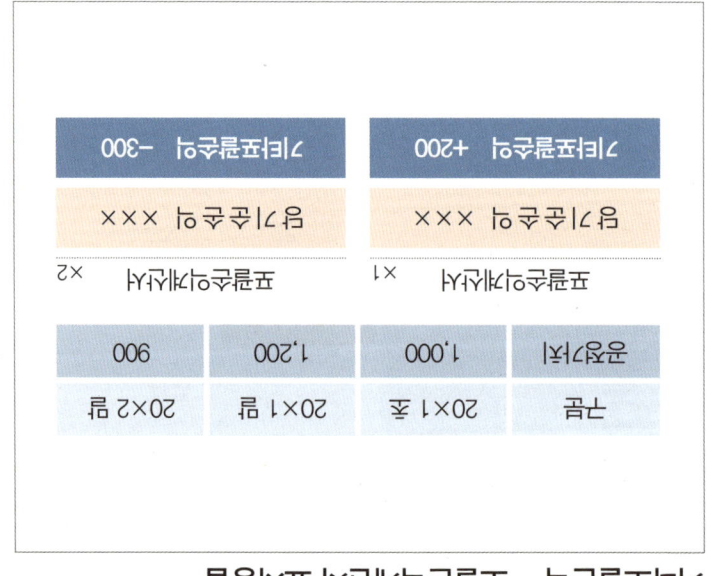

기타포괄손익 – 포괄손익계산서 표시방법

구분	20×1 초	20×1 말	20×2 말
공정가치	1,000	1,200	900

포괄손익계산서 ×1	포괄손익계산서 ×2
당기순손익 ×××	당기순손익 ×××
기타포괄손익 +200	기타포괄손익 −300

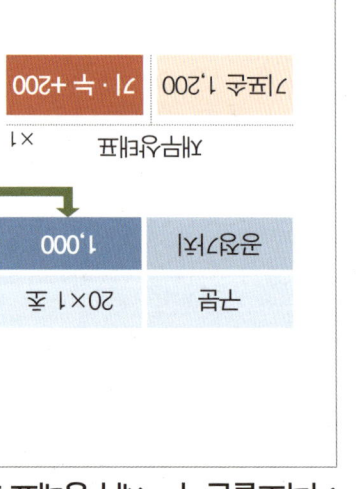

기타포괄손익 – 재무상태표 표시방법

구분	20×1 초	20×1 말	20×2 말
공정가치	1,000	1,200	900

재무상태표 ×1		재무상태표 ×2	
기포손 1,200	기 · 누 +200	기포손 900	기 · 누 −100

기타포괄손익 표시방법 I

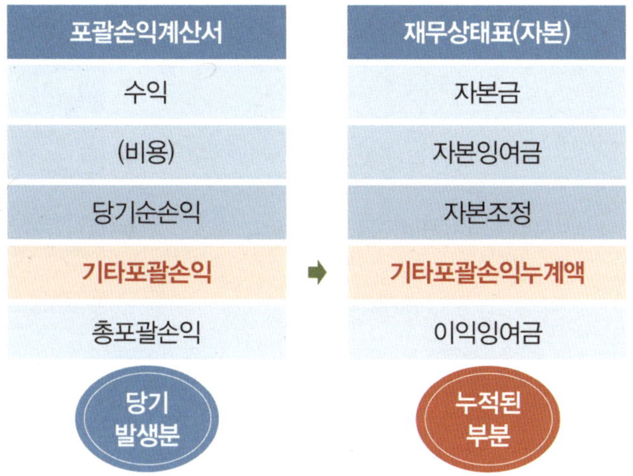

기타포괄손익 표시방법 II

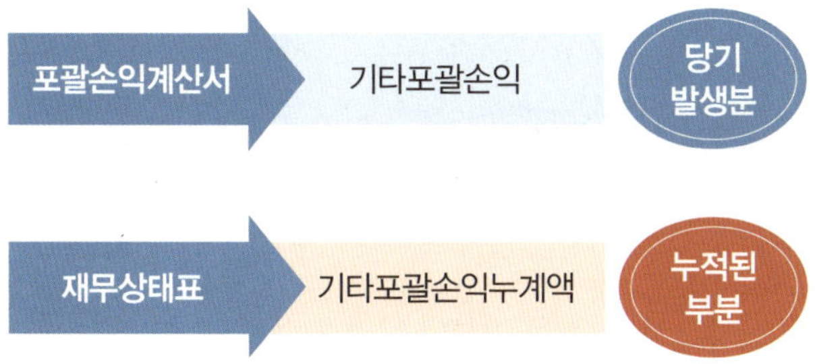

PLUS 포괄손익계산서상
기타포괄손익 = 평가 시 공정가치 – 평가직전 장부금액

PLUS 재무상태표상
기타포괄손익누계액 = 평가 시 공정가치 – 최초 취득원가

PLUS 기타포괄손익누계액
손익거래 중 포괄손익계산서의 당기순손익에 포함되지 않는 기타포괄손익의 잔액을 말한다.

상각후원가 측정 금융자산(채무상품)

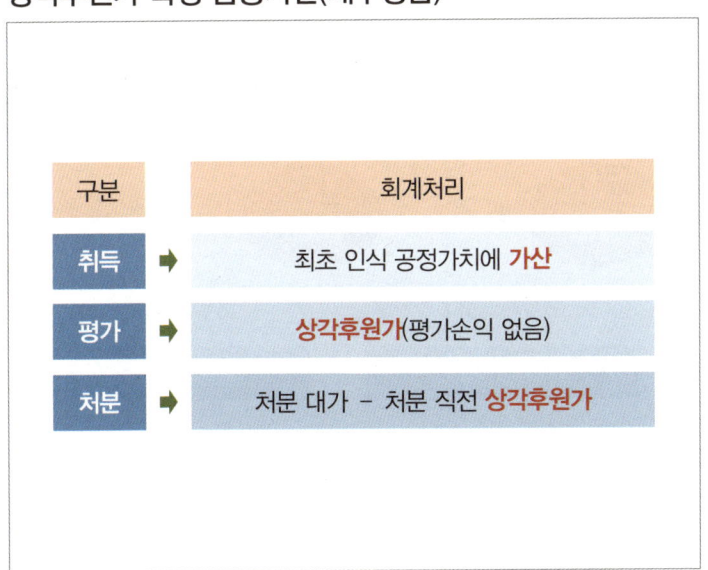

구분	회계처리
취득	최초 인식 공정가치에 **가산**
평가	**상각후원가**(평가손익 없음)
처분	처분 대가 - 처분 직전 **상각후원가**

상각후원가 측정 금융자산의 장부금액

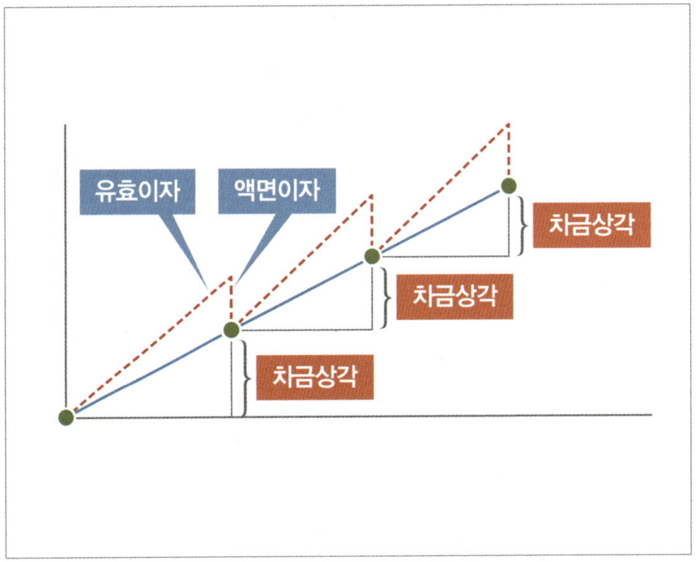

상각후원가 측정 금융자산의 장부금액(할인취득)

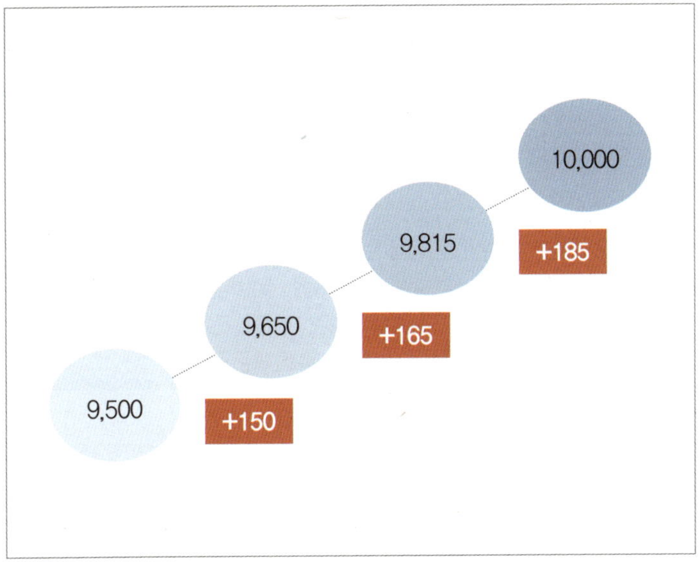

상각후원가 측정 금융자산의 장부금액(할증취득)

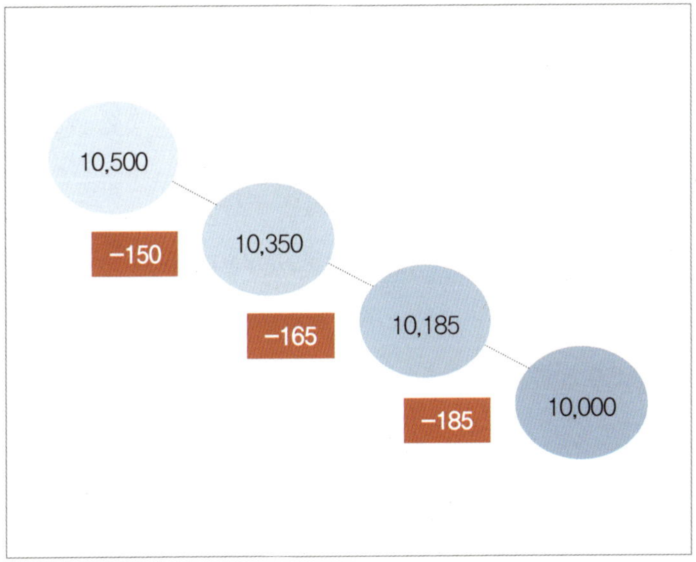

PLUS 상각후원가 측정 금융자산 후속측정

취득원가와 만기액면가액의 차이(할인차금 금액 또는 할증발행 금액)를 상환기간에 걸쳐 유효이자율법에 의하여 상각하여 취득원가와 이자수익에 가감한다.

보유기간 중 배당과 이자의 수익

지분상품	**현금배당**을 수령하는 경우 배당금수익으로 인식한다. 단, **주식배당**으로 인해 수령하는 주식에 대해서는 수익으로 계상하지 않고(회계처리 없음) 주식수만 증가시켜 취득단가를 감소시키면 된다
채무상품	보유기간에 해당하는 금액만을 이자수익으로 인식한다

금융자산의 손상

구분	금융자산의 종류	손상차손 여부
채무상품	상각후원가 측정	손상차손 인식
	기타포괄손익-공정가치 측정	손상차손 인식
	당기손익-공정가치 측정	손상인식 않음
지분상품	당기손익-공정가치 측정	손상인식 않음
	기타포괄손익-공정가치 측정	손상인식 않음

채무상품과 지분상품의 재분류조정 비교

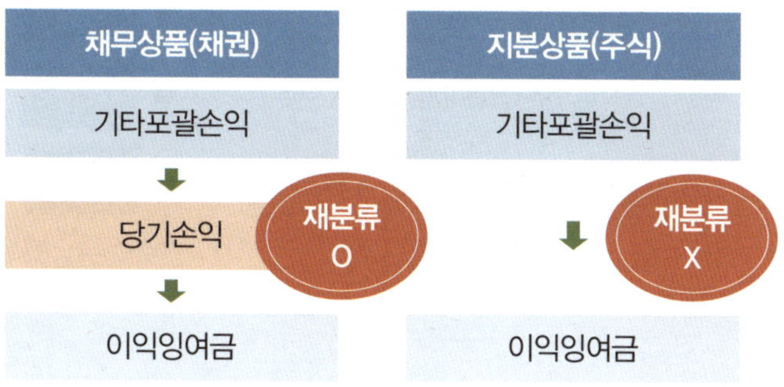

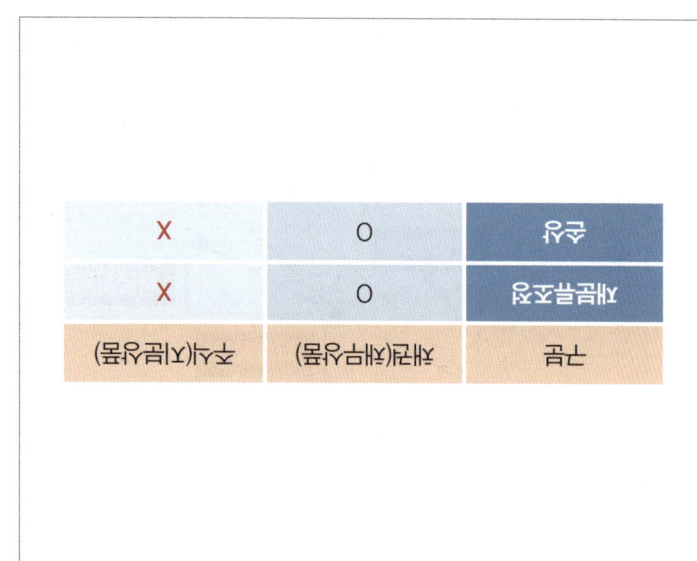

채무상품과 지분상품의 비교

구분	채권(채무상품)	주식(지분상품)
재분류조정	O	X
손상	O	X

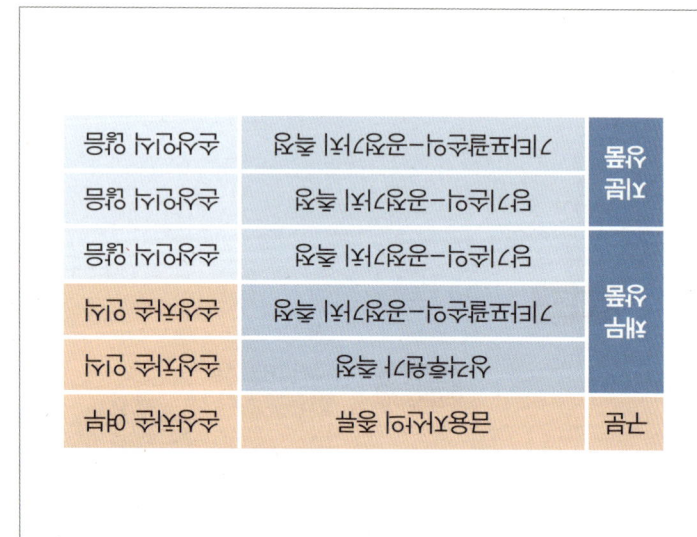

PLUS 재분류조정
기타포괄손익의 재분류조정은 당기나 과거기간에 인식한 기타포괄손익을 당기손익으로 재분류한 금액을 말한다.

CHAPTER 03

기출로 CHAPTER 마무리

01 금융자산에 해당하지 않는 것은? 제23회

① 현금
② 대여금
③ 투자사채
④ 선급비용
⑤ 매출채권

해설

1. 미래에 현금을 수취할 계약상 권리에 해당하는 금융자산의 일반적인 예로는 현금 및 현금성자산, 매출채권, 받을어음, 대여금, 미수금, 미수수익, 투자사채, 지분상품 등이 있다.
2. 금융자산이 아닌 항목으로는 유형자산, 무형자산, 투자부동산, 재고자산, 생물자산, 리스자산, 선급금, 선급비용, 이연법인세자산 등이 있다.

정답 ④

02 (주)한국의 20×1년 말 재무자료에서 발췌한 자료이다. 20×1년 말 재무상태표의 현금 및 현금성자산으로 보고될 금액은? [단, (주)한국의 표시통화는 원화(₩)이다] 제25회

ㅇ 당좌차월	₩300
ㅇ 타인발행수표	100
ㅇ 지급기일이 도래한 배당금 지급통지표	450
ㅇ 우편환증서	260
ㅇ 양도성예금증서 (취득일 20×1년 12월 1일, 만기일 20×2년 3월 20일)	530
ㅇ 당좌개설보증금	340
ㅇ 자기앞수표	250
ㅇ 외국환 통화 (외국환 통화에 적용될 환율은 $1 = ₩110이다)	$2

① ₩980 ② ₩1,280 ③ ₩1,620
④ ₩1,810 ⑤ ₩2,150

해설

1. 현금 및 현금성자산: 타인발행수표(100) + 지급기일이 도래한 배당금 지급통지표(450) + 우편환증서(260) + 자기앞수표(250) + 외국환통화(220) = ₩1,280
2. 당좌차월이나 양도성예금증서 및 당좌개설보증금 등은 현금 및 현금성자산에 해당하지 않는다.

정답 ②

03 20×1년 말 현재 (주)한국의 장부상 당좌예금 잔액은 ₩84,500으로 은행 측 잔액증명서상 잔액과 차이가 있다. 차이가 나는 원인이 다음과 같을 때, 차이를 조정한 후의 올바른 당좌예금 잔액은? 제24회

- ㅇ 거래처에서 송금한 ₩5,600이 은행에 입금 처리되었으나, 기말 현재 은행으로부터 통보받지 못했다.
- ㅇ 발행한 수표 중 ₩11,000이 기말 현재 은행에서 인출되지 않았다.
- ㅇ 거래처로부터 받아 예입한 수표 ₩5,000이 부도처리 되었으나, 기말 현재 은행으로부터 통보받지 못했다.
- ㅇ 회사에서는 입금 처리하였으나, 기말 현재 은행 측에 미기입된 예금은 ₩12,300이다.

① ₩72,900 ② ₩79,100 ③ ₩83,900
④ ₩85,100 ⑤ ₩86,400

해설

은행계정조정표

회사 장부 잔액	₩84,500	은행 잔액증명서 잔액	₩?
미통지 입금	5,600	기발행 미인출수표	(11,000)
부도수표	(5,000)	미기입 예금	12,300
조정 후 잔액	₩85,100	조정 후 잔액	₩85,100

정답 ④

04 (주)한국은 20×1년 7월 1일 거래처에 상품을 판매하고 이자부약속어음(액면금액 ₩480,000, 연 5%, 만기 5개월)을 수령하였다. (주)한국은 동 어음을 2개월 동안 보유 후 거래은행에 연 8%의 이자율로 할인하였다. 어음할인 시 인식해야 할 처분손실은? (단, 어음할인은 금융자산의 제거요건을 충족하며, 이자는 월할계산한다) 제21회

① ₩3,800 ② ₩6,000 ③ ₩12,400
④ ₩13,600 ⑤ ₩19,600

해설

1. 어음의 만기금액: 액면(480,000) + 5개월 만기까지 이자(10,000)[= 액면(480,000) × 액면이자율(연 5% × 5/12)] = ₩490,000
2. 할인료: 어음의 만기금액(490,000) × 연 할인율(8% × 3/12) = ₩9,800
3. 할인 시 현금수취액: 만기금액(490,000) − 할인료(9,800) = ₩480,200
4. 어음의 장부금액: 액면(480,000) + 할인 시까지 이자(4,000)[= 액면(480,000) × 액면이자율(연 5% × 2/12)] = ₩484,000
5. 매출채권처분손실: 어음의 장부금액(484,000) − 할인 시 현금수취액(480,200) = ₩3,800

정답 ①

05 (주)한국의 20×1년 초 매출채권에 대한 손실충당금은 ₩5,000이다. 매출채권과 관련된 자료가 다음과 같을 때, 20×1년도에 인식할 손상차손은? 제23회

> ○ 20×1년 3월 2일 당기 외상매출한 ₩7,500의 매출채권이 회수불가능한 것으로 판명되었다.
> ○ 20×1년 6월 3일 전기에 손실충당금으로 손상처리한 매출채권 ₩1,000이 회수되었다.
> ○ 20×1년 12월 31일 기말수정분개 전 매출채권 잔액은 ₩201,250이며, 매출채권 잔액의 미래현금흐름을 개별적으로 분석한 결과 ₩36,000의 손상이 발생할 것으로 예상되었다.

① ₩30,500 ② ₩31,000 ③ ₩35,000
④ ₩36,500 ⑤ ₩37,500

해설

손실충당금

손상확정금액	₩7,500	기초잔액	₩5,000
기말잔액	36,000	현금회수액	1,000
		손상차손	?
	₩43,500		₩43,500

∴ 포괄손익계산서상 손상차손 = ₩37,500

정답 ⑤

06 (주)한국은 20×1년 중 금융자산을 취득하고 주식 A는 당기손익-공정가치 측정 금융자산으로, 주식 B는 기타포괄손익-공정가치 측정 금융자산으로 분류하였다. 20×1년 중 주식 A는 전부 매각하였고, 주식 B는 20×1년 말 현재 보유하고 있다. 주식 A의 매각금액과 20×1년 말 주식 B의 공정가치가 다음과 같을 때, 20×1년 당기순이익에 미치는 영향은? 제25회

구분	20×1년 중 취득원가	비고
주식 A	₩250	매각금액 ₩230
주식 B	₩340	20×1년 말 공정가치 ₩380

① ₩20 증가 ② ₩40 증가 ③ ₩60 증가
④ ₩20 감소 ⑤ ₩40 감소

해설

1. 주식 A 당기손익-공정가치 측정 금융자산: 취득원가(250) − 매각금액(230) = 당기순이익 ₩20 감소
2. 주식 B 기타포괄손익-공정가치 측정 금융자산: 당기순이익 ₩0
   기타포괄손익-공정가치 측정 금융자산의 평가손익을 기타포괄손익(자본)으로 인식한다. 따라서 당기순이익에 미치는 영향은 없다.

정답 ④

CHAPTER 04

재고자산

간혹 공부를 하다보면 노력한 만큼 성적이 오르지 않거나,
집중이 되지 않는 때와 마주하게 됩니다.
촉박한 시간과 빠른 진도에 떠밀려 그 신호를 무시하지 마시고
잠시 동기부여가 될 수 있는 시간을 가지십시오.

합격의 가장 큰 힘은 튼튼한 기초 위에 세워진
흔들림 없는 지구력과 노력입니다.

충분한 휴식은 그 시간을 갖기 전보다
더 효율적인 학습효과로 보답할 것입니다.

그리고 첫 발을 내딛듯 다시 나아가면 됩니다.
주변과 비교하지 말고, 본인만의 계획에 충실하면 됩니다.
노력은 결코 여러분을 배신하지 않을 것입니다.

THEME 18

재고자산의 의의 및 흐름 빈출

GUIDE 재고자산은 매년 1문제가 출제되는 부분으로, 재고자산의 개념 및 분류, 특히 재고자산의 흐름(매출원가, 매출총이익 계산문제 등)과 관련된 내용은 확실히 정리해야 합니다.

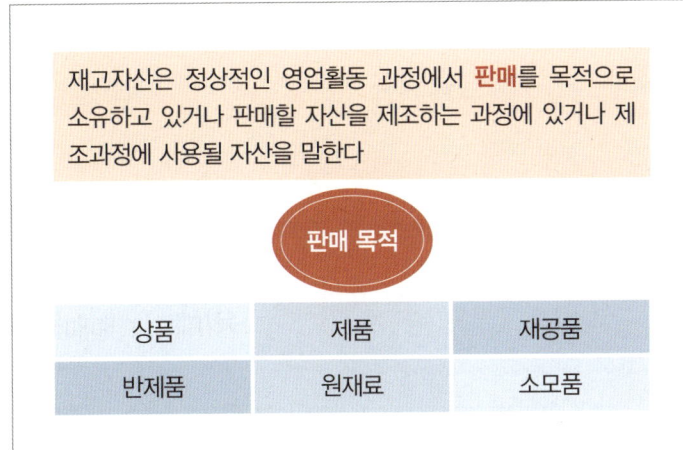

재고자산의 의의와 분류

재고자산은 정상적인 영업활동 과정에서 **판매**를 목적으로 소유하고 있거나 판매할 자산을 제조하는 과정에 있거나 제조과정에 사용될 자산을 말한다

판매 목적

상품	제품	재공품
반제품	원재료	소모품

매출원가의 계산

상품

차변	대변
기초상품 100	매출원가 700
순매입액 900	기말상품 300

판매가능한 상품

매출총이익의 계산

상품

차변	대변
기 초 상 품 100	순 매 출 액 1,200
순 매 입 액 900	
매출총이익 500	기 말 상 품 300

재고자산의 흐름

상품 (차변)	상품 (대변)	상품 (차변)	상품 (대변)
기초상품	매출원가	기초상품	순매출액
순매입액		순매입액	
	기말상품	매출총이익	기말상품

순매출액 − 매출원가 = 매출총이익

PLUS 재고자산의 범위

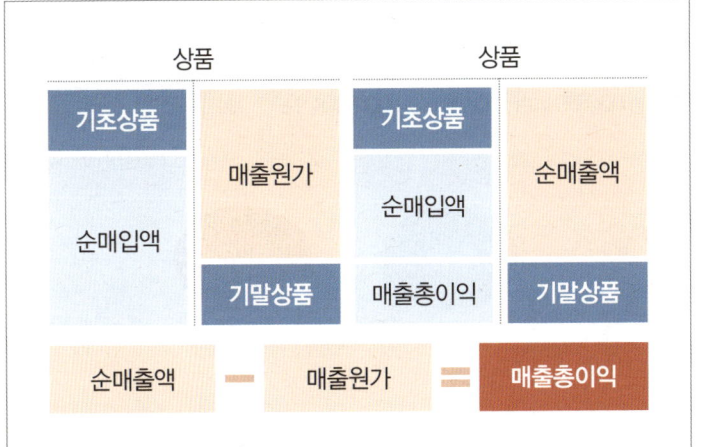

- 영업과정에서 판매를 위하여 보유 중인 자산(상품, 제품)
- 영업과정에서 판매를 위하여 생산 중인 자산(재공품)
- 생산이나 용역 제공에 사용될 원재료나 소모품

바로확인문제

정상적인 영업과정에서 판매를 위해 보유 중인 자산은 □□□□이다.

정답

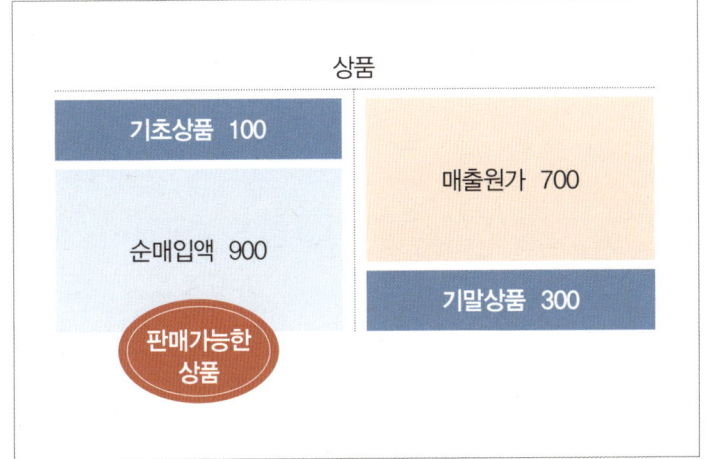

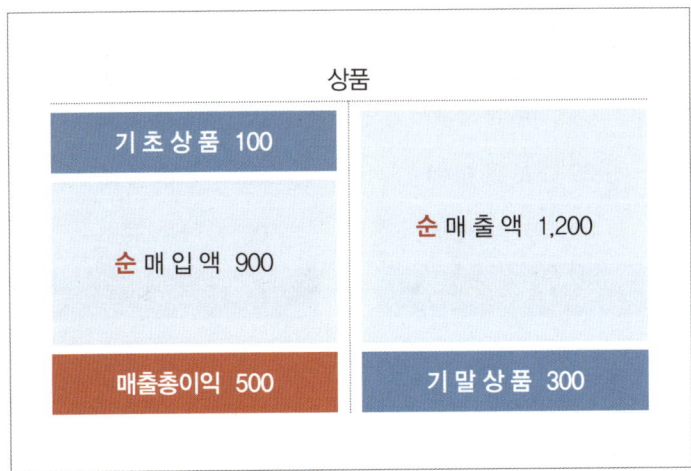

재고자산

상품매매 시 조정항목

총 매 입 액 1,000	총 매 출 액 1,300
매입에누리 30	매출에누리 30
매 입 환 출 50	매 출 환 입 50
매 입 할 인 20	매 출 할 인 20
순매입액 900	순매출액 1,200

매입할인

2/10 n/30

구분	차변	대변
10월 01일	매 입 100,000	매 입 채 무 100,000
10월 09일	매입채무 100,000	현 금 98,000
		매입(할인) 2,000

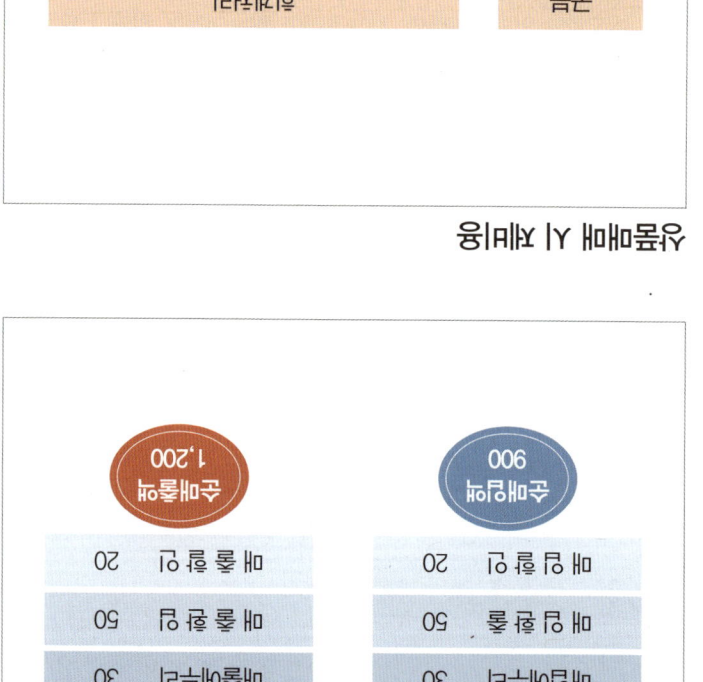

상품매매 시 제비용

구분	회계처리
매입운임 ➡	상품 **취득원가**에 포함
매출운임 ➡	운반비(**비용**) 등으로 처리

PLUS 매입할인

매입채무를 매입처에 약정한 지급기일보다 빨리 상환함으로써 매입금액 일부를 할인받는 것을 말한다. 매입할인은 총매입액에서 직접 차감한다.

PLUS 2/10, n/30

2/10은 10일 이내에 결제하면 2%를 할인해 준다는 것을 의미하며, n/30은 늦어도 30일 이내에는 대금을 전액 결제해야 한다는 신용공여 기한을 의미한다.

바로확인문제

01 재고자산 매입 시 부담하는 매입운임은 상품 □□□□에 포함한다.

02 재고자산 판매 시 부담하는 판매운임은 □□으로 처리한다.

정답

01 취득원가 02 비용

THEME 19

기말재고 포함여부

GUIDE 재고자산은 상황에 따라 어떤 항목은 기말재고실사액에 포함되기도 하고, 어떤 항목은 포함되지 않기도 합니다. 따라서 포함여부에 대한 정확한 이해가 요구됩니다.

기말재고자산 포함여부

미착상품	• 선적지인도기준: **매입자**의 재고자산에 포함 • 도착지인도기준: **판매자**의 재고자산에 포함
시송품	구입자의 매입의사표시가 **없는** 부분은 포함
적송품	수탁자가 보관하고 있는 부분은 포함
할부판매	판매자의 재고자산에서 제외
저당상품	담보제공자의 재고자산에 포함

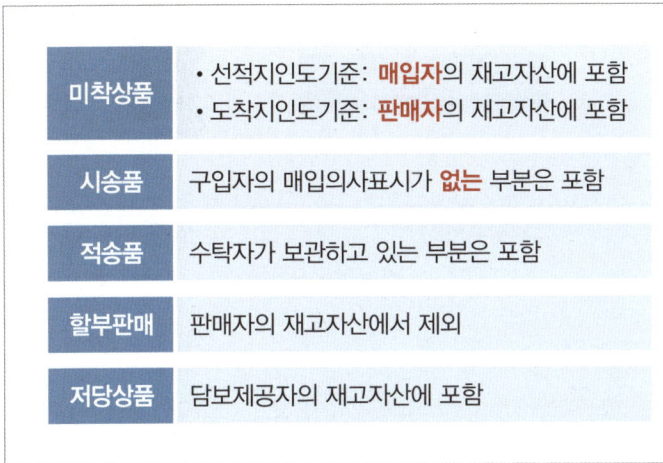

미착상품의 기말재고자산 포함여부

구분		매입자	판매자
선적지 인도조건	➡	**포함**	제외
도착지 인도조건	➡	제외	**포함**

MEMO

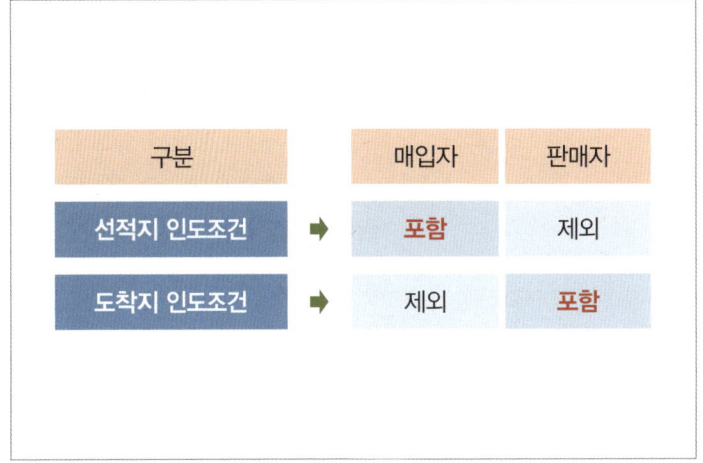

PLUS 미착상품
상품을 주문하였으나 화물상환증만 먼저 도착하고 상품은 운송 중에 있어 아직 도착하지 않은 상품을 말한다. 미착상품은 법률적인 소유권의 유무에 따라서 재고자산 포함여부를 결정한다.

PLUS 저당상품
금융기관 등으로부터 자금을 차입하고 그 담보로 제공된 상품을 말한다. 저당상품은 저당권이 실행되기 전까지는 담보제공자의 재고자산에 속한다.

바로확인문제

01 선적지인도기준의 미착상품은 □□□의 재고자산으로 분류한다.

02 도착지인도기준의 미착상품은 □□□의 재고자산으로 분류한다.

정답
01 매입자 02 판매자

THEME 20

재고자산 취득원가

GUIDE 재고자산의 취득원가는 모든 매입원가, 전환원가 및 재고자산을 현재의 장소에 현재의 상태로 이르게 하는 데 발생한 기타원가를 포함합니다. 따라서 취득원가에 대한 내용도 반드시 알아두어야 합니다.

재고자산의 취득원가 측정 I

매입원가 + 전환원가 + 기타원가

재고자산의 취득원가는 모든 매입원가, 전환원가 및 재고자산을 현재의 장소에 현재의 상태로 이르게 하는 데 발생한 기타원가 모두를 포함한다

재고자산의 취득원가 측정 II

매입원가	매입가격에 수입관세와 매입운임, 하역료 등을 가산한 금액이다. 단, 매입할인, 리베이트 및 기타 유사한 항목은 매입원가를 결정할 때 **차감**한다
전환원가	직접노무원가 등 생산량과 직접 관련된 원가를 포함한다
기타원가	재고자산을 현재의 장소에 현재의 상태로 이르게 하는 데 발생한 범위 내에서만 취득원가에 포함된다

제조원가의 분류

직접재료원가

직접노무원가 + 제조간접원가 = 전환원가

재고자산의 취득원가 포함 여부

자산	비용
정상적	비정상적
직접적	간접적
매입관련	판매관련

PLUS 전환원가(또는 가공원가)

직접노무원가 등 생산량과 직접 관련된 원가를 포함한다. 또한 원재료를 완제품으로 전환하는 데 발생하는 고정 및 변동제조간접원가의 체계적인 배부액을 포함한다.

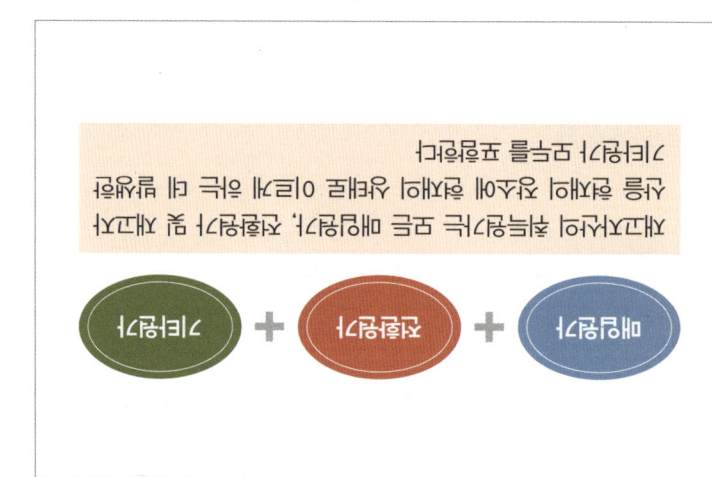

발생 즉시 비용으로 인식하는 원가

- 재료원가 · 노무원가 및 기타제조원가 중 **비정상적**으로 낭비된 부분
- 후속생산단계에 투입하기 전에 보관이 필요한 경우 **이외의 보관원가**
- 재고자산을 현재의 장소에 현재의 상태로 이르게 하는 데 기여하지 않은 관리 및 **간접원가**
- **판매원가**

생물자산

생물자산에서 수확한 농림어업 수확물로 구성된 재고자산은 수확시점에 **순공정가치**로 측정한다

차입원가의 자본화 I

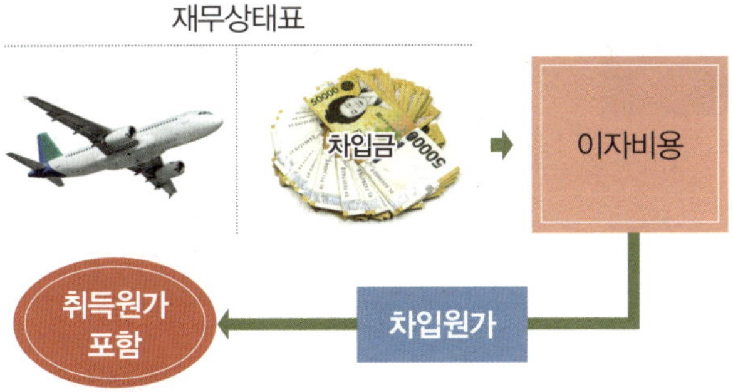

차입원가의 자본화 II

재고자산을 장기간에 걸쳐 제조, 매입, 건설하는 경우 사용된 차입금에 대한 이자를 재고자산의 취득원가에 **포함한다**

단기간 내에 생산되거나 제조되는 재고자산은 제외한다

PLUS 생물자산과 수확물

- 생물자산: 살아있는 동물이나 식물
- 수확물: 생물자산에서 수확한 생산물

PLUS 차입원가

자금의 차입과 관련하여 발생하는 이자 및 기타 원가를 말한다.

바로확인문제

01 후속생산단계에 투입하기 전에 보관이 필요한 경우 □□의 보관원가는 재고자산 원가에 포함하지 않는다.

02 생물자산에서 수확한 수확물의 경우 수확시점에 □□□□□로 측정해야 한다.

정답

01 이외 02 순공정가치

THEME 21

재고자산의 측정 빈출

GUIDE 원가흐름의 가정(선입선출법, 이동평균법, 총평균법)의 경우 기말상품재고액과 매출원가를 물어보는 계산문제가 매년 출제되므로 확실한 정리가 필요합니다.

재고자산의 원가배분

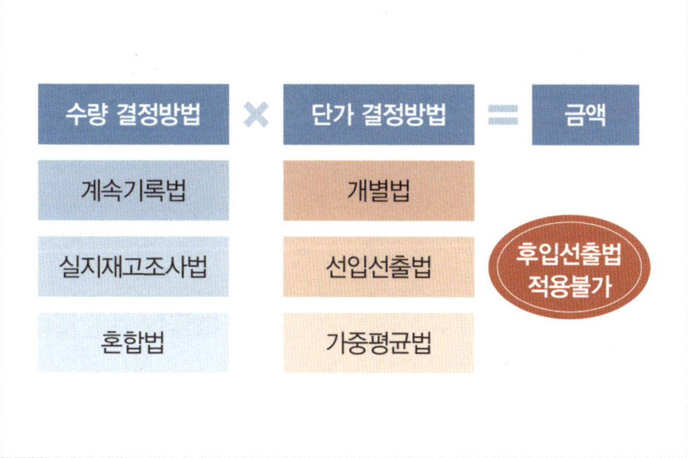

수량 결정방법 – 계속기록법과 실지재고조사법

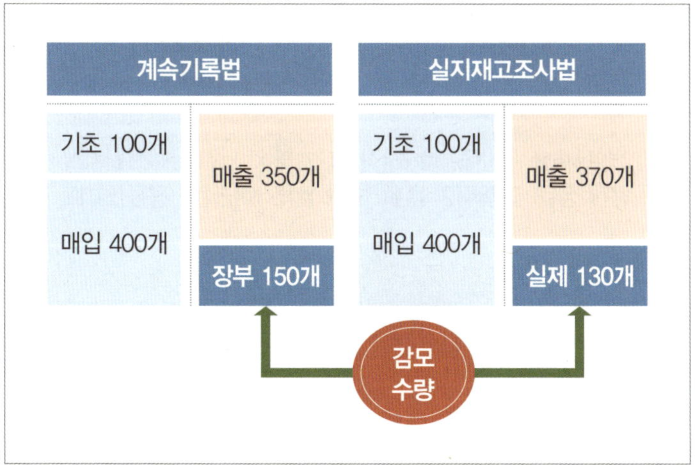

수량 결정방법 – 혼합법

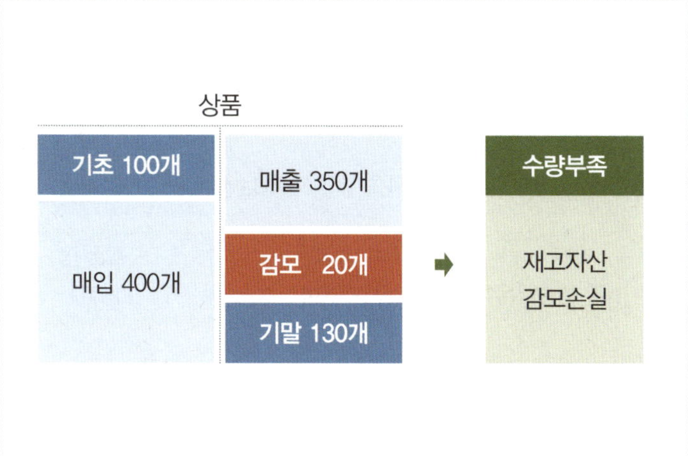

수량 결정방법 – 계속기록법

차변	대변	구분
매출채권 1,000	매 출 1,000	매가
매출원가 700	상 품 700	원가

계속기록법에 의한 매출원가는 **판매시점**에서 계산된다

결산정리 사항 X

PLUS 계속기록법

기중 매입 시 매입한 수량과 판매 시마다 판매한 수량을 모두 기록하는 방법으로서, 결산 시에 실사하지 않고 장부상 기말재고수량을 재고자산으로 결정하는 방법이다.

PLUS 실지재고조사법

기중 매입 시에는 매입수량에 대한 기록만 하고 매출 시에는 판매수량에 대한 기록은 하지 않는 방법을 말한다. 판매수량은 결산 시에 기초재고수량과 당기매입수량에서 기말실제재고수량을 차감하여 구한다.

수량 결정방법 – 실지재고조사법

차변	대변	구분
매출채권 1,000	매 출 1,000	매가

실지재고조사법에 의한 매출원가는 **결산시점**에서 계산된다

결산정리 사항 O

단위원가 결정방법

통상적으로 상호 교환될 수 없는 재고자산 항목의 원가와 특정 프로젝트별로 생산되고 분리되는 재화 또는 용역의 원가는 **개별법**을 사용하여 결정한다

개별법이 적용되지 않는 재고자산의 단위원가는 선입선출법이나 가중평균법을 사용하여 결정한다

후입선출법은 재고자산의 단위원가 결정방법으로 **인정하지 않는다**

개별법

재고자산을 매입원가별로 개별적으로 식별하여 실제로 판매된 것과 재고로 남은 것을 구별하여 재고자산가액을 결정하는 방법이다

200,000,000

5,000,000

30,000,000

선입선출법과 후입선출법

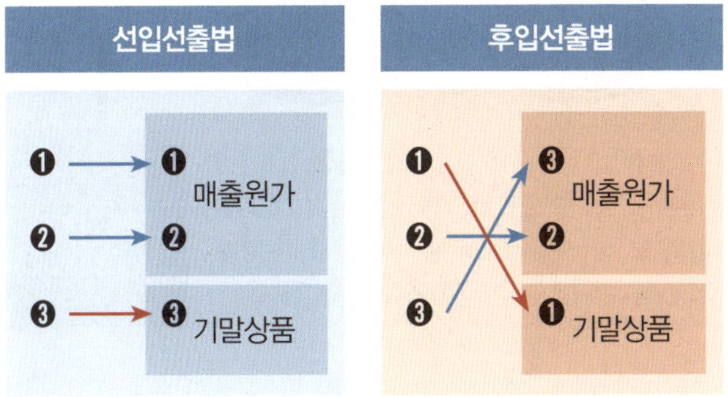

PLUS **선입선출법**

장부상 먼저 취득한 자산이 먼저 판매된 것으로 가정하여 매출원가와 기말재고액으로 구분하는 방법으로, 포괄손익계산서상의 매출원가는 과거에 구입한 상품의 원가로 구성되고 재무상태표상의 기말재고액은 최근에 구입한 상품의 원가로 구성되어 현행원가의 근사치를 반영한다.

바로확인문제

01 통상적으로 상호 교환될 수 없는 재고자산 항목의 원가와 특정 프로젝트별로 생산되고 분리되는 재화 또는 용역의 원가는 □□□을 사용하여 결정한다.

02 개별법이 적용되지 않는 재고자산의 단위원가는 □□□□□이나 가중평균법을 사용하여 결정한다.

정답

01 개별법 02 선입선출법

단위원가의 결정

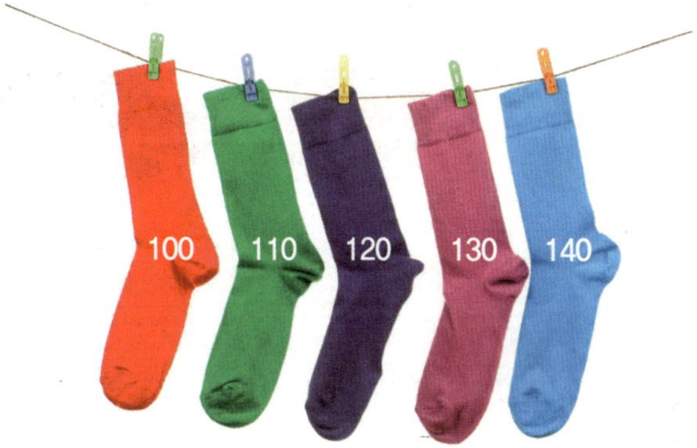

단위원가 결정방법 – 선입선출법

선입선출법

선입선출법을 사용하는 경우 기말상품재고액과 매출원가에 배분되는 금액은 계속기록법을 적용하든 실지재고조사법을 적용하든 각각 **동일**하다

→ 계속기록법 = 실지재고조사법

단위원가 결정방법 – 이동평균법

이동평균법

매입할 때마다 매입 당시까지 재고자산의 취득원가와 새로 구입한 재고자산의 매입 금액을 가산하고 이를 판매가능 수량으로 나누어 평균단가를 산출한 후 기말재고액과 매출원가를 결정하는 방법이다

→ 계속기록법

단위원가 결정방법 – 총평균법

총평균법

한 회계기간의 판매가능 상품원가를 판매가능 수량으로 나누어 총평균단가를 산출한 후 기말재고액과 매출원가를 결정하는 방법이다

→ 실지재고조사법

바로확인문제

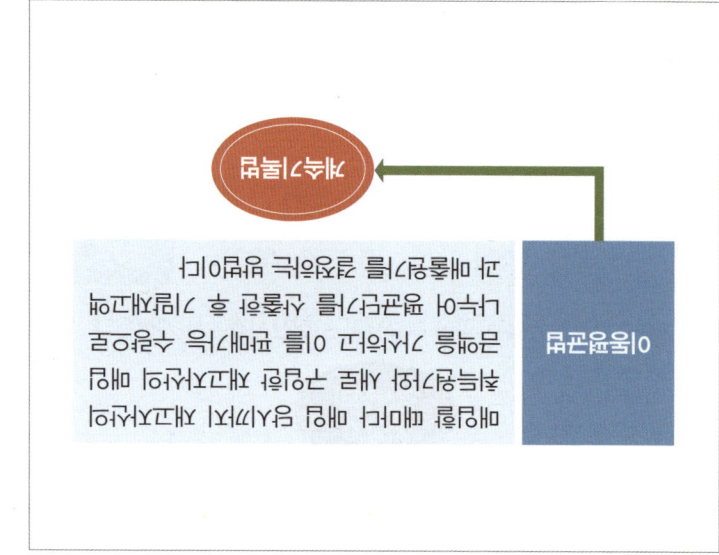

01 선입선출법을 사용하는 경우 기말상품재고액과 매출원가에 배분되는 금액은 계속기록법을 적용하든 실지재고조사법을 적용하든 각각 □□하다.

02 이동평균법은 □□□□□에 의하여 평균법을 적용하는 것으로 상품매입시마다 새로운 평균단가를 계산한다.

03 총평균법은 □□□□□□□에 의하여 평균법을 적용하는 것으로 총평균단가를 계산한다.

정답

01 동일 02 계속기록법

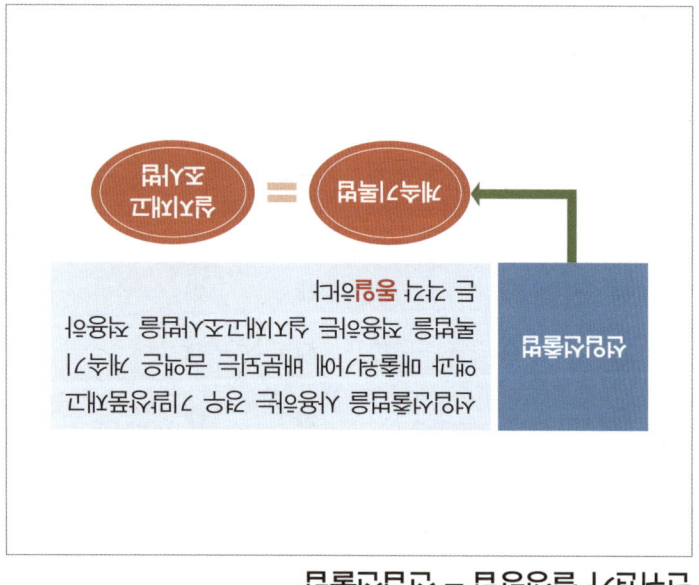

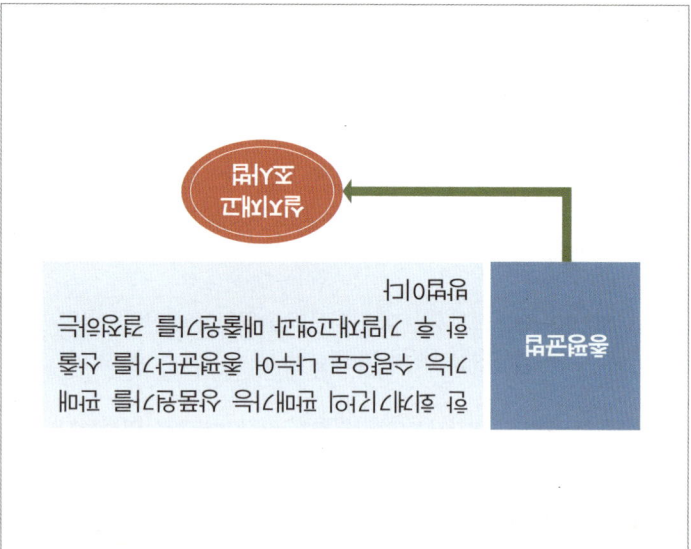

03 실지재고조사법

단위원가 결정방법

개별법	➡	계속기록법 · 실지재고조사법
선입선출법	➡	계속기록법 · 실지재고조사법
이동평균법	➡	계속기록법
총평균법	➡	실지재고조사법

원가흐름 가정의 크기 비교

매입단가가 상승하는 경우

기말재고액	선입선출법 > 이동평균법 > 총평균법 > 후입선출법
당기순이익	선입선출법 > 이동평균법 > 총평균법 > 후입선출법
법인세비용	선입선출법 > 이동평균법 > 총평균법 > 후입선출법
매출원가	선입선출법 < 이동평균법 < 총평균법 < 후입선출법
현금흐름	선입선출법 < 이동평균법 < 총평균법 < 후입선출법

MEMO

PLUS 수량 결정방법
개별법, 선입선출법은 계속기록법과 실지재고조사법의 수량결정으로 모두 적용가능하지만, 이동평균법은 계속기록법으로만 적용하는 평균법이고, 총평균법은 실지재고조사법으로만 적용하는 평균법이다.

PLUS 매입단가가 하락하는 경우
매입단가가 하락하는 경우에는 상승할 때의 정반대 결과가 나타난다.

THEME 22

소매재고법

GUIDE 소매재고법은 원가율의 산정방법에 따라 가중평균 소매재고법, 선입선출 소매재고법 등으로 나뉩니다. 출제 가능성은 낮지만 원가율을 계산하는 것에 특히 중점을 두어야 합니다.

소매재고법(매출가격환원법)

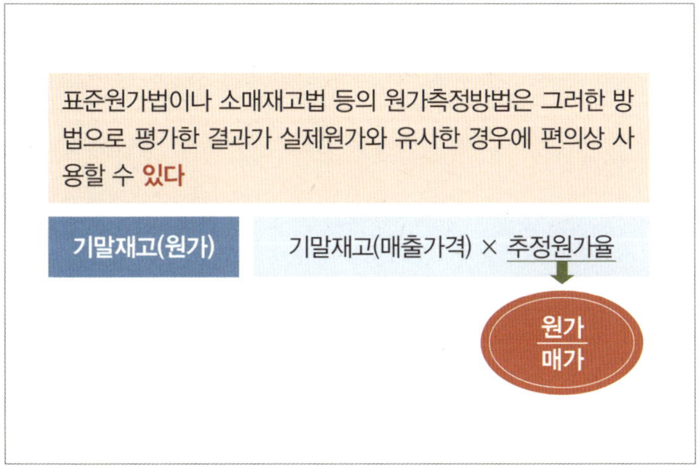

소매재고법의 고찰 I

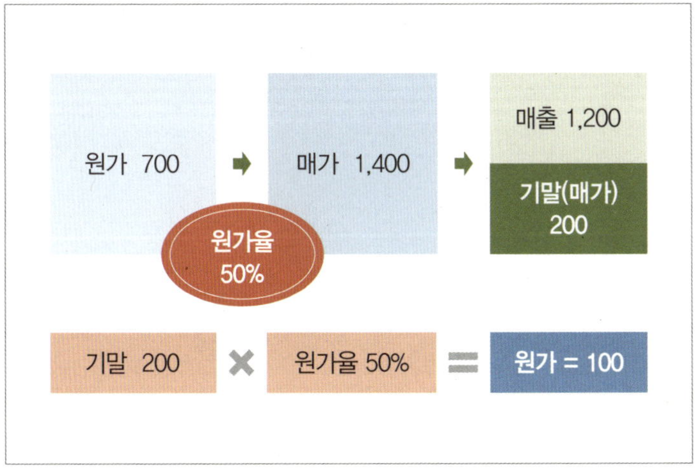

소매재고법의 고찰 II

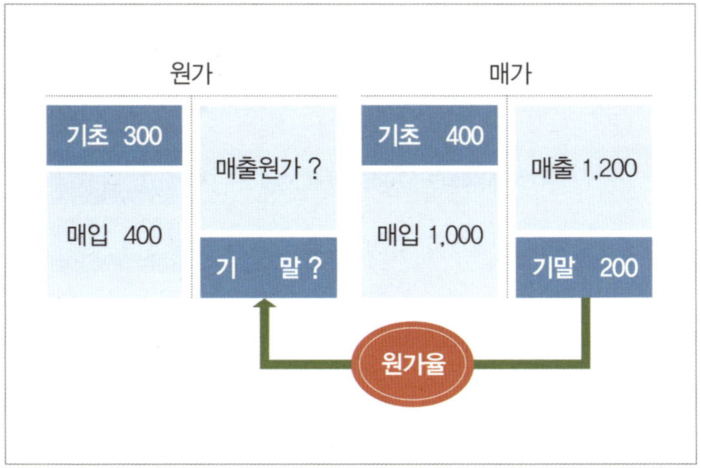

가중평균 소매재고법

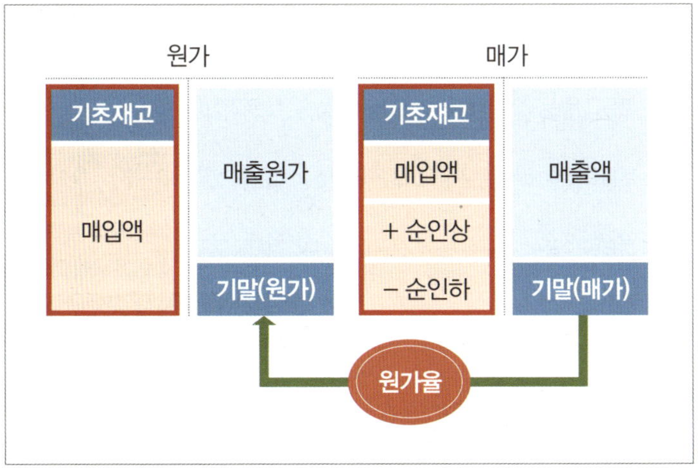

PLUS 소매재고법

이익률이 유사하고 다품종을 취급하는 유통업은 기말재고의 판매가에 일정한 원가율을 곱하여 기말재고(원가)를 계산할 수 있다. 소매재고법은 기말재고를 추정하는 방법이다.

PLUS 가중평균 소매재고법

기초재고와 당기매입액이 평균적으로 매출된다고 가정하여 기말재고는 기초재고와 당기매입액에서 평균적으로 구성되어 있다고 가정하는 방법으로 평균원가율을 이용하여 기말재고금액을 결정한다.

바로확인문제

표준원가법이나 소매재고법 등의 원가측정방법은 그러한 방법으로 평가한 결과가 실제원가와 유사한 경우에 편의상 사용할 수 □□.

정답
있다

선입선출 소매재고법

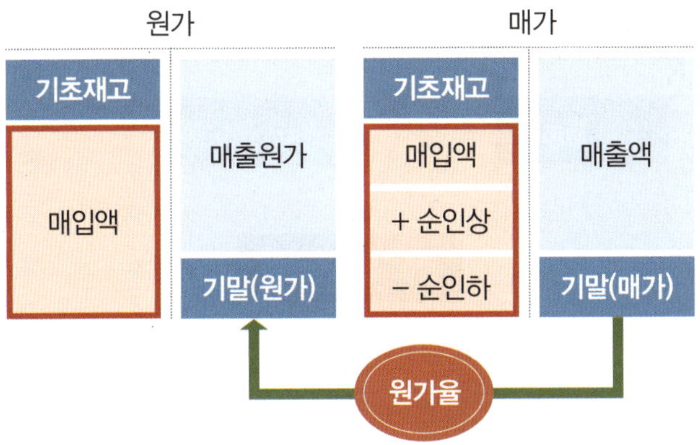

저가기준 소매재고법

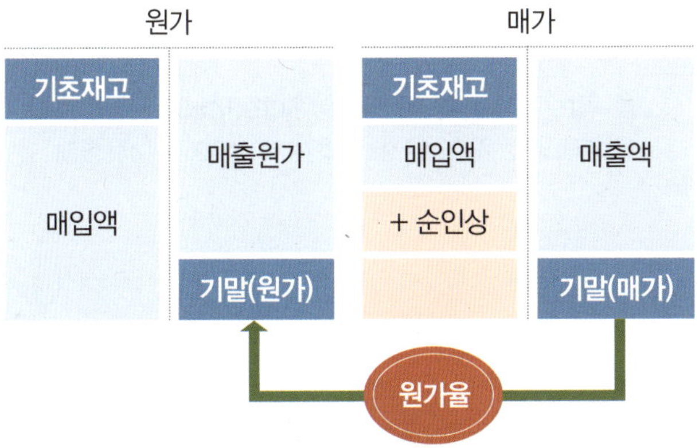

MEMO

PLUS 선입선출 소매재고법
기초재고는 모두 판매되고 당기 중에 매입한 금액의 일부가 기말재고라는 가정에 따라 원가율 계산 시 기초재고는 제외하고 당기매입액의 원가를 매가로 나누어 당기원가율을 계산하여 기말재고금액을 결정한다.

PLUS 저가기준 소매재고법
전통적 소매재고법이라고도 하며, 평균법과 선입선출법 등에 모두 적용 가능한 방법이다. 순인하액을 기말재고(매가) 계산 시에는 차감하지만 원가율 계산 시에는 순인하액을 고려하지 않음으로써 원가율이 낮아져 다른 소매재고법에 비해 기말재고액이 낮게 되어 당기순이익이 적게 계상된다.

THEME 23

매출총이익률법 빈출

GUIDE 과거의 매출총이익률을 이용하여 판매가능 재고금액을 매출원가와 기말재고금액에 배분하는 방법으로, 매년 출제되므로 상품계정을 통해 확실히 정리하기 바랍니다.

매출총이익률법의 의의

과거의 매출총이익률을 이용하여 판매가능 상품액을 매출원가와 기말재고에 배분하는 방법이다

매출총이익률	매출원가 = 순매출액 × (1 − 매출총이익률)
원가에 가산한 이익률	매출원가 = 순매출액 ÷ (1 + 원가이익률)

매출총이익률법의 개념

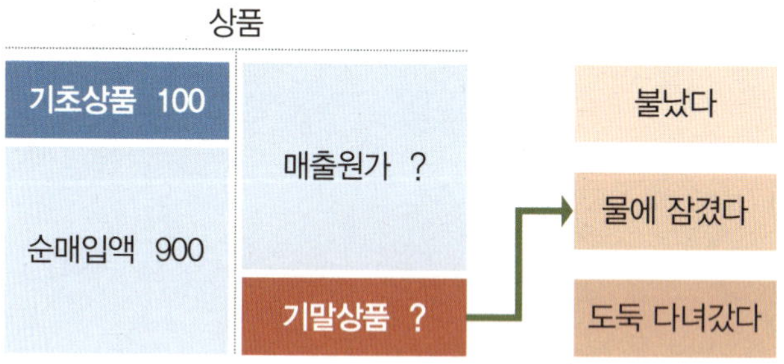

매출원가율 계산 I

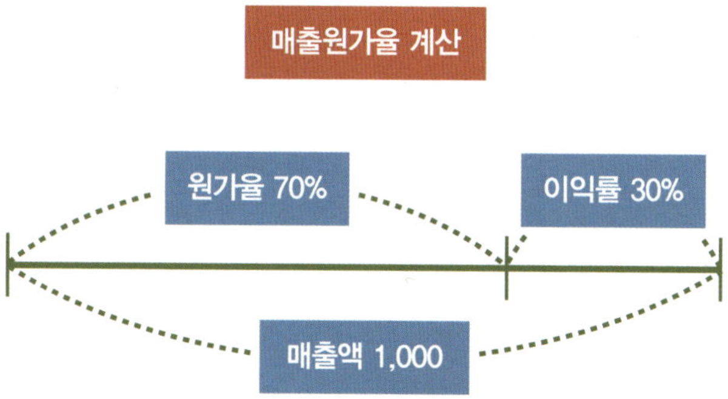

매출원가율 계산 II

매출액이 1,000이고, 매출원가가 700인 경우 매출총이익률은 30%가 되며, 매출원가율은 70%가 되는 것이다.

PLUS 매출총이익률법
재고자산의 도난, 화재 등의 원인으로 기말재고금액을 파악하기 어려울 때 기말재고금액을 추정하는 방법이다.

매출총이익률

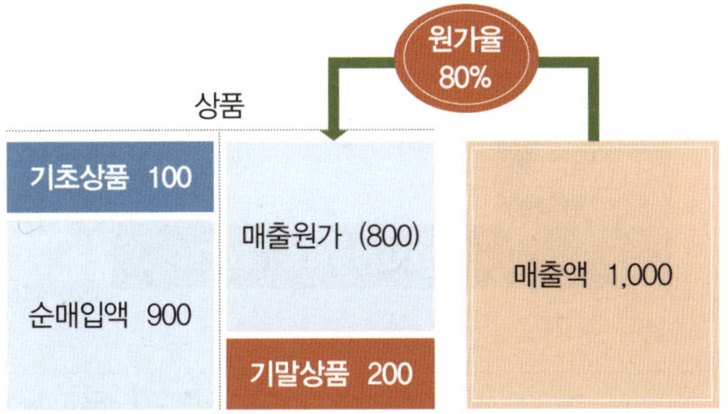

원가에 가산한 이익률

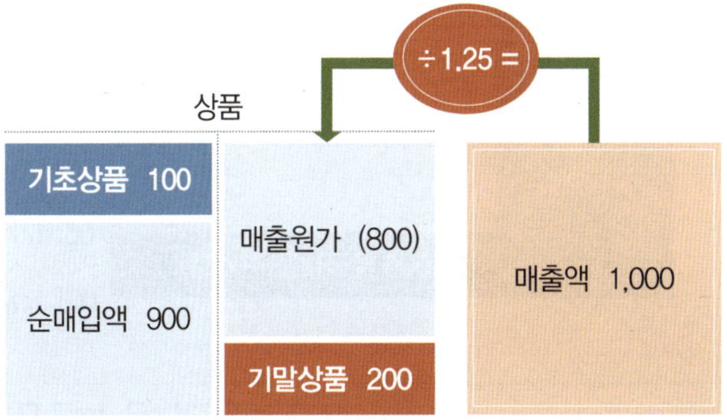

MEMO

PLUS **매출총이익률법**
매출원가: 순매출액 × (1 − 매출총이익률)

PLUS **원가에 가산한 이익률**
매출원가: 순매출액 ÷ (1 + 원가이익률)

THEME 24

감모손실과 평가손실 빈출

GUIDE 수량부족인 재고자산감모손실 및 저가법에 따른 재고자산평가손실의 회계처리에 대한 계산문제가 최근 매년 출제되고 있습니다. 이론에 대한 전반적인 내용 또한 알아두어야 합니다.

감모손실과 평가손실의 개념

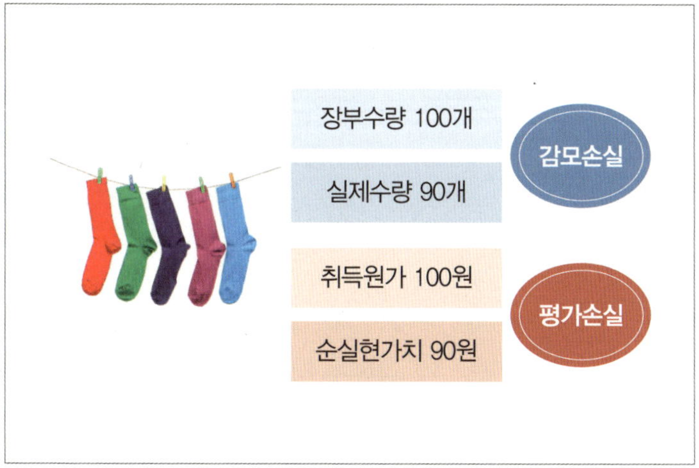

재고자산감모손실

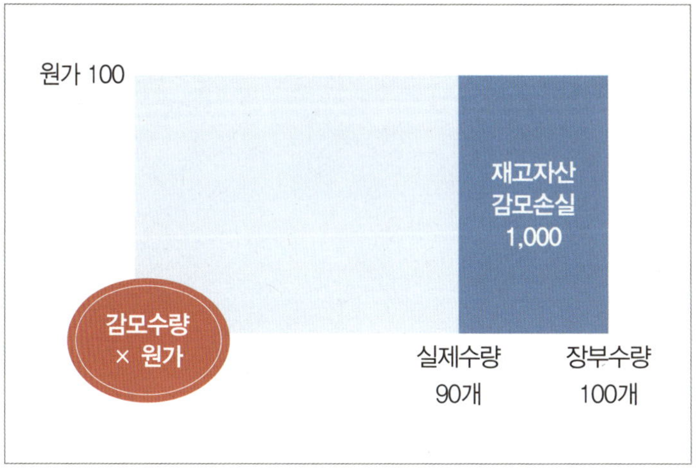

재고자산평가손실

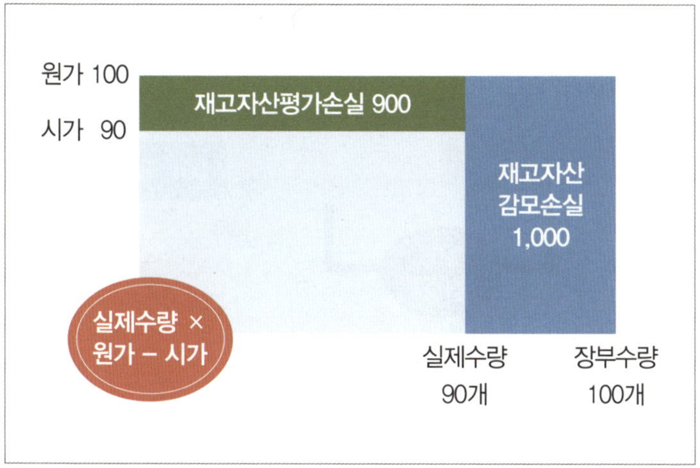

감모손실과 평가손실의 관계

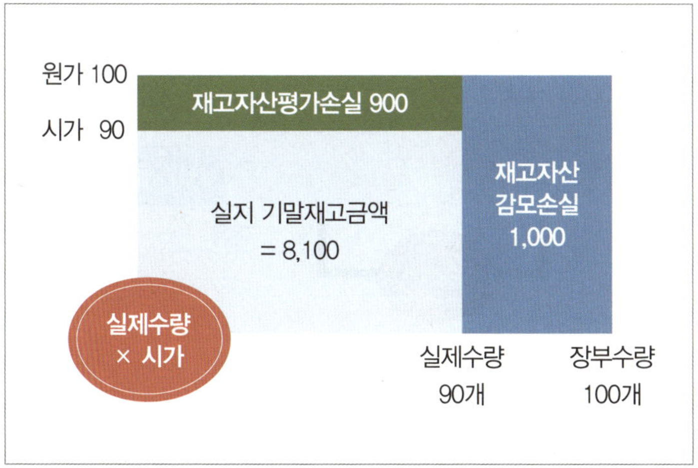

PLUS 재고자산감모손실

재고자산의 도난, 분실, 파손 등에 의해 수량부족으로 발생한 손실로서, 장부상 재고수량에 비하여 실제재고수량이 부족한 경우에 발생한다. 재고자산감모손실은 포괄손익계산서의 당기비용으로 처리한다.

PLUS 재고자산평가손실

재고자산의 가치하락으로 인해 발생한 손실로서, 재고자산의 순실현가능가치가 취득원가보다 하락한 경우에 발생한다. 재고자산평가손실은 포괄손익계산서의 당기비용으로 처리한다.

PLUS 인식 순서

감모손실을 먼저 인식하고, 평가손실을 인식한다.

감모손실의 회계처리 I

구분		회계처리
정상적 감모손실	➡	매출원가
비정상적 감모손실	➡	기타비용

정상적으로 발생한 감모손실은 매출원가로, 비정상적으로 발생한 감모손실은 매출원가 외의 당기비용으로 처리한다

감모손실의 회계처리 II

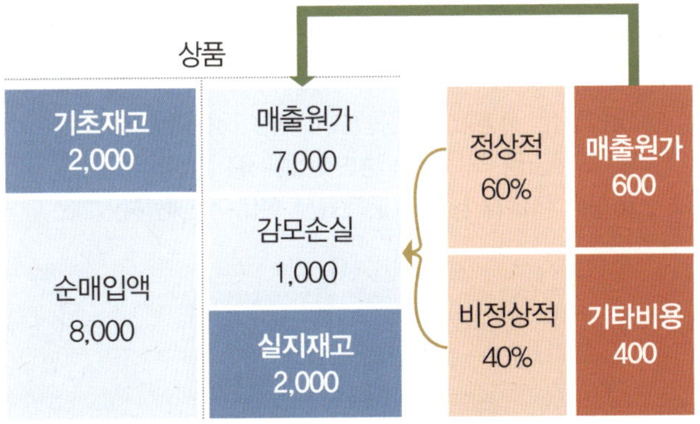

재고자산의 저가주의에 의한 평가

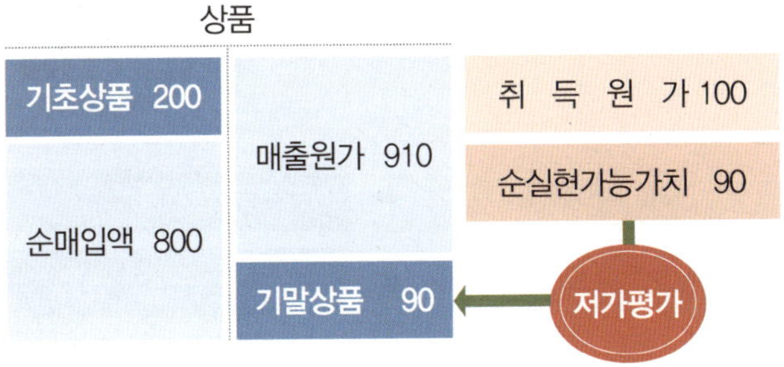

저가법의 의의

저가법은 취득원가와 순실현가능가치를 비교하여 **낮은 금액**으로 측정하는 것을 말한다

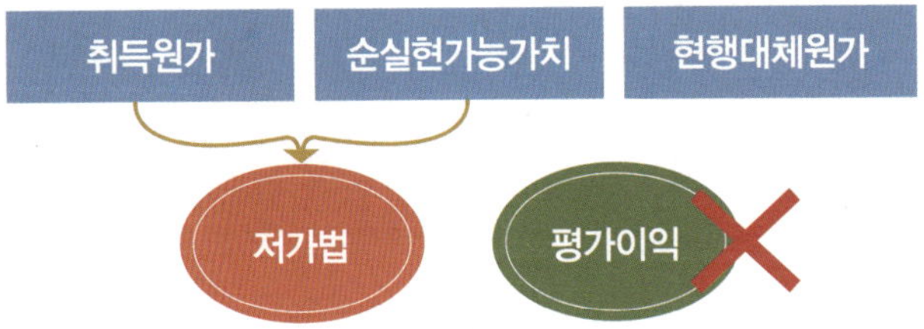

PLUS 순실현가능가치

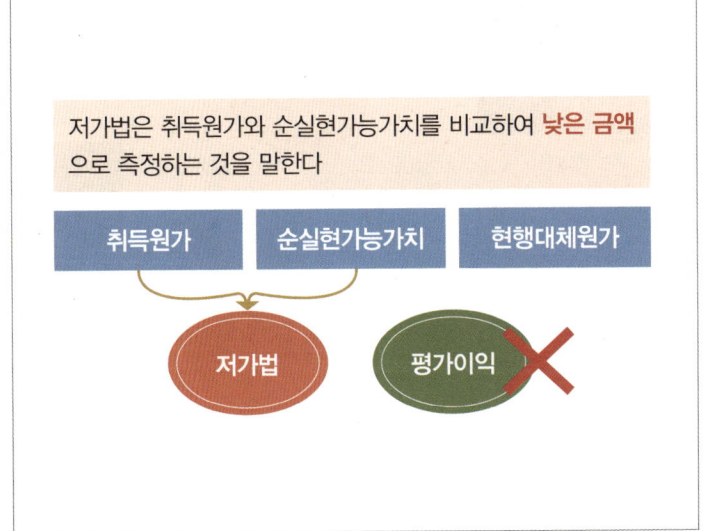

정상적인 영업과정에서 재고자산의 판매를 통해 실현할 것으로 기대하는 순매각금액을 말한다. 재고자산의 순실현가능가치는 순공정가치와 일치하지 않을 수 있다.

PLUS 저가법

재고자산을 취득하면 매입가액에 부대비용을 가산한 금액을 취득원가로 기록하고 결산일 현재 평가시점에 있어서는 취득원가와 순실현가능가치를 비교하여 그중 낮은 가액으로 재고자산을 평가하는 방법을 말한다. 즉, 시가상승에 따른 평가이익은 인식하지 않고 시가하락에 따른 평가손실만 인식하는 방법이다.

바로확인문제

재고자산의 저가법은 취득원가와 순실현가능가치를 비교하여 □□ 금액으로 측정하는 것을 말한다.

정답

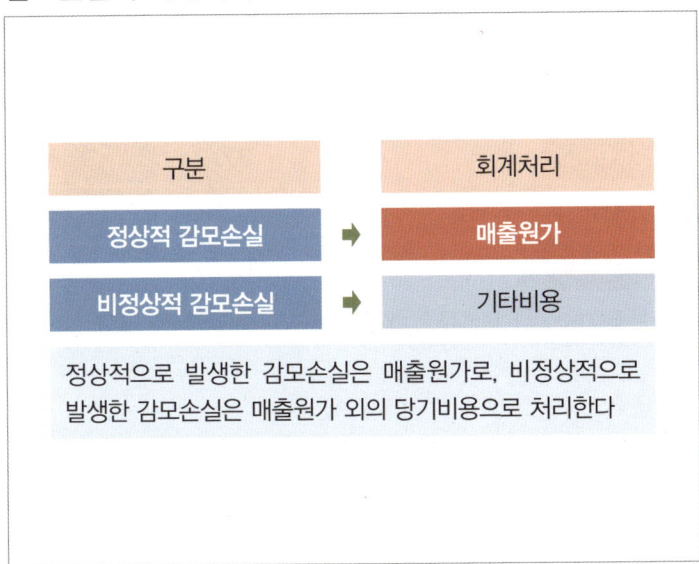

낮은

재고자산의 저가평가

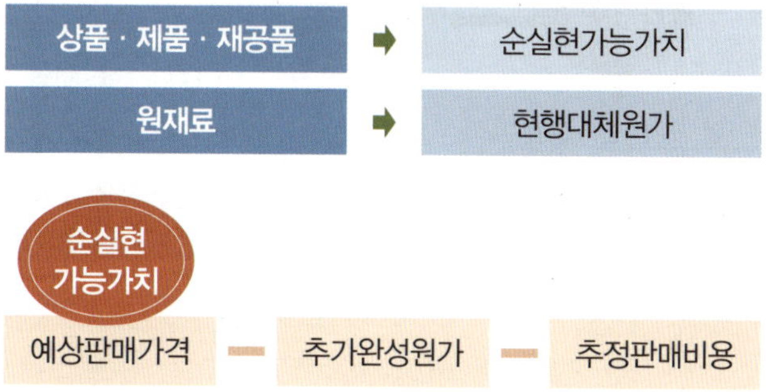

재고자산의 저가평가 사례

구분	취득원가	순실현가치	평가손실
A	1,000	900	−100
B	2,000	2,200	0
C	3,000	2,700	−300
	저가평가 5,600		−400

원재료의 저가법 사례

구분	취득원가	순실현가치	현행원가	평가손실
원재료	1,000	–	900	0
재공품	2,000	1,700	–	−300
제품	5,000	5,500	–	0

원재료의 저가법

재고자산의 저가법을 적용함에 있어서 완성될 제품이 원가 이상으로 판매될 것으로 예상되는 경우에는 그 생산에 투입하기 위해 보유하는 **원재료를 감액하지 않는다**.

PLUS 저가평가 순서

원재료는 제품의 영향을 받으므로 제품의 저가평가를 먼저 판단한다. 제품이 저가평가 대상이면 원재료도 저가평가 대상인지 확인한다. 그러나 제품이 저가평가 대상이 아니라면 원재료는 저가평가를 하지 않는다.

바로확인문제

01 상품 및 제품, 재공품의 시가는 순실현가능가치를 말하며, 원재료의 시가는 □□□□□□이다.

02 순실현가능가치는 예상판매가격에서 예상되는 추가완성원가와 판매비용을 □□한 금액을 말한다.

03 완성될 제품이 원가 이상으로 판매될 것으로 예상되는 경우에는 그 생산에 투입하기 위해 보유하는 □□□를 감액하지 않는다.

정답

01 현행대체원가 02 차감
03 원재료

저가법 적용방법

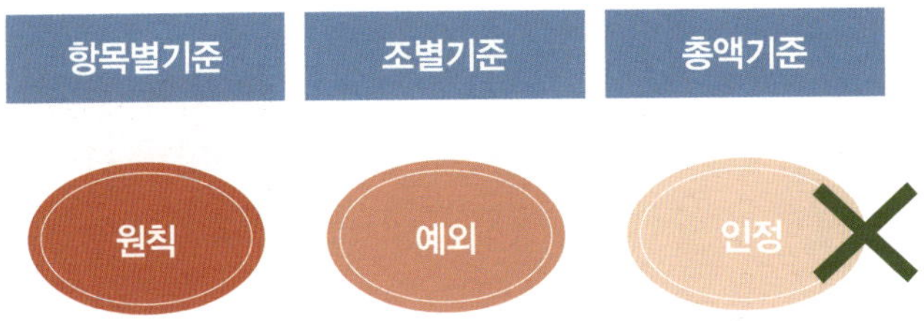

저가법의 회계처리

평가손실이 발생하면 매출원가에 **가산**하고, 환입이 발생하면 매출원가에서 **차감**한다

MEMO

PLUS 저가법의 적용방법

재고자산을 순실현가능가치로 감액하는 저가법은 항목별로 적용한다. 경우에 따라서는 서로 유사하거나 관련 있는 항목들을 통합하여 적용하는 것이 적절할 수 있다. 그러나 총액기준은 인정하지 아니한다.

PLUS 저가법의 회계처리

순실현가능가치가 상승한 명백한 증거가 있는 경우에는 최초의 장부금액을 초과하지 않은 범위 내에서 평가손실을 환입한다.

바로확인문제

재고자산을 순실현가능가치로 감액하는 저가법은 □□□로 적용한다.

정답

항목별

THEME

25 재고자산의 오류

GUIDE 재고자산을 과대 또는 과소평가하는 경우에 따라 매출원가와 기말재고원가가 각각 다르게 계산됩니다. 상품 계정을 이용하여 실제로 예시를 통한 연습이 필요한 부분입니다.

재고자산의 과대평가 I

재고자산의 과대평가 II

기말재고액 ↑	매출원가 ↓	매출총이익 ↑
기말재고액 ↓	매출원가 ↑	매출총이익 ↓

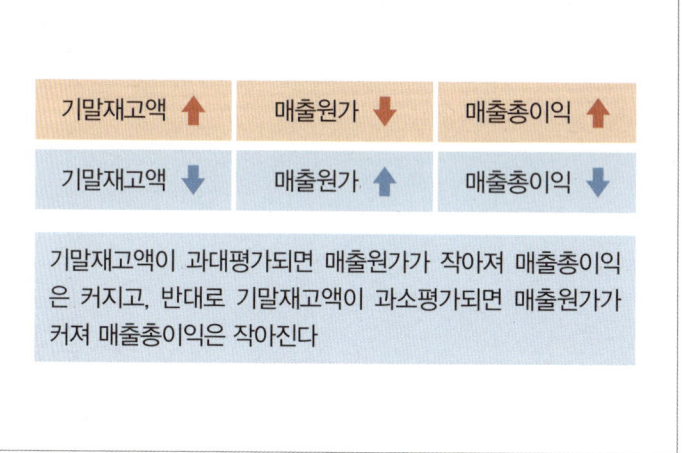

기말재고액이 과대평가되면 매출원가가 작아져 매출총이익은 커지고, 반대로 기말재고액이 과소평가되면 매출원가가 커져 매출총이익은 작아진다

재고자산의 과소평가 I

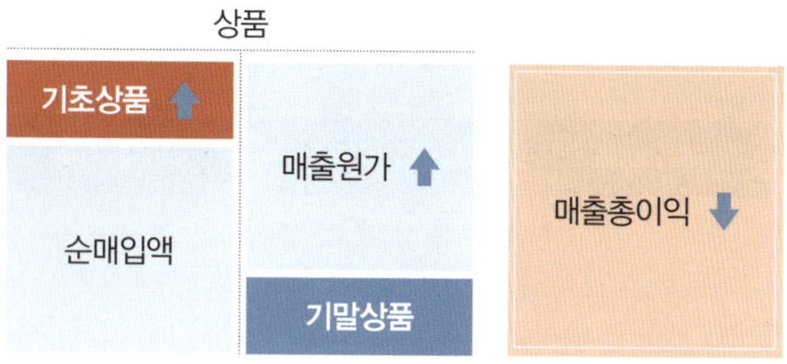

재고자산의 과소평가 II

기초재고액 ↑	매출원가 ↑	매출총이익 ↓
기초재고액 ↓	매출원가 ↓	매출총이익 ↑

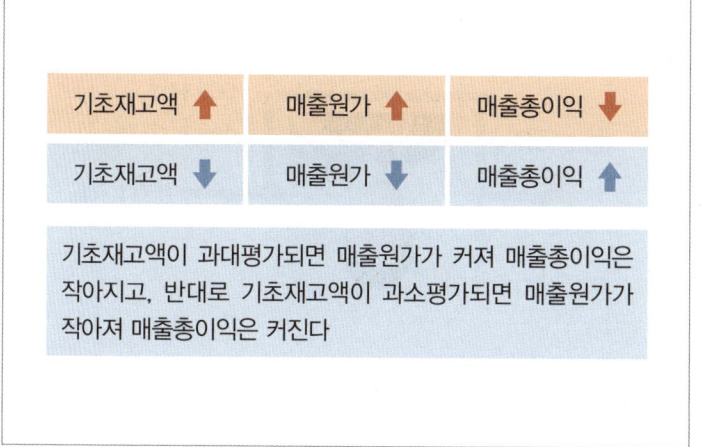

기초재고액이 과대평가되면 매출원가가 커져 매출총이익은 작아지고, 반대로 기초재고액이 과소평가되면 매출원가가 작아져 매출총이익은 커진다

CHAPTER
04
기출로 CHAPTER 마무리

01 다음 자료를 이용하여 계산한 매출총이익은? 제22회

○ 총매출액	₩100,000	○ 총매입액	₩80,000
○ 매출환입	2,000	○ 매입운임	1,500
○ 매출에누리	1,000	○ 매입환출	2,000
○ 매출할인	1,500	○ 매출운임	8,000
○ 기초재고	10,000	○ 기말재고	30,000

① ₩20,000　② ₩28,000　③ ₩34,000
④ ₩36,000　⑤ ₩40,500

해설

1. 순매출액: 총매출액(100,000) − 매출환입(2,000) − 매출에누리(1,000) − 매출할인(1,500) = ₩95,500
2. 순매입액: 총매입액(80,000) + 매입운임(1,500) − 매입환출(2,000) − 매입에누리(0) = ₩79,500
3. 매출원가: [기초재고(10,000) + 순매입액(79,500)] − 기말재고(30,000) = ₩59,500
4. 매출총이익: 매출액(95,500) − 매출원가(59,500) = ₩36,000 이익
5. 매출운임은 별도로 판매비와 관리비로 처리한다.

정답 ④

02 다음은 (주)한국의 20×1년 상품(원가) 관련 자료이다. (주)한국의 20×1년 기말재고자산은? 제21회

○ 20×1년 말 창고에 보관 중인 (주)한국의 상품(실사금액)	₩500,000
○ (주)한국이 수탁자에게 적송한 상품 중 20×1년 말 판매되지 않은 적송품	20,000
○ (주)한국이 시용판매를 위해 고객에게 발송한 상품 ₩130,000 중 20×1년 말 매입의사 표시가 없는 시송품	50,000
○ 20×1년 말 선적지인도조건으로 (주)한국이 판매하여 운송 중인 상품	100,000
○ 20×1년 말 선적지인도조건으로 (주)한국이 매입하여 운송 중인 상품	120,000

① ₩570,000　② ₩620,000　③ ₩690,000
④ ₩720,000　⑤ ₩770,000

해설

1. 20×1년 말 창고에 보관 중인 상품(실사금액)(500,000) + 위탁상품 중 판매되지 않은 적송품(20,000) + 매입의사 표시가 없는 시송품(50,000) + 선적지인도조건으로 매입하여 운송 중인 상품(120,000) = ₩690,000
2. 선적지인도조건으로 판매하여 운송 중인 상품은 상대방 구매자가 재고자산에 포함하여야 한다.

정답 ③

03 다음은 (주)한국의 상품 관련 자료이다. 선입선출법과 가중평균법에 의한 기말 재고자산금액은? (단, 실지재고조사법을 적용하며, 기초재고는 없다) 제22회

구분	수량(개)	단위당 원가
ㅇ 매입(1월 2일)	150	₩100
ㅇ 매출(5월 1일)	100	
ㅇ 매입(7월 1일)	350	200
ㅇ 매출(12월 1일)	200	
ㅇ 기말 실제재고(12월 31일)	200	

	선입선출법	가중평균법
①	₩34,000	₩34,000
②	₩34,000	₩40,000
③	₩36,000	₩34,000
④	₩40,000	₩34,000
⑤	₩40,000	₩40,000

해설

1. 선입선출법 기말재고자산금액: 기말 실제재고(200개) × 가장 최근에 매입한 단위원가(200) = ₩40,000
2. 가중평균법 기말재고자산금액: 실지재고조사법에 의한 가중평균법은 총평균법이다.
3. 총평균단가: [{1/2 매입(150개) × (100)} + {7/1 매입(350개) × (200)}] / [1/2 매입(150개) + 7/1 매입(350개)] = ₩170
4. 기말재고자산금액: 기말 실제재고(200개) × 총평균단가(170) = ₩34,000

정답 ④

04 다음은 (주)대한의 당기 재고자산 관련 자료이다. 가중평균 소매재고법에 따른 당기 매출원가는? 제18회

	원가	매가
ㅇ 기초재고	₩1,800	₩2,000
ㅇ 매입	6,400	8,000
ㅇ 매출	?	6,000
ㅇ 기말재고	?	4,000

① ₩4,800 ② ₩4,920 ③ ₩5,100
④ ₩5,400 ⑤ ₩6,000

해설

1. 기말재고(매가): ₩4,000
2. 원가율(평균법): [기초재고원가(1,800) + 매입(6,400)] / [기초재고매가(2,000) + 매입매가(8,000)] = 82%
3. 기말재고원가 : 기말재고매가(4,000) × 원가율(82%) = ₩3,280
4. 매출원가: 기초재고원가(1,800) + 매입(6,400) − 기말재고원가(3,280) = ₩4,920

정답 ②

05 (주)한국은 20×1년 7월 1일 홍수로 인해 창고에 있는 상품재고 중 30%가 소실된 것으로 추정하였다. 다음은 소실된 상품재고를 파악하기 위한 20×1년 1월 1일부터 7월 1일까지의 회계자료이다. (주)한국의 원가에 대한 이익률이 25%일 때 소실된 상품재고액은? 제23회

- 20×1년 기초재고자산은 ₩60,000이다.
- 1월 1일부터 7월 1일까지 발생한 매출액은 ₩1,340,000이고, 매입액은 ₩1,260,000이다.
- 7월 1일 현재 F.O.B. 선적지인도조건으로 매입하여 운송 중인 상품 ₩4,000이 있다.

① ₩73,200　② ₩74,400　③ ₩93,300
④ ₩94,500　⑤ ₩104,200

해설

1. 판매가능 재고금액: 기초재고자산(60,000) + 매입액(1,260,000) = ₩1,320,000
2. 추정 매출원가: 매출액(1,340,000) ÷ (1 + 원가에 대한 이익률 25%) = ₩1,072,000
3. 20×1년 7월 1일 현재 창고추정 재고금액: 판매가능 재고금액(1,320,000) − 추정매출원가(1,072,000) − 운송 중인 상품(4,000) = ₩244,000
4. 20×1년 7월 1일 현재 소실된 상품원가: 창고추정 재고금액(244,000) × 30% = ₩73,200

정답 ①

06 단일상품만을 매매하는 (주)한국의 기초재고자산은 ₩2,000이고, 당기순매입액은 ₩10,000이다. 기말재고자산 관련 자료가 다음과 같을 때, 매출원가는? [단, 감모손실 중 60%는 비정상감모손실(기타비용)로 처리하며, 정상감모손실과 평가손실은 매출원가에 포함한다] 제24회

○ 장부수량	50개	○ 단위당 원가	₩50
○ 실제수량	45개	○ 단위당 순실현가능가치	40

① ₩9,750　② ₩9,950　③ ₩10,050
④ ₩10,100　⑤ ₩10,200

해설

1. 감모손실: [장부수량(50개) − 실제수량(45개)] × 원가(50) = ₩250
2. 비정상감모손실: 감모손실(250) × 60% = ₩150
3. 기말재고자산: 실제수량(45개) × 단위당 순실현가능가치(40) = ₩1,800
4. 매출원가: 기초재고자산(2,000) + 당기순매입액(10,000) − 기말재고자산(1,800) − 비정상감모손실(150) = ₩10,050

정답 ③

CHAPTER 05

유형자산

여러분은 여러분 자신을 얼마나 믿고 계십니까?
남들보다 조금 뛰어나다고 해서 자만하는 것보다
더 치명적인 것은 스스로를 승자로 놓지 않는 것입니다.

지금까지 무의식에 지배당했다면,
지금 이 순간부터는 무의식을 지배하십시오.

수업이나 문제풀이가 이해되지 않더라도
내년 이맘때는 관리소장 명패가 있는 책상에 앉아
관리운영계획을 작성하는 모습을 머릿속에 각인시키십시오.

각인이 완료되면 그 책상에 앉기 위해
지금 필요한 것들을 번뇌 없이 해나가고 있는
자신과 마주하게 될 것입니다.

THEME 26

유형자산의 개념 빈출

GUIDE 유형자산은 영업활동에 장기 사용할 목적으로 보유하는 물리적 형태가 있는 자산을 말합니다. 특히 취득원가 구성항목은 이론문제로 출제되는 부분으로 반드시 알아두어야 할 중요한 부분입니다.

토지 · 건물 보유 목적에 따른 분류

영업활동 사용 목적	➔	유형자산
판매 목적	➔	재고자산
임대수익 or 시세차익 목적	➔	투자부동산

유형자산의 특징

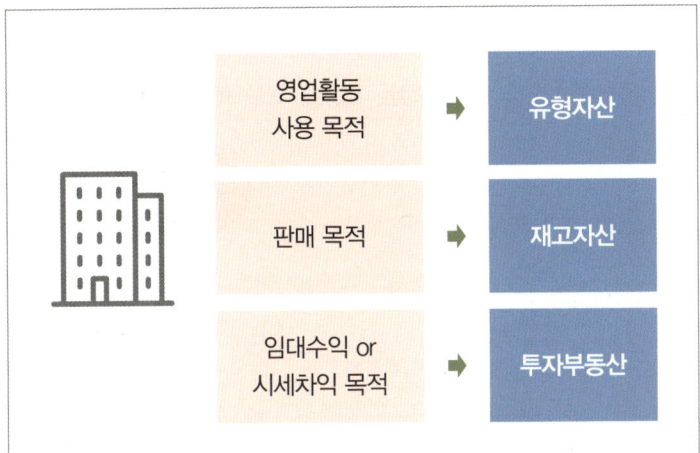

- 유형자산은 물리적 실체를 가지고 있는 자산이다. 이는 물리적 실체가 없는 무형자산과 구별된다
- 유형자산은 영업활동에 **사용**할 목적으로 취득한 자산이다. 예를 들어, 부동산매매회사가 판매를 목적으로 취득한 부동산은 재고자산이며, 임대수익이나 시세차익을 목적으로 보유하고 있는 부동산은 투자부동산으로 분류한다
- 유형자산은 비화폐성자산이며, 비금융자산이다

유형자산의 인식과 최초 인식

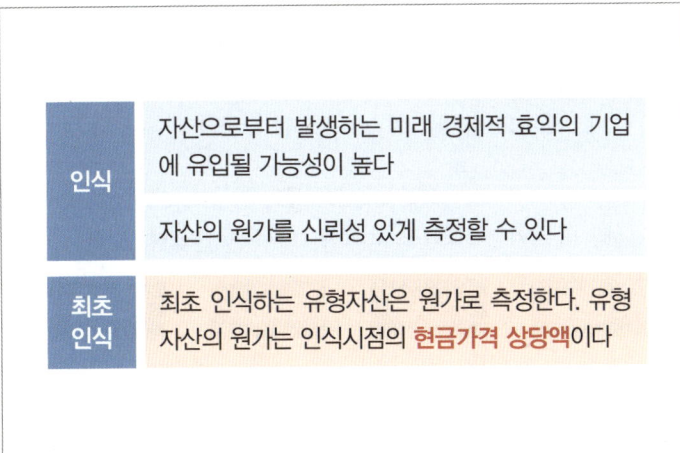

인식	자산으로부터 발생하는 미래 경제적 효익의 기업에 유입될 가능성이 높다
	자산의 원가를 신뢰성 있게 측정할 수 있다
최초 인식	최초 인식하는 유형자산은 원가로 측정한다. 유형자산의 원가는 인식시점의 **현금가격 상당액**이다

일반적인 취득원가 I

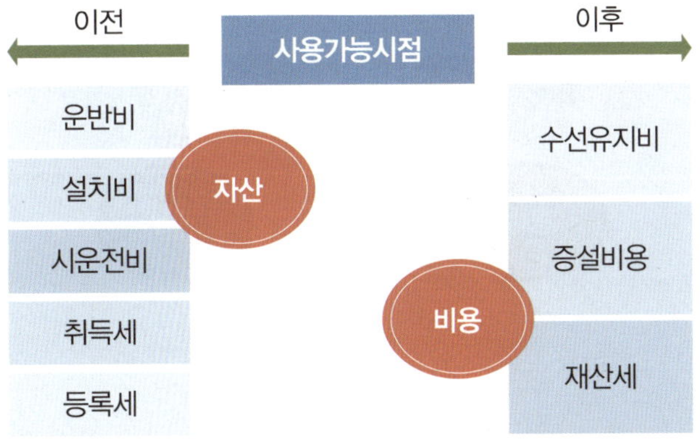

PLUS 유형자산의 분류
토지, 건물, 기계장치, 차량운반구, 선박, 항공기, 구축물, 건설 중인 자산 등이 해당한다.

PLUS 재산세와 종합부동산세
재산세와 종합부동산세 및 이와 관련된 조세 등은 취득과 관련된 세금이 아니고 재산을 보유함에 따른 비용이기 때문에 취득원가가 아니며 기간비용으로 처리한다.

바로확인문제
유형자산의 원가는 인식시점의 □□□□ □□□이다.

정답
현금가격 상당액

일반적인 취득원가 Ⅱ

구입가격 + 부대비용 + 설치원가 + 복구원가

- 관세 및 환급이 불가능한 취득 관련 세금을 가산하고 매입할인, 리베이트 등을 **차감**한 구입가격
- 경영진이 의도하는 방식으로 자산을 가동하는 데 필요한 장소와 상태에 이르게 하는 데 **직접** 관련되는 원가
- 자산을 해체, 제거하거나 부지를 복구하는 데 소요될 것으로 최초에 추정되는 원가

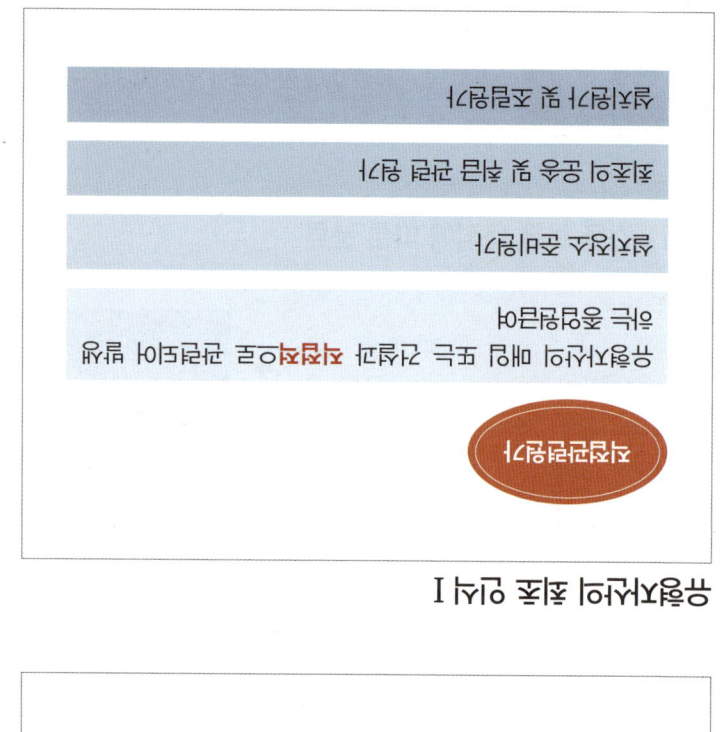

유형자산의 취득원가 포함 여부

자산	비용
정상적	비정상적
직접적	간접적

유형자산의 최초 인식 Ⅰ

직접관련원가

- 유형자산의 매입 또는 건설과 **직접적**으로 관련되어 발생하는 종업원급여
- 설치장소 준비원가
- 최초의 운송 및 취급 관련 원가
- 설치원가 및 조립원가

유형자산의 최초 인식 Ⅱ

직접관련원가

- 유형자산이 **정상적**으로 작동되는지 여부를 시험하는 과정에서 발생하는 원가[생산과정에서 생산된 재화(시제품)의 매각금액과 재화의 원가는 **당기손익**으로 인식]
- 전문가에게 지급하는 수수료

PLUS 유형자산의 원가 1

일반적인 유형자산의 원가는 구입가격에 본래 의도된 용도에 사용가능한 상태에 이르기까지의 모든 지출액을 가산하여 계상한다.

PLUS 복구원가

유형자산의 경제적 사용이 종료된 후에 원상회복을 위하여 그 자산을 제거 · 해체 또는 부지를 복원하는 데 소요될 것으로 추정되는 비용을 말한다.

유형자산의 원가가 아닌 것 I

새로운 시설을 개설하는 데 소요되는 원가

새로운 상품과 서비스를 소개하는 데 소요되는 원가(광고, 판촉활동)

새로운 지역이나 새로운 고객층을 대상으로 영업하는 데 소요되는 원가(직원 교육훈련비)

관리 및 기타 일반**간접**원가

유형자산의 원가가 아닌 것 II

유형자산이 경영진이 의도하는 방식으로 가동될 수는 있으나 아직 실제로 사용되지 않고 있는 경우 또는 가동수준이 완전조업도 수준에 미치지 못하는 경우에 발생하는 원가

유형자산과 관련된 산출물에 대한 수요가 형성되는 과정에서 발생하는 가동손실과 같은 **초기가동손실**

기업의 영업 전부 또는 일부를 **재배치**하거나 재편성하는 과정에서 발생하는 원가

MEMO

PLUS **유형자산의 원가 2**

유형자산을 사용하거나 이전하는 과정에서 발생하는 원가는 당해 유형자산의 장부금액에 포함하여 인식하지 아니한다.

바로확인문제

01 유형자산과 관련된 산출물에 대한 수요가 형성되는 과정에서 발생하는 가동손실과 같은 □□□□□□은 취득원가에 포함하지 않는다.

02 기업의 영업 전부 또는 일부를 □□□하거나 재편성하는 과정에서 발생하는 원가는 취득원가에 포함하지 않는다.

정답

01 초기가동손실 02 재배치

THEME **27**

유형자산의 취득 빈출

GUIDE 유형자산의 토지 · 건물 · 기계장치 등 취득원가 결정뿐 아니라, 일괄구입 시 취득원가 결정에서 계산문제가 출제될 가능성이 높으므로 확실하게 정리하기 바랍니다.

토지 · 건물의 취득 개념

취득원가의 개념

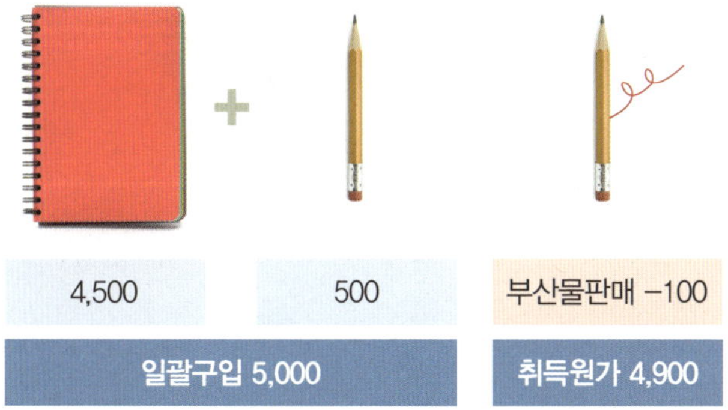

토지의 취득원가 I

토지의 취득원가

- 일괄구입 대가
- 건물 철거비용 +
- 폐물 매각대금 −

토지의 취득원가 II

일괄구입 대가 + 건물 철거비용 − 폐물 매각대금

새로운 건물의 신축을 위하여 기존건물이 있는 토지를 구입한 경우 기존건물을 포함한 구입가격 전체를 토지의 원가로 보아야 한다

기존건물을 철거하고 새로운 건물을 신축하는 경우에 기존건물의 철거비용은 토지의 취득원가에 **가산**하고, 기존건물의 부산물을 판매하여 수취한 금액은 토지의 취득원가에서 **차감**한다

PLUS 토지 정지비용 등

- 토지 정지비용: 토지의 원가에 산입
- 기초공사비(굴착비용): 새로운 건물의 원가에 산입

PLUS 주의사항

새로운 건물을 신축하지 않고 기존건물을 그대로 사용하고자 취득하는 경우에는 일괄취득으로 보아야 하고, 일괄취득원가를 상대적 공정가치에 의해 개별자산에 각각 안분계산해야 한다는 점에 주의한다.

바로확인문제

신축 목적으로 구건물이 있는 토지를 취득하여 기존건물을 철거하고 새로운 건물을 신축하는 경우에 기존건물의 철거비용은 □□의 취득원가에 가산한다.

정답
토지

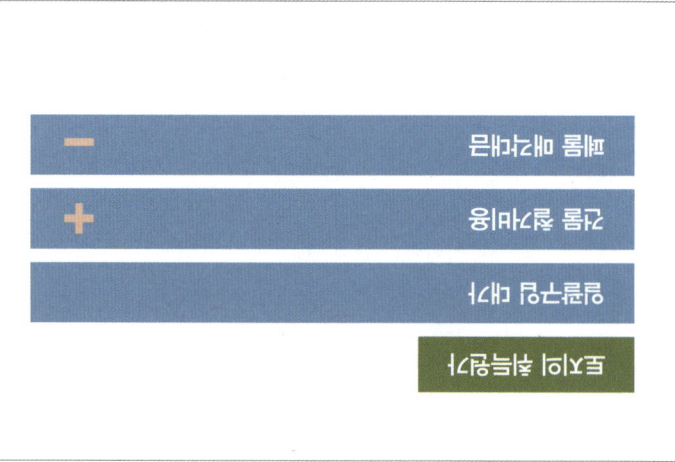

취득 시 추가지출

진입도로개설	도로포장	조경공사	야외 주차장

구분	처리
회사의 유지, 보수책임이 없는 경우 (영구적인 지출)	토지원가에 가산
회사의 유지, 보수책임이 있는 경우 (내용연수 한정)	구축물로 계상 → 감가상각

철거비용

구입	철거비용	➡	토지원가
사용	철거비용	➡	비용처리

건물을 신축하기 위해 **사용** 중인 기존건물을 철거하는 경우 그 건물의 장부금액은 제거하여 유형자산처분손실로 반영하고, 기존건물의 철거비용은 전액 당기**비용**으로 처리한다

일괄구입의 의의

두 종류 이상의 자산을 한 가격에 구입하는 것을 말한다

계속 → 토지사용 / 건물사용

일괄구입의 사례

1,000

4,000

일괄취득 4,000

우유 취득원가	$4,000 \times \frac{1,000}{5,000}$	=	800
시리얼 취득원가	$4,000 \times \frac{4,000}{5,000}$	=	3,200

PLUS 진입도로개설 등 추가지출

영구적으로 사용가능한 경우에는 토지원가에 포함한다. 다만, 영구적이지 않고 일정한 내용연수 동안 사용가능한 경우에는 토지원가가 아닌 구축물의 취득원가로 하여야 한다.

바로확인문제

건물을 신축하기 위해 사용 중인 기존건물을 철거하는 경우 그 건물의 장부금액은 제거하여 처분손실로 반영하고, 기존 건물의 철거비용은 □□으로 처리한다.

정답
비용

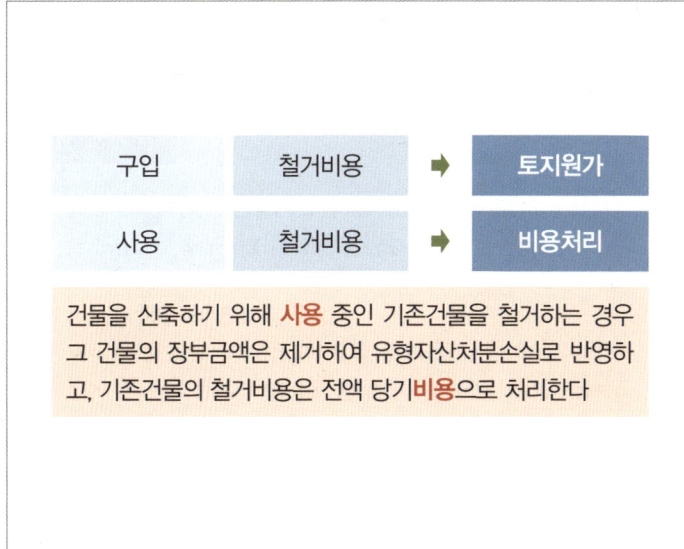

토지 · 건물의 일괄구입

토지 취득원가	180억 × $\frac{100억}{200억}$	=	90억
건물 취득원가	180억 × $\frac{100억}{200억}$	=	90억

일괄구입 시 개별자산 취득원가

일괄구입가격을 각 자산의 상대적 **공정가치**에 의해 개별자산에 배분한다

개별자산 취득원가

$$\text{일괄구입액} \times \frac{\text{특정자산의 공정가치}}{\text{일괄취득자산의 공정가치 합계}}$$

매입에 의한 취득 Ⅰ

유형자산의 취득과 관련하여 국 · 공채 등을 불가피하게 매입하는 경우 매입가액과 현재가치와의 **차액**은 유형자산의 원가에 산입해야 한다

유형자산을 장기 후불조건으로 구입하거나 대금지급기간이 일반적인 신용기간보다 긴 경우 취득원가는 취득시점의 **현금구입가격**으로 한다

현물출자에 의하여 취득한 유형자산의 취득원가는 취득한 자산의 **공정가치**로 한다

매입에 의한 취득 Ⅱ

증여 또는 무상으로 취득한 유형자산의 취득원가는 취득한 시점의 **공정가치**로 측정하고 자산수증이익으로 처리하여 당기손익에 반영한다

복구원가의 **현재가치**를 해당 유형자산의 취득원가에 가산하고 동 금액을 복구충당부채라는 항목인 부채로 계상한다

회계처리	유 형 자 산 ×××	현 금 ×××
		복구충당부채 ×××

PLUS 현금구입가격
현금거래가 아닐 경우 현금으로 거래했다면 지급했을 금액 상당액을 의미한다. 예를 들어, 현금가 2,000만원인 차량을 3년 할부조건으로 구입할 경우 2,500만원이라면 2,000만원이 현금가격 상당액이 된다. 이러한 경우 비록 미래에 지급할 할부금 총액은 2,500만원이지만 차량의 원가는 현금가격 상당액인 2,000만원으로 기록하고, 500만원은 할부금 지급기간에 걸쳐 이자비용으로 인식해야 한다.

PLUS 현물출자
자산을 구입할 때 현금 대신에 주식을 발행해 주고 자산을 취득하는 경우를 말한다.

바로확인문제
현물출자 받은 유형자산의 취득원가는 □□□□를 기준으로 결정한다.

정답
공정가치

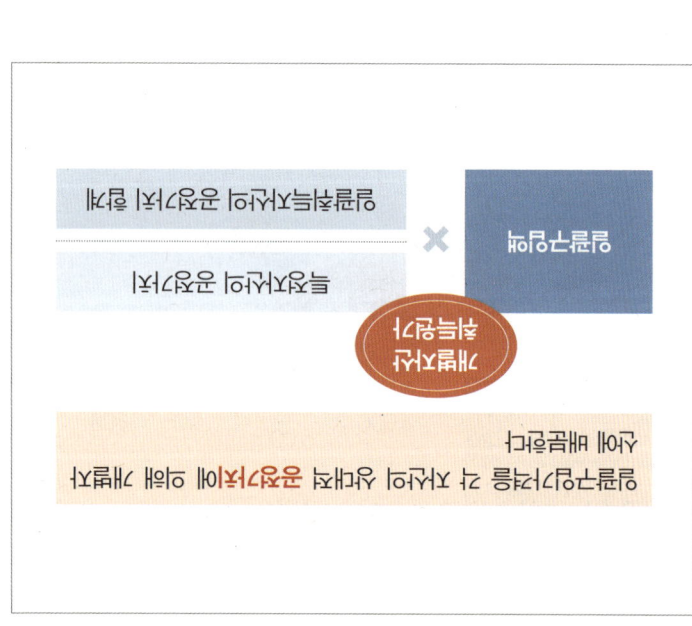

THEME 28

차입원가의 자본화

GUIDE 적격자산은 의도된 용도로 사용하거나 판매가능한 상태에 이르게 하는 데 상당한 기간을 필요로 하는 자산으로, 적격자산에 해당하지 않는 항목을 암기해야 합니다.

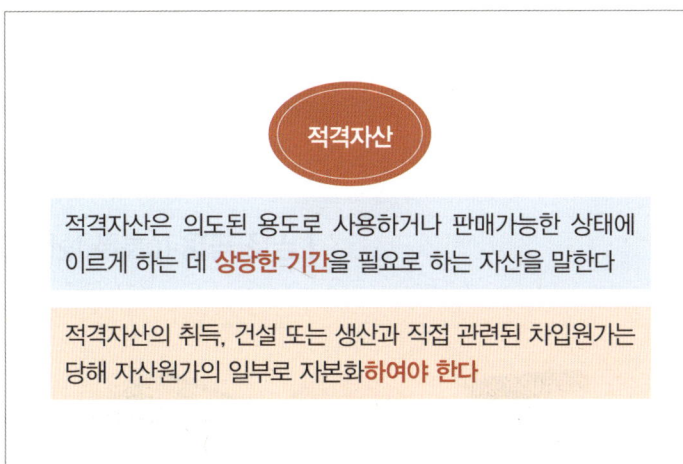

차입원가의 자본화 개념 I

적격자산

적격자산은 의도된 용도로 사용하거나 판매가능한 상태에 이르게 하는 데 **상당한 기간**을 필요로 하는 자산을 말한다

적격자산의 취득, 건설 또는 생산과 직접 관련된 차입원가는 당해 자산원가의 일부로 자본화**하여야 한다**

차입원가의 자본화 개념 II

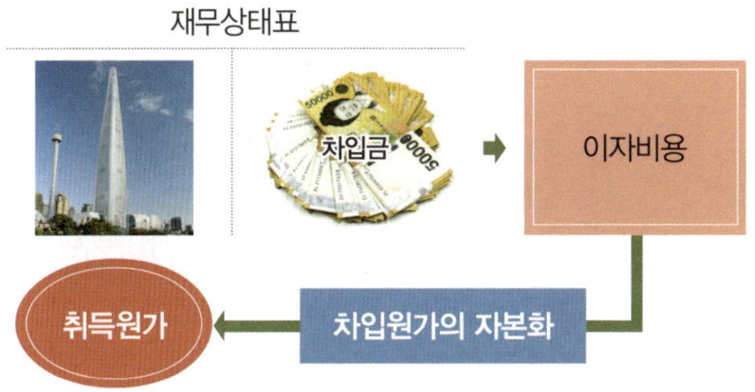

차입원가는 자금의 차입과 관련하여 발생하는 이자를 말한다

적격자산의 범위

적격자산

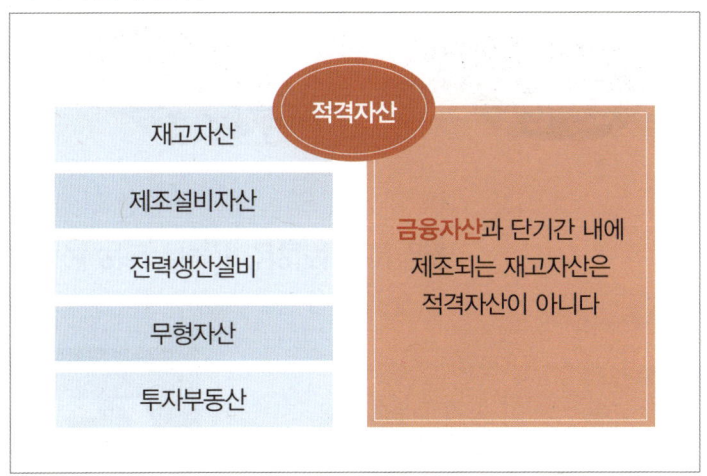

- 재고자산
- 제조설비자산
- 전력생산설비
- 무형자산
- 투자부동산

금융자산과 단기간 내에 제조되는 재고자산은 적격자산이 아니다

PLUS 차입원가의 자본화

자본화 '할 수 있다'가 아니라 자본화하도록 규정하고 있다. 일정 요건을 만족하는 경우 과거에는 자본화를 선택할 수 있도록 허용하였다. 그러나 현행 기준에서는 일정 요건을 만족하는 경우 자본화하도록 의무화하고 있다.

바로확인문제

□□□□과 단기간 내에 제조되거나 다른 방법으로 생산되는 재고자산은 적격자산에 해당하지 않는다.

정답
금융자산

THEME 29

교환에 의한 취득 빈출

GUIDE 상업적 실질이 있는 경우와 상업적 실질이 없는 경우 각각 취득원가, 처분손익이 계산문제로 자주 출제됩니다. 이 부분은 반드시 정리가 되어야 시험문제를 해결할 수 있습니다.

교환에 의한 취득 – 상업적 실질 유무

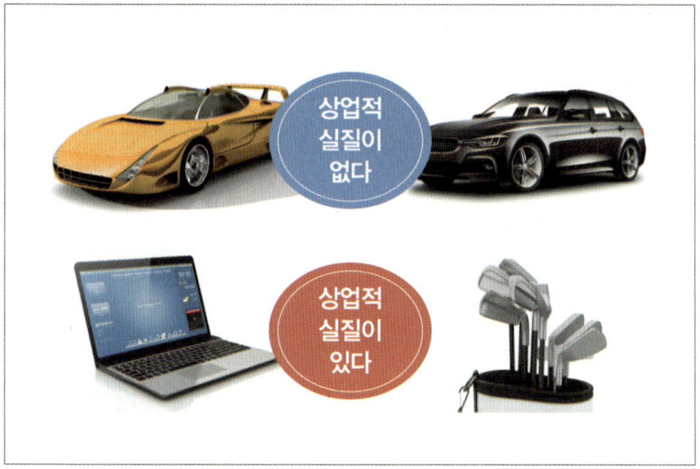

교환에 의한 취득 – 취득원가 결정

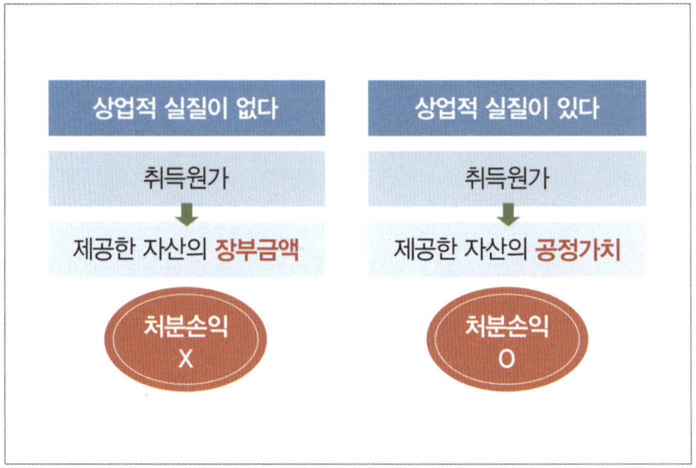

상업적 실질이 없는 경우 I

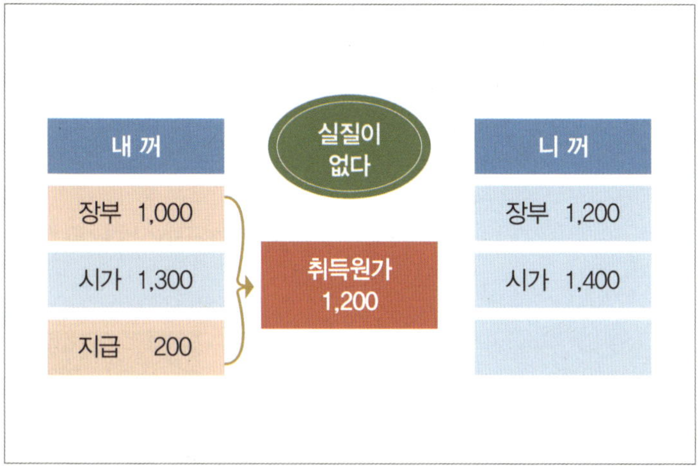

상업적 실질이 없는 경우 II

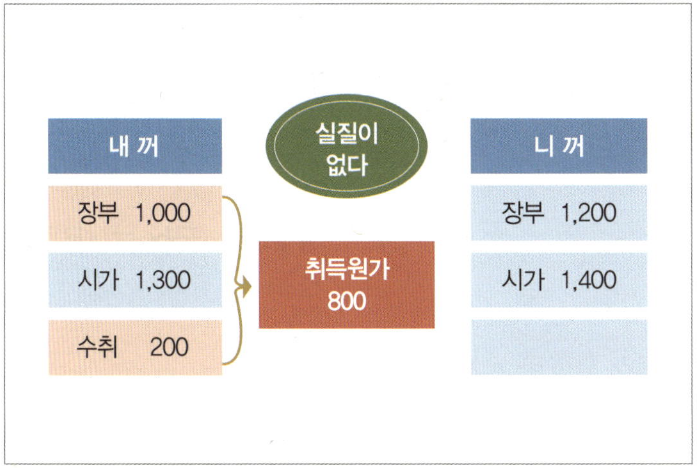

PLUS 교환에 의한 취득

교환이란 하나 이상의 비화폐성자산 또는 화폐성자산과 비화폐성자산이 결합된 대가와 교환하여 하나 이상의 유형자산을 취득하는 경우를 말한다. 교환취득은 상업적 실질이 있는 교환과 상업적 실질이 없는 교환으로 분류한다.

PLUS 상업적 실질이 없는 경우

취득한 자산의 원가: 제공한 자산의 장부금액 + 현금지급액 – 현금수취액

상업적 실질이 있는 경우 I

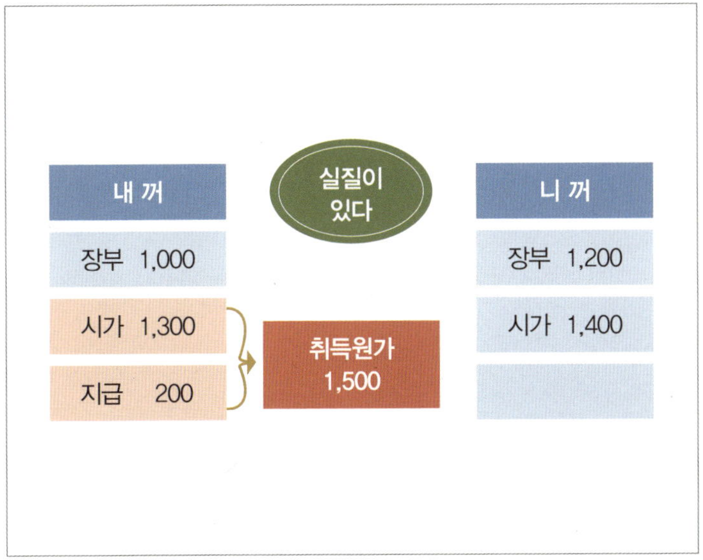

상업적 실질이 있는 경우 Ⅱ

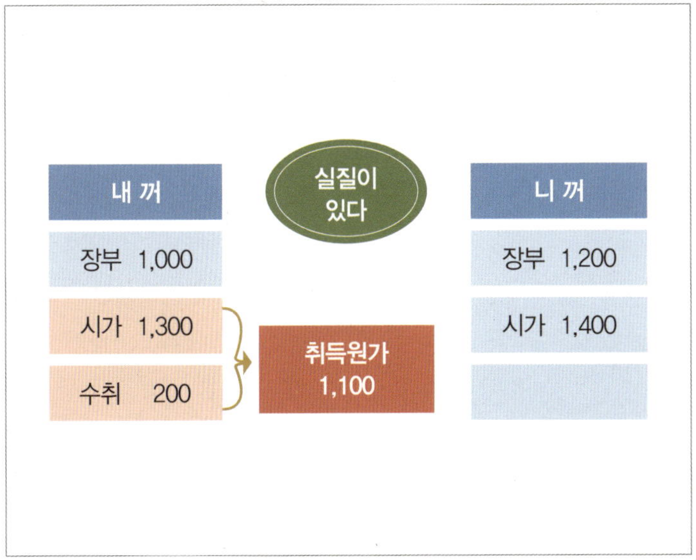

상업적 실질이 있는 경우 Ⅲ

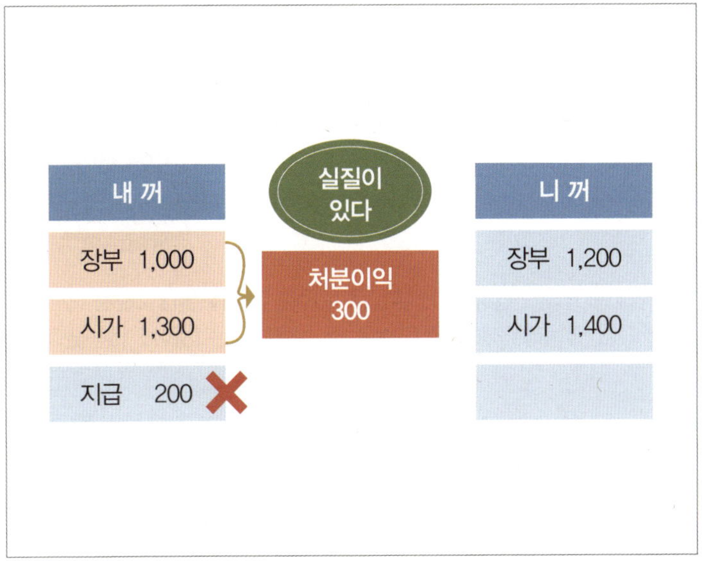

상업적 실질이 있는 경우 – 예외 I

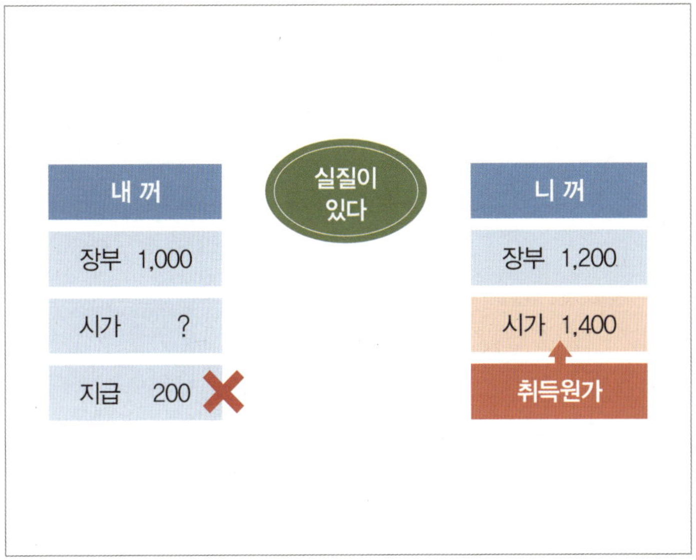

PLUS 교환거래에서 현금지급 또는 수취

교환거래에서 추가적으로 현금을 지급하는 경우에는 취득하는 유형자산의 원가에 가산하고, 현금을 수취하는 경우에는 취득하는 유형자산의 원가에서 차감한다.

PLUS 상업적 실질이 있는 경우

- 취득한 자산의 원가: 제공한 자산의 공정가치 + 현금지급액 – 현금수취액
- 유형자산처분손익: 제공한 자산의 공정가치 – 제공한 자산의 장부금액

상업적 실질이 있는 경우 – 예외 Ⅱ

취득한 자산의 공정가치가 더 명백한 경우에는 취득한 자산의 공정가치를 취득한 자산의 원가로 구성한다

예외

취득원가	**취득자산의 공정가치**(현금수수액은 무시)

교환에 의한 취득 정리

• 상업적 실질이 없는 경우

취득원가	제공한 자산의 **장부금액** + 현금지급액 – 현금수취액

• 상업적 실질이 있는 경우

취득원가	제공한 자산의 **공정가치** + 현금지급액 – 현금수취액
처분손익	제공한 자산의 **공정가치** – 제공한 자산의 **장부금액**

MEMO

THEME

30

정부보조금에 의한 취득 빈출

GUIDE 유형자산 관련 보조금을 재무제표에 표시하는 경우 정부보조금을 이연수익으로 인식하는 방법과 장부금액에서 정부보조금을 차감하는 방법의 회계처리를 이해해야 합니다.

정부보조금에 의한 취득

자산차감법 | 선택 | 이연수익법

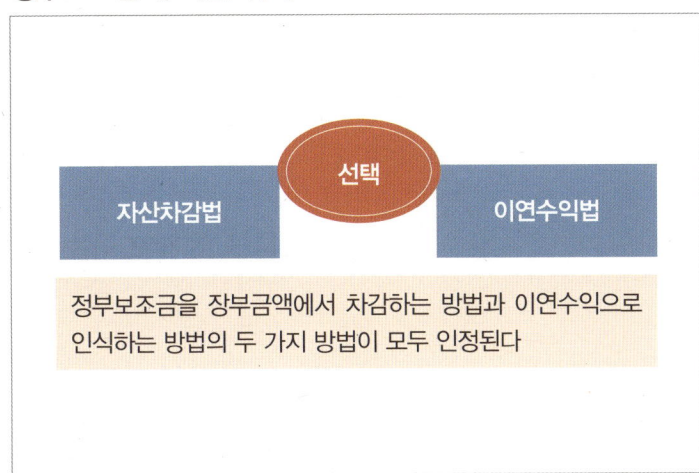

정부보조금을 장부금액에서 차감하는 방법과 이연수익으로 인식하는 방법의 두 가지 방법이 모두 인정된다

자산차감법

기계 취득 100,000, 보조금 40,000, 정액법, 내용연수 5년

구분	차변		대변	
보조금 수령	현 금	40,000	정부보조금	40,000
기계 취득	기 계 장 치	100,000	현 금	100,000
×1.12.31	감가상각비	20,000	감가누계액	20,000
	정부보조금	8,000	감가상각비	8,000

이연수익법

기계 취득 100,000, 보조금 40,000, 정액법, 내용연수 5년

구분	차변		대변	
보조금 수령	현 금	40,000	이연수익(부채)	40,000
기계 취득	기 계 장 치	100,000	현 금	100,000
×1.12.31	감가상각비	20,000	감가누계액	20,000
	이연수익(부채)	8,000	정부보조금수익	8,000

정부보조금의 처리방법

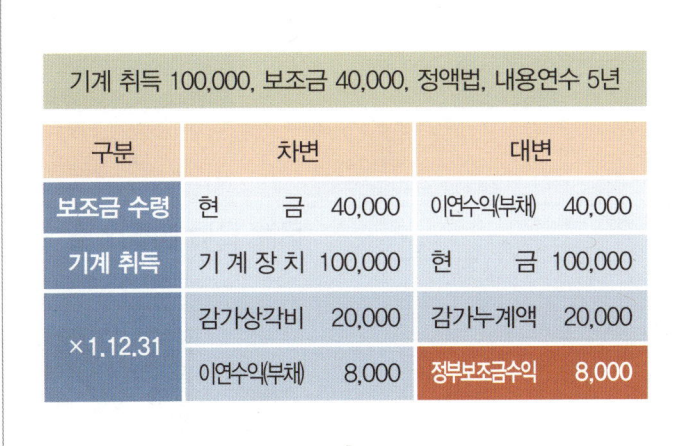

자산차감법	정부보조금만큼 유형자산의 장부금액에서 감소시키고 보조금은 감가상각자산의 내용연수에 걸쳐 감가상각비를 상계하는 방식으로 당기손익에 인식하는 방법
이연수익법	정부보조금을 이연수익(부채)으로 인식하고 유형자산의 내용연수에 걸쳐 체계적이고 합리적인 방법으로 당기손익에 인식하는 방법

PLUS **정부보조금**
기업의 영업활동과 관련하여 과거나 미래에 일정한 요건을 충족하였거나 충족할 경우 기업에게 자원을 이전하는 형식의 정부 지원을 말한다.

THEME

31 유형자산의 후속측정

GUIDE 자산인식요건을 충족하는 경우(자본적 지출)와 자산인식요건을 충족하지 못하는 경우(수익적 지출)의 회계처리에 대하여 이해하고 정리해야 합니다.

취득 후 지출에 대한 개념

자본적 지출	수익적 지출
확장 · 증설	벽의 도장
엘리베이터	형광등 교체
냉 · 난방 설치	창문 교체

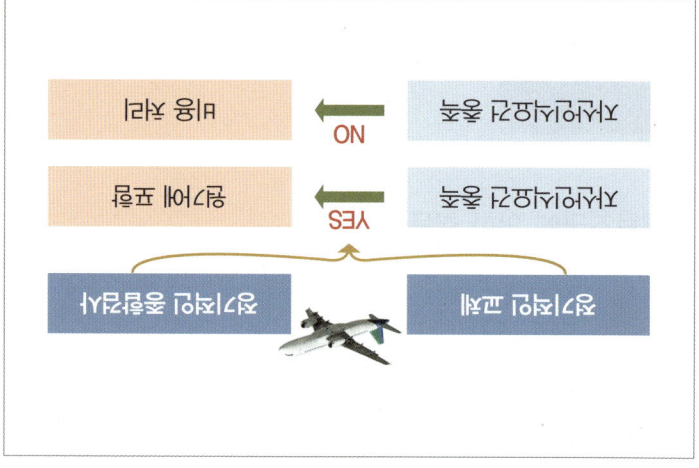

취득 후 지출에 대한 회계처리

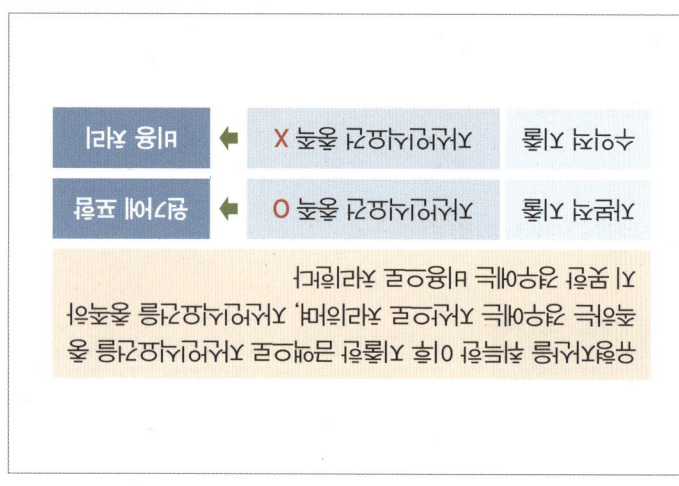

유형자산을 취득한 이후 지출한 금액으로 자산인식요건을 충족하는 경우에는 자산으로 처리하며, 자산인식요건을 충족하지 못한 경우에는 비용으로 처리한다

자본적 지출	자산인식요건 충족 O	➡	원가에 포함
수익적 지출	자산인식요건 충족 X	➡	비용 처리

정기적인 교체 및 종합검사

정기적인 교체 / 정기적인 종합검사

- 자산인식요건 충족 — YES → 원가에 포함
- 자산인식요건 충족 — NO → 비용 처리

취득 후 지출 관련 내용

일상적인 수선 · 유지와 관련하여 발생하는 원가는 해당 유형자산의 장부금액에 포함하여 인식하지 아니한다

정기적 교체 및 정기적인 종합검사과정에서 발생하는 원가가 자산인식기준을 충족하는 경우에는 해당 유형자산의 장부금액에 포함하여 인식한다

일상적인 수선 · 유지과정에서 발생하는 원가에는 시설 · 유지인원의 노무비가 포함될 수 있다

PLUS 자본적 지출

유형자산의 내용연수를 증대시키거나 미래의 용역잠재력을 현저히 향상시키는 지출 등을 포함한다. 이 지출은 자산의 취득원가에 포함시킨 뒤 감가상각을 통해서 비용화한다.

PLUS 수익적 지출

지출의 효익이 당기에만 미치는 경우로서, 유형자산의 현재 용역수준을 유지시키는 원상회복적 지출을 말한다. 이 지출은 수선비로서 당기비용으로 처리한다.

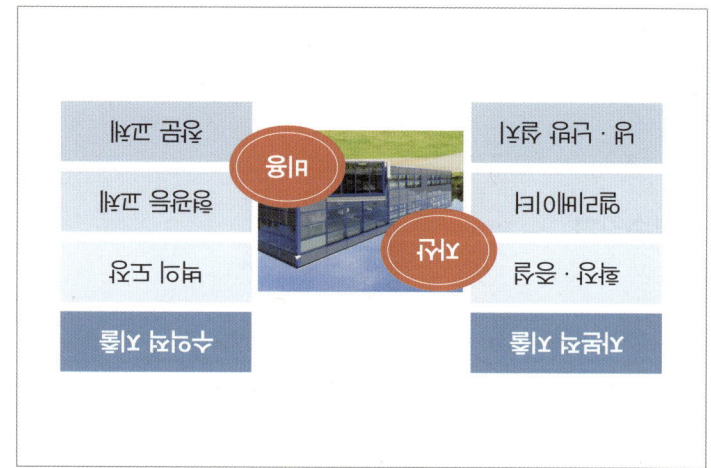

THEME 32

감가상각 빈출

GUIDE 감가상각방법의 정액법, 체감잔액법과 생산량비례법에 의한 보고기간 말 감가상각비를 물어보는 계산문제가 출제되고 있으므로 암기와 확실한 정리가 필요한 부분입니다.

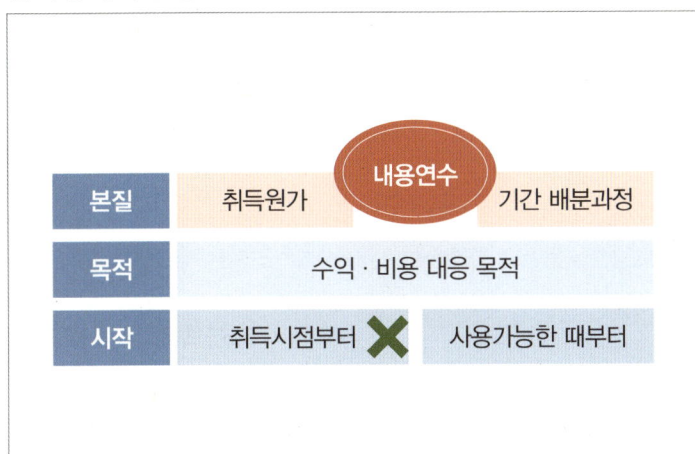

감가상각의 본질

본질	취득원가 / 내용연수 / 기간 배분과정
목적	수익 · 비용 대응 목적
시작	취득시점부터 ✗ / 사용가능한 때부터

감가상각 대상자산

상각자산	VS	비상각자산
건물		토지
기계장치		
차량운반구		건설 중인 자산
구축물		

감가상각 관련 내용

중요한 것은?

- 감가상각 대상금액
- 내용연수
- 감가상각방법

감가상각의 회계처리

감가상각 대상금액 = 취득원가 − 잔존가치

보고기간 말

감 가 상 각 비	×××	감가상각누계액	×××

감가상각누계액: 유형자산 차감계정

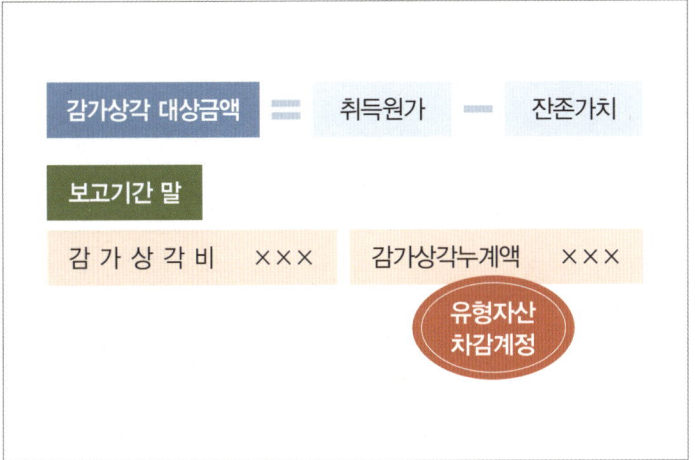

PLUS 감가상각
유형자산의 감가상각 대상금액을 그 자산의 내용연수 동안 체계적이고 합리적인 방법으로 배분하는 과정을 말한다. 결국 감가상각은 수익 · 비용 대응에 따른 원가배분 과정이다.

PLUS 감가상각 대상금액
내용연수 동안에 걸쳐 감가상각비로 계상할 총금액을 말한다. 유형자산의 감가상각이 끝나면 잔존가치만 남게 된다.

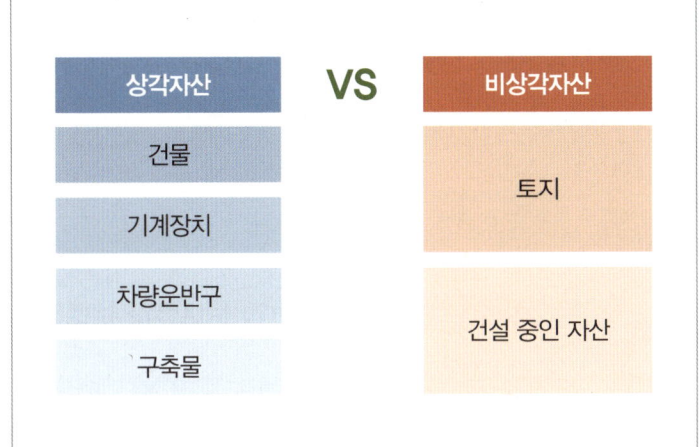

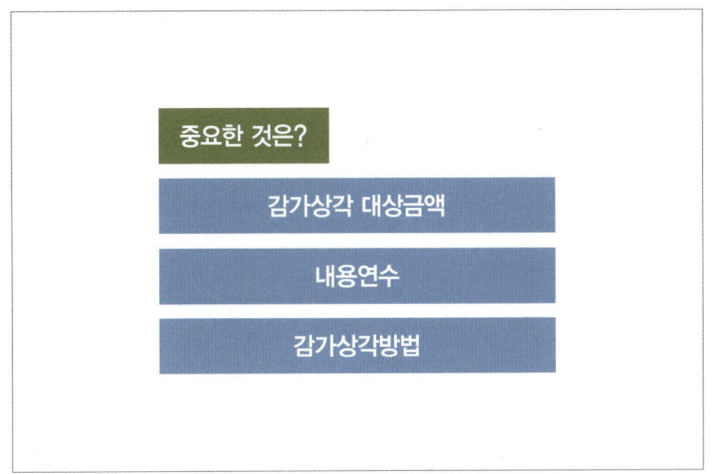

감가상각의 회계처리 – 직접법

	차변		대변	
×1.01.01	비품	50,000	현금	50,000
×1.12.31	감가상각비	10,000	비품	10,000
×2.12.31	감가상각비	10,000	비품	10,000

시산표 ×1.12.31		시산표 ×2.12.31	
비품 40,000		비품 30,000	

감가상각의 회계처리 – 간접법

	차변		대변	
×1.01.01	비품	50,000	현금	50,000
×1.12.31	감가상각비	10,000	감가상각누계액	10,000
×2.12.31	감가상각비	10,000	감가상각누계액	10,000

시산표 ×1.12.31		시산표 ×2.12.31	
비품 50,000	감·누 10,000	비품 50,000	감·누 20,000

유형자산의 장부금액

유형자산의 취득원가에서 감가상각누계액을 차감한 후의 잔액을 장부금액이라고 한다

• 유형자산

비품 50,000
(감가상각누계액) (20,000) 30,000 ← 장부금액

직접법과 간접법의 비교

구분	표시	A 차량운반구	B 차량운반구
직접법	장부금액	10,000,000	10,000,000
간접법	취득원가	100,000,000	10,000,000
	감가누계액	(90,000,000)	(0)
	장부금액	10,000,000	10,000,000

PLUS 감가상각비의 기장

직접법은 취득원가에서 감가상각비를 직접 차감하여 재무상태표상 장부금액만 표시되므로 취득원가와 감가상각누계액을 알 수 없는 단점이 있지만, 간접법(감가상각누계액 계상법)은 이를 파악할 수 있어 국제회계기준에서는 간접법을 인정하고 있다.

PLUS 감가상각누계액

유형자산의 취득원가에 대한 차감항목으로 표시하기 위한 평가계정이다.

감가상각방법 I

균등상각법	체감잔액법	비례법
정액법(직선법)	정률법 이중체감법 연수합계법	생산량비례법 작업시간비례법

감가상각방법 II

정액법	(취득원가 − 잔존가치) ÷ 내용연수
정률법	(취득원가 − 감가상각누계액) × 정률
이중체감법	(취득원가 − 감가상각누계액) × 2/내용연수
연수합계법	(취득원가 − 잔존가치) × $\frac{\text{잔존 내용연수}}{\text{내용연수 합계}}$
생산량비례법	(취득원가 − 잔존가치) × $\frac{\text{당기 실제생산량}}{\text{추정 총생산량}}$

정액법과 체감잔액법의 비교 I

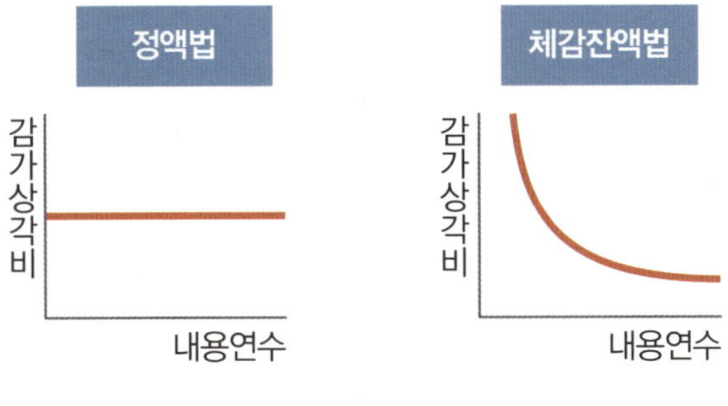

정액법과 체감잔액법의 비교 II

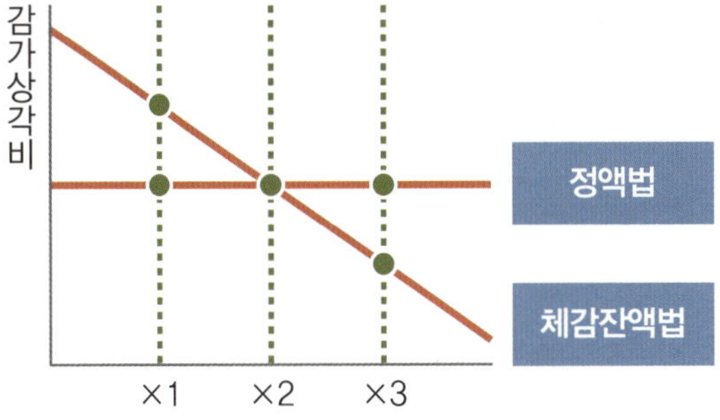

PLUS 체감잔액법(가속상각법)

감가상각비를 상각대상기간의 초반기에 많이 인식하고 후반기에는 적게 인식하는 방법이다.

PLUS 잔존가치

감가상각에 있어서 정액법, 연수합계법, 생산량비례법은 잔존가치를 고려하며, 정률법, 이중체감법은 잔존가치를 고려하지 않는다.

PLUS 내용연수 합계

$\frac{n\times(n+1)}{2}$ (n: 내용연수)

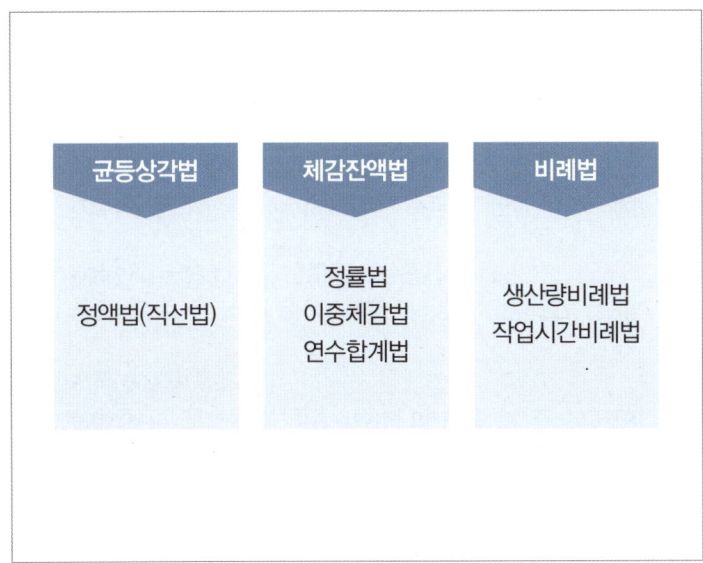

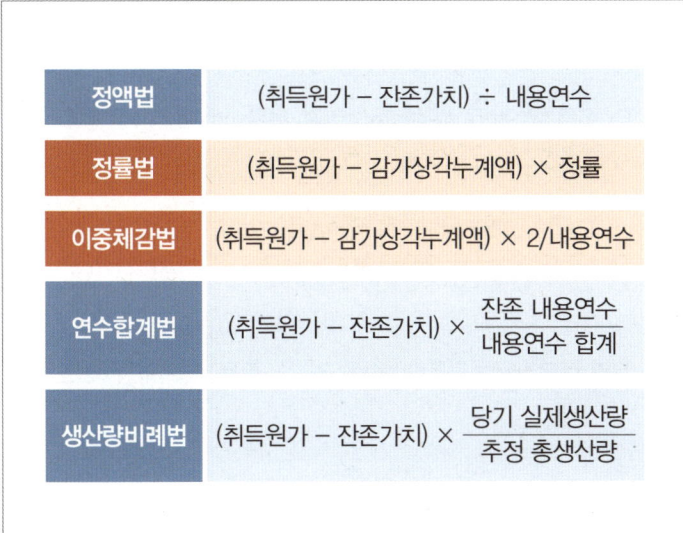

취득초기 각 항목의 크기 순서

감가상각비	이중체감법 > 정률법 > 연수합계법 > 정액법
감가상각누계액	이중체감법 > 정률법 > 연수합계법 > 정액법
장부금액	이중체감법 < 정률법 < 연수합계법 < 정액법
당기순이익	이중체감법 < 정률법 < 연수합계법 < 정액법

감가상각의 주요이론 I

- 유형자산의 감가상각은 자산이 **사용가능한 때**부터 시작한다
- 유형자산이 가동되지 않거나 유휴상태가 되더라도, 감가상각이 완전히 이루어지기 전까지는 감가상각을 중단하지 않는다
- 채석장이나 매립지 등을 제외하고는 토지는 내용연수가 무한하므로 감가상각하지 아니한다
- 유형자산의 잔존가치와 내용연수, 감가상각방법은 적어도 매 회계연도 말에 **재검토**한다

감가상각의 주요이론 II

- 유형자산의 감가상각방법은 자산의 미래 경제적 효익이 소비되는 형태를 반영한다
- 유형자산의 감가상각 대상금액을 내용연수 동안 체계적으로 배부하기 위해 다양한 방법을 사용할 수 있다
- 유형자산의 공정가치가 장부금액을 초과하더라도 장부금액이 잔존가치를 초과하는 한 감가상각비를 계속 인식해야 한다
- 감가상각은 자산이 매각예정자산으로 분류되는 날과 자산이 제거되는 날 중 이른 날에 중지한다

감가상각의 주요이론 III

- 감가상각방법, 내용연수, 잔존가치의 변경은 **회계추정의 변경**으로 회계처리한다
- 감가상각비가 다른 자산의 제조와 관련된 경우에는 관련 자산의 제조원가로, 그 밖의 경우에는 당기비용으로 인식한다
- 유형자산의 사용 정도에 따라 감가상각을 하는 경우에는 생산활동이 이루어지지 않을 때 감가상각비를 인식하지 않을 수 있다

바로확인문제

01 유형자산의 감가상각은 자산이 □□□□□ 때부터 시작한다.

02 감가상각방법, 잔존가치, 내용연수는 적어도 매 회계연도 말에 □□□한다.

03 감가상각방법, 내용연수, 잔존가치의 변경은 회계□□의 변경으로 회계처리한다.

정답
01 사용가능한 02 재검토
03 추정

THEME 33

유형자산 처분

GUIDE 유형자산 처분 시 장부금액과 순매각금액에 차이가 있으면 해당 차액을 유형자산처분손익으로 인식합니다. 계산문제로 출제되는 테마로 확실하게 정리해야 합니다.

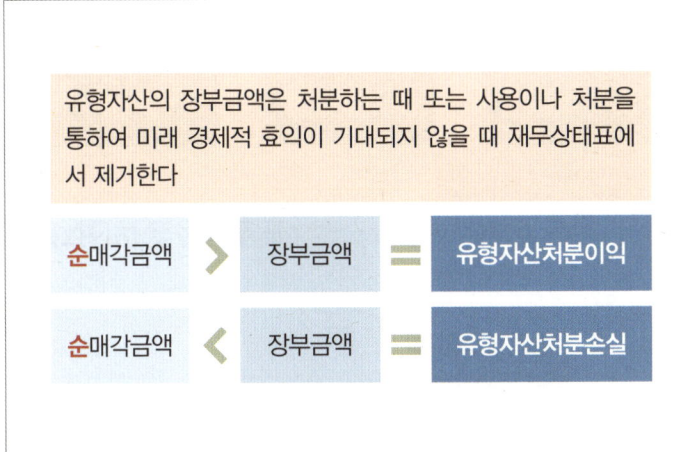

유형자산의 제거(처분)

유형자산의 장부금액은 처분하는 때 또는 사용이나 처분을 통하여 미래 경제적 효익이 기대되지 않을 때 재무상태표에서 제거한다

순매각금액 > 장부금액 = 유형자산처분이익

순매각금액 < 장부금액 = 유형자산처분손실

매각에 의한 처분손익 계산

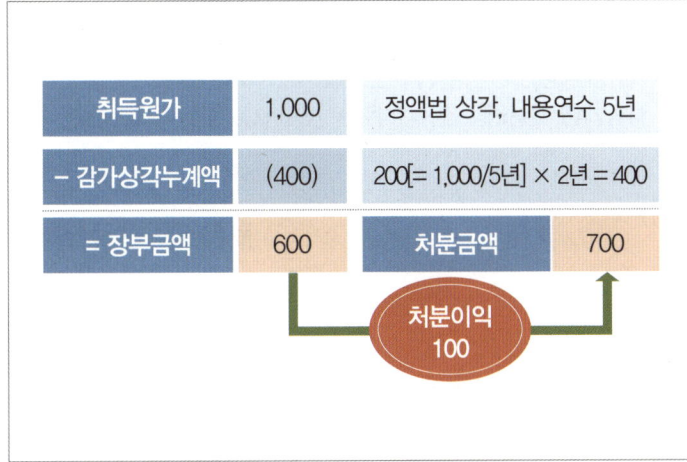

취득원가	1,000	정액법 상각, 내용연수 5년	
– 감가상각누계액	(400)	200[= 1,000/5년] × 2년 = 400	
= 장부금액	600	처분금액	700

처분이익 100

PLUS 자발적 처분

유형자산 처분 시 장부금액과 순매각금액에 차이가 있으면 해당 차액을 유형자산처분이익 또는 유형자산처분손실로 하여 당기손익으로 인식한다.

MEMO

바로확인문제

유형자산의 제거로 인해 발생하는 손익은 □□□□□과 장부금액의 차이로 결정한다.

정답

순매각금액

THEME

34 유형자산 손상

GUIDE 유형자산의 손상차손 또는 손상차손환입을 각각 구분하여 정리할 수 있어야 시험문제를 해결할 수 있는 테마로, 실제로 예시를 통한 문제풀이를 해보아야 합니다.

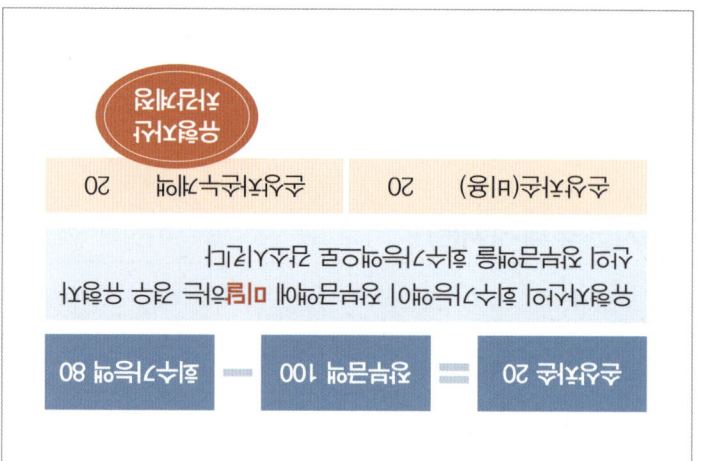

유형자산의 손상차손 Ⅰ

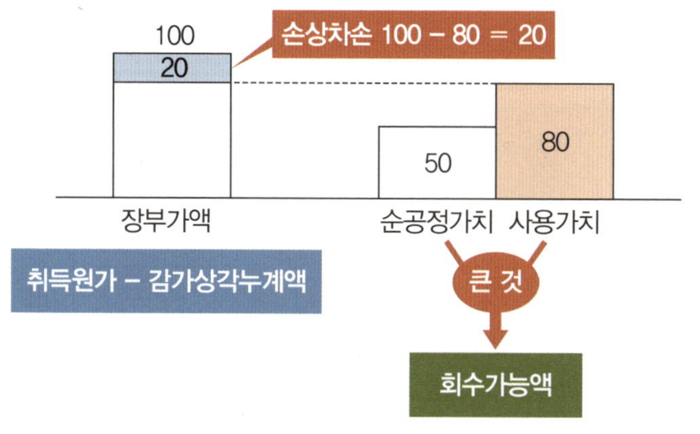

유형자산의 손상차손 Ⅱ

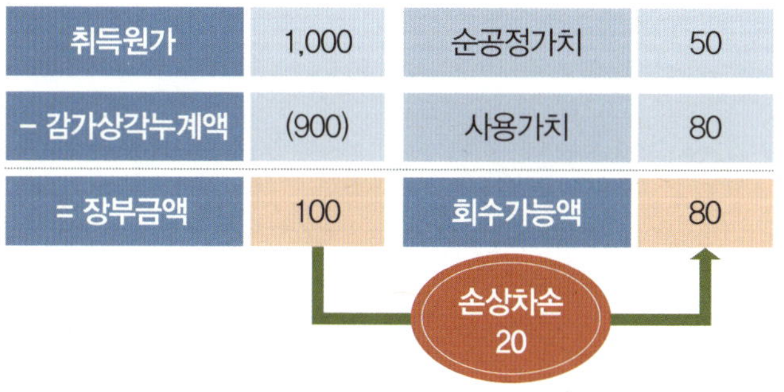

유형자산의 손상차손 Ⅲ

손상차손 20 = 장부금액 100 − 회수가능액 80

유형자산의 회수가능액이 장부금액에 **미달**하는 경우 유형자산의 장부금액을 회수가능액으로 감소시킨다

손상차손(비용)	20	손상차손누계액	20

유형자산 차감계정

유형자산의 장부금액

유형자산의 취득원가 또는 공정가치 등 원가를 대체하는 다른 금액에서 감가상각누계액과 손상차손누계액을 차감한 후의 잔액을 유형자산의 '장부금액'이라고 한다

• 유형자산

비품	1,000		취득원가
(감가상각누계액)	(200)		
(손상차손누계액)	(200)	600	장부금액

PLUS 손상차손

회사가 보유 중인 자산이 진부화나 시장가치의 급격한 하락으로 회수가능액이 장부금액보다 떨어진 경우를 말한다.

PLUS 순공정가치

합리적인 판단력과 거래 의사가 있는 독립된 당사자 사이의 거래에서 자산 또는 현금창출단위의 매각으로부터 수취할 수 있는 금액에서 처분부대원가를 차감한 금액을 말한다.

PLUS 사용가치

자산이나 현금창출단위에서 창출될 것으로 기대되는 미래 현금흐름의 현재가치로 기업 특유가치라고 한다.

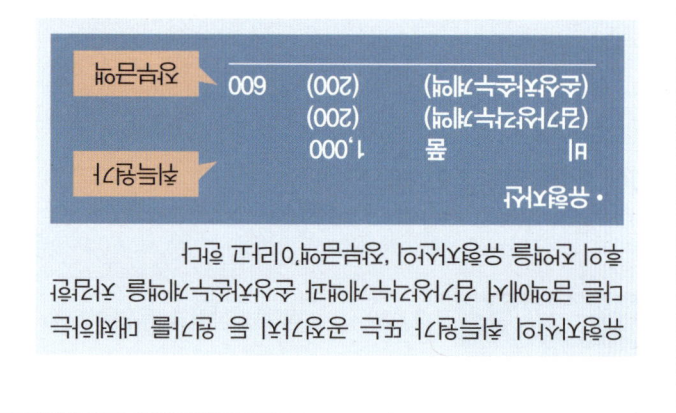

유형자산의 손상차손 Ⅳ

유형자산의 회수가능액이 장부금액에 **미달**하는 경우 유형자산의 장부금액을 회수가능액으로 감소시킨다. 이때 당해 감소액은 손상차손에 해당한다. 당해 손상차손은 즉시 **당기손익**으로 인식한다. 또한 손상차손누계액의 과목으로 당해 유형자산의 **차감계정**으로 표시한다

회수가능액은 자산 또는 현금창출단위의 순공정가치와 사용가치 중 **큰 금액**으로 정의한다

순공정가치 = 공정가치 − 처분부대원가

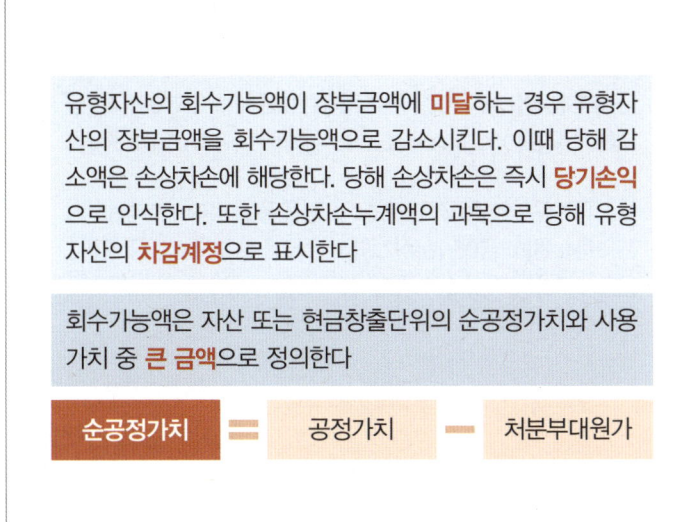

유형자산의 손상차손환입 Ⅰ

손상차손환입 = 회수가능액 − 장부금액

→ 손상차손을 인식하기 전의 장부가액을 초과할 수 없다

손상차손누계액	×××	손상차손환입(수익)	×××

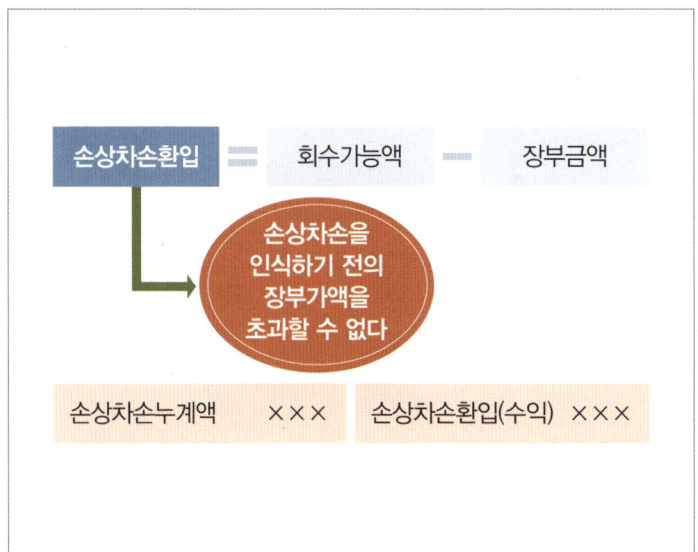

유형자산의 손상차손환입 Ⅱ

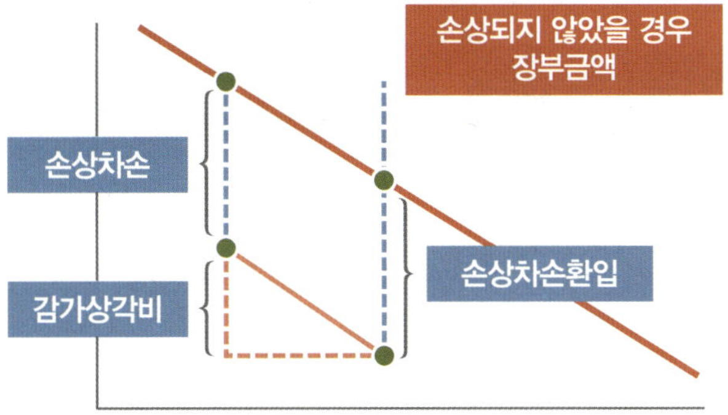

✔ 바로확인문제

01 유형자산의 회수가능액이 장부금액에 □□하는 경우 유형자산의 장부금액을 회수가능액으로 감소시킨다.

02 유형자산이 손상된 경우 장부금액과 회수가능액의 차액은 당기손익으로 처리하고, 유형자산의 □□□□으로 표시한다.

03 회수가능액은 자산 또는 현금창출단위의 순공정가치와 사용가치 중 □ 금액을 말한다.

정답
01 미달 02 차감계정 03 큰

THEME 35

원가모형과 재평가모형 빈출

GUIDE 원가모형 또는 재평가모형 중 하나를 회계정책으로 선택하여 유형자산 분류별로 동일하게 적용합니다. 특히 재평가모형에 대한 계산문제는 매년 출제되고 있으며, 이론에 대한 내용 또한 알아두어야 합니다.

원가모형과 재평가모형의 선택

유형자산에 대하여 기업은 원가모형 또는 재평가모형 중 하나를 선택하여 유형자산 분류별로 동일하게 적용한다

재평가모형 적용 시 처리

↑	자본	↓	비용

차변	대변	회계처리
토지	재평가잉여금	기타포괄손익
재평가손실	토지	당기손익

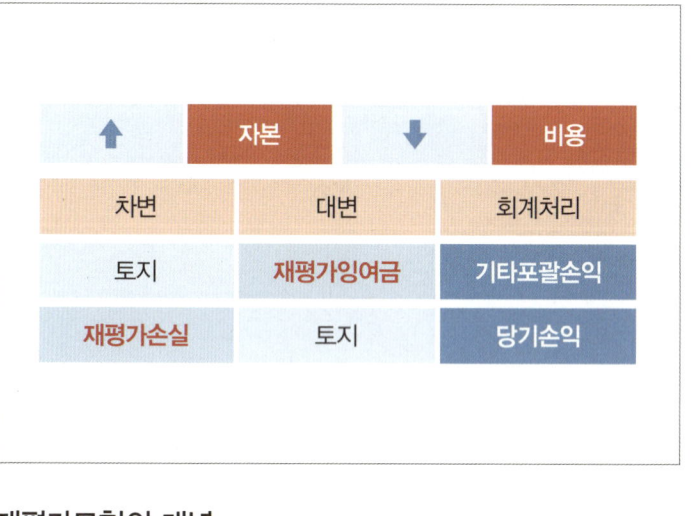

재평가모형의 사례

장부금액이 100인 유형자산의 공정가치가 120이라면 재평가이익은 20으로 측정된다. 재평가이익 20은 재평가잉여금의 과목으로 하여 자본항목인 **기타포괄손익**으로 인식한다

장부금액이 100인 유형자산의 공정가치가 70이라면 재평가손실은 30으로 측정된다. 재평가손실 30은 **당기손익**으로 인식한다

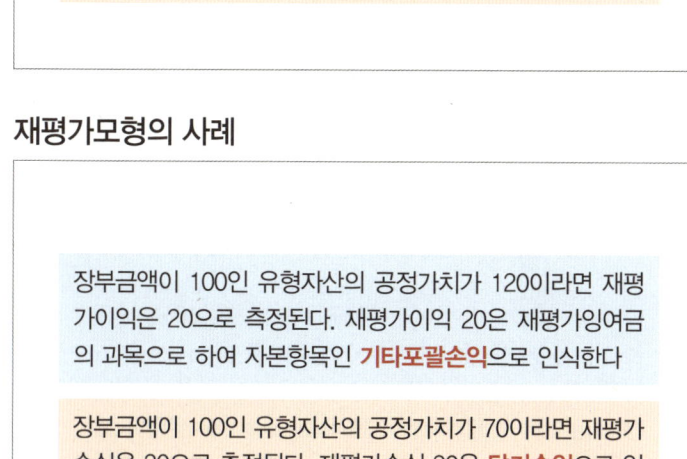

재평가모형의 개념

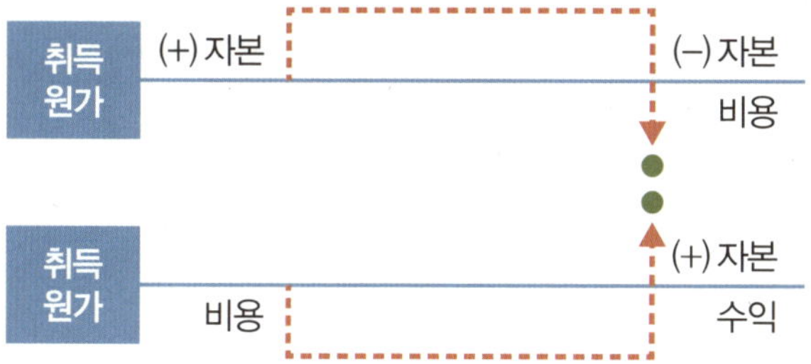

바로확인문제

01 재평가모형을 최초 적용하는 경우 재평가이익이 발생하면 □□□□□□으로 인식하고 재평가잉여금의 과목으로 자본에 가산한다.

02 재평가모형을 최초 적용하는 경우 재평가손실이 발생하면 □□□□으로 인식한다.

정답
01 기타포괄손익 02 당기손익

재평가모형의 회계처리 Ⅰ

구분	20×1 초	20×1 말	20×2 말
공정가치	100	120	70

구분	차변	대변
20×1 초	토지 100	현금 100
20×1 말	토지 20	재평가잉여금 20
20×2 말	재평가잉여금 20 재평가손실 30	토지 50

재평가모형의 회계처리 Ⅱ

구분	20×1 초	20×1 말	20×2 말
공정가치	100	70	120

구분	차변	대변
20×1 초	토지 100	현금 100
20×1 말	재평가손실 30	토지 30
20×2 말	토지 50	재평가이익 30 재평가잉여금 20

재평가한 유형자산의 제거

구분	20×1 초	20×1 말	20×2 말	20×3 초
공정가치	100	70	120	130 처분

구분	차변	대변
20×3 초	현금 130	토지 120 유형자산처분이익 10
20×3 초	재평가잉여금 20	이익잉여금 20

재평가잉여금의 후속처리

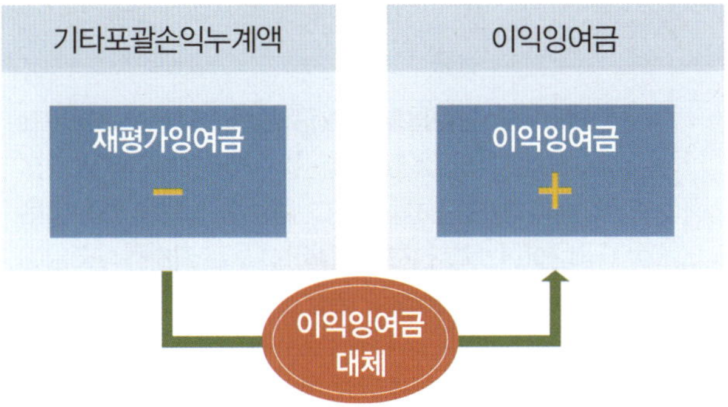

PLUS **재평가잉여금의 후속처리**

자본에 계상한 재평가잉여금은 그 자산이 제거될 때 이익잉여금으로 대체할 수 있고, 재평가잉여금을 이익잉여금으로 대체하는 경우 그 금액은 당기손익으로 인식하지 않는다. 즉, 대체되는 재평가잉여금은 유형자산처분손익에 가감되지 않는다.

바로확인문제

유형자산 항목과 관련하여 자본에 계상된 재평가잉여금은 그 자산이 제거될 때 □□□□□으로 대체할 수 있다.

정답

이익잉여금

재평가액 > 장부금액

자산의 장부금액이 재평가로 인하여 증가된 경우, 그 증가액은 **기타포괄손익**으로 인식하고 재평가잉여금의 과목으로 자본(기타포괄손익누계액)에 가산한다. 그러나 동일한 자산에 대하여 이전에 당기손익으로 인식한 재평가감소액이 있다면 그 금액을 한도로 재평가증가액만큼 당기손익으로 인식한다

(차) 유 형 자 산 ×××	(대) 재평가이익 ××× 재평가잉여금 ×××

재평가액 < 장부금액

자산의 장부금액이 재평가로 인하여 감소된 경우, 그 감소액은 **당기손익**으로 인식한다. 그러나 그 자산에 대한 재평가잉여금의 잔액이 있다면 그 금액을 한도로 재평가감소액을 기타포괄손익으로 인식한다. 재평가감소액의 발생 당시 재평가잉여금이 있다면 먼저 **상계처리**하여야 한다

(차) 재평가잉여금 ××× 재평가손실 ×××	(대) 유 형 자 산 ×××

원가모형과 재평가모형의 비교

구분	감가상각	자산손상	평가손익처리
원가모형	○	○	–
재평가모형	○	○	• 평가이익: 자본 • 평가손실: 비용

재평가 시점의 감가상각누계액 처리

유형자산을 재평가할 때 재평가 시점의 감가상각누계액 처리 방법은 비례법과 순액법이 있으며, 기업회계기준에서는 두 가지 방법 중 하나를 선택하여 적용하도록 하고 있다.

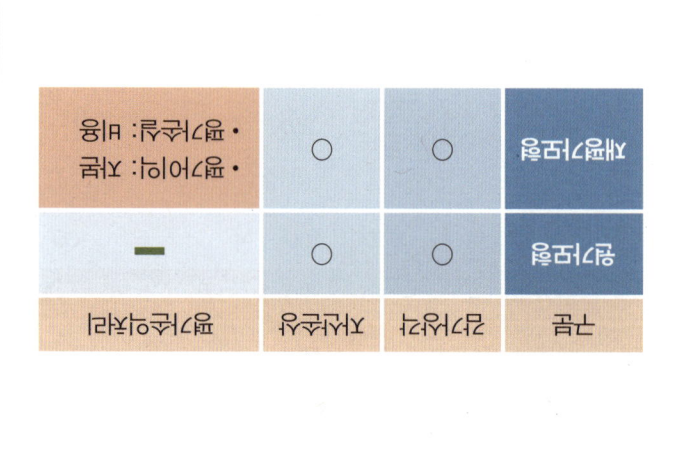

재평가 시점의 감가상각누계액 처리 방법 Ⅰ

선택

- **비례법** ➡ 재평가 후 자산의 장부금액이 재평가금액과 일치하도록 감가상각누계액과 취득원가를 비례적으로 수정하는 방법
- **순액법** ➡ 기존의 감가상각누계액을 제거하여 자산의 취득원가금액이 재평가금액이 되도록 수정하는 방법

재평가 시점의 감가상각누계액 처리 방법 Ⅱ

비례법	순액법
취득원가 100 → 200	취득원가 100 → 120
감가상각 (40) → (80)	감가상각 (40) → (0)
장부금액 60 → 120	장부금액 60 → 120

비례법 Ⅰ

재평가 전 재무상태표			재평가 후 재무상태표
취득원가	1,000	×2 →	2,000
− 감가상각누계액	(400)	×2 →	(800)
= 장부금액	600	×2 →	1,200

재평가잉여금 600

비례법 Ⅱ

재평가 전 재무상태표			재평가 후 재무상태표
취득원가	1,000	×0.8 →	800
− 감가상각누계액	(400)	×0.8 →	(320)
= 장부금액	600	×0.8 →	480

재평가손실 120

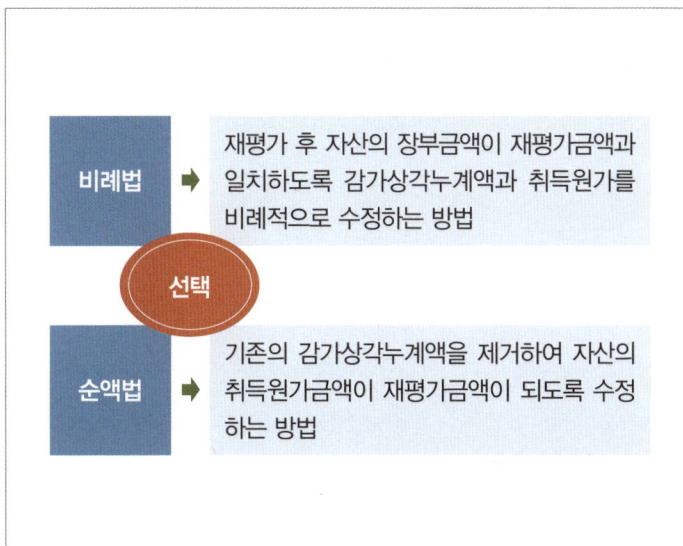

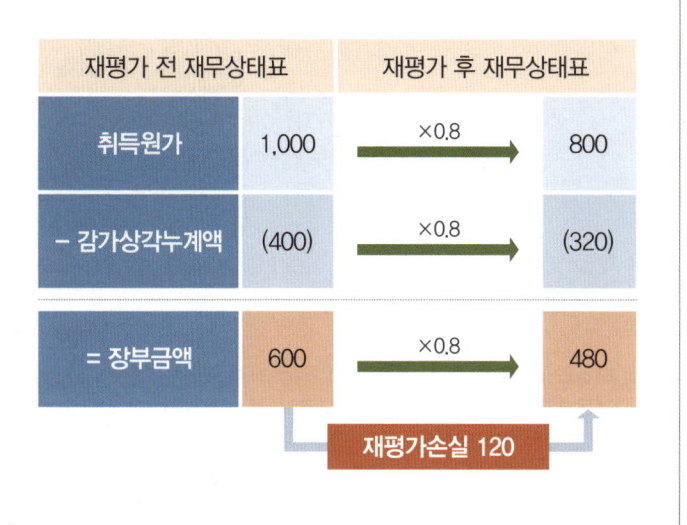

재평가의 주요이론 I

재평가는 보고기간 말에 자산의 장부금액이 공정가치와 중요하게 차이가 나지 않도록 **주기적으로** 수행한다

동일한 분류 내의 유형자산은 동시에 재평가한다. **특정** 유형자산을 재평가할 때, 해당 자산에 포함되는 유형자산 분류 전체를 재평가한다

재평가가 단기간에 수행되며 계속적으로 갱신된다면, 동일한 분류에 속하는 자산이라 하더라도 순차적으로 재평가할 수 **있다**

재평가일의 공정가치에서 이후의 감가상각누계액과 손상차손누계액을 차감한 재평가금액을 장부금액으로 한다

재평가의 주요이론 II

자산의 장부금액이 재평가로 인하여 증가된 경우에 그 증가액은 **기타포괄손익**으로 인식하고 재평가잉여금의 과목으로 **자본**에 가산한다

자산의 장부금액이 재평가로 인하여 감소된 경우에 그 감소액은 **당기손익**으로 인식한다

유형자산과 관련하여 자본에 계상된 재평가잉여금은 그 자산이 제거될 때 이익잉여금으로 대체할 수 **있다**

재평가잉여금을 이익잉여금으로 대체하는 경우, 그 금액은 당기손익으로 인식하지 않는다

MEMO

바로확인문제

01 재평가는 보고기간 말에 자산의 장부금액이 공정가치와 중요하게 차이가 나지 않도록 □□□으로 수행한다.

02 재평가가 단기간에 수행되며 계속적으로 갱신된다면, 동일한 분류에 속하는 자산이라 하더라도 순차적으로 재평가할 수 □□.

정답

01 주기적 02 있다

CHAPTER
05 기출로 CHAPTER 마무리

01 (주)한국은 본사 신축을 위해 기존 건물이 있는 토지를 ₩500,000에 구입하였으며, 기타 발생한 원가는 다음과 같다. (주)한국의 토지와 건물의 취득원가는?

제22회

- ㅇ 구건물이 있는 토지를 취득하면서 중개수수료 ₩4,000을 지급하였다.
- ㅇ 구건물 철거비용으로 ₩5,000을 지급하였으며, 철거 시 발생한 폐자재를 ₩1,000에 처분하였다.
- ㅇ 토지 측량비와 정지비용으로 ₩2,000과 ₩3,000이 각각 발생하였다.
- ㅇ 신축건물 설계비로 ₩50,000을 지급하였다.
- ㅇ 신축건물 공사비로 ₩1,000,000을 지급하였다.
- ㅇ 야외 주차장(내용연수 10년) 공사비로 ₩100,000을 지출하였다.

	토지	건물
①	₩509,000	₩1,000,000
②	₩509,000	₩1,050,000
③	₩513,000	₩1,050,000
④	₩513,000	₩1,150,000
⑤	₩514,000	₩1,150,000

해설

1. 토지의 취득원가: 구입비(500,000) + 중개수수료(4,000) + 구건물 철거비용(5,000) − 폐자재 처분수입(1,000) + 토지 측량비(2,000) + 토지 정지비용(3,000) = ₩513,000
2. 건물의 취득원가: 신축건물 설계비(50,000) + 신축건물 공사비(1,000,000) = ₩1,050,000
3. 내용연수가 제한적인 야외 주차장 공사비는 구축물로 회계처리한다.

정답 ③

02 (주)한국은 보유하고 있던 기계장치 A(장부금액 ₩40,000, 공정가치 ₩30,000)를 (주)대한의 기계장치 B(장부금액 ₩60,000, 공정가치 ₩50,000)와 교환하였다. 동 교환거래가 (가) 상업적 실질이 결여된 경우와 (나) 상업적 실질이 있는 경우에 (주)한국이 교환으로 취득한 기계장치 B의 취득원가는? (단, 기계장치 B의 공정가치가 기계장치 A의 공정가치보다 더 명백하다) 제22회

	(가)	(나)
①	₩30,000	₩40,000
②	₩40,000	₩30,000
③	₩40,000	₩50,000
④	₩60,000	₩30,000
⑤	₩60,000	₩50,000

해설

(가) 상업적 실질이 결여된 경우의 취득원가: (주)한국의 기계장치 장부금액 ₩40,000
(나) 상업적 실질이 있는 경우의 취득원가: 더 명백한 (주)대한의 기계장치 공정가치 ₩50,000

정답 ③

03 (주)한국은 20×1년 10월 1일 자산취득 관련 정부보조금 ₩100,000을 수령하여 취득원가 ₩800,000의 기계장치(내용연수 4년, 잔존가치 ₩0, 정액법 상각, 원가모형 적용)를 취득하였다. 정부보조금에 부수되는 조건은 이미 충족되어 상환의무는 없으며, 정부보조금은 자산의 장부금액에서 차감하는 방법으로 회계처리한다. 20×1년 포괄손익계산서에 인식할 감가상각비는? (단, 감가상각비는 월할계산하며, 자본화는 고려하지 않는다) 제25회

① ₩43,750 ② ₩45,000 ③ ₩46,250
④ ₩47,500 ⑤ ₩50,000

해설

1. 정부보조금은 자산의 장부금액에서 차감하는 방법으로 회계처리하므로 취득원가에서 정부보조금을 차감하여 감가상각비를 계산하면 된다.
2. 20×1년 말 감가상각비: [{취득원가(800,000) − 정부보조금(100,000)} − 잔존가치(0)] × 1/4년 × 3/12 = ₩43,750

정답 ①

04 20×1년 7월 초 (주)한국은 토지와 건물을 ₩2,400,000에 일괄 취득하였다. 취득 당시 토지의 공정가치는 ₩2,160,000이고, 건물의 공정가치는 ₩720,000이었으며, (주)한국은 건물을 본사 사옥으로 사용하기로 하였다. 건물에 대한 자료가 다음과 같을 때, 20×1년도에 인식할 감가상각비는? (단, 건물에 대해 원가모형을 적용하며, 월할상각한다) 제23회

- 내용연수: 5년
- 잔존가치: ₩60,000
- 감가상각방법: 연수합계법

① ₩90,000 ② ₩110,000 ③ ₩120,000
④ ₩180,000 ⑤ ₩220,000

해설

1. 건물의 취득원가: 일괄취득금액(2,400,000) × [건물 공정가치(720,000) / {토지 공정가치(2,160,000) + 건물 공정가치(720,000)}] = ₩600,000
2. 건물의 감가상각비: [{건물의 취득원가(600,000) − 잔존가치(60,000)} × 5/15] × 6/12 = ₩90,000

정답 ①

05 다음은 (주)한국의 기계장치 관련 내용이다. 유형자산처분손익은? (단, 기계장치는 원가모형을 적용하고, 감가상각비는 월할계산한다) 제22회

> ㅇ 취득(20×1년 1월 1일): 취득원가 ₩2,000,000, 내용연수 5년, 잔존가치 ₩400,000, 정액법 적용
> ㅇ 처분(20×3년 7월 1일): 처분금액 ₩1,100,000

① ₩100,000 이익 ② ₩100,000 손실 ③ ₩300,000 이익
④ ₩400,000 이익 ⑤ ₩400,000 손실

해설

1. 처분시점까지 감가상각누계액: [취득원가(2,000,000) – 잔존가치(400,000)] × 1/5 × 2년 6개월 = ₩800,000
2. 처분시점 장부금액: 취득원가(2,000,000) – 감가상각누계액(800,000) = ₩1,200,000
3. 처분손익: 처분금액(1,100,000) – 장부금액(1,200,000) = ₩100,000 손실

정답 ②

06 (주)한국은 20×1년 초 기계장치(취득원가 ₩180,000, 내용연수 3년, 잔존가치 없음, 연수합계법 적용)를 취득하였다. (주)한국은 기계장치에 대하여 원가모형을 적용하고 있다. 20×1년 말 기계장치의 순공정가치는 ₩74,000이고 사용가치는 ₩70,000이다. (주)한국이 20×1년 말 기계장치와 관련하여 인식해야 할 손상차손은? (단, 20×1년 말 기계장치에 대해 자산손상을 시사하는 징후가 있다) 제22회

① ₩4,000 ② ₩16,000 ③ ₩20,000
④ ₩46,000 ⑤ ₩50,000

해설

1. 20×1년 말 감가상각누계액: [취득원가(180,000) – 잔존가치(0)] × 3/6 = ₩90,000
2. 20×1년 말 장부금액: 취득원가(180,000) – 감가상각누계액(90,000) = ₩90,000
3. 20×1년 말 손상차손: 장부금액(90,000) – 회수가능액(74,000) = ₩16,000
4. 회수가능액은 순공정가치와 사용가치 중 큰 금액으로 한다.

정답 ②

07 (주)한국은 20×1년 초 토지(유형자산)를 ₩1,000에 취득하여 재평가모형을 적용하였다. 해당 토지의 공정가치가 다음과 같을 때, 토지와 관련하여 (주)한국이 20×2년 당기손익으로 인식할 금액은? 제24회

구분	20×1년 말	20×2년 말
공정가치	₩1,200	₩900

① 손실 ₩300　② 손실 ₩200　③ 손실 ₩100
④ 이익 ₩100　⑤ 이익 ₩200

해설

1. 자산의 장부금액이 재평가로 인하여 감소된 경우 그 감소액은 당기손익으로 인식한다. 그러나 그 자산에 대한 재평가잉여금의 잔액이 있다면 그 금액을 한도로 재평가감소액을 기타포괄손익으로 인식한다. 재평가감소액의 발생 당시 재평가잉여금이 있다면 먼저 상계처리 하여야 한다.
2. 회계처리

	차변		대변	
• 20×1년 말:	(차) 토　　지	₩200	(대) 재평가잉여금	₩200
• 20×2년 말:	(차) 재평가잉여금	₩200	(대) 토　　지	₩300
	재 평 가 손 실	100		

정답 ③

08 (주)한국은 20×1년 초 기계장치(내용연수 5년, 잔존가치 ₩0, 정액법 상각, 매년 말 재평가모형 적용)를 ₩50,000에 취득하여 사용하기 시작하였다. 20×1년 말 기계장치의 공정가치는 ₩45,000일 때, (주)한국이 20×1년 말 인식할 재평가잉여금은? 제25회

① ₩0　② ₩5,000　③ ₩10,000
④ ₩15,000　⑤ ₩20,000

해설

1. 감가상각 대상자산 재평가모형 적용 시 감가상각 완료 후 장부금액을 공정가치로 재평가한다.
2. 20×1년 말 감가상각 인식 후 장부금액: 취득원가(50,000) − [{취득원가(50,000) − 잔존가치(0)} × 1/5년] = ₩40,000
3. 20×1년 말 재평가잉여금: 20×1년 말 공정가치(45,000) − 장부금액(40,000) = ₩5,000

정답 ②

행운이란
100%의 노력 뒤에 남는 것이다.

– 랭스턴 콜먼(Langston Coleman)

CHAPTER 06

무형자산/ 투자부동산

아침부터 저녁까지 공부에만 매진하는 사람을
부러워하지 마십시오.
시간 투자에 비례하여 합격률이 높아지는 것은 아닙니다.

수업에 집중하십시오.
출퇴근시간 지하철이나 점심시간 등
자투리 시간과 휴일을 적극 활용하는 것만으로 충분합니다.

특히 회계원리는 매 강의에 집중하시는 것만으로도
합격 점수를 받을 수 있도록 구성하였으니,
의심하지 마시고 충실히 따라오십시오.
그 믿음에 반드시 보답하겠습니다.

THEME 36

무형자산의 개념

GUIDE 무형자산의 특성과 분류 및 연구단계와 개발단계에 속하는 활동의 일반적인 예시를 암기해야 하는 테마입니다. 또한 전반적인 회계처리 내용도 알아두어야 합니다.

무형자산의 의의

무형자산은 물리적 형체가 없지만 식별가능하고, 기업이 통제하고 있으며, 미래 경제적 효익이 있는 **비화폐성**자산을 말한다

물리적 실체 X	식별가능한 자산	통제가능한 자산

무형자산의 분류로는 산업재산권(특허권, 실용신안권, 의장권, 상표권), 라이선스와 프랜차이즈, 저작권, 컴퓨터소프트웨어, 임차권리금, 어업권, 개발비 등이 있다

무형자산의 인식과 측정

무형자산의 인식

자산에서 발생하는 미래 경제적 효익이 기업에 유입될 가능성이 높다

자산의 원가를 신뢰성 있게 측정할 수 있다

무형자산의 측정

무형자산을 최초로 인식할 때는 **원가**로 측정한다

통제

숙련된 종업원이나 교육훈련을 통해 습득된 기술향상 등은 무형자산을 인식하기에 충분한 통제를 가지고 있다고 볼 수 없으므로 무형자산의 정의를 충족할 수 없다.

연구단계와 개발단계 I

연구단계

내부 프로젝트의 연구단계에서 발생한 지출은 무형자산으로 인식할 수 없고 연구비의 과목으로 하여 발생 시점에 **비용**으로 인식한다

개발단계

개발단계에서 발생한 지출은 자산인식요건을 모두 충족하는 경우에만 **개발비**의 과목으로 하여 무형자산으로 인식하고 그 이외에는 발생한 기간의 비용(경상개발비)으로 인식한다

바로확인문제

01 무형자산은 물리적 형체가 없지만 식별가능하고, 기업이 통제하고 있으며, 미래 경제적 효익이 있는 □□□□자산을 말한다.

02 내부 프로젝트의 연구단계에서 발생한 지출은 전액 발생 시점에서 □□으로 인식한다.

03 개발단계에서 발생한 지출은 자산인식요건을 모두 충족하는 경우에만 □□□의 과목으로 하여 무형자산으로 인식한다.

정답
01 비화폐성 02 비용
03 개발비

연구단계와 개발단계 Ⅱ

연구단계 — 발생시점에서 연구비(비용)로 인식

개발단계
- 자산인식요건충족 O: 개발비(자산)
- 자산인식요건충족 X: 경상개발비(비용)

내부적으로 창출된 무형자산

무형자산의 창출과정을 연구단계와 개발단계로 구분하여 인식한다. 무형자산을 창출하기 위한 내부 프로젝트를 연구단계와 개발단계로 구분할 수 없는 경우에는 발생한 지출을 모두 **연구단계**에서 발생한 것으로 본다

내부적으로 창출한 브랜드, 제호, 출판표제, 고객목록과 이와 유사한 항목은 사업을 전체적으로 개발하는 데 발생한 원가와 구별할 수 없으므로 무형자산으로 **인식하지 않는다**

연구단계

- **새로운 지식**을 얻고자 하는 활동
- 연구결과나 기타 지식을 **탐색**, 평가, 최종 선택, 응용하는 활동
- 재료, 장치, 제품, 공정, 시스템이나 용역에 대한 여러 가지 대체안을 **탐색**하는 활동
- 새롭거나 개선된 재료, 장치, 제품, 공정, 시스템이나 용역에 대한 **여러 가지** 대체안을 제안, **설계**, 평가, 최종 선택하는 활동

개발단계

- 생산이나 사용 전 시제품과 모형을 **설계**, 제작, 시험하는 활동
- 새로운 기술과 관련된 공구, 지그, 주형, 금형 등을 **설계**하는 활동
- 상업적 생산 목적으로 실현가능한 경제적 규모가 아닌 시험공장을 **설계**, 건설, 가동하는 활동
- 신규 또는 개선된 재료, 장치, 제품, 공정, 시스템이나 용역에 대하여 최종적으로 선정된 안을 **설계**, 제작, 시험하는 활동

바로확인문제

01 무형자산을 창출하기 위한 내부 프로젝트를 연구단계와 개발단계로 구분할 수 없는 경우 그 프로젝트에서 발생한 지출은 모두 □□단계에서 발생한 것으로 본다.

02 연구결과나 기타 지식을 탐색, 평가, 최종 선택, 응용하는 활동은 □□단계이다.

03 생산이나 사용 전의 시제품과 모형을 설계, 제작, 시험하는 활동은 □□단계이다.

정답
01 연구 02 연구 03 개발

무형자산의 비용인식

무형자산에 대한 지출로서 최초에 비용으로 인식한 무형항목에 대한 지출은 그 이후에 무형자산 원가로 인식할 수 **없다**.

무형자산 인식 후의 측정

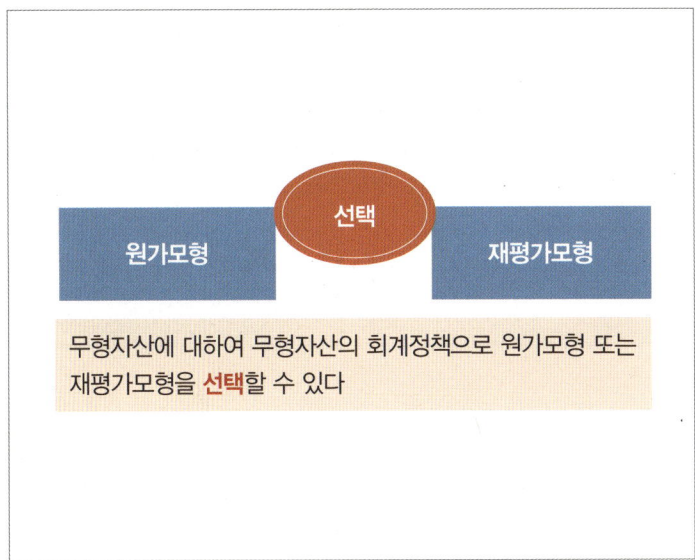

무형자산에 대하여 무형자산의 회계정책으로 원가모형 또는 재평가모형을 **선택**할 수 있다

MEMO

바로확인문제

01 최초에 비용으로 인식한 무형항목에 대한 지출은 그 이후에 무형자산의 원가로 인식할 수 □□.

02 무형자산의 회계정책으로 원가모형 또는 □□□□□을 선택할 수 있다.

정답

01 없다 02 재평가모형

THEME 37

무형자산의 상각

GUIDE 무형자산의 상각이 핵심적인 과제로서, 내용연수가 유한한 무형자산과 내용연수가 비한정인 무형자산의 경우 상각, 무형자산의 손상에 대해 눈여겨보아야 합니다.

무형자산의 상각

유한 ➡	유한(한정)인 무형자산은 내용연수 동안 체계적인 방법으로 상각한다
비한정 ➡	비한정인 무형자산은 상각하지 않는 대신 매년 또는 손상을 시사하는 징후가 있을 때마다 손상검사를 수행하여 손상차손을 인식한다

내용연수가 유한한 무형자산 I

상각은 자산이 **사용가능한 때**부터 시작한다

무형자산의 상각방법은 자산의 경제적 효익이 소비되는 형태를 반영한 방법이어야 한다

무형자산의 상각방법은 자산의 경제적 효익이 소비되는 형태를 반영한 방법인 정액법, 체감잔액법, 생산량비례법 중 선택하여 적용한다. 다만, 소비되는 형태를 신뢰성 있게 결정할 수 없는 경우에는 **정액법**을 사용한다

내용연수가 유한한 무형자산 II

제조과정에서 사용된 무형자산의 상각액은 재고자산의 장부금액에 포함한다

무형자산의 잔존가치는 내용연수 종료시점에 제3자가 자산을 구입하기로 한 약정이 있는 경우를 제외하고는 원칙적으로 **영(0)**으로 본다

예외 인정

무형자산의 내용연수

법적 내용연수	경제적 내용연수
20년 ✕	15년

무형자산의 내용연수는 경제적 내용연수와 법적 내용연수 중 **짧은** 기간으로 한다. 예를 들어, 법적으로 20년을 사용할 수 있으나 실제는 15년밖에 사용할 수 없다면 15년을 내용연수로 한다

바로확인문제

01 무형자산은 정액법, 체감잔액법, 생산량비례법 등을 사용하여 상각하며, 합리적인 상각방법을 정할 수 없는 경우에는 □□□을 사용한다.

02 무형자산의 잔존가치는 내용연수 종료시점에 제3자가 구입하기로 한 약정이 있는 경우를 제외하고는 원칙적으로 □으로 본다.

03 무형자산의 내용연수는 경제적 내용연수와 법적 내용연수 중 □□ 기간으로 한다.

정답

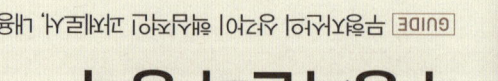

01 정액법 02 영(0) 03 짧은

내용연수가 비한정인 무형자산

내용연수가 비한정인 무형자산은 상각하지 아니한다

내용연수가 비한정이라는 평가를 계속하여 정당화하는지를 매 회계기간에 검토한다

내용연수가 비한정인 무형자산의 내용연수를 유한 내용연수로 변경하는 것은 회계**추정**의 변경에 해당한다

무형자산의 손상

매 보고기간 말마다 무형자산 손상을 시사하는 징후가 있는지를 검토한다. 만약 그러한 징후가 있다면 당해 자산의 회수가능액을 추정한다

무형자산도 유형자산과 마찬가지로 손상차손의 **대상이다**

손상차손 인식

MEMO

바로확인문제

01 내용연수가 비한정인 무형자산의 내용연수를 유한 내용연수로 변경하는 것은 회계□□의 변경에 해당한다.

02 무형자산은 물리적 형체가 없다는 점에서 유형자산과 다르며, □□□□의 대상이다.

정답

01 추정 02 손상차손

THEME 38

영업권

GUIDE 영업권의 이론적인 평가방법인 종합평가계정법이 계산문제로 출제되는 테마로, 영업권의 유형인 내부창출영업권과 사업결합으로 취득한 영업권 등 이론에 대한 내용 또한 알아두어야 합니다.

영업권의 유형

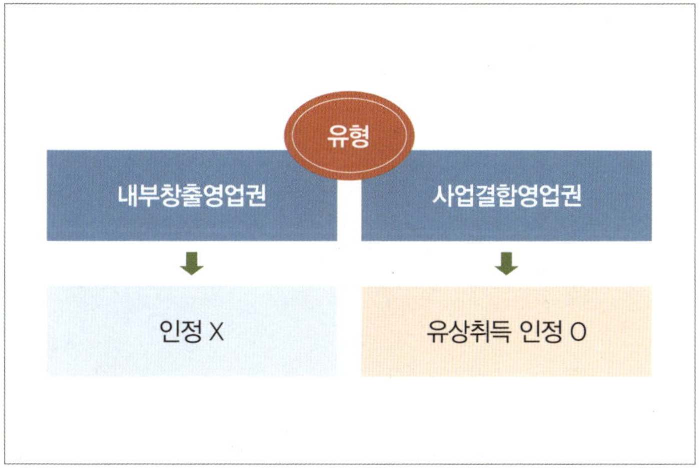

영업권의 평가 I

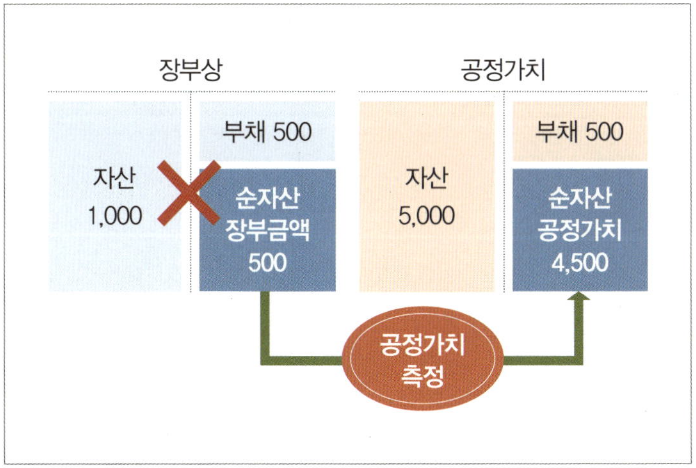

영업권의 평가 II

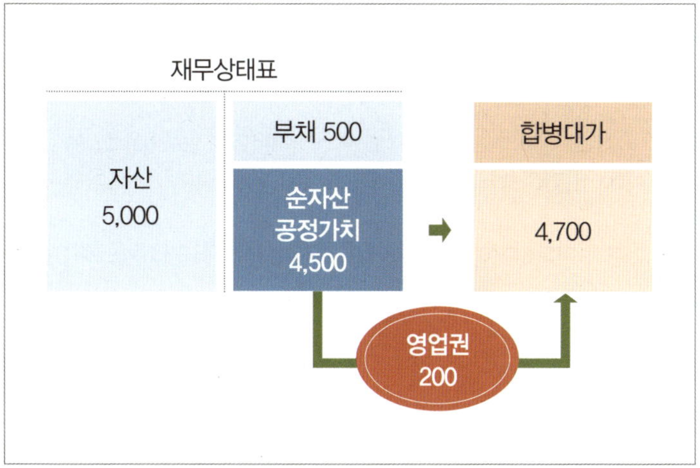

염가매수 차익

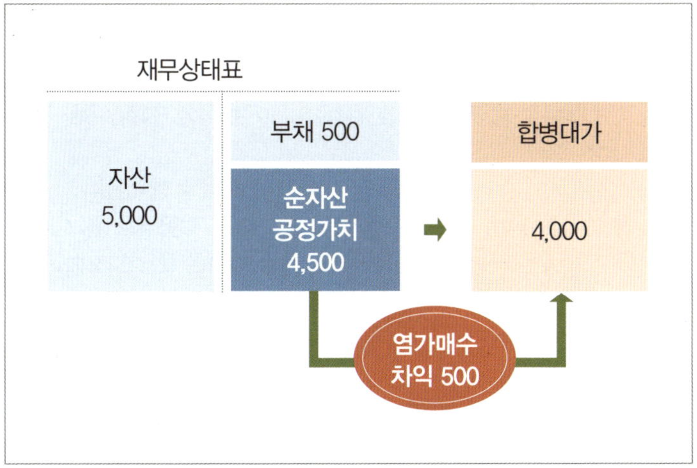

PLUS 영업권

개별적으로 식별하여 별도로 인식할 수 없으나, 사업결합에서 획득한 그 밖의 자산에서 발생하는 미래 경제적 효익을 나타내는 자산을 말한다. 현행 한국채택국제회계기준에서는 내부적으로 창출한 영업권은 인정하지 않고 있으며, 외부와의 거래에 의해 발생하는 유상취득 영업권만을 인정하고 있다.

PLUS 사업결합 관련원가

사업결합 관련원가(수수료)는 별도로 비용처리한다.

영업권 상각과 손상 I

상각	손상	환입
X	O	X

영업권의 내용연수는 비한정인 것으로 보아 영업권은 상각하지 아니한다

영업권 상각과 손상 II

유형 ➡	• 내부창출영업권: 인정하지 않는다 • 사업결합영업권: 인정한다
상각 ➡	내용연수가 비한정이므로 상각하지 않는다
손상 ➡	손상차손(비용)을 인식한다
환입 ➡	영업권은 손상차손환입을 하지 않는다

MEMO

PLUS 영업권의 손상

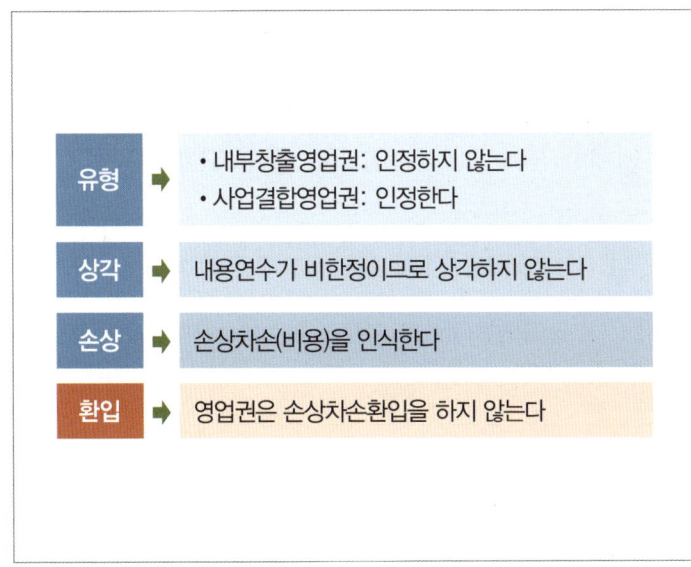

손상차손을 인식한 영업권의 회수가능액이 회복된 경우 그 회복된 금액을 손상차손환입으로 처리한다면 기업이 스스로 영업권(내부창출영업권)을 계상하는 결과를 초래하기 때문에 손상차손환입을 하지 않는다.

바로확인문제

01 내부적으로 창출한 영업권은 무형자산으로 인식할 수 □□.

02 □□□은 내용연수가 비한정적이므로 상각하지 아니한다.

정답

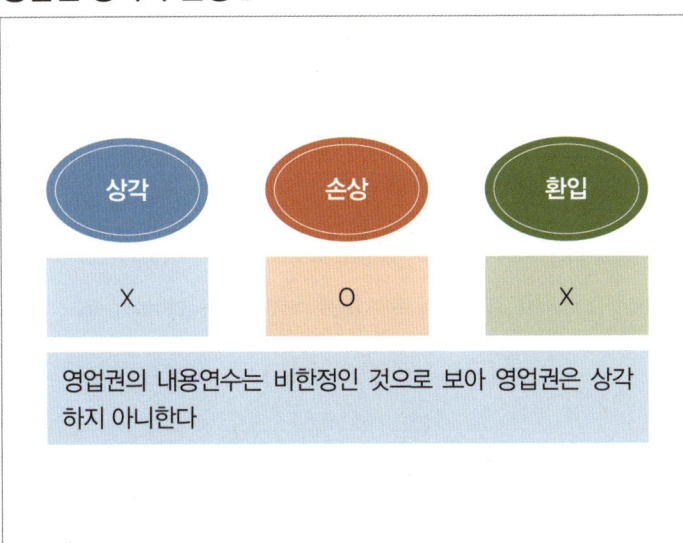

01 없다 02 영업권

THEME 39

투자부동산의 의의 및 분류

GUIDE 투자부동산의 의의 및 투자부동산의 예시와 투자부동산이 아닌 항목의 예시를 정확하게 이해해야 합니다. 이 테마는 이론문제로 출제되므로 반복적으로 정독하여 정리해야 합니다.

투자부동산의 의의

임대수익 & 시세차익

투자부동산은 임대수익이나 시세차익 또는 두 가지 모두를 얻기 위하여 소유자나 금융리스이용자가 보유하고 있는 부동산을 말한다

투자부동산의 분류

금융리스

투자부동산 X

운용리스

투자부동산 O

투자부동산으로 보는 것

- 장기 시세차익을 얻기 위하여 보유하고 있는 토지
- 장래 사용목적을 결정하지 못한 채로 보유하고 있는 토지
- 직접 소유(또는 금융리스를 통해 보유)하고 **운용리스**로 제공하고 있는 건물
- **운용리스**로 제공하기 위하여 보유하고 있는 미사용 건물
- 미래에 투자부동산으로 사용하기 위하여 건설 또는 개발 중인 부동산

투자부동산으로 보지 않는 것

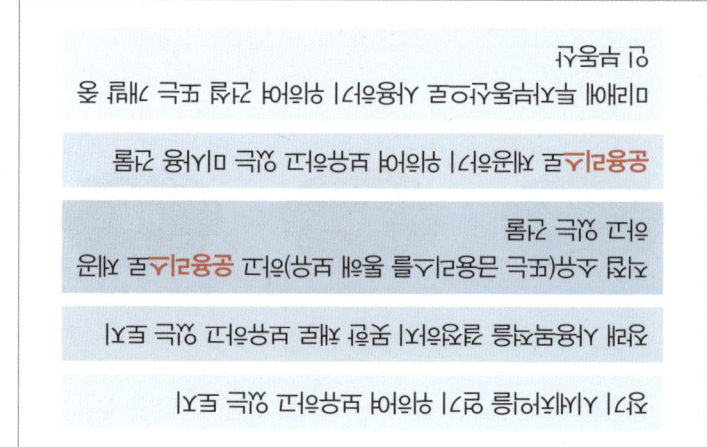

- 정상적인 영업과정에서 **판매**하기 위한 부동산이나 이를 위하여 건설 또는 개발 중인 부동산(재고자산으로 분류)
- 제3자를 위하여 건설 또는 개발 중인 부동산(**재고자산**으로 분류)
- 자가**사용**부동산, 미래에 자가사용하기 위한 부동산, 미래에 개발 후 자가사용할 부동산, 처분 예정인 자가사용부동산(**유형자산**으로 분류)
- **금융리스**로 제공한 부동산

바로확인문제

01 직접 소유하고, □□□□로 제공하고 있는 건물은 투자부동산으로 분류한다.

02 □□□□로 제공한 부동산은 투자부동산이 아니다.

03 제3자를 위하여 건설 또는 개발 중인 부동산은 □□□□으로 분류한다.

정답

01 운용리스 02 금융리스
03 재고자산

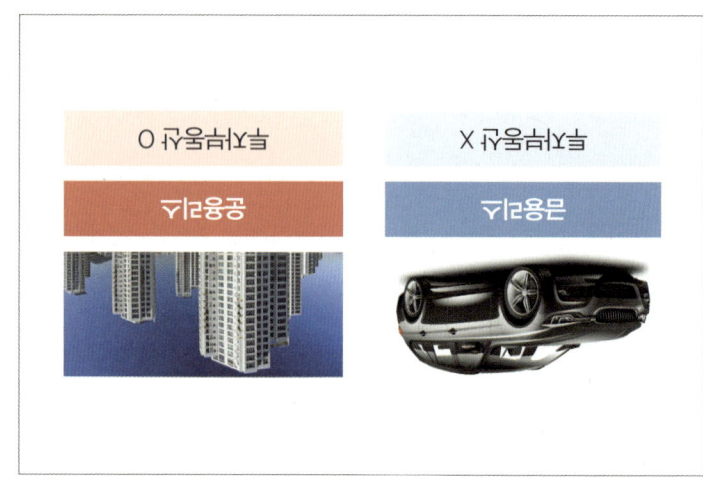

THEME 40

투자부동산의 인식과 측정 빈출

GUIDE 투자부동산은 원가모형과 공정가치모형에 대한 감가상각 여부에 대하여 확실한 정리가 필요합니다. 특히 공정가치모형에 대한 계산문제는 매년 출제되므로 유의 깊게 학습해야 합니다.

투자부동산의 인식과 최초 측정

인식

투자부동산에서 발생하는 미래 경제적 효익의 유입가능성이 높고, 원가를 신뢰성 있게 측정할 수 있다

측정

투자부동산은 최초 인식시점에 원가로 측정한다. 거래원가는 최초 측정에 포함한다

원가모형과 공정가치모형

모든 투자부동산 적용 → 원가모형 / 공정가치모형

투자부동산은 원가모형과 공정가치모형 중 하나를 선택하여 모든 투자부동산에 적용한다

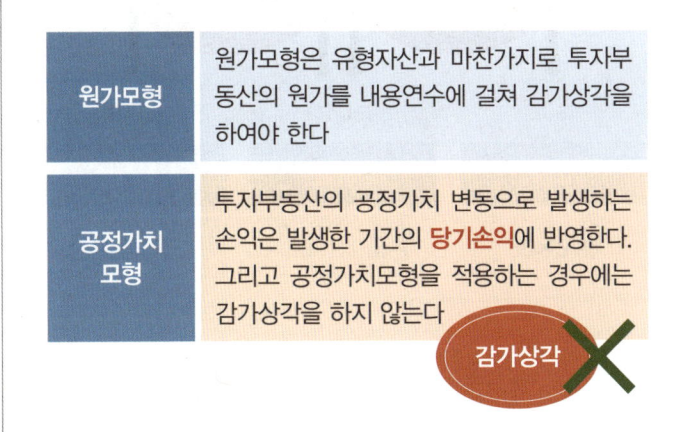

투자부동산의 후속측정

원가모형	원가모형은 유형자산과 마찬가지로 투자부동산의 원가를 내용연수에 걸쳐 감가상각을 하여야 한다
공정가치 모형	투자부동산의 공정가치 변동으로 발생하는 손익은 발생한 기간의 **당기손익**에 반영한다. 그리고 공정가치모형을 적용하는 경우에는 감가상각을 하지 않는다 (감가상각 ✕)

공정가치모형의 개념

↑	수익	투자부동산 평가이익	당기손익
↓	비용	투자부동산 평가손실	당기손익

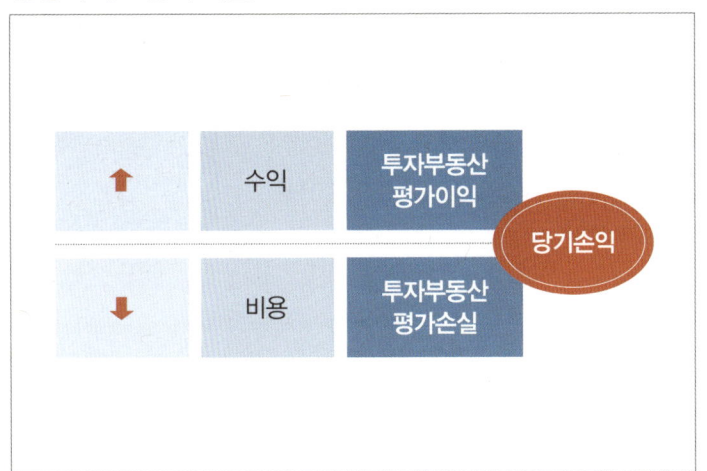

PLUS 투자부동산의 후속측정

일부 투자부동산에 대하여는 공정가치모형을 적용하고, 일부에 대하여는 원가모형을 적용할 수는 없다.

바로확인문제

01 투자부동산에 대해 공정가치모형을 적용할 경우 공정가치 변동으로 발생하는 손익은 발생한 기간의 □□□□에 반영한다.

02 투자부동산은 □□□□□□을 적용할 경우 감가상각을 하지 않는다.

정답

01 당기손익 02 공정가치모형

공정가치모형 적용 시 처리

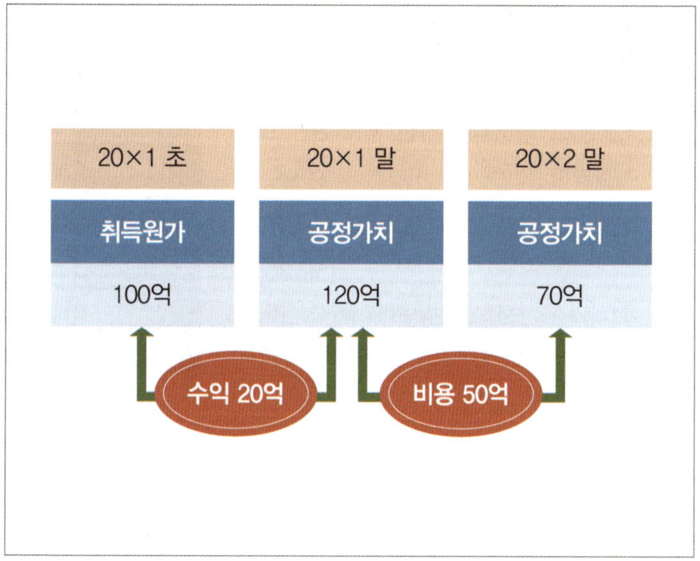

공정가치모형의 회계처리

구분	차변	대변
장부금액 < 공정가치	투자부동산	투자부동산평가이익 (당기수익)
장부금액 > 공정가치	투자부동산평가손실 (당기비용)	투자부동산

원가모형과 공정가치모형의 비교

구분	감가상각	자산손상	평가손익처리
원가모형	O	O	—
공정가치모형	X	X	• 평가이익: 수익 • 평가손실: 비용

유형자산과 투자부동산의 비교

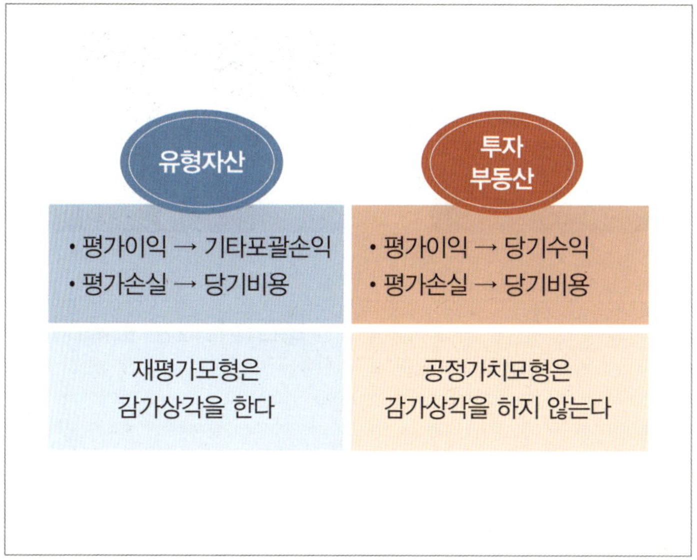

PLUS 투자부동산의 처분

투자부동산의 처분으로 발생하는 손익은 순처분금액과 장부금액의 차액이며, 처분이 발생한 기간에 당기손익으로 인식한다.

바로확인문제

01 □□□□을 적용하는 투자부동산은 손상회계를 적용한다.

02 □□□□□□을 적용하는 투자부동산은 손상회계를 적용하지 않는다.

정답

01 원가모형 02 공정가치모형

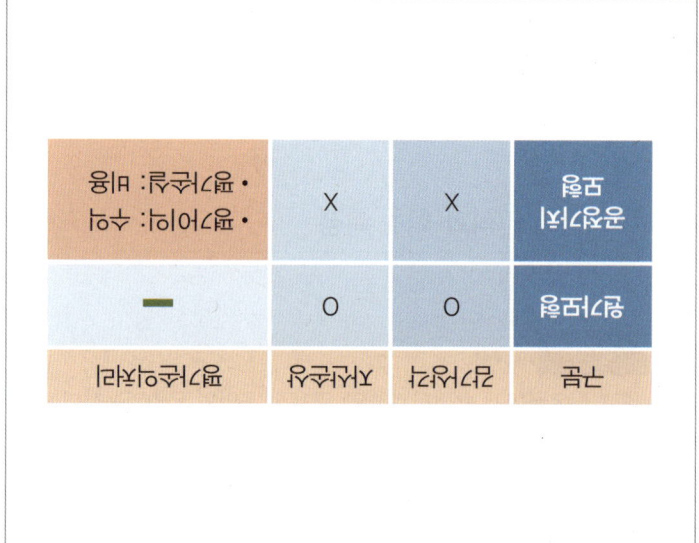

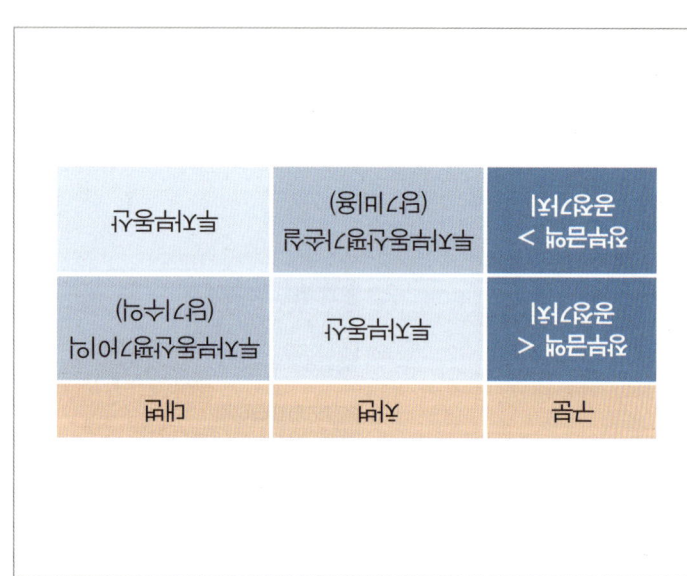

CHAPTER

06 기출로 CHAPTER 마무리

01 (주)한국은 20×1년 7월 1일 특허권을 ₩960,000(내용연수 4년, 잔존가치 ₩0)에 취득하여 사용하고 있다. 특허권의 경제적 효익이 소비될 것으로 예상되는 형태를 신뢰성 있게 결정할 수 없을 경우, 20×1년도에 특허권에 대한 상각비로 인식할 금액은? (단, 특허권은 월할상각한다) 제23회

① ₩0　② ₩120,000　③ ₩125,000
④ ₩240,000　⑤ ₩250,000

해설

1. 무형자산의 경제적 효익이 소비될 것으로 예상되는 형태를 신뢰성 있게 결정할 수 없는 경우에는 정액법을 적용하여 무형자산의 상각비를 인식한다. 또한, 기중에 취득하였으므로 월할상각한다.
2. 20×1년도 상각비: [{취득원가(960,000) − 잔존가치(0)} × 1/내용연수(4년)] × 6/12 = ₩120,000

정답 ②

02 (주)한국은 현금 ₩100,000을 이전대가로 지급하고 (주)대한을 합병하였다. 합병일 현재 (주)대한의 식별가능한 자산과 부채의 공정가치가 다음과 같을 때, (주)한국이 인식할 영업권은? 제20회

ㅇ 매출채권	₩50,000	ㅇ 비유동부채	₩90,000
ㅇ 차량운반구	40,000	ㅇ 매입채무	30,000
ㅇ 토지	100,000		

① ₩30,000　② ₩50,000　③ ₩70,000
④ ₩90,000　⑤ ₩100,000

해설

1. 자산의 공정가치: 매출채권(50,000) + 차량운반구(40,000) + 토지(100,000) = ₩190,000
2. 부채의 공정가치: 매입채무(30,000) + 비유동부채(90,000) = ₩120,000
3. 순자산의 공정가치: 자산의 공정가치(190,000) − 부채의 공정가치(120,000) = ₩70,000
4. 영업권: 이전대가(100,000) − 순자산의 공정가치(70,000) = ₩30,000

정답 ①

03 (주)한국은 20×1년 초 시세차익 목적으로 건물(취득원가 ₩80,000, 내용연수 4년, 잔존가치 없음)을 취득하고 투자부동산으로 분류하였다. (주)한국은 건물에 대하여 공정가치모형을 적용하고 있으며, 20×1년 말과 20×2년 말 동 건물의 공정가치는 각각 ₩60,000과 ₩80,000으로 평가되었다. 동 건물의 대한 회계처리가 20×2년도 당기순이익에 미치는 영향은? [단, (주)한국은 통상적으로 건물을 정액법으로 감가상각한다] 제22회

① ₩20,000 증가 ② ₩20,000 감소 ③ 영향 없음
④ ₩40,000 증가 ⑤ ₩40,000 감소

해설

1. 투자부동산에 대해 공정가치모형을 적용할 경우 공정가치 변동으로 발생하는 손익은 발생한 기간의 당기손익에 반영하므로 감가상각을 하지 아니한다.
2. 20×2년 투자부동산평가손익(당기손익): 20×2년 말 공정가치(80,000) − 20×1년 말 공정가치(60,000) = 평가이익 ₩20,000

정답 ①

04 (주)한국은 20×1년 초 건물을 ₩300,000에 취득하고 투자부동산(공정가치모형 선택)으로 분류하였다. 동 건물의 20×1년 말 공정가치는 ₩320,000이며, (주)한국이 20×2년 초에 동 건물을 ₩325,000에 처분하였다면, 20×1년 당기순이익에 미치는 영향은? [단, (주)한국은 유형자산으로 분류하는 건물을 내용연수 10년, 잔존가치 ₩0, 정액법 상각한다] 제25회

① ₩30,000 감소 ② ₩10,000 감소 ③ ₩5,000 증가
④ ₩20,000 증가 ⑤ ₩25,000 증가

해설

1. 투자부동산에 대해 공정가치모형을 적용할 경우 공정가치 변동으로 발생하는 손익은 발생한 기간의 당기손익에 반영하므로 감가상각을 하지 아니한다.
2. 20×1년 투자부동산평가손익(당기손익): 20×1년 말 공정가치(320,000) − 20×1년 초 취득원가(300,000) = ₩20,000 증가

정답 ④

CHAPTER 07

부채회계

누구나 불안감에서 오는 자기 싸움이 한창일 때입니다.
함께 공부하는 동기들은 잘 해나가고 있는데
본인만 뒤처지는 것 같고,
공부할 분량은 점점 늘어만 가는데
언제 이 많은 걸 봐야 할지 까마득하게 느껴지겠지요.

지금 스트레스가 쌓인다는 것은
그만큼 합격을 간절히 기대하며
공부에 집중하고 있다는 증거라 생각합니다.

그러니, 너무 오랜 시간 스스로를 힘들게 하지 마시고
스트레스조차 즐길 수 있는 여유와 자신감을 가지십시오.

집중하고 있는 여러분이 진정한 승자입니다.

THEME 41

부채의 의의 및 분류 빈출

GUIDE 부채는 2~3문제가 출제되는 부분으로, 유동부채와 비유동부채의 분류 및 금융부채를 이해해야 합니다. 시험에서 반드시 1문제는 출제되므로 암기가 필요합니다.

부채의 개념

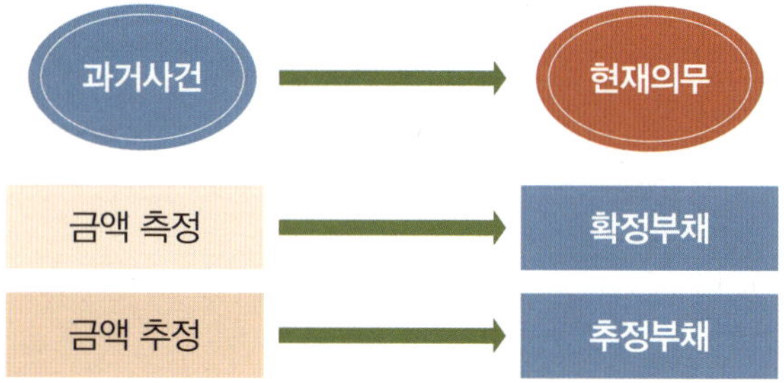

부채의 의의

부채란 **과거사건**에 의하여 발생하였으며, 경제적 효익을 갖는 자원이 기업으로부터 유출됨으로써 이행될 것으로 기대되는 **현재의무**이다

현재의무 = 법적의무 + 의제의무

부채의 분류

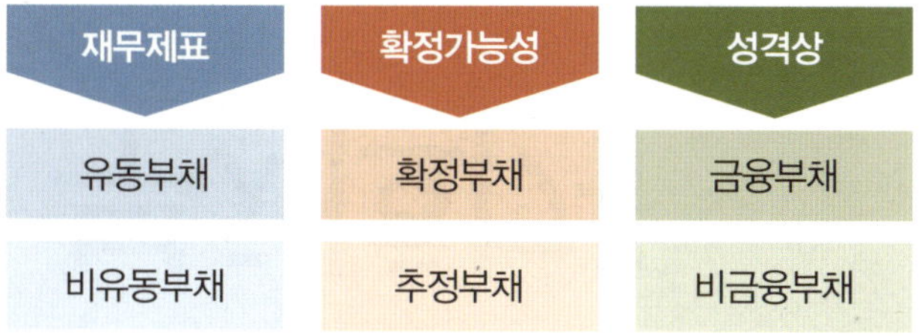

유동부채

- 정상영업주기 내에 결제될 것으로 예상하고 있다
- 주로 단기매매 목적으로 보유하고 있다
- 보고기간 후 12개월 이내에 결제하기로 되어 있다
- 보고기간 후 12개월 이상 부채의 결제를 연기할 수 있는 무조건의 권리를 가지고 **있지 않다**

PLUS **현재의무**

보고기간 종료일 현재의무의 이행을 회피할 수 없는 법적의무 또는 의제의무이다.

바로확인문제

부채로 계상되는 현재의무는 법적인 의무뿐만이 아니라 경제적 실질에 의해 포착되는 □□□□도 포함된다.

정답

의제의무

유동부채의 판단

매입채무 그리고 종업원 및 그 밖의 영업원가에 대한 미지급비용과 같은 부채는 기업의 정상영업주기 내에 사용하는 운전자본의 일부이다. 이러한 항목은 보고기간 후 12개월 후에 결제일이 도래하여도 **유동부채**로 분류한다.

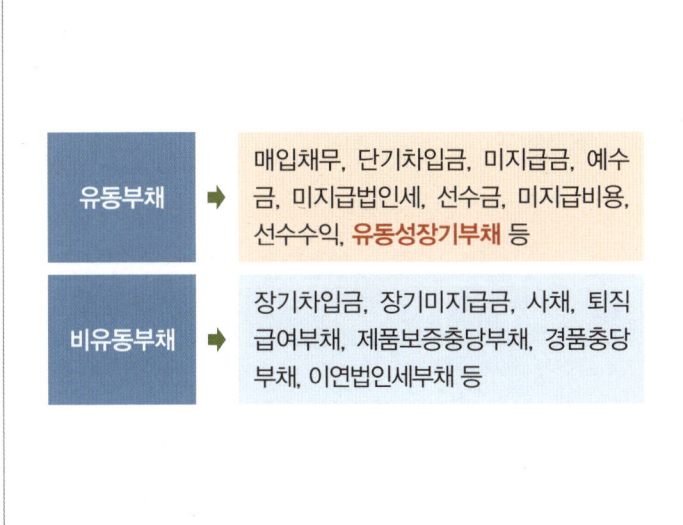

재무제표상의 분류

유동부채 ➡	매입채무, 단기차입금, 미지급금, 예수금, 미지급법인세, 선수금, 미지급비용, 선수수익, **유동성장기부채** 등
비유동부채 ➡	장기차입금, 장기미지급금, 사채, 퇴직급여부채, 제품보증충당부채, 경품충당부채, 이연법인세부채 등

금융자산과 금융부채

금융자산	금융부채
외상매출금	외상매입금
받을어음	지급어음
대여금	차입금
미수금	미지급금
투자사채	사채

금융부채가 아닌 항목

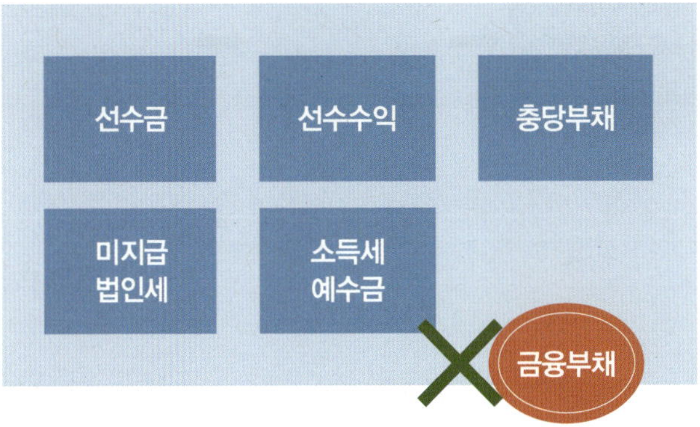

PLUS 유동성장기부채

장기차입금 중 결산일로부터 1년 이내에 상환기일이 도래하는 부분을 말한다.

PLUS 금융부채

거래상대방에게 현금 등 금융자산을 인도하기로 한 계약상의 의무를 말한다.

바로확인문제

매입채무 그리고 종업원 및 그 밖의 영업원가에 대한 미지급비용 항목은 보고기간 후 12개월 후에 결제일이 도래하여도 □□□□로 분류한다.

정답

유동부채

THEME 42 충당부채 빈출

GUIDE 제품보증충당부채 등 충당부채의 종류와 충당부채의 이론문제가 출제되므로 충당부채의 개념을 반드시 숙지해야 하며 반복적으로 정독이 필요한 테마입니다.

충당부채의 의의

- 지출의 시기 또는 금액이 불확실한 부채를 말한다. 충당부채로 인식된 부채는 재무상태표에 **부채**로 공시한다
- 과거사건의 결과로서 **현재의무**가 존재한다
- 당해 의무를 이행하기 위하여 경제적 효익을 갖는 자원이 유출될 가능성이 **높다**
- 당해 의무의 이행에 소요되는 금액을 신뢰성 있게 **추정**할 수 있다

충당부채의 인식

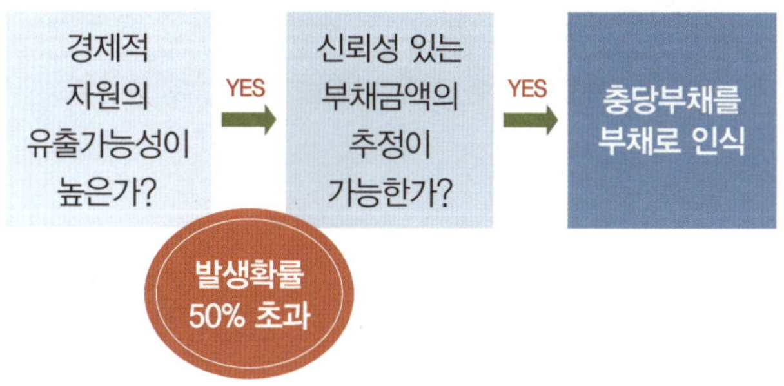

충당부채와 우발부채의 개념

높음	⬆	충당부채
높지 않음	⬍	우발부채
낮음	⬇	공시 X

충당부채와 우발부채의 비교

요건	충당부채	우발부채
과거사건의 결과	**현재의무**	**잠재적 의무**
자원의 유출가능성	높음	높지 않음
금액의 추정	신뢰성 있게 추정 가능	신뢰성 있게 추정 불가능

PLUS 충당부채

지출의 시기나 금액이 불확실한 부채이지만 미래에 자원의 유출가능성이 높고 그 원인이 당기에 존재하기 때문에 이를 당기의 비용으로 인식하고 부채로 계상하는 것을 말한다. 퇴직급여충당부채, 판매보증충당부채, 경품충당부채 등이 충당부채에 해당한다.

바로확인문제

자원의 유출가능성이 높고, 금액의 신뢰성 있는 추정이 가능한 경우 □□□□로 인식한다.

정답

충당부채

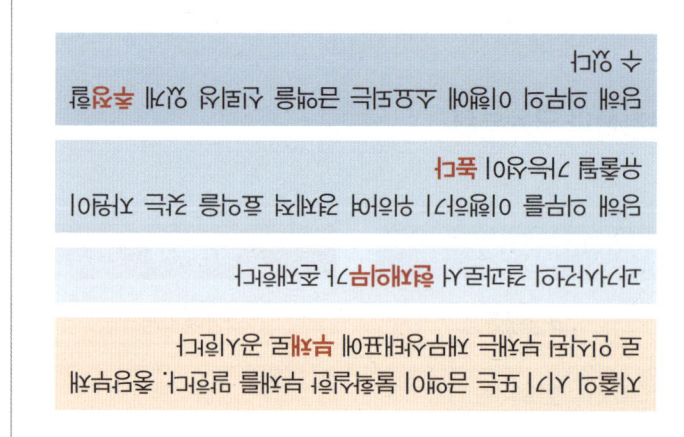

충당부채와 우발부채의 회계처리

가능성	금액추정 가능	금액추정 불가능
높음	충당부채	우발부채
높지 않음	우발부채	우발부채
낮음	공시하지 않음	공시하지 않음

재무상태표 표시방법

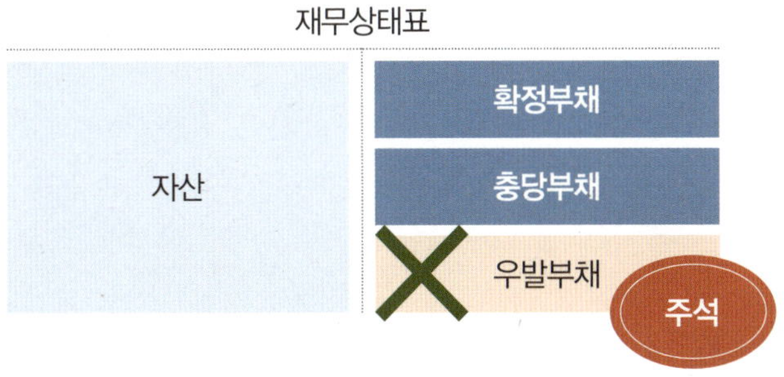

충당부채의 주요이론 I

충당부채로 인식하는 금액은 현재의무를 보고기간 말에 이행하기 위하여 소요되는 지출에 대한 **최선의 추정치**여야 한다

미래의 예상되는 지출이므로 화폐의 시간가치가 중요한 경우에는 충당부채를 예상되는 지출액의 **현재가치**로 평가한다

현재가치 평가 시 적용할 할인율은 부채의 특유한 위험과 화폐의 시간가치에 대한 현행 시장의 평가를 반영한 **세전**이율이다

충당부채의 주요이론 Ⅱ

자산의 처분이익이 예상되는 경우 해당 처분이익은 충당부채 금액을 측정하는 데 **고려하지 아니한다**

의무이행을 위하여 경제적 효익을 갖는 자원이 유출될 가능성이 더 이상 높지 아니한 경우에는 관련 충당부채를 **환입**한다

미래의 **예상영업손실**과 수선관련 지출은 충당부채로 인식하지 아니한다

PLUS 우발부채

미래사건의 발생 여부에 의하여서만 그 존재가 확인되는 잠재적 의무를 말한다. 우발부채는 부채로 인식하지 않고 주석으로 공시한다.

바로확인문제

01 충당부채로 인식하는 금액은 현재의무를 보고기간 말에 이행하기 위하여 소요되는 지출에 대한 □□□ □□□여야 한다.

02 충당부채를 현재가치로 평가하기 위한 할인율은 부채의 특유한 위험과 화폐의 시간가치에 대한 현행 시장의 평가를 반영한 □□이율이다.

정답

01 최선의 추정치 02 세전

충당부채의 주요이론 Ⅲ

충당부채는 최초 인식과 관련 있는 지출에만 사용해야 한다

손실부담계약을 체결하고 있는 경우에는 관련된 현재의무를 충당부채로 인식해야 한다

구조조정을 완료하는 날까지 발생할 것으로 예상되는 영업손실은 충당부채로 인식하지 아니한다

충당부채 인식 여부

불법적 환경오염으로 인한 **범칙금**은 기업의 미래행위에 관계없이 당해 의무를 이행하기 위하여 경제적 효익이 내재된 자원의 유출이 수반되므로 충당부채 인식대상이다

환경기준을 충족하기 위하여 환경오염방지 **장치 설치** 등과 같이 공장운영방식을 바꾸는 경우에는 미래의 지출을 피할 수 있으므로 충당부채 인식대상이 아니다

MEMO

PLUS 충당부채의 사용

충당부채는 최초 인식과 관련 있는 지출에만 사용해야 한다. 만약 당초에 A라는 목적으로 인식된 충당부채를 B라는 다른 지출에 사용할 경우에는 서로 다른 두 사건의 영향이 적절하게 표시되지 않는다.

PLUS 손실부담계약

계약상의 의무에 따라 발생하는 회피불가능한 원가가 해당 계약에 의해 얻을 것으로 기대되는 경제적 효익을 초과하는 금액을 말한다.

THEME

43 우발부채 · 우발자산

GUIDE 우발부채와 우발자산의 구분 및 공시를 정리해야 하며, 충당부채와 우발부채의 회계처리에 대한 내용이 이론문제로 출제되므로 전반적인 내용도 알아두어야 합니다.

우발부채의 의의

우발부채는 미래사건의 발생 여부에 의해서만 그 존재가 확인되는 **잠재적 의무**를 말한다. 우발부채는 부채로 인식하지 아니한다

우발부채는 경제적 효익의 유출가능성이 높지 않으므로 주석으로 공시한다. 다만, 경제적 유출가능성이 아주 낮은 경우에는 공시하지 않는다

우발부채의 처리

우발부채는 당초 예상하지 못한 상황에 따라 변할 수 있으므로 경제적 효익이 내재된 자원의 유출가능성이 높아졌는지의 여부를 결정하기 위하여 지속적으로 검토한다

과거에 우발부채로 처리하였더라도 이후에 충당부채의 인식기준을 충족하였다면 재무상태표에 충당부채로 **인식한다**

우발자산의 의의

우발자산은 과거사건에 의해 발생하였으나 기업이 전적으로 통제할 수 없는 하나 이상의 불확실한 미래사건의 발생 여부에 의해서만 그 존재가 확인되는 잠재적 자산이다

우발자산은 자산으로 인식하지 아니하고, 자원의 유입가능성이 높은 경우에만 **주석**으로 공시한다

경제적 효익의 유입가능성이 높지 않다면 주석으로도 공시하지 않는다

우발자산의 처리

가능성	금액추정 가능	금액추정 불가능
높음	우발자산으로 주석 공시	우발자산으로 주석 공시
높지 않음	공시하지 않음	공시하지 않음

바로확인문제

01 과거에 우발부채로 처리하였더라도 이후에 충당부채의 인식기준을 충족하였다면 재무상태표에 □□□□로 인식한다.

02 우발자산은 자산으로 인식하지 아니하고, 자원의 유입가능성이 높은 경우에만 □□으로 공시한다.

정답

01 충당부채 02 주석

충당부채 · 우발부채 · 우발자산

충당부채	충당부채는 재무상태표에 부채로 공시한다
우발부채	우발부채는 부채로 인식하지 아니한다 (주석으로 표시)
우발자산	우발자산은 미래에 확정되기까지 자산으로 인식할 수 없다

제품보증충당부채

제품보증예상비용을 추정하여 제품보증충당부채로 계상하고, 향후 보증비용이 발생하면 제품보증충당부채와 상계처리하는 방법을 사용한다

제품 판매 시	제품보증비 10	제품보증충당부채 10
지출 시점	제품보증충당부채 10	현금 12
	제품보증비 2	

MEMO

PLUS 충당부채의 변제

충당부채와 관련하여 포괄손익계산서에 인식된 비용은 제3자와의 계약관계에 따라 보전받는 경우 당해 지출과 보전받는 금액을 상계하여 표시할 수 있다.

PLUS 제품보증충당부채

제품보증비용은 지출 시에 비용으로 계상하지 않고 판매 활동으로 획득한 수익이 인식되는 기간의 비용으로 계상하는 것이 합리적이다.

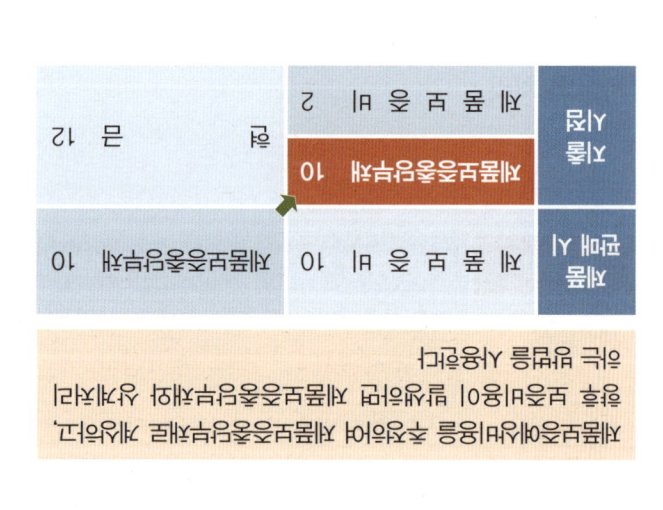

THEME 44

사채 빈출

GUIDE 사채회계는 매년 출제되는 부분입니다. 할인발행과 할증발행을 구분하여 발행 시, 차금상각, 이자비용, 사채의 상환 등 전반적인 문제가 출제됩니다. 실제로 예시를 통한 문제풀이를 해보아야 합니다.

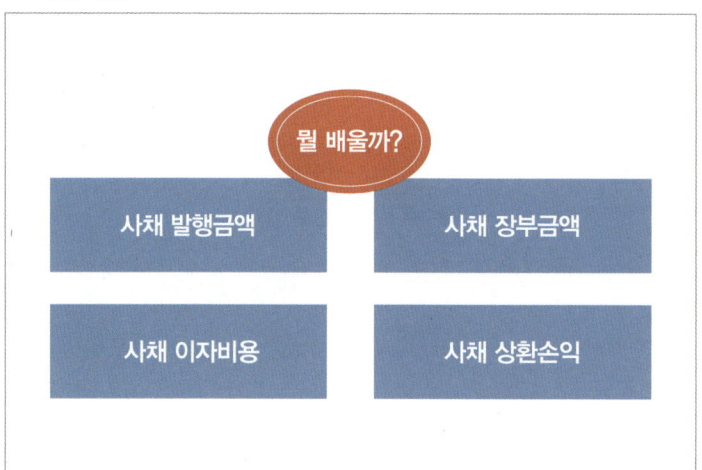

사채(社債)

뭘 배울까?

사채 발행금액	사채 장부금액
사채 이자비용	사채 상환손익

사채발행

회사채		발행방법
액면금액 100,000		액면발행
액면이자율 10%	➡	할인발행
상환기간 3년		할증발행

사채발행의 유형

액면발행	액면이자율 10%	=	시장이자율 10%
할인발행	액면이자율 8%	<	시장이자율 10%
할증발행	액면이자율 12%	>	시장이자율 10%

액면이자율이 시장이자율보다 **낮으면** 할인발행이라 하며,
액면이자율이 시장이자율보다 **높으면** 할증발행이라 한다

사채발행금액의 결정

액면금액의 현재가치	+	액면이자의 현재가치
⬇		⬇
액면금액 × ₩1의 현가계수		액면이자 × ₩1의 연금 현가계수

현재가치는 발행일의 **시장이자율**을 기초로 결정한다

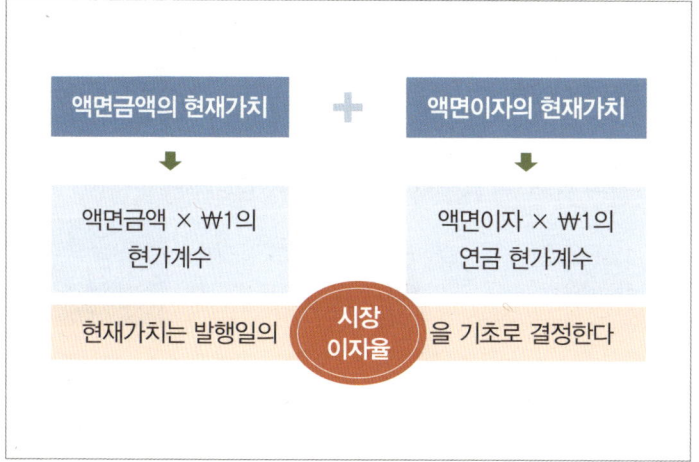

PLUS 사채발행의 유형
사채의 발행방법에는 액면이자율과 시장이자율의 관계에 따라 액면금액을 기준으로 발행하는 액면발행, 액면금액보다 낮게 발행하는 할인발행, 액면금액보다 높게 발행하는 할증발행의 세 가지가 있다.

PLUS 시장이자율
특정시점에 자금시장에서 형성되어 있는 이자율을 말한다.

바로확인문제
사채발행 시 사채의 액면이자율이 유효이자율보다 낮은 경우 사채는 □□발행된다.

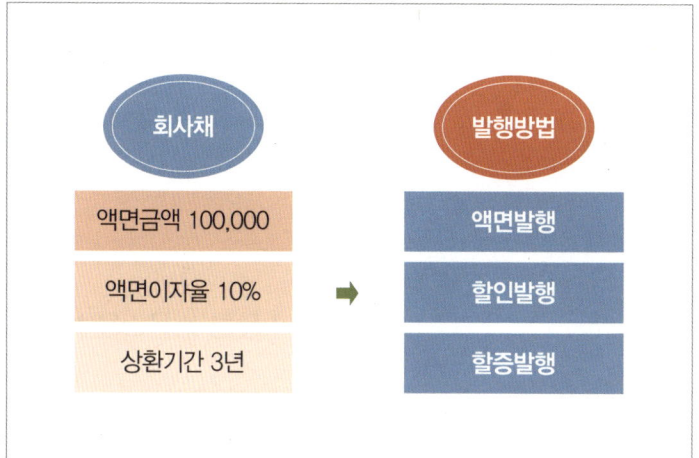

정답
할인

사채발행의 회계처리

구분	차변	대변
액면발행	현 금 1,000	사 채 1,000
할인발행	현 금 950 사채할인발행차금 50	사 채 1,000
할증발행	현 금 1,050	사 채 1,000 사채할증발행차금 50

재무상태표 표시

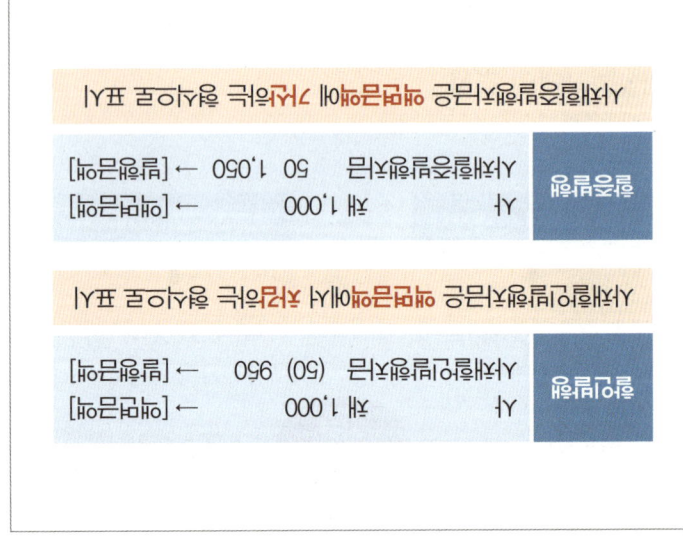

할인발행	사 채 1,000 사채할인발행차금 (50) 950	→ [액면금액] → [발행금액]

사채할인발행차금은 **액면금액**에서 **차감**하는 형식으로 표시

할증발행	사 채 1,000 사채할증발행차금 50 1,050	→ [액면금액] → [발행금액]

사채할증발행차금은 **액면금액**에 **가산**하는 형식으로 표시

사채발행비

사채발행에 따른 제비용은 사채의 발행가액에서 **직접 차감**하는 방법으로 회계처리한다

발행금액 직접차감

사채발행비가 없는 경우에는 시장이자율과 유효이자율이 일치하지만, 사채발행비가 있는 경우 발행시점 유효이자율이 시장이자율보다 더 **높다**

사채의 장부금액 결정 I

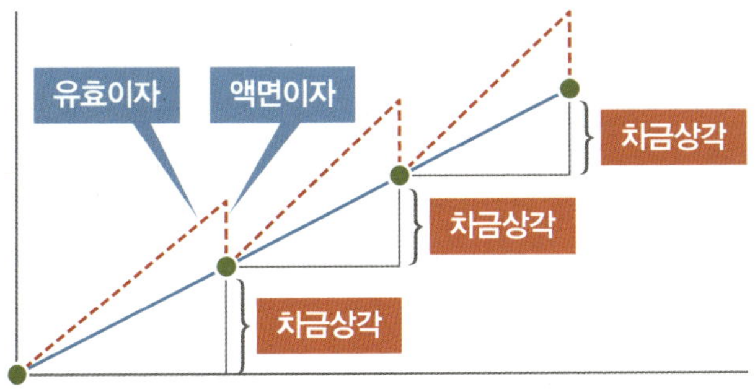

PLUS 사채발행비

사채발행과 직접 관련된 중개수수료, 규제기관 증권거래소의 부과금 및 세금 등의 거래원가를 말한다. 이러한 사채발행비는 사채발행가액에서 직접 차감한다.

바로확인문제

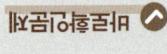

01 사채할인발행차금은 사채의 □□□□에서 차감하는 형식으로 표시한다.

02 사채 발행시점에서 사채발행비가 지출된 경우 발행당시의 유효이자율은 발행당시의 시장이자율보다 □□.

정답

01 액면금액 02 높다

사채의 장부금액 결정 Ⅱ

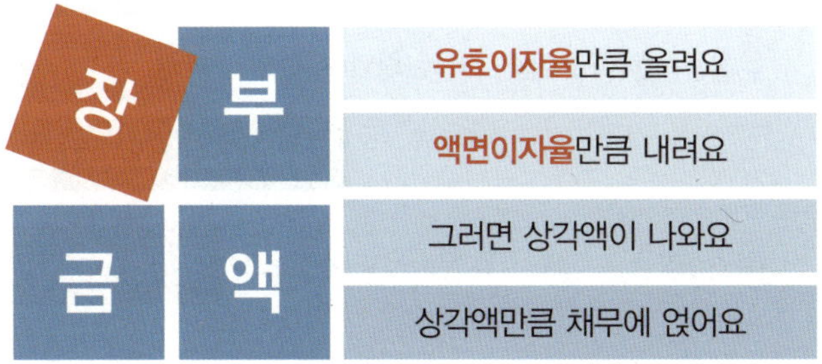

할인발행의 경우 이자비용

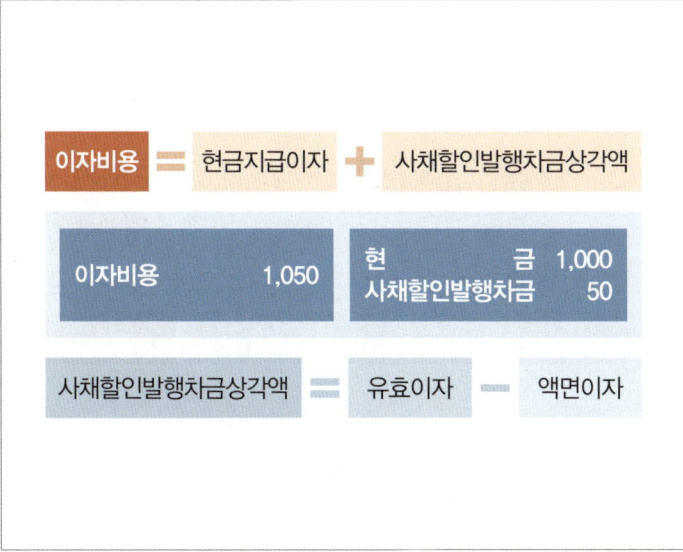

이자비용 = 현금지급이자 + 사채할인발행차금상각액

이자비용	1,050	현　　금	1,000
		사채할인발행차금	50

사채할인발행차금상각액 = 유효이자 − 액면이자

할인발행의 경우 회계처리

구분	회계처리			
×1.01.01	현　　금	950	사　　채	1,000
	사채할인발행차금	50		
×1.12.31	이 자 비 용	95	현　　금	80
			사채할인발행차금	15

할인발행 장부금액 결정

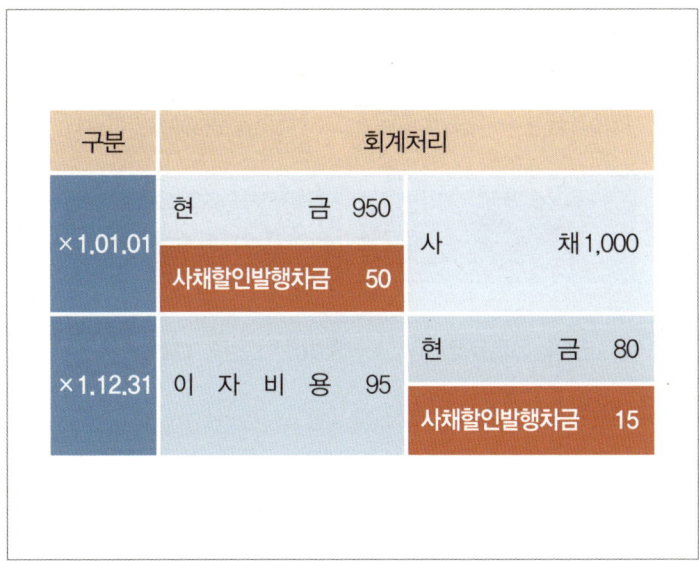

PLUS 사채할인발행차금의 상각

사채발행 시부터 최종 상환 시까지의 기간에 유효이자율법을 적용하여 상각하고 동 상각액을 사채 이자비용에 가산한다.

바로확인문제

01 유효이자율법에서 할인발행의 경우 장부금액은 매년 □□한다.

02 유효이자율법에서 사채할인발행차금의 상각액은 매년 □□한다.

정답

01 증가 02 증가

할증발행의 경우 이자비용

이자비용 = 현금지급이자 − 사채할증발행차금환입액

이자비용	950	현금	1,000
사채할증발행차금	50		

사채할증발행차금환입액 = 액면이자 − 유효이자

할증발행 장부금액 결정

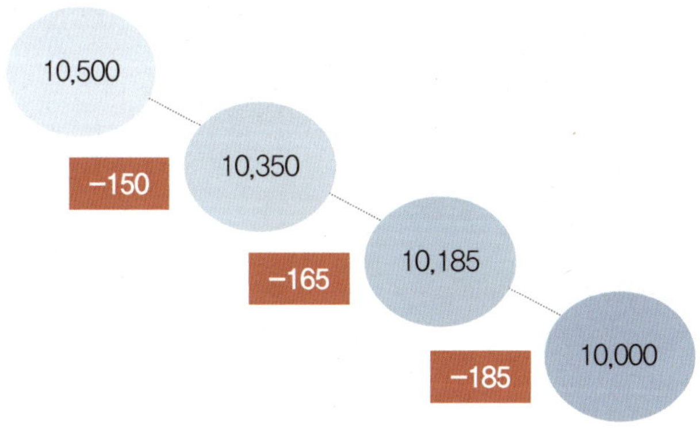

사채발행에 따른 이자비용

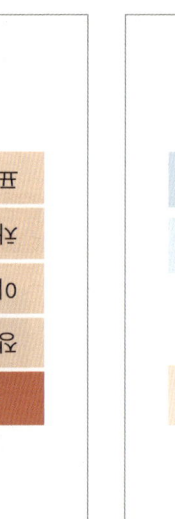

매기이자비용 = 기초장부금액 × 유효이자율

만기까지 총이자비용

할인발행 ➡ 액면이자총액 + 사채할인발행차금총액

할증발행 ➡ 액면이자총액 − 사채할증발행차금총액

유효이자율법의 비교 I

구분	할인발행	할증발행
장부금액	증가	감소
이자비용	증가	감소
차금상각	증가	증가
표시이자	일정	일정

PLUS 사채할증발행차금의 상각

사채발행 시부터 최종 상환 시까지의 기간에 유효이자율법을 적용하여 상각하고 동 상각액을 사채 이자비용에서 차감한다.

바로확인문제

01 유효이자율법에서 할증발행의 경우 장부금액은 매년 □□한다.

02 유효이자율법에서 사채할증발행차금의 상각액은 매년 □□한다.

정답

01 감소 02 증가

유효이자율법의 비교 Ⅱ

사채의 상환

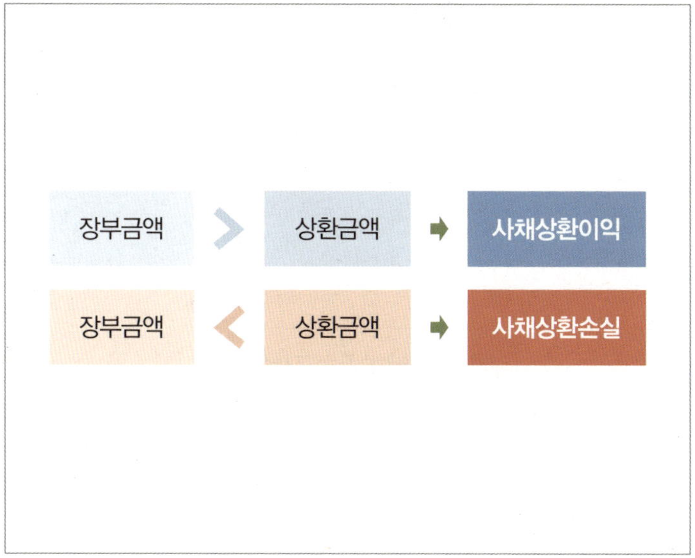

사채의 장부금액 결정

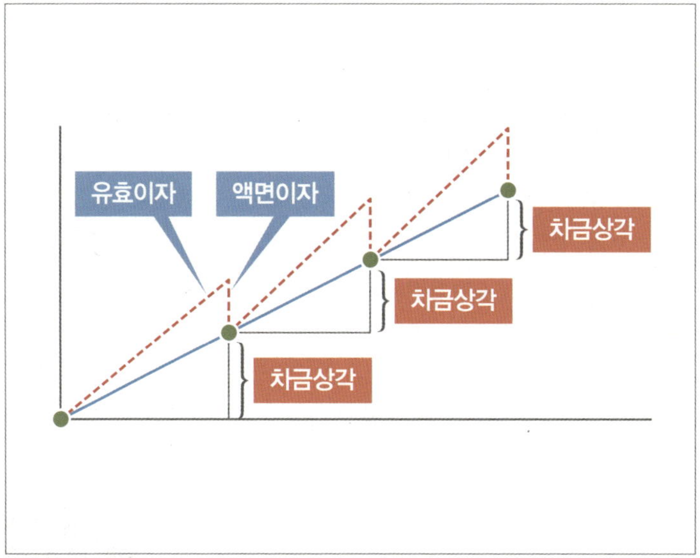

PLUS 사채의 장부금액

사채의 미래현금흐름을 유효이자율로 할인한 현재가치를 의미한다. 현행기준은 금융부채인 사채를 유효이자율법을 적용하여 상각후원가로 측정한다.

바로확인문제

01 유효이자율법을 적용할 경우 할인발행의 이자비용은 매년 증가하고, 할증발행의 이자비용은 매년 □□한다.

02 사채가 할인발행되는 경우 사채발행자가 사채 만기일에 상환해야 하는 금액은 발행금액보다 □□.

정답

01 감소 02 크다

CHAPTER 07

기출로 CHAPTER 마무리

01 다음 중 금융부채에 속하는 것을 모두 고른 것은? 제19회

㉠ 매입채무	㉡ 선수금	㉢ 사채
㉣ 소득세예수금	㉤ 미지급법인세	

① ㉠, ㉡　② ㉠, ㉢　③ ㉠, ㉣, ㉤
④ ㉡, ㉢, ㉣　⑤ ㉡, ㉢, ㉤

해설

1. 미래에 현금을 지급할 계약상 의무에 해당하는 금융부채의 일반적인 예로는 매입채무, 지급어음, 차입금, 미지급금, 미지급비용, 사채 등이 있다.
2. 금융부채가 아닌 항목으로는 선수금, 선수수익, 미지급법인세, 충당부채, 소득세예수금, 이연법인세부채 등이 있다.

정답 ②

02 과거사건의 결과로 현재의무가 존재하는 부채로서 충당부채의 인식요건에 해당하는 것은? 제21회

금액 추정가능성 / 경제적 효익이 있는 자원 유출가능성	신뢰성 있게 추정 가능	신뢰성 있게 추정 불가능
가능성이 높음	㉠	㉡
가능성이 어느 정도 있음	㉢	㉣
가능성이 희박함	㉤	

① ㉠　② ㉡　③ ㉢　④ ㉣　⑤ ㉤

해설

충당부채와 우발부채의 회계처리

금액 추정가능성 / 경제적 효익이 있는 자원 유출가능성	신뢰성 있게 추정 가능	신뢰성 있게 추정 불가능
가능성이 높음	충당부채로 인식	우발부채로 주석 공시
가능성이 어느 정도 있음	우발부채로 주석 공시	우발부채로 주석 공시
가능성이 희박함	공시하지 않음	

정답 ①

03 (주)한국은 20×1년 초 액면금액 ₩100,000의 사채(표시이자율 연 8%, 이자는 매년 말 후급, 유효이자율 연 10%, 만기 20×3년 말)를 ₩95,026에 발행하고 상각후원가로 측정하였다. 동 사채와 관련하여 20×3년 인식할 이자비용은? (단, 이자는 월할계산하며, 단수차이가 발생할 경우 가장 근사치를 선택한다) 제22회

① ₩9,503 ② ₩9,553 ③ ₩9,653
④ ₩9,818 ⑤ ₩9,918

해설

1. 20×1년 12월 31일 사채 장부금액: [기초금액(95,026) × {1 + 유효이자율(10%)}] − 액면이자(8,000) = ₩96,529
2. 20×2년 12월 31일 사채 장부금액: [기초금액(96,529) × {1 + 유효이자율(10%)}] − 액면이자(8,000) = ₩98,182
3. 20×3년 말 이자비용: 20×3년 1월 1일 초 장부금액(98,182) × 유효이자율(10%) = ₩9,818

정답 ④

04 (주)한국은 20×1년 1월 1일 액면금액 ₩1,000,000인 사채(만기 3년, 표시이자율 연 10%, 이자는 매년 말 후급)를 ₩1,106,900에 발행하고, 상각후원가로 측정하였다. 발행당시 유효이자율은 연 6%이었다. 20×2년 1월 1일 동 사채 전부를 조기상환하였고, 이로 인해 사채상환이익이 ₩4,500 발생하였다. (주)한국이 동 사채를 상환하기 위해 지급한 금액은? 제24회

① ₩1,068,814 ② ₩1,077,814 ③ ₩1,102,400
④ ₩1,135,986 ⑤ ₩1,144,986

해설

1. 사채할증발행차금 상각액: 유효이자액(66,414)[= 기초사채가액(1,106,900) × 유효이자율(연 6%)] − 액면이자액(100,000)[= 액면금액(1,000,000) × 액면이자율(연 10%)] = ₩33,586
2. 20×2년 초 장부금액: 기초사채가액(1,106,900) − 사채할증발행차금 상각액(33,586) = ₩1,073,314
3. 상환금액: 장부금액(1,073,314) − 상환금액(x) = 사채상환이익 ₩4,500
   ∴ 상환금액(x) = ₩1,068,814

정답 ①

CHAPTER 08

자본회계

심화학습을 거쳐 문제풀이와 모의고사 단계로 접어들면서
가시화되는 본인의 성적에 때론 좌절하기도 할 겁니다.

지금은 본 시험을 위한 과정일 뿐입니다.
절대 조급함으로 지금까지 이뤄온 것들을 흔들지 마십시오.
조금씩 눈에 보이지 않더라도 묵묵히 나아가면 될 뿐입니다.

날이 밝기 전이 가장 어두운 것처럼,
지금 이 정체기를 이겨내면 어느 날 갑자기
성장해 있는 실력에 놀라는 순간이 올 것입니다.

THEME 45

자본의 분류

GUIDE 자본회계는 1~2문제 정도 출제되는 부분으로, 자본의 개념뿐 아니라 납입자본, 이익잉여금, 기타자본요소 등 자본의 구성요소와 분류를 이해하고 반드시 숙지하여야 합니다.

자본의 개념

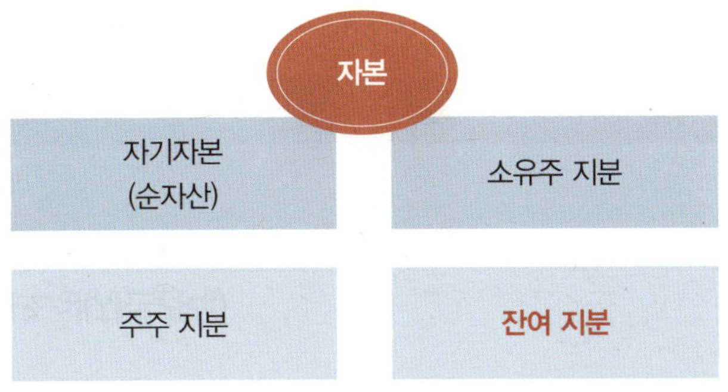

자본의 분류 I

일반기업회계기준		국제회계기준
Ⅰ. 자본금	➡	Ⅰ. 납입자본
Ⅱ. 자본잉여금		
Ⅲ. 자본조정	➡	Ⅱ. 기타자본구성요소
Ⅳ. 기타포괄손익누계액		
Ⅴ. 이익잉여금	➡	Ⅲ. 이익잉여금

자본의 분류 Ⅱ

Ⅰ. 자본금	100	자본총계
Ⅱ. 자본잉여금	100	
Ⅲ. 자본조정	100	500
Ⅳ. 기타포괄손익누계액	100	
Ⅴ. 이익잉여금	100	

자본의 분류 Ⅲ

자본금		
자본잉여금	➡	자본거래
자본조정		
기타포괄손익누계액	➡	손익거래
이익잉여금		

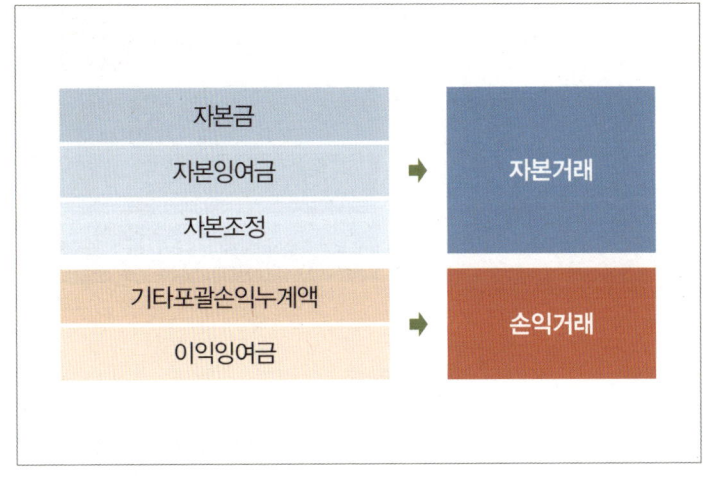

PLUS 자본
일반적으로 순자산, 소유주지분 또는 주주지분을 의미하며, 자산에서 부채를 차감하여 산출되므로 잔여지분이라고도 한다.

바로확인문제

01 한국채택국제회계기준에서는 자본을 크게 납입자본, 기타자본구성요소 및 □□□□□으로 구분표시하고 있다.

02 기타포괄손익누계액, 이익잉여금은 □□거래로부터 발생한다.

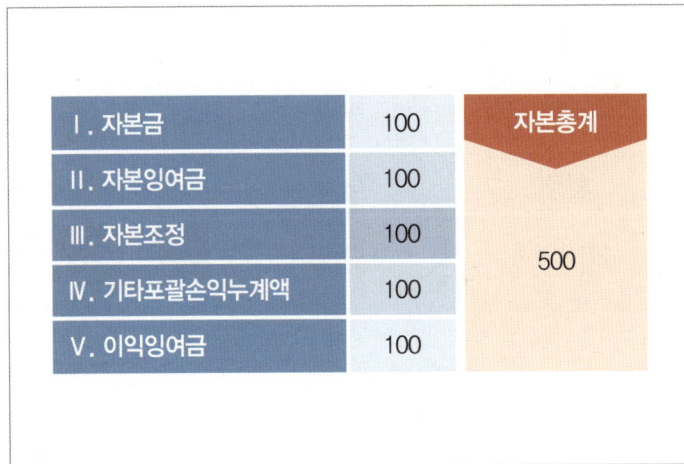

정답
01 이익잉여금 02 손익

자본금 금액 결정

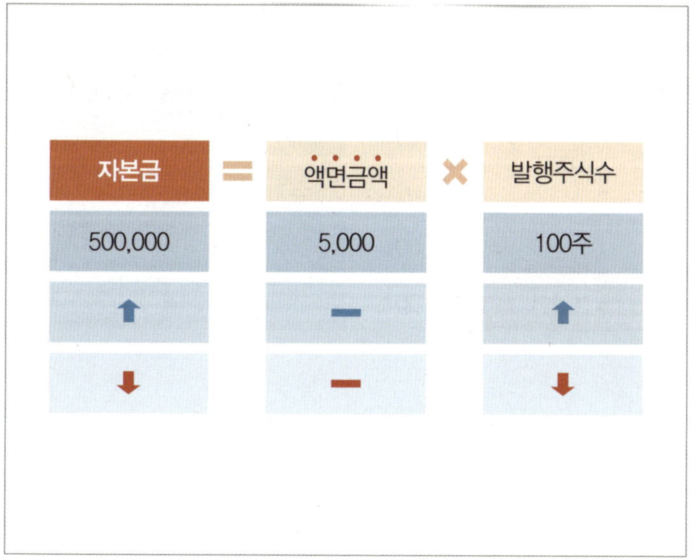

자본잉여금(자본거래)

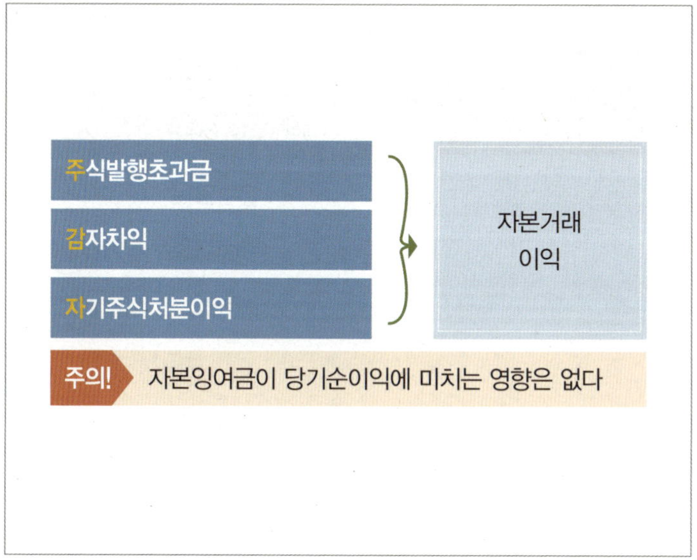

자본조정(자본거래)

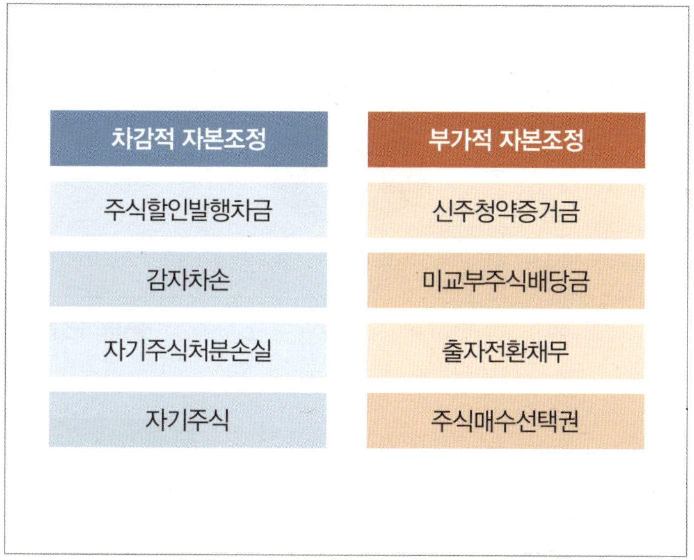

자본거래의 비교

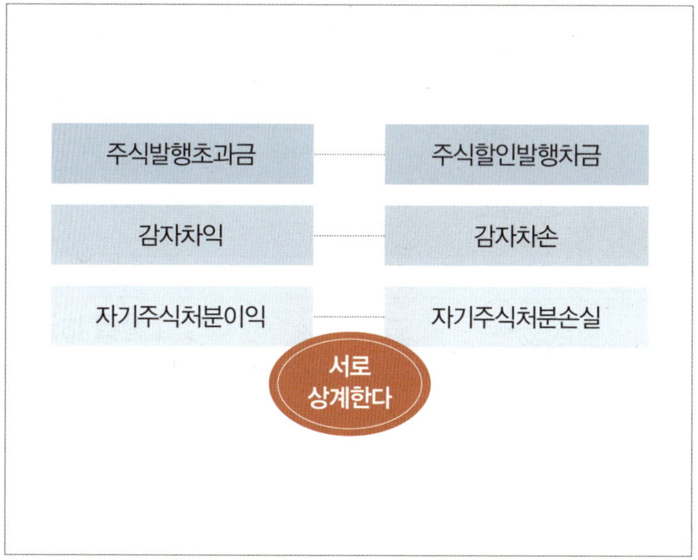

PLUS 자본금

발행주식의 액면가액 총합을 말하며, 자본에 포함되는 개념이다. 즉, 자본금은 자본의 구성항목 중 하나이다. 그리고 자본금은 보통주자본금과 우선주자본금으로 구분표시한다.

PLUS 자본잉여금

납입된 자본 중에서 액면금액을 초과하는 금액 또는 자본거래에서 발생한 잉여금을 말한다. 주주에게 배당할 수 없고 자본전입 등에 사용된다.

PLUS 자본조정

자본거래에서 발생한 임시적 성격의 자본항목으로 가산 또는 차감적 성격을 가지는 것을 말한다.

기타포괄손익누계액

재	평가잉여금
해	외사업환산손익
기	타포괄손익-공정가치 측정 금융자산평가손익
파	생상품평가손익
확	정급여부채(자산)의 재측정요소

이익잉여금

구분	내용
법정적립금	**이익준비금**: 자본금의 1/2, 현금배당의 10%
임의적립금	감채적립금, 사업확장적립금 등
미처분 이익잉여금	전기이월이익잉여금 + 당기순이익

이익잉여금 계정

이익잉여금

감소		증가	
		기초이익잉여금	200
현 금 배 당	300	당 기 순 이 익 (수익 – 비용)	800
기말이익잉여금	700		

PLUS 이익잉여금
손익거래(영업활동)에서 획득한 이익으로 배당 등으로 처분한 후의 사내에 유보된 잉여금이나 적립금을 말한다.

PLUS 이익잉여금 계정
당기순이익의 금액만큼 이익잉여금이 증가하고, 현금배당은 이익잉여금이 감소한다.

THEME 46

주식의 발행 및 소각

GUIDE 신주발행에 따른 증자(유상증자, 무상증자)와 주식소각에 따른 감자(유상감자, 무상감자)가 자본에 미치는 영향을 반드시 정리해야 합니다.

주식의 발행

차변요소	대변요소
자산의 증가	자산의 감소
부채의 감소	부채의 증가
자본의 감소	자본의 증가
비용의 발생	수익의 발생

현금발행

구분	차변	대변
액면발행	현금	자본금
할증발행	현금	자본금, 주식발행초과금
할인발행	현금, 주식할인발행차금	자본금

신주발행비

신주발행비는 증자와 관련된 비용이므로 **자본에서 차감**한다. 주식과 관련하여 직접 관련된 비용이 아닌 간접적인 발행비는 당기비용으로 인식한다.

증자

구분	내용
유상증자	신주를 발행하여 회사의 자본금이 증가하는 동시에 회사의 실질적인 자산이 증가한다**(액면, 할증, 할인발행)**
무상증자	신주를 발행하여 회사의 자본금이 증가하지만 회사의 실질적인 자산은 증가하지 않는다**(자본총액은 불변)**

PLUS 주식의 발행

- 주식 발행 시 자본금은 대변에 액면금액으로 기록해야 하고, 액면금액을 초과하는 발행금액은 대변에 주식발행초과금으로 기록하며, 액면금액을 미달하는 발행금액은 차변에 주식할인발행차금으로 기록한다.
- 주식발행초과금과 주식할인발행차금은 발생 순서에 관계없이 서로 상계한 후의 금액으로 표시하여야 한다.

바로확인문제

무상증자 시에 자본금은 증가하나 자본총액은 □□한다.

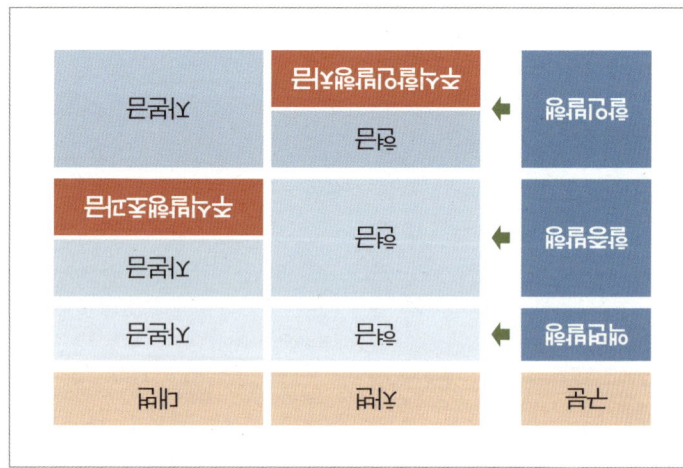

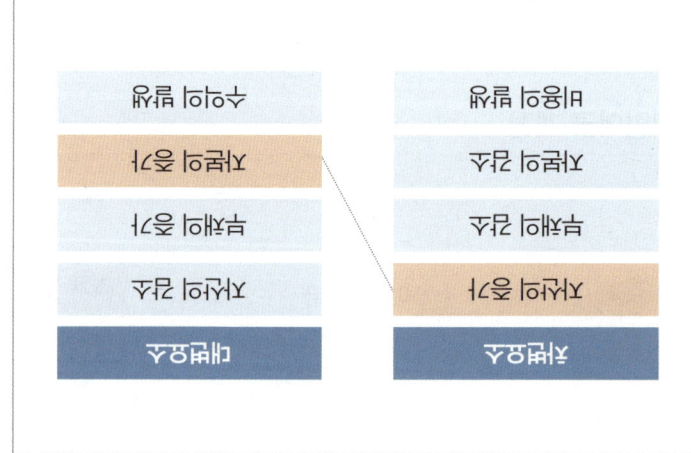

정답
불변

감자(주식의 소각)

유상감자 ➡	회사가 주주에게 주식소각의 대가로 현금 등을 지급함으로써 회사의 자산이 감소한 다**(자본 감소)**
무상감자 ➡	무상감자는 이월결손금이 누적되어 있는 경우, 이를 보전하기 위하여 자본금을 감소시킨다**(자본총액은 불변)**

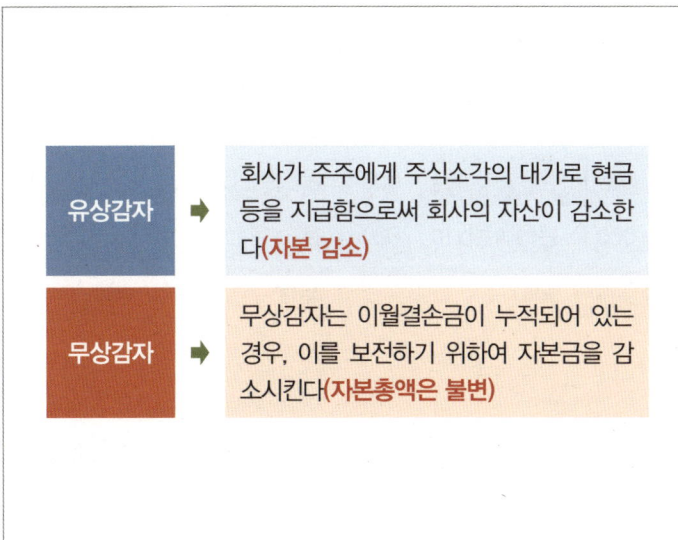

무상증자와 무상감자의 효과

자본총계 불변

무상증자		무상감자	
Ⅰ. 자본금	+	Ⅰ. 자본금	−
Ⅱ. 자본잉여금	−	Ⅱ. 자본잉여금	
Ⅲ. 자본조정		Ⅲ. 자본조정	
Ⅳ. 기타포괄손익누계액		Ⅳ. 기타포괄손익누계액	
Ⅴ. 이익잉여금	−	Ⅴ. 이월결손금	+

MEMO

PLUS 무상증자

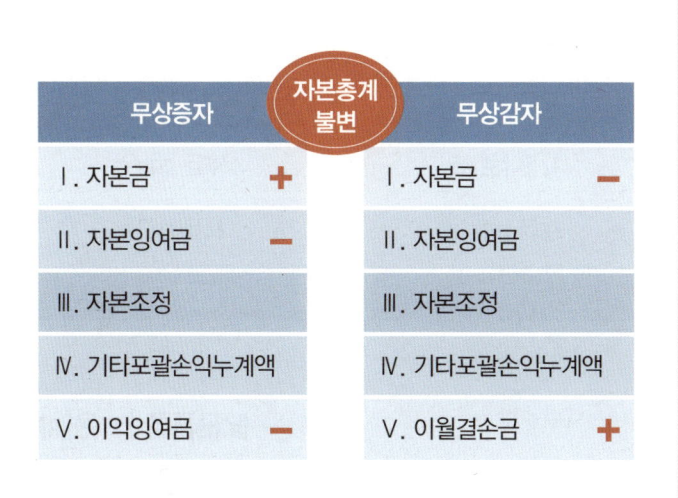

배당이 불가능한 자본잉여금이나 이익준비금을 자본에 전입하고 기존 주주에게 무상으로 신주를 발행해주는 것을 말한다.

PLUS 무상감자

현금의 유출도 없고 감자 전후의 자본총계도 동일하다는 점에서 감자 후에 자본총계가 감소하는 유상감자와는 다르다.

THEME 47

배당회계 · 주식분할

GUIDE 배당회계(현금배당, 주식배당)의 회계처리와 주식배당 시 자본에 미치는 영향에 대한 이해가 필요하며, 또한 주식배당, 무상증자, 주식분할, 주식병합에 대한 내용도 알아두어야 합니다.

배당회계

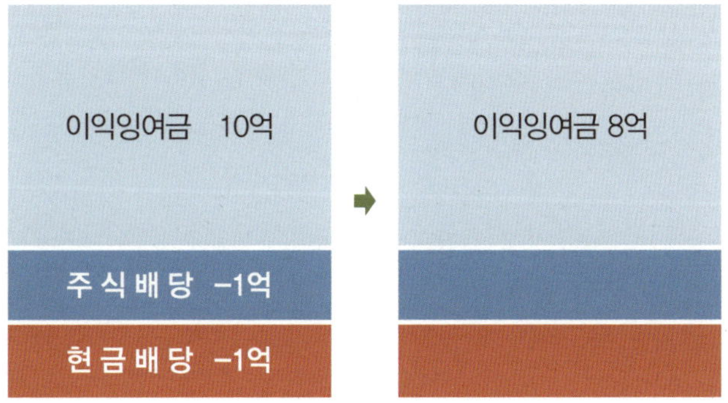

현금배당 시 결합관계

차변요소	대변요소
자산의 증가	자산의 감소
부채의 감소	부채의 증가
자본의 감소	자본의 증가
비용의 발생	수익의 발생

현금배당 시 회계처리

구분	차변	대변
배당결의	이익잉여금 1,000	미지급배당금 1,000
배당지급	미지급배당금 1,000	현금 1,000

이익잉여금 감소, 자산 감소, 자본 감소

주식배당 시 결합관계

차변요소	대변요소
자산의 증가	자산의 감소
부채의 감소	부채의 증가
자본의 감소	자본의 증가
비용의 발생	수익의 발생

PLUS 배당금
영업활동을 통해 획득한 이익을 주주들에게 분배해주는 것을 말한다. 현행 상법에서는 현금배당과 주식배당을 인정하고 있다.

PLUS 임의적립금
임의적립금은 주주총회의 의결을 통해 미처분이익잉여금으로 이입한 후 배당할 수 있다.

바로확인문제
현금배당은 현금의 유출로 실질적으로 자본의 □□를 가져온다.

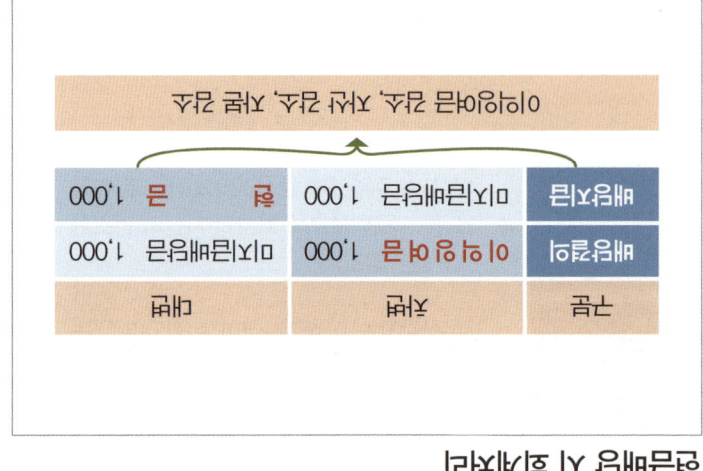

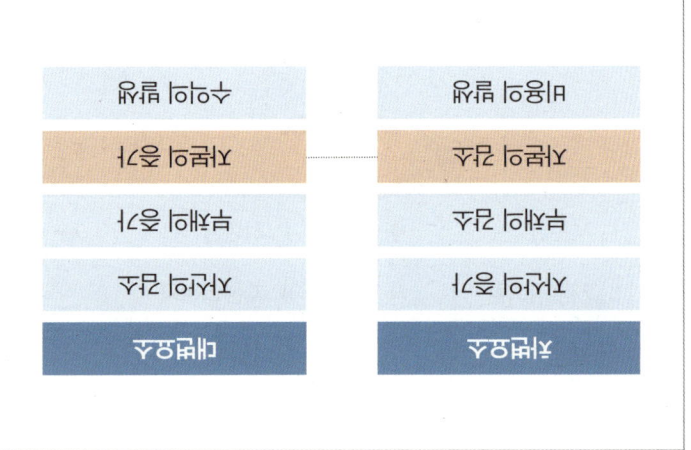

정답
감소

주식배당

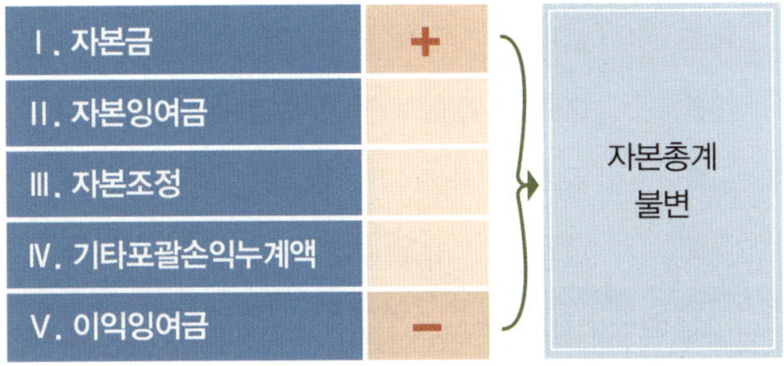

주식배당 시 회계처리

구분	차변	대변
배당결의	이 익 잉 여 금 1,000	미교부주식배당금 1,000
배당지급	미교부주식배당금 1,000	자 본 금 1,000

이익잉여금 감소, 자본금 증가, **자본총계 불변**

주식배당의 영향 Ⅰ

구분	주식배당 전	주식배당 후
자본금	100	200
자본잉여금	100	100
자본조정	100	100
기타포괄손익누계액	100	100
이익잉여금	100	0
자본총계	500	500

주식배당의 영향 Ⅱ

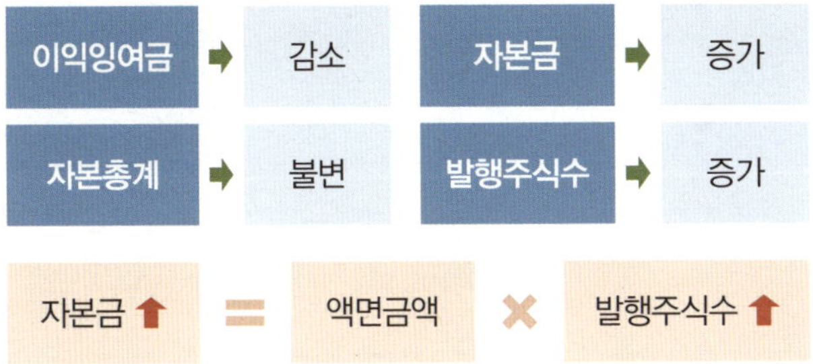

PLUS 주식배당의 영향

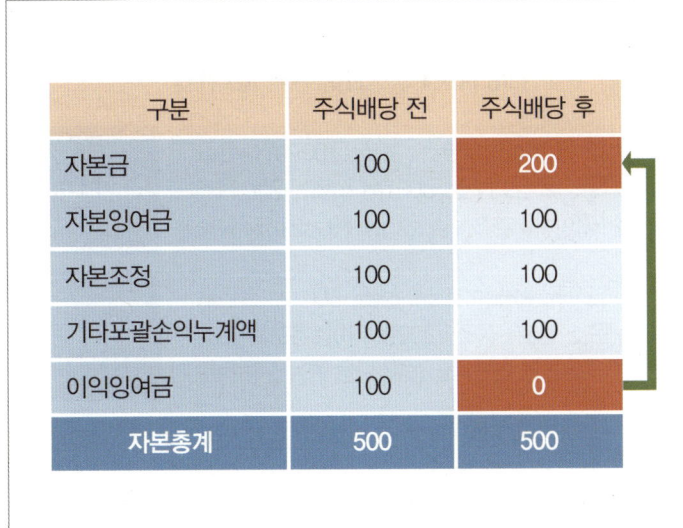

주식배당은 이익잉여금이 자본금으로 대체되어 자본항목의 형태전환에 불과하므로 자본총계는 불변한다. 주식배당으로 인하여 발행주식수는 증가하고, 주당액면금액은 변동이 없다.

바로확인문제

주식배당 시에 이익잉여금은 감소하고, 자본금은 증가하여 자본총계는 □□한다.

정답
불변

주식분할과 주식병합

주식분할	• 하나의 주식을 여러 개의 주식으로 **분할**하는 것 • 주당 액면금액이 ₩500인 주식 1주를 주당 액면금액 ₩100인 주식 5주로 바꾸어주는 것
주식병합	• 여러 개의 주식을 하나의 주식으로 **병합**하는 것 • 주당 액면금액이 ₩100인 주식 5주를 주당 액면금액 ₩500인 주식 1주로 바꾸어주는 것

주식분할 · 주식병합은 회계처리 없다

주식분할과 주식병합의 비교

자본금	=	액면가액	×	발행주식수
주식분할		↓		↑
주식병합		↑		↓

주식배당 · 무상증자 · 주식분할 · 주식병합의 비교

구분	주식배당	무상증자	주식분할	주식병합
자본금	증가	증가	불변	불변
자본잉여금	불변	감소 가능	불변	불변
이익잉여금	감소	감소 가능	불변	불변
자본총계	불변	불변	불변	불변
발행주식수	증가	증가	**증가**	**감소**
주당액면가액	불변	불변	**감소**	**증가**

PLUS 주식분할과 주식병합
액면가액의 변동만을 비망기록하고 별도의 회계처리는 하지 않는다.

바로확인문제

01 주식분할의 경우 액면가액은 감소하고, 발행주식수는 □□한다.

02 주식병합의 경우 액면가액은 증가하고, 발행주식수는 □□한다.

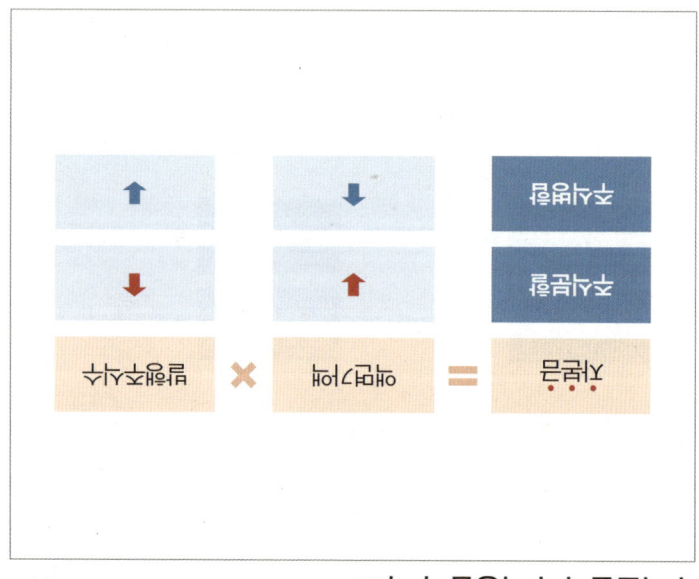

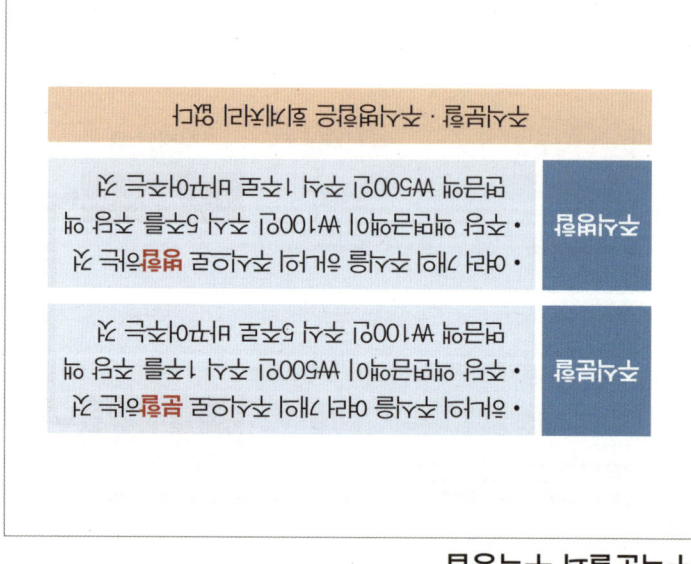

정답
01 증가 02 감소

THEME 48

자기주식 빈출

GUIDE 자기주식에 대해 취득 시와 재발행 시(매각 시)로 구분하여 회계처리를 이해하고, 또한 자기주식 재발행 시 당기순이익에 미치는 영향을 정리해야 합니다.

자기주식의 취득

자기주식 계정으로 취득할 때 지급한 금액을 **취득원가**로 차변에 기록한다

자기주식을 취득하면 실질적으로 취득원가만큼 **자본이 감소**한다

	차변	대변
취득 시 →	자기주식(원가) 100	현 금 100

→ 자본 감소

자기주식의 처분(재발행)

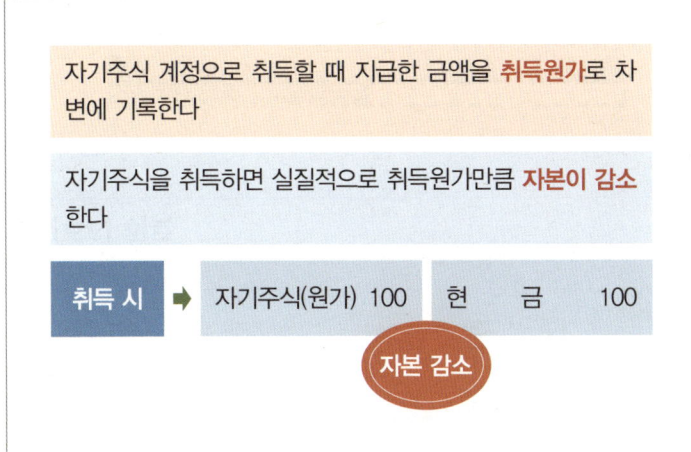

구분	차변	대변
취득원가 < 처분금액	현 금 120	자기주식(원가) 100 자기주식처분이익 20
취득원가 > 처분금액	현 금 70 자기주식처분손실 30	자기주식(원가) 100

자기주식의 비교

자기주식 취득 →	자본 감소
자기주식 처분 →	자본 증가
자기주식 소각 →	자본 불변

자기주식 처분 시 **당기순이익**에 미치는 영향은 없다

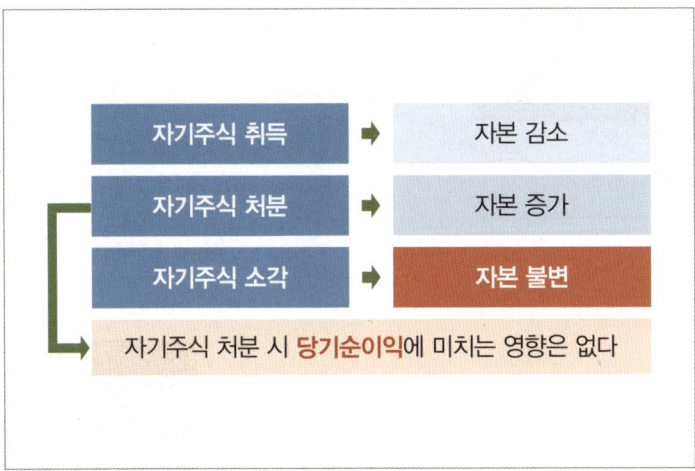

PLUS **자기주식**
회사가 이미 발행하여 유통되고 있는 주식을 매입소각하거나 재발행할 목적으로 재취득한 주식으로서 공식적으로 소각되지 않은 주식을 말한다. 자기주식은 취득가격을 자본조정에서 차감하여 표시하도록 규정하고 있다.

PLUS **자기주식의 처분**
자기주식처분이익과 자기주식처분손실을 서로 상계하여 잔액을 표시한다.

바로확인문제
자기주식을 취득하면 자본총액은 □□한다.

정답
감소

THEME 49

주당순이익 빈출

GUIDE 주당순이익의 계산문제는 출제 가능성이 높으므로 반드시 정리해야 합니다. 특히 가중평균유통보통주식수에 대한 정리가 되어야 시험문제를 해결할 수 있는 테마입니다.

주당순이익의 산정

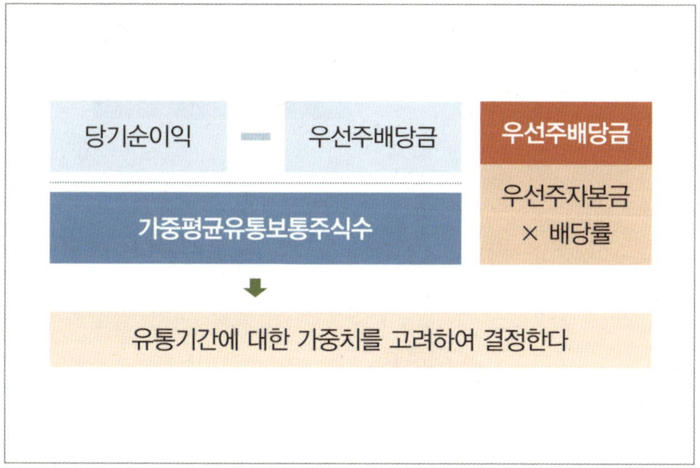

유상증자

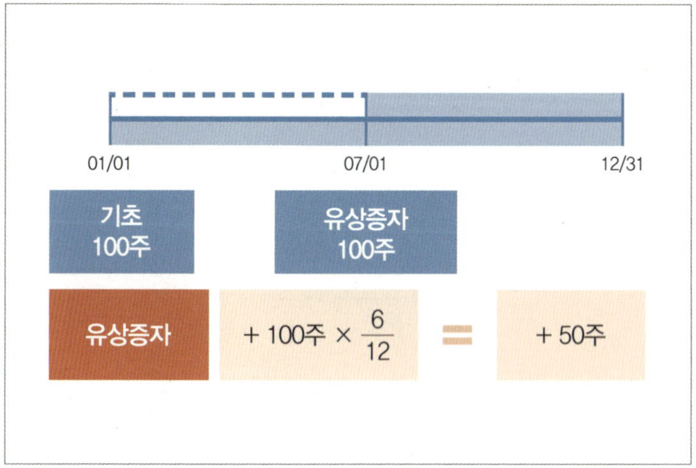

자기주식 취득

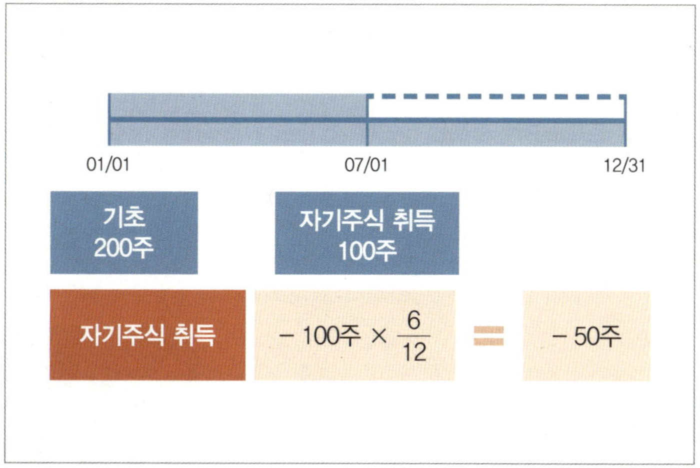

무상증자

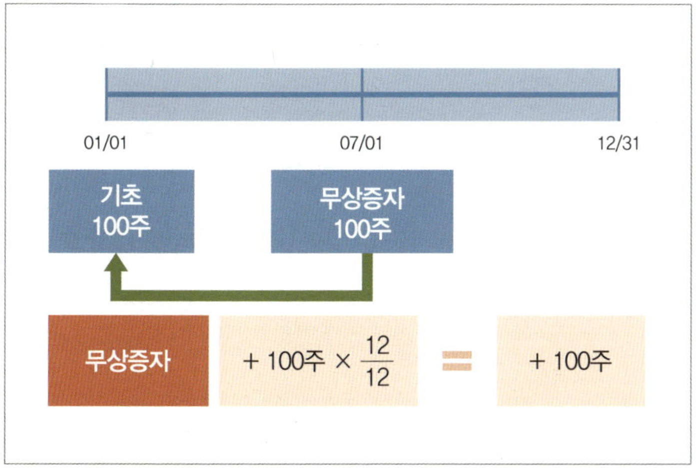

PLUS 주당순이익

보통주 한 주당 얼마의 순이익이 발생하는지 검토하는 지표이다. 주당이익을 포괄손익계산서 본문에 표시하고 그 산출 근거를 주석으로 기재하도록 규정하고 있다.

PLUS 보통주 당기순이익

기본주당이익을 계산할 때 보통주에 귀속되는 금액은 당기순이익 금액에서 우선주배당금을 차감한 후의 금액이다.

주당순이익의 비교

유상증자	➡	+	기간 O
자기주식 취득	➡	−	기간 O
무상증자	➡	+	기간 X

기초주식 간주

가중평균유통보통주식수 Ⅰ

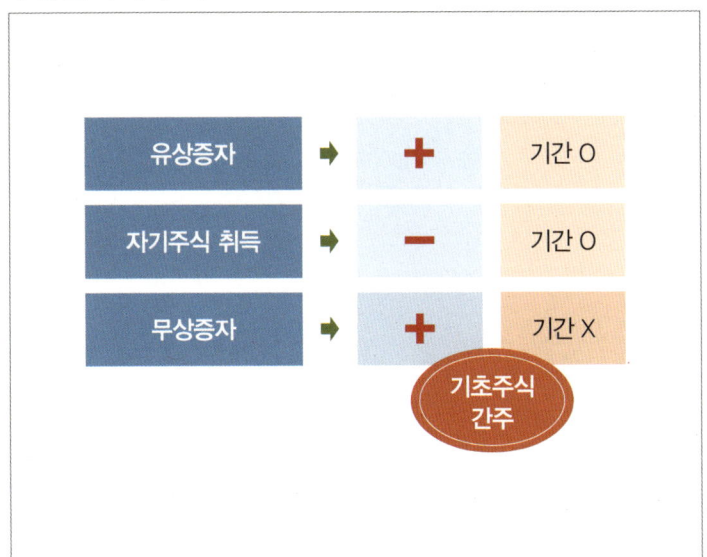

우선주	우선주가 발행되어 있는 경우에는 결산기말 현재 발행된 총주식수에서 우선주식수를 차감한다
유상증자	주식의 발행일을 기준으로 기간경과에 따라 가중평균하여 조정한다
자기주식	보통주식 중 자기주식은 취득시점 이후부터 매각시점까지의 기간 동안 유통보통주식수에 포함하지 않는다

가중평균유통보통주식수 Ⅱ

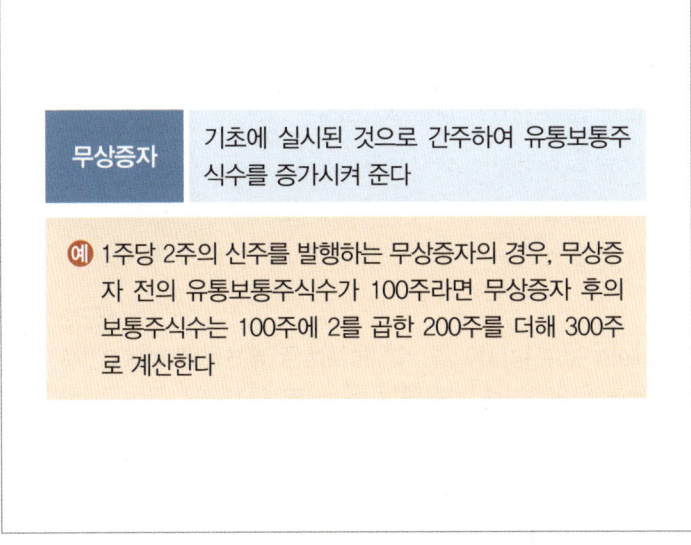

무상증자	기초에 실시된 것으로 간주하여 유통보통주식수를 증가시켜 준다

예 1주당 2주의 신주를 발행하는 무상증자의 경우, 무상증자 전의 유통보통주식수가 100주라면 무상증자 후의 보통주식수는 100주에 2를 곱한 200주를 더해 300주로 계산한다

PLUS 가중평균유통보통주식수
우선주와 자기주식을 제외한 그 기간에 유통된 보통주식수를 가중평균한 주식수로 한다.

기출로 CHAPTER 마무리

01 (주)한국은 20×1년 초 주당 액면금액 ₩5,000인 보통주 100주를 주당 ₩6,000에 현금으로 납입받아 회사를 설립하였다. 이에 대한 분개로 옳은 것은? 제22회

① (차) 현 금 ₩600,000 (대) 보통주자본금 ₩500,000
주식발행초과금 100,000

② (차) 현 금 ₩600,000 (대) 보통주자본금 ₩600,000

③ (차) 현 금 ₩500,000 (대) 보통주자본금 ₩500,000

④ (차) 현 금 ₩500,000 (대) 보통주자본금 ₩600,000
주식할인발행차금 100,000

⑤ (차) 현 금 ₩600,000 (대) 보통주자본금 ₩500,000
자 본 조 정 100,000

해설

1. 액면금액: 100주 × 주당 액면금액(5,000) = ₩500,000
2. 발행금액: 100주 × 주당 발행금액(6,000) = ₩600,000
3. 20×1년 초 발행 시 분개
   (차) 현 금 ₩600,000 (대) 보통주자본금 ₩500,000
   주식발행초과금 100,000
4. 발행금액이 액면금액을 초과하는 금액은 주식발행초과금으로 보고한다.

정답 ①

02 자본에 관한 설명으로 옳은 것을 모두 고른 것은? 제22회

㉠ 자기주식을 취득하면 자본총액은 증가한다.
㉡ 유상증자 시에 자본금은 증가하나 자본총액은 변동하지 않는다.
㉢ 무상증자 시에 자본금은 증가하나 자본총액은 변동하지 않는다.
㉣ 주식배당 시에 자산총액과 자본총액은 변동하지 않는다.
㉤ 주식분할로 인해 발행주식수가 증가하여도 액면가액은 변동이 없다.
㉥ 임의적립금은 주주총회의 의결을 통해 미처분이익잉여금으로 이입한 후 배당할 수 있다.

① ㉠, ㉡, ㉢ ② ㉠, ㉤, ㉥ ③ ㉡, ㉢, ㉣
④ ㉡, ㉣, ㉤ ⑤ ㉢, ㉣, ㉥

해설

㉠ 자기주식을 취득하면 자본총액은 감소하며, 자산도 감소한다.
㉡ 유상증자 시에 자본금은 증가하며, 자산 및 자본총액도 증가한다.
㉤ 주식분할은 발행주식수가 증가하지만, 주당 액면가액은 감소한다. 그러나 자본총액은 불변한다.

정답 ⑤

03 다음 자료를 이용하여 계산한 기말 자본총액은? 제17회

- ○ 기초 자본총액: ₩10,000
- ○ 7월 1일: 주당 액면가액 ₩100의 자기주식 10주를 주당 ₩300에 취득
- ○ 8월 1일: 위 자기주식 중 5주를 주당 ₩350에 매각
- ○ 9월 1일: 위 자기주식 중 3주를 소각

① ₩7,850 ② ₩8,150 ③ ₩8,500
④ ₩8,750 ⑤ ₩9,650

해설

1. 자기주식을 취득하면 실질적으로 취득원가만큼 자본이 감소하게 되고 자기주식을 매각하면 실질적으로 재발행만큼 자본이 증가한다. 그리고 자기주식을 소각한 경우 자본총액에는 영향이 없다.
2. 기말자본: 기초 자본총액(10,000) − 자기주식 취득금액(3,000)[= 10주 × 300] + 자기주식 매각금액(1,750)[= 5주 × 350] = ₩8,750

정답 ④

04 (주)한국의 20×1년 1월 1일 유통보통주식수는 10,000주이다. 20×1년도에 발행된 보통주는 다음과 같다. 20×1년도 (주)한국의 가중평균유통보통주식수는? (단, 가중평균유통보통주식수는 월수를 기준으로 계산한다) 제23회

- ○ 4월 1일 무상증자 10%를 실시하였다.
- ○ 9월 1일 유상으로 신주 15%를 공정가치로 발행하였다.

① 11,550주 ② 11,600주 ③ 11,650주
④ 11,700주 ⑤ 11,750주

해설

1. 가중평균유통보통주식수: [1월 1일 기초 주식수(10,000주) × 12/12] + [4월 1일 무상증자 1,000주(= 10,000주 × 10%) × 12/12] + [9월 1일 유상신주(1,650주) × 4/12] = 기초 10,000주 + 4월 1일 무상증자 1,000주 + 9월 1일 유상신주 550주 = 11,550주
2. 무상증자는 기초에 실시한 것으로 본다.

정답 ①

CHAPTER 09

수익 · 비용회계

동기 중 월등한 실력을 자랑하는 이가 있다면, 물어보십시오.
이번 시험에 본인이 합격할 것이라고 믿고 있는지.

누구나 불안감을 안고 공부를 하고 있습니다.
그 불안감을 자극제로 삼아 더욱 집중하는 사람과
그 불안감의 무게에 눌려 포기하는 사람의 차이만이 있을 뿐입니다.

불안감을 안고 이 책을 보고 있다면
아직 꿈을 포기하지 않은 사람이고,
아직 가능성이 충분한 사람입니다.

불가능과 불안감의 부담에서 조금은 벗어나십시오.

THEME 50

수익의 개념

GUIDE 수익인식 5단계를 이해하는 것이 무엇보다 중요한 부분으로, 암기가 필요한 테마입니다. 재화판매에 따른 수익인식과 용역제공에 따른 수익인식을 이해해야 합니다.

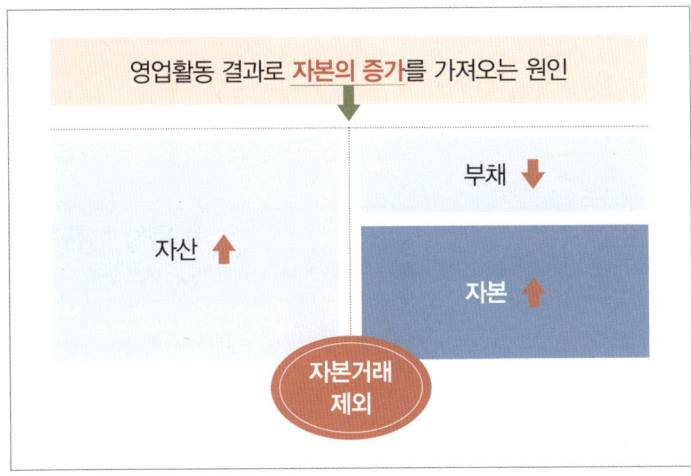

수익의 정의

영업활동 결과로 **자본의 증가**를 가져오는 원인

자산 ↑

부채 ↓

자본 ↑

자본거래 제외

수익의 개념

수익	수익은 자본의 증가를 수반하는 것으로서 회계기간의 정상적인 활동에서 발생하는 경제적 효익의 총유입으로 **자산의 증가** 또는 **부채의 감소**로 나타난다
주의!	주주의 지분참여로 인한 자본의 증가는 수익에 **포함하지 아니한다**

수익의 인식

구분			수익 인식
	재화의 판매	→	판매시점
	용역의 제공	→	진행기준

수익인식 5단계

1단계	→	고객과의 거래인가?	고객과의 계약 식별
2단계	→	뭘 해줘야 하지?	수행의무의 식별
3단계	→	얼마 받기로 했지?	거래 가격의 산정
4단계	→	각각 얼마지?	거래 가격의 배분
5단계	→	어떻게 인식하지?	수행의무별 수익 인식

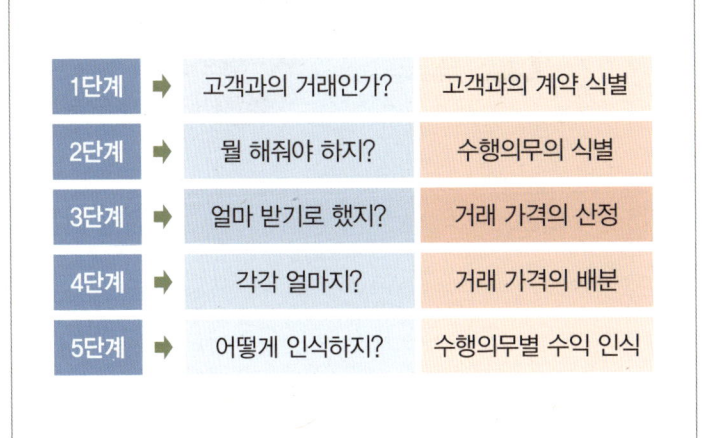

PLUS **진행기준**
계약의 진행률을 기준으로 수익과 비용을 인식하는 방법이다.

바로확인문제
수익을 인식하기 위해서는 고객과의 계약 식별 → □□□□□□□ → 거래 가격의 산정 → 거래 가격의 배분 → 수행의무별 수익 인식의 단계를 적용한다.

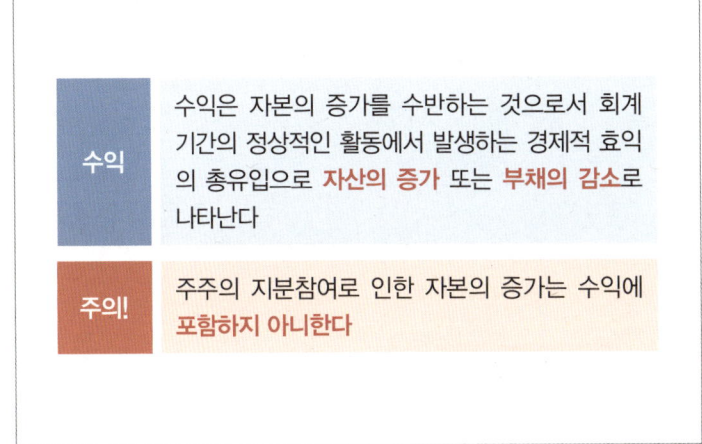

정답
수행의무의 식별

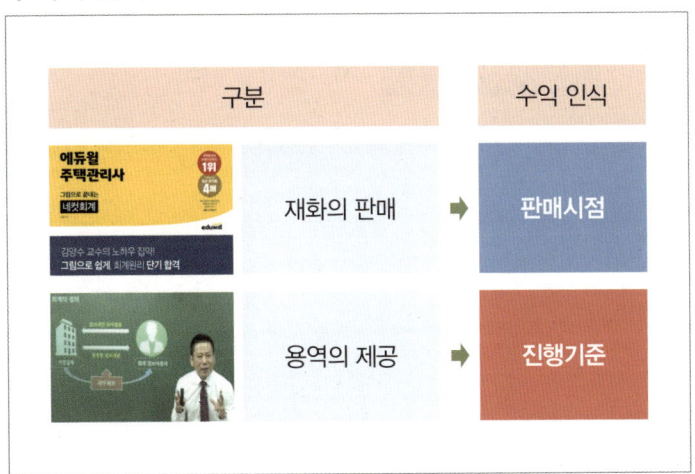

THEME 51

건설계약 빈출

GUIDE 건설계약의 진행기준에 의한 공사손익을 계산하는 문제가 자주 출제되는 테마로, 특히 진행률 개념을 알아야 하며 예시를 통한 연습이 필요합니다.

건설계약의 개념

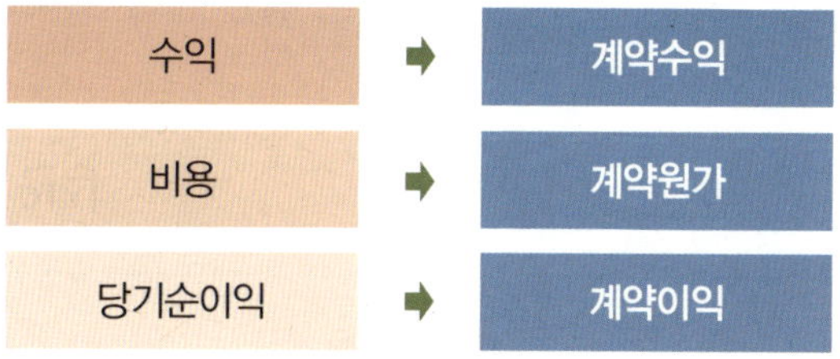

계약의 진행률

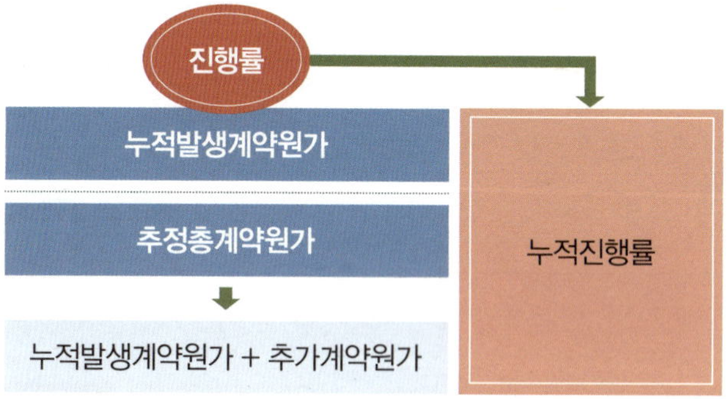

진행률의 측정 I

구분	20×1	20×2	20×3
실제발생누적원가	80	200	400
추정총계약원가	400	400	400
진행률	20%	50%	100%

진행률의 측정 II

구분	20×1	20×2	20×3
실제발생원가	80	120	200
추가소요원가	320	200	
진행률	20%	50%	100%

누적계약원가와 추정총계약원가

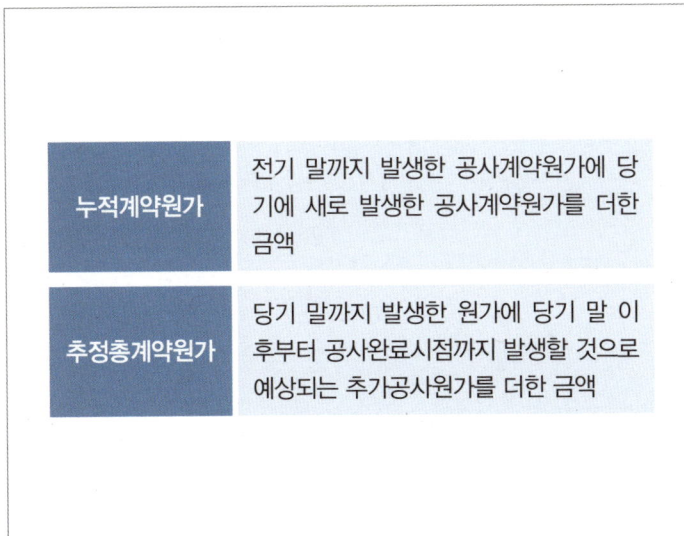

누적계약원가	전기 말까지 발생한 공사계약원가에 당기에 새로 발생한 공사계약원가를 더한 금액
추정총계약원가	당기 말까지 발생한 원가에 당기 말 이후부터 공사완료시점까지 발생할 것으로 예상되는 추가공사원가를 더한 금액

계약수익과 계약원가 인식

당기 계약수익	당기 누적계약수익 – 전기 누적계약수익
당기 계약원가	당기 누적발생원가 – 전기 누적발생원가
당기 계약이익	당기 계약수익 – 당기 계약원가

계약손실이 예상되는 경우 Ⅰ

구분	20×1	20×2	20×3
공사수익	25,000	25,000	50,000
공사원가	(20,000)	(31,000)	(51,000)
공사이익	5,000	(7,000)	0

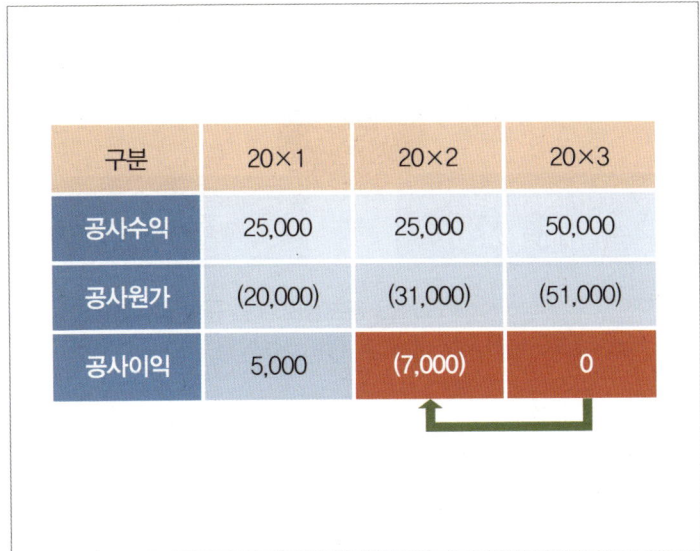

계약손실이 예상되는 경우 Ⅱ

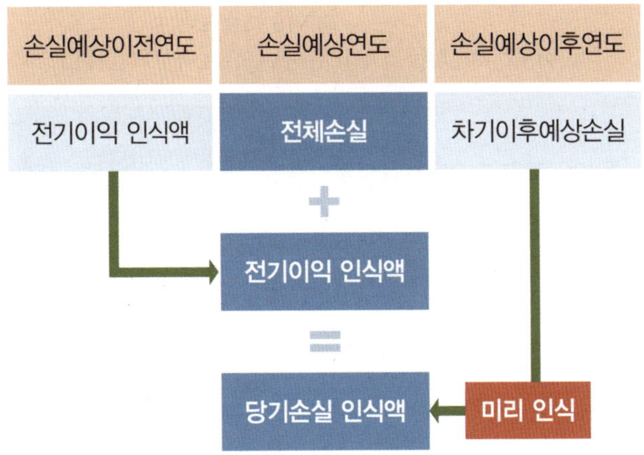

계약손실이 예상되는 경우 Ⅲ

총계약원가가 총계약수익을 초과할 가능성이 높은 경우 예상되는 손실을 즉시 비용으로 인식한다

총계약손실 + 전기까지 인식한 누적계약이익

당기손실

재무상태표 공시

상황	재무상태표 공시
미성공사잔액 > 진행청구액	차액은 **미청구공사** 과목으로 하여 자산으로 표시
미성공사잔액 < 진행청구액	차액은 **초과청구공사** 과목으로 하여 부채로 공시

미성공사 = 누적발생계약원가 + 누적계약이익 인식액
= 누적수익 인식액

MEMO

PLUS 손실이 예상되는 경우 수익인식

당기에 인식할 손실액은 총계약손실 예상액에 전기까지 인식한 누적공사이익을 가산한 금액이다.

THEME 52

비용의 개념

GUIDE 출제 가능성은 상대적으로 낮은 테마이지만, 비용의 인식기준인 수익 · 비용의 대응(직접대응, 체계적인 배분, 기간대응) 관계를 이해해야 합니다.

비용의 정의

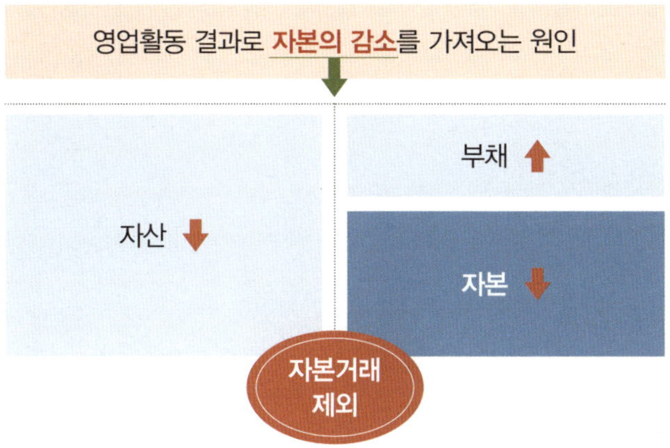

비용의 개념

비용	비용은 자본의 감소를 수반하는 것으로서 회계기간의 정상적인 활동에서 발생하는 경제적 효익의 총유출로 **자산의 감소** 또는 **부채의 증가**로 나타난다
주의!	주주의 지분참여로 인한 자본의 감소는 비용에 **포함하지 아니한다**

비용의 인식

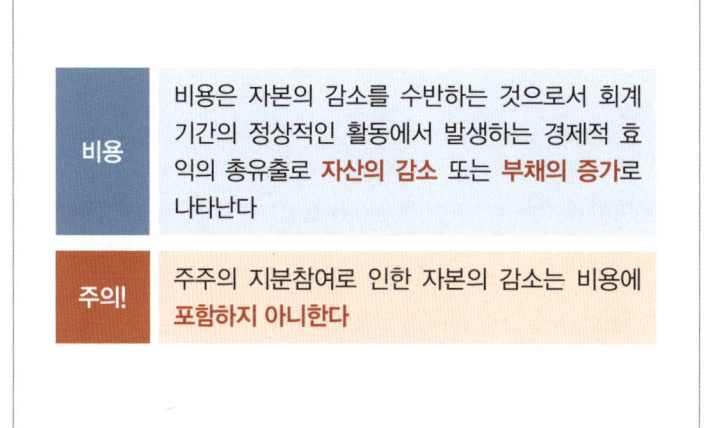

직접대응	인과관계	**매출원가**, 제품보증비 등
간접대응	체계적인 배분	감가상각비, 보험료, 임차료 등
	즉시인식	급여, 수선비, 광고선전비 등

CHAPTER 09

기출로 CHAPTER 마무리

01 (주)한국은 고객과 20×1년부터 3년간 용역제공 계약을 체결하고 용역을 제공하고 있다. 최초 계약 시 총계약금액은 ₩2,000이었다. 20×2년 중 용역계약원가의 상승으로 총계약금액을 ₩2,400으로 변경하였다. 용역제공과 관련된 자료가 다음과 같을 때, (주)한국이 인식할 20×2년도 용역계약손익은? (단, 진행률에 의해 계약수익을 인식하며, 진행률은 총추정계약원가 대비 누적발생계약원가로 산정한다) 제23회

구분	20×1년	20×2년	20×3년
당기발생계약원가	₩320	₩880	₩800
총추정계약원가	1,600	2,000	2,000

① 손실 ₩120 ② 손실 ₩80 ③ 이익 ₩120
④ 이익 ₩160 ⑤ 이익 ₩240

해설

1. 진행률
   (1) 20×1년도: 당기말 누적계약원가(320) ÷ 총추정계약원가(1,600) = 20%
   (2) 20×2년도: 당기말 누적계약원가(1,200) ÷ 총추정계약원가(2,000) = 60%
2. 20×2년도 용역계약손익
   (1) 20×2년도 용역계약수익: 1,440[= 20×2년 총계약금액(2,400) × 진행률(60%)] − 400[= 20×1년 총계약금액(2,000) × 진행률(20%)] = ₩1,040
   (2) 20×2년도 용역계약원가: 20×2년 말 누적계약원가(1,200) − 20×1년 말 누적계약원가(320) = 20×2년도 발생계약원가 ₩880
   (3) 20×2년도 용역계약손익: 20×2년도 용역계약수익(1,040) − 20×2년도 용역계약원가(880) = 용역계약이익 ₩160

정답 ④

02 (주)대한의 건설계약과 관련된 자료는 다음과 같다.

○ 계약기간: 20×1년 1월 1일 ~ 20×3년 12월 31일
○ 총계약금액: ₩1,200,000
○ 계약원가 관련자료

구분	20×1년	20×2년	20×3년
연도별 발생원가	₩400,000	₩575,000	₩325,000
완성 시까지 추가소요예정원가	600,000	325,000	−

(주)대한의 20×2년도 계약손실은? (단, 진행기준을 적용하여 수익을 인식하며, 진행률은 발생한 누적계약원가를 추정총계약원가로 나누어 산정한다) 제14회

① ₩180,000 ② ₩185,000 ③ ₩190,000
④ ₩195,000 ⑤ ₩200,000

해설

1. 20×1년 공사진행률: 누적원가(400,000) ÷ 총계약원가(1,000,000) = 40%
2. 20×1년 공사수익: 총계약수익(1,200,000) × 공사진행률(40%) = ₩480,000
3. 20×1년 공사이익: 공사수익(480,000) − 공사원가(400,000) = ₩80,000
4. 20×2년 공사손실: 총공사수익(1,200,000) − 총추정공사원가(1,300,000) = 총공사손실 ₩100,000
5. 20×2년 총공사손실 ₩100,000과 20×1년도 공사이익으로 이미 인식했던 ₩80,000을 20×2년 공사손실로 인식하여야 한다. 결국 총공사손실이 예상되면 총공사손실과 이미 인식했던 공사이익을 합하여 당기 공사손실로 인식하여야 한다.

정답 ①

CHAPTER 10

회계변경 · 오류수정

하루하루의 계획을 세우고 실행에 옮기십시오.
계획은 반드시 실현 가능해야 하며
하루하루 계획을 완수하게 되면
불안감이 차지하고 있던 자리는
자신감으로 대체될 것입니다.

아직 목표를 이루기 위한 충분한 시간이 남아 있습니다.
어제까지는 불안감을 살찌우는 생활이었다면
지금 이 순간부터는 자신감을 끌어내는 생활을 시작하십시오.

그 자신감을 더욱 견고히 하기 위해
페이스메이커 김양수가 끝까지 함께할 것입니다.

THEME 53

회계변경

GUIDE 회계정책의 변경과 회계추정의 변경이라는 개념을 파악하여 이에 따른 회계처리에 대한 이해가 필요합니다. 특히 회계추정의 변경에 대한 구체적인 사례를 다루는 문제가 출제되고 있으므로 유의하기 바랍니다.

회계변경의 개념

회계정책의 변경	한국채택국제회계기준에서 인정하는 회계정책을 또 다른 회계정책으로 변경하는 것을 말한다
회계추정의 변경	상황의 변화, 새로운 정보의 획득, 추가적인 경험의 축적에 따라 지금까지 사용해오던 회계적 **추정치**를 바꾸는 것을 말한다

회계정책 변경의 의의

- 한국채택국제회계기준에서 회계정책의 변경을 요구하는 경우
- 회계정책의 변경을 반영한 재무제표가 거래, 기타사건 또는 상황이 재무상태, 재무성과 또는 현금흐름에 미치는 영향에 대하여 신뢰성 있고 더 목적적합한 정보를 제공하는 경우

회계정책 변경의 예

회계정책의 변경

선입선출법		가중평균법
원가모형	→	재평가모형
원가모형	←	공정가치모형

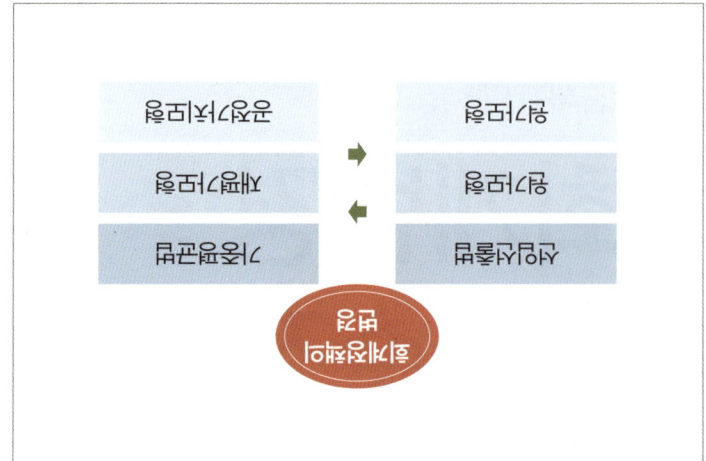

회계정책 변경에 해당하지 않는 것

- 과거에 발생한 거래와 **실질이 다른 거래**, 기타사건 또는 상황에 대하여 다른 회계정책을 적용하는 경우
- 과거에 발생하지 않았거나 발생하였어도 중요하지 않았던 거래, 기타사건 또는 상황에 대하여 새로운 회계정책을 적용하는 경우

바로확인문제

재고자산의 단위원가 결정방법을 선입선출법에서 총평균법으로 변경하는 경우는 회계□□의 변경에 해당한다.

정답
정책

회계변경과 오류수정

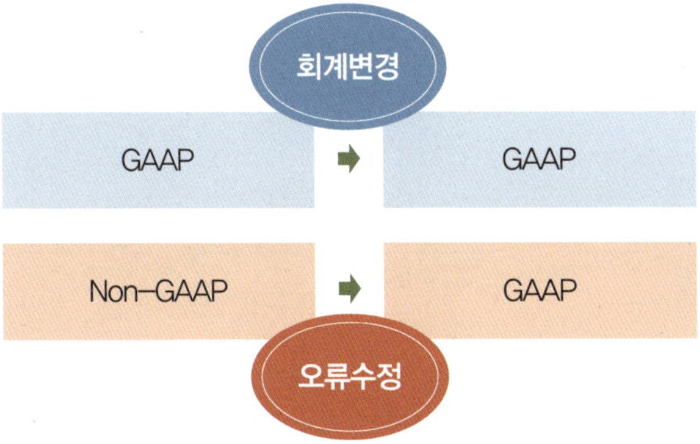

회계추정 변경의 예

- 매출채권에 대한 손상가능성 추정치의 변경
- 재고자산 진부화로 인한 평가손실 추정치의 변경
- 금융자산이나 금융부채의 공정가치 추정치의 변경
- 감가상각자산의 내용연수 및 잔존가치 또는 감가상각자산에 내재된 미래 경제적 효익의 기대 소비 형태(**상각방법**)
- 품질보증의무에 대한 추정치의 변경

변경의 유형

- 측정기준의 변경은 회계추정의 변경이 아니라 회계**정책**의 변경에 해당한다
- 감가상각방법의 변경은 회계정책의 변경으로 보는 것이 아니라 회계**추정**의 변경으로 본다
- 회계정책의 변경과 회계추정의 변경을 구분하는 것이 어려운 경우에는 회계**추정**의 변경으로 본다

감가상각의 결정요소

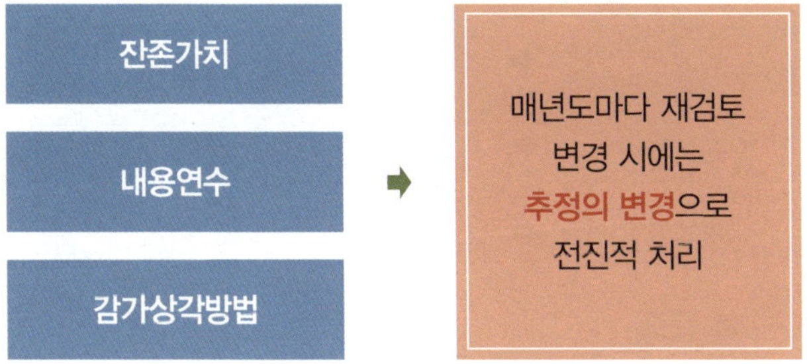

PLUS 회계변경과 오류수정

회계정책의 변경은 일반적으로 인정하는 회계원칙에서 일반적으로 인정하는 또 다른 회계원칙으로의 변경만을 의미한다. 반면에, 일반적으로 인정되지 않은 회계원칙에서 일반적으로 인정된 회계원칙으로의 수정은 회계정책의 변경이 아니라 오류수정이다.

바로확인문제

01 측정기준의 변경은 회계 □□의 변경이다.

02 회계정책의 변경과 회계추정의 변경을 구분하는 것이 어려운 경우에는 회계□□의 변경으로 본다.

정답

01 정책 02 추정

회계변경의 회계처리

구분	원칙	예외
회계정책의 변경	소급법	누적효과를 결정할 수 없는 경우 전진법
회계추정의 변경	전진법	해당사항 없음

추정의 변경 시 감가상각 계산

구분	변경 전		변경 후
취득원가	×××	➡	×××
잔존가치	×××	➡	×××
내용연수	×××	➡	×××
= 감가상각비	×××	➡	×××

MEMO

PLUS 소급법

새로운 회계정책을 처음부터 적용한 것처럼 거래, 기타사건 및 상황에 적용하는 것을 말한다.

PLUS 전진법

회계변경으로 인한 누적효과를 계산하지 아니하고 회계변경이 일어난 기간부터 새로운 회계처리방법을 적용하는 것을 말한다.

바로확인문제

회계정책의 변경은 소급법으로 처리하고, 회계추정의 변경은 □□□으로 처리함을 원칙으로 한다.

정답

전진법

THEME 54

오류수정

GUIDE 오류수정은 잘못 계산하거나 누락한 경우 등이 당기순이익에 미치는 영향을 묻는 테마입니다. 오류수정에 대한 개념을 숙지하여 전반적으로 이해하는 것이 중요합니다.

오류수정

전기오류의 수정은 오류가 발견된 기간의 당기손익으로 보고하지 않는다

우발상황의 결과에 따라 인식되는 손익은 오류의 수정에 해당하지 않는다

자산으로 처리해야 할 항목을 비용 처리한 것은 오류에 해당한다

오류의 유형

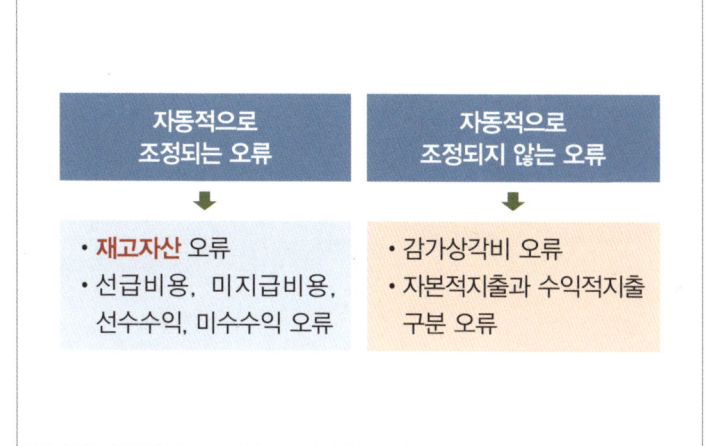

자동적으로 조정되는 오류	자동적으로 조정되지 않는 오류
• **재고자산** 오류 • 선급비용, 미지급비용, 선수수익, 미수수익 오류	• 감가상각비 오류 • 자본적지출과 수익적지출 구분 오류

자동적으로 조정되는 오류

오류발생 연도(당기)		오류발생 다음연도(차기)	
당기순이익	기말 이익잉여금	당기순이익	기말 이익잉여금
과대계상	과대계상	과소계상	영향 없음
과소계상	과소계상	과대계상	영향 없음

재고자산의 변동

기말재고액 ↑	매출원가 ↓	매출총이익 ↑
기말재고액 ↓	매출원가 ↑	매출총이익 ↓

기말재고액이 과대평가되면 매출원가가 작아져 매출총이익은 커지고, 반대로 기말재고액이 과소평가되면 매출원가가 커져 매출총이익은 작아진다

PLUS 오류수정
전기 또는 그 이전의 재무제표에 포함된 오류를 당기에 발견하여 이를 수정하는 것을 말한다.

PLUS 자동적으로 조정되는 오류
두 회계기간에 걸쳐 서로 상쇄됨으로써 자동적으로 수정되는 오류를 말한다.

PLUS 자동적으로 조정되지 않는 오류
오류발생 차기 회계연도에 자동적으로 조정되지 않는 오류를 말한다.

재고자산의 오류

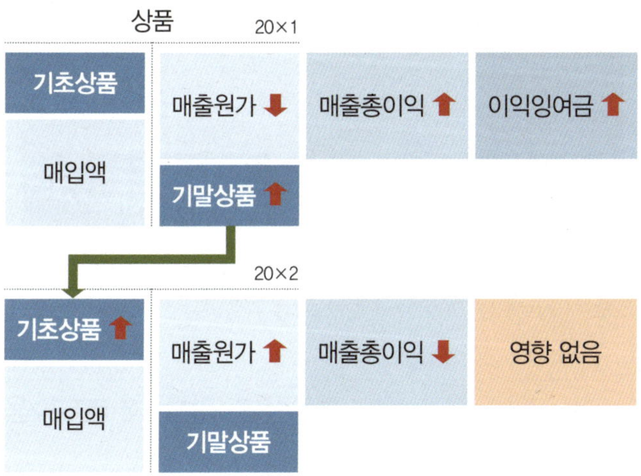

재고자산 오류의 영향 I

기말과대	당기	차기
매출원가	과소	과대
당기순이익	과대	과소
이익잉여금	과대	영향 없음

재고자산 오류의 영향 II

구분	20×1	20×2	20×3
기말재고	1,000 과대	2,000 과소	3,000 과대
당기순이익	1,000 과대	1,000 과소	2,000 과대
		2,000 과소	3,000 과대
이익잉여금	1,000 과대	2,000 과소	3,000 과대

CHAPTER
10 기출로 CHAPTER 마무리

01 (주)한국은 20×1년 초 기계장치(취득원가 ₩200,000, 내용연수 5년, 잔존가치 ₩20,000, 정액법 적용)를 취득하였다. 20×3년 초 (주)한국은 20×3년을 포함한 잔존내용연수를 4년으로 변경하고, 잔존가치는 ₩30,000으로 변경하였다. 이러한 내용연수 및 잔존가치의 변경은 정당한 회계변경으로 인정된다. (주)한국의 20×3년 동 기계장치에 대한 감가상각비는? (단, 원가모형을 적용하며, 감가상각비는 월할계산한다) 제22회

① ₩23,000 ② ₩24,500 ③ ₩28,333
④ ₩30,000 ⑤ ₩32,000

해설

1. 2년간 감가상각누계액: [취득원가(200,000) – 잔존가치(20,000)] × 1/5년 × 2년 = ₩72,000
2. 20×3년도 감가상각비: [{취득원가(200,000) – 감가상각누계액(72,000) – 신잔존가치(30,000)}] × 1/4년 = ₩24,500

정답 ②

02 실지재고조사법을 적용하는 (주)한국은 20×1년 기말재고자산(상품) ₩10,000(원가)을 누락하여 과소계상하였다. 해당 오류가 향후 밝혀지지 않을 경우, 다음 설명 중 옳은 것은? 제24회

① 20×1년 매출원가는 ₩10,000 과대계상된다.
② 20×1년 영업이익은 ₩10,000 과대계상된다.
③ 20×2년 기초재고자산은 ₩10,000 과대계상된다.
④ 20×2년 매출원가는 ₩10,000 과대계상된다.
⑤ 누락된 기말재고자산이 20×2년 중 판매되었다면, 20×3년 매출총이익은 ₩10,000 과대계상된다.

해설

20×1년 기말재고자산(상품) ₩10,000(원가)을 누락하여 과소계상한 경우, 20×1년 매출원가는 ₩10,000 과대계상되고 20×1년 영업이익은 ₩10,000 과소계상된다. 또한 다음연도 20×2년 기초재고자산이 ₩10,000 과소계상되어 20×2년 매출원가는 ₩10,000 과소계상되고 20×2년 영업이익은 ₩10,000 과대계상된다.

정답 ①

CHAPTER 11

재무제표

시간이 지날수록 앞자리의 동기가 안 보이기도 하고,
옆자리의 동기가 결석하는 빈도가 늘기도 합니다.
자신과의 싸움에서 열세를 극복하지 못했기 때문입니다.

실패한 사람들의 90%는
실패하는 것이 아니라 포기하는 것이라 하였습니다.

지금 가장 중요한 것은
그 어떤 것도 의심하지 않는 자세입니다.
힘들수록 주변과 더 소통하며
현명하게 이겨내어 최후의 승자가 되기를 기원합니다.

THEME 55

재무제표 일반

GUIDE 재무상태표, 포괄손익계산서, 현금흐름표, 자본변동표, 주석의 개념을 이해하고 전반적인 내용을 알아두어야 합니다.

재무제표의 일반

재무제표는 기업의 재무상태와 재무성과를 체계적으로 표현한 것이다

재무제표는 위탁받은 자원에 대한 경영진의 **수탁책임** 결과도 보여준다

경영진은 재무제표의 작성과 표시에 대한 1차적 책임을 진다

재무제표의 목적

광범위한 정보이용자의 경제적 의사결정에 유용한 보고기업의 재무상태, 재무성과와 재무상태 변동에 관한 정보를 제공하는 것이다

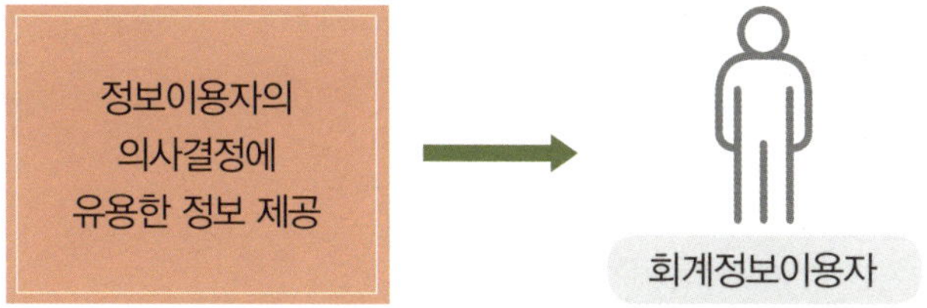

전체 재무제표

기말 재무상태표

기간 포괄손익계산서

기간 현금흐름표

기간 자본변동표

주석(유의적인 회계정책 및 그 밖의 설명으로 구성)

재무제표의 개념 I

재무상태표	**일정시점** 기업의 재무상태에 관한 정보를 제공하는 정태적 보고서
포괄 손익계산서	**일정기간** 동안 기업의 재무성과에 대한 정보를 제공하는 동태적 보고서
현금흐름표	**일정기간** 동안 기업실체의 현금의 유입과 유출에 관한 정보를 제공하는 동태적 보고서

PLUS **재무제표의 금액 단위 표시**

중요한 정보가 누락되지 않는 경우 재무제표의 표시통화를 천 단위나 백만 단위로 표시할 수 있으며 금액 단위를 공시해야 한다.

재무제표의 개념 Ⅱ

자본변동표	**일정기간** 동안 기업실체의 자본 크기와 변동에 관한 정보를 나타내는 재무제표
주석	재무상태표, 포괄손익계산서, 자본변동표 및 현금흐름표에 표시하는 정보에 추가하여 제공된 정보

제조원가명세서, 사업보고서, 시산표, 세무조정계산서

재무제표 ✕

주석

주석은 재무제표의 본문에 포함되어 있지 않지만 재무제표에 포함한다. 유의적인 회계정책의 요약보다 한국채택국제회계기준을 준수했다는 사실을 먼저 표시한다.

MEMO

바로확인문제

자본변동표는 일정□□ 동안의 자본 구성요소 변동에 관한 정보를 제공해 준다.

정답

기간

THEME 56

재무제표 작성기준 빈출

GUIDE 이론문제로 빠짐없이 출제되는 부분으로 반드시 알아야 하는 중요한 테마입니다. 반복적으로 정독하여 정리해야 합니다.

공정한 표시와 한국채택국제회계기준의 준수

한국채택국제회계기준을 준수하여 작성된 재무제표는 국제회계기준을 준수하여 작성된 재무제표임을 주석으로 공시할 수 있다

한국채택국제회계기준의 요구사항을 모두 충족한 경우가 아니라면 한국채택국제회계기준을 준수하여 작성되었다고 기재하여서는 안 된다

부적절한 회계정책은 이에 대하여 공시나 주석 또는 보충자료를 통해 설명하더라도 정당화될 수 **없다**

발생기준

기업은 **현금흐름** 정보를 제외하고는 발생기준 회계를 사용하여 재무제표를 작성한다

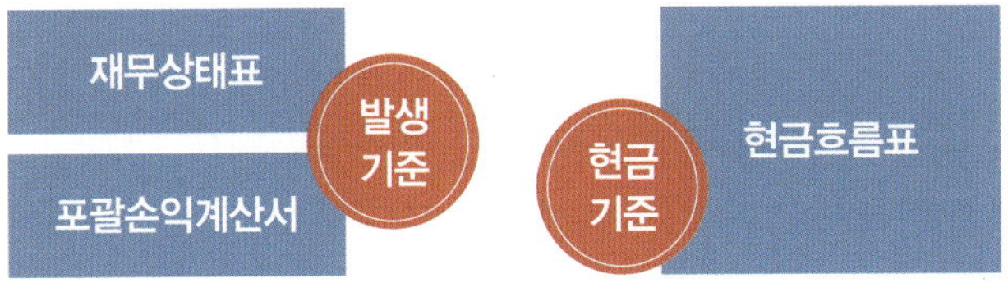

계속기업

경영진은 재무제표를 작성할 때 계속기업으로서의 존속가능성을 평가해야 한다

경영진이 기업을 청산하거나 경영활동을 중단할 의도를 가지고 있지 않거나, 청산 또는 경영활동의 중단 외에 다른 현실적 대안이 없는 경우가 아니면 계속기업을 전제로 재무제표를 작성한다

경영진은 적어도 보고기간 말로부터 향후 12개월 기간에 대하여 이용가능한 모든 정보를 고려한다

중요성과 통합표시

유사한 항목은 중요성 분류에 따라 재무제표에 구분하여 표시한다

상이한 성격이나 기능을 가진 항목은 구분하여 표시한다. 다만, 중요하지 않은 항목은 성격이나 기능이 유사한 항목과 통합하여 표시할 수 있다

한국채택국제회계기준의 요구에 따라 공시되는 정보가 중요하지 않다면 그 공시는 제공할 필요가 **없다**

PLUS 공정한 표시
재무제표는 기업의 재무상태, 재무성과 및 현금흐름을 공정하게 표시해야 한다.

PLUS 중요성과 통합표시
중요하지 않아 구분하여 표시하지 않은 항목이라도 주석에서는 구분표시해야 할 만큼 충분히 중요할 수 있다.

바로확인문제

01 부적절한 회계정책은 이에 대하여 공시나 주석 또는 보충자료를 통해 설명하더라도 정당화될 수 □□.

02 기업은 현금흐름 정보를 제외하고는 □□□□ 회계를 사용하여 재무제표를 작성한다.

정답
01 없다 02 발생기준

상계

한국채택국제회계기준에서 요구하거나 허용하지 않는 한 자산과 부채 그리고 수익과 비용은 **상계하지 아니한다**

재고자산에 대한 재고자산평가충당금과 매출채권에 대한 손실충당금과 같은 평가충당금을 차감하여 관련 자산을 순액으로 측정하는 것은 상계표시에 해당하지 아니한다

매 출 채 권		100억
손실충당금	(2억)	98억

재 고 자 산		100억
평가충당금	(60억)	40억

상계표시가 허용되는 경우

충당부채와 관련된 지출을 제3자와의 계약관계에 따라 보전받는 경우 당해 지출과 보전받는 금액은 상계하여 표시할 수 **있다**

외환손익 또는 단기매매금융상품에서 발생하는 손익과 같이 유사한 거래의 집합에서 발생하는 차익과 차손은 순액으로 표시한다. 그러나 그러한 차익과 차손이 중요한 경우에는 구분하여 표시한다

보고빈도

전체 재무제표(비교정보를 포함)는 적어도 1년마다 작성한다. 그러나 실무적인 이유로 어떤 기업은 **52주**의 보고기간을 선호하기도 한다

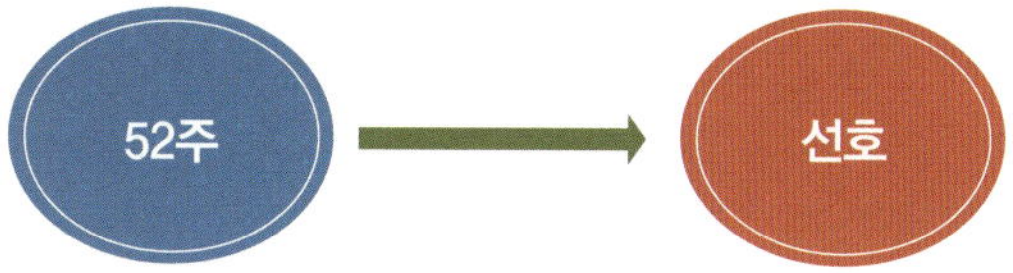

비교정보와 표시의 계속성

비교정보

한국채택국제회계기준이 달리 허용하거나 요구하는 경우를 제외하고는 당기 재무제표에 보고되는 모든 금액에 대해 전기 비교정보를 공시한다. 당기 재무제표를 이해하는데 목적적합하다면 **서술형 정보**의 경우에도 비교정보를 포함한다

표시의 계속성

재무제표 항목의 표시와 분류는 매기 동일해야 한다

PLUS **보고빈도**

일반적으로 재무제표는 일관성 있게 1년 단위로 작성해야 하므로, 실무적인 이유로 특정 기업의 보고기간을 52주로 하는 보고 관행을 금지하지는 않는다.

바로확인문제

한국채택국제회계기준에서 요구하거나 허용하지 않는 한 자산과 부채 그리고 수익과 비용은 □□하지 아니한다.

정답

상계

THEME

57

재무상태표

GUIDE 재무상태표의 최소한의 표시항목 및 표시방법(유동/비유동, 유동성배열법, 혼합법)을 재무상태표 구조를 중심으로 정리해야 합니다.

재무상태표의 의의

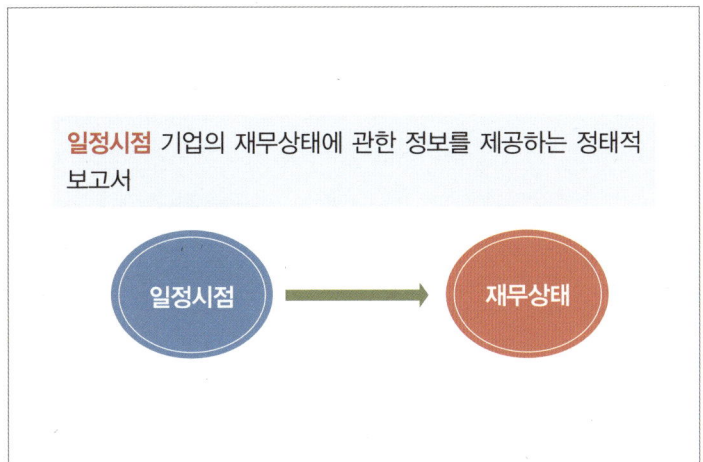

일정시점 기업의 재무상태에 관한 정보를 제공하는 정태적 보고서

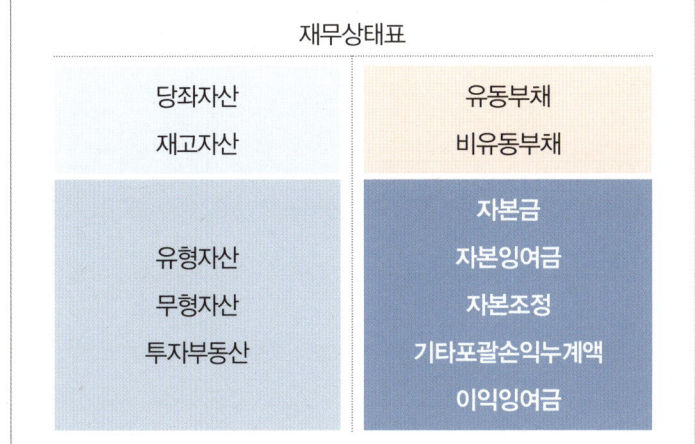

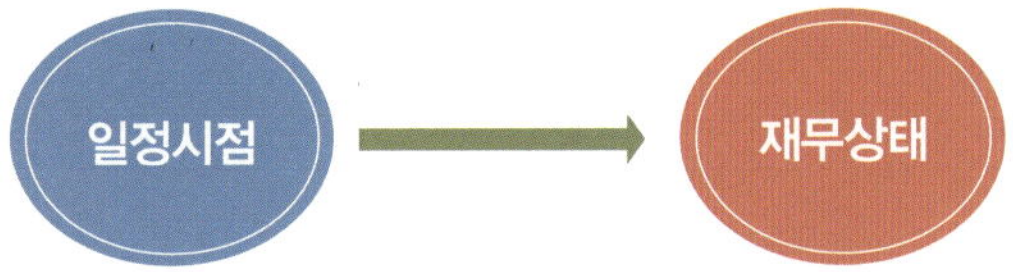

재무상태표의 구조

재무상태표

자산	부채 및 자본
당좌자산 재고자산	유동부채 비유동부채
유형자산 무형자산 투자부동산	자본금 자본잉여금 자본조정 기타포괄손익누계액 이익잉여금

재무상태표의 최소한의 표시항목

자산

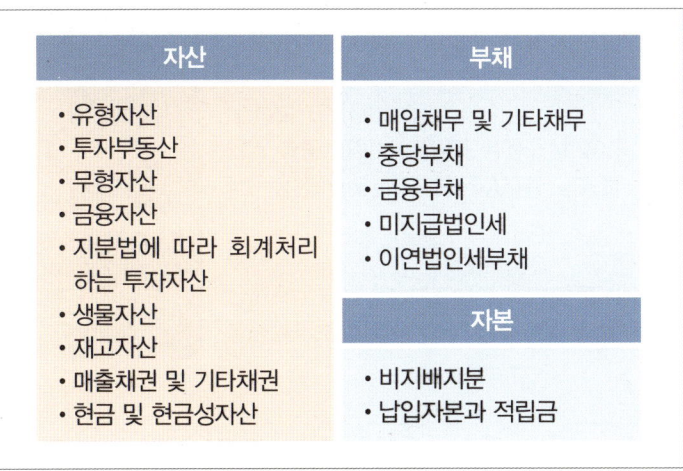

- 유형자산
- 투자부동산
- 무형자산
- 금융자산
- 지분법에 따라 회계처리하는 투자자산
- 생물자산
- 재고자산
- 매출채권 및 기타채권
- 현금 및 현금성자산

부채

- 매입채무 및 기타채무
- 충당부채
- 금융부채
- 미지급법인세
- 이연법인세부채

자본

- 비지배지분
- 납입자본과 적립금

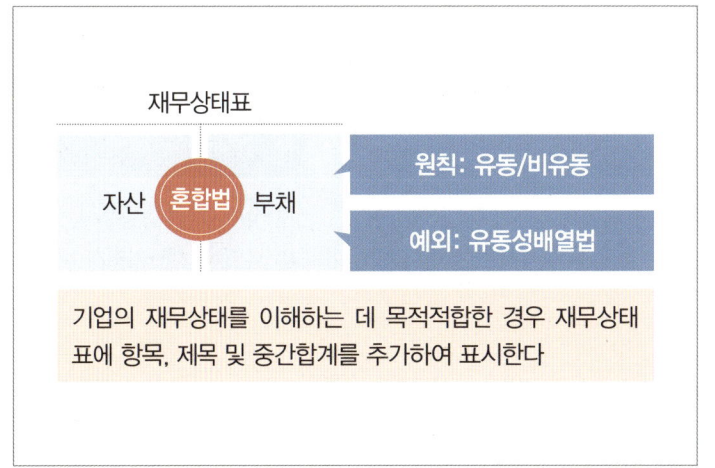

재무상태표의 표시방법 I

기업의 재무상태를 이해하는 데 목적적합한 경우 재무상태표에 항목, 제목 및 중간합계를 추가하여 표시한다

PLUS 재무상태표의 표시

재무상태표의 자산과 부채는 유동과 비유동으로 구분하여 표시하거나 유동성 순서에 따라 표시할 수 있다.

바로확인문제

재무상태표는 일정□□ 기업의 재무상태에 관한 정보를 제공해 준다.

정답

시점

재무상태표의 표시방법 II

유동/비유동	유동자산과 비유동자산, 유동부채와 비유동부채로 재무상태표에 구분하여 표시한다
유동성배열법	유동성 순서에 따른 표시방법을 적용할 경우 모든 자산과 부채는 유동성의 순서에 따라 표시한다
혼합법	유동성/비유동성 구분법과 유동성 순서에 따른 표시방법으로 표시하는 것이 허용된다

이연법인세자산(부채)

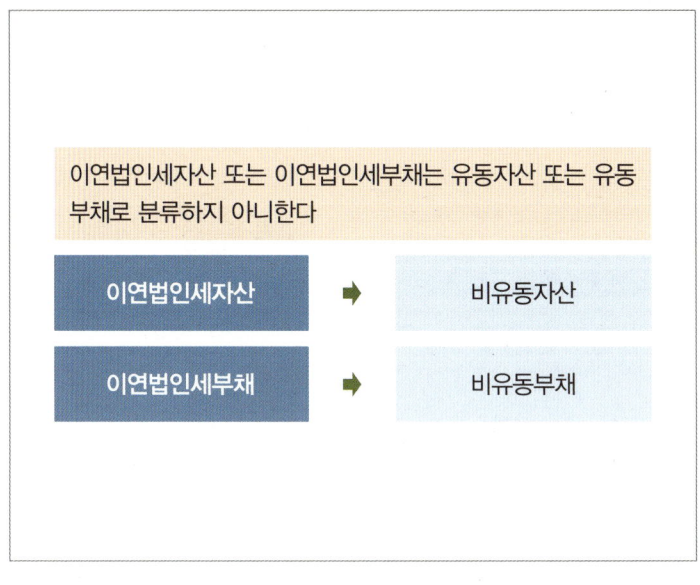

이연법인세자산 또는 이연법인세부채는 유동자산 또는 유동부채로 분류하지 아니한다

이연법인세자산	➡	비유동자산
이연법인세부채	➡	비유동부채

MEMO

THEME 58

포괄손익계산서

GUIDE 포괄손익계산서에 표시되는 정보, 비용의 기능별 표시방법과 성격별 표시방법을 중심으로 학습해야 하며, 반드시 알아두어야 하는 테마입니다.

포괄손익계산서의 의의

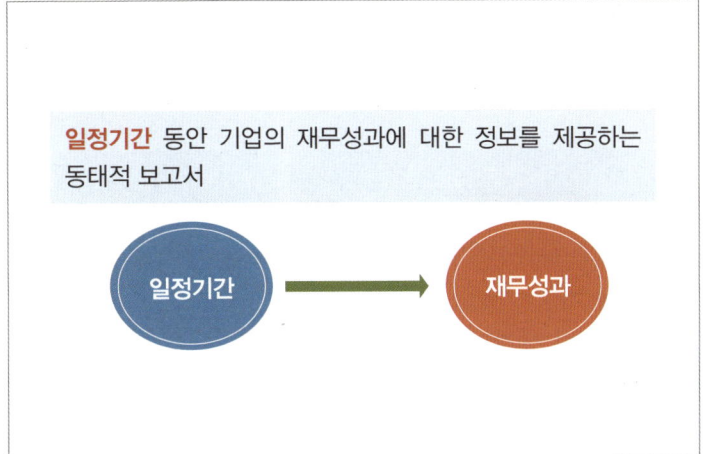

일정기간 동안 기업의 재무성과에 대한 정보를 제공하는 동태적 보고서

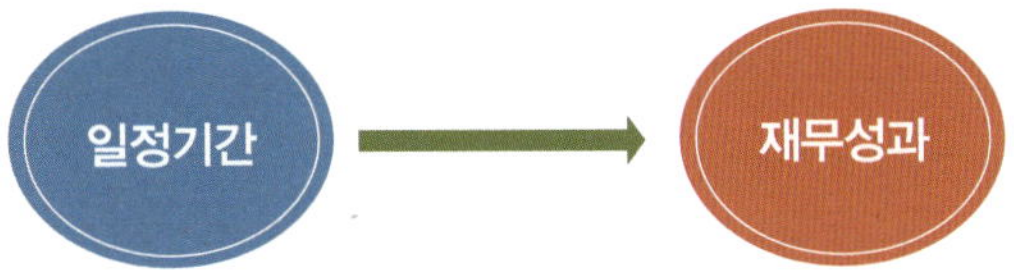

포괄손익계산서의 표시방법

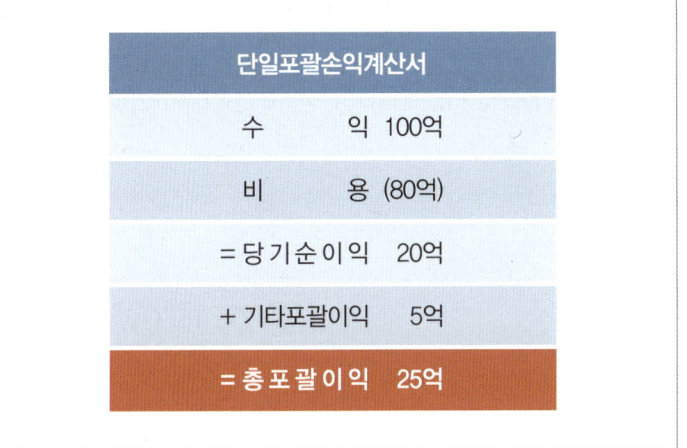

단일포괄손익계산서	
수 익	100억
비 용	(80억)
= 당기순이익	20억
+ 기타포괄이익	5억
= 총포괄이익	25억

포괄손익계산서에 표시되는 정보 Ⅰ

당기손익

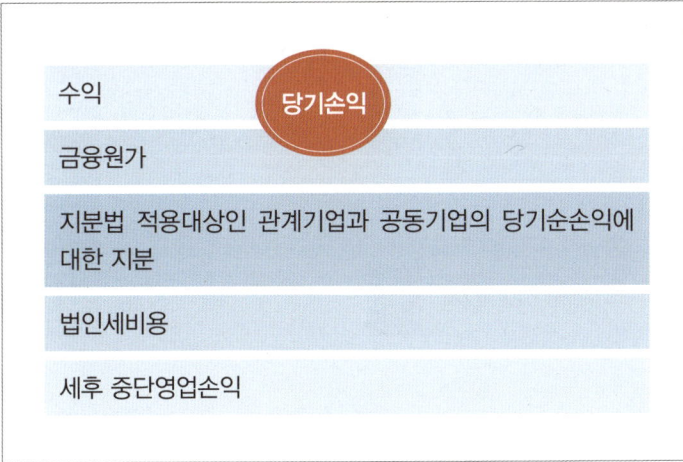

- 수익
- 금융원가
- 지분법 적용대상인 관계기업과 공동기업의 당기순손익에 대한 지분
- 법인세비용
- 세후 중단영업손익

포괄손익계산서에 표시되는 정보 Ⅱ

기타 포괄손익

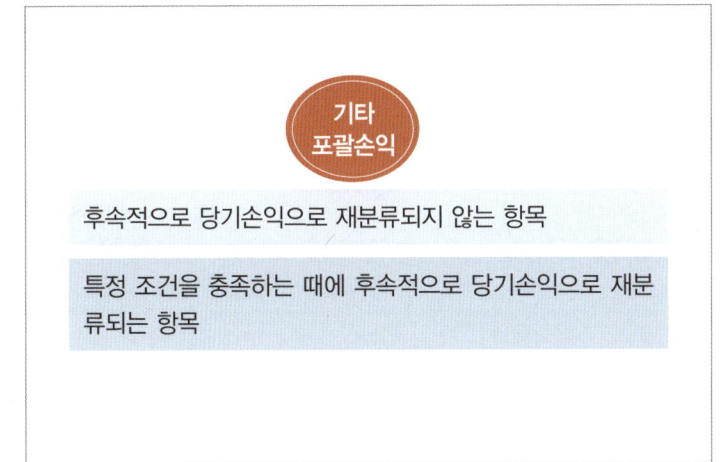

- 후속적으로 당기손익으로 재분류되지 않는 항목
- 특정 조건을 충족하는 때에 후속적으로 당기손익으로 재분류되는 항목

PLUS **기타포괄손익**

당기손익으로 인식하지 않은 수익과 비용항목(재분류조정 포함)을 포함한다. 재평가잉여금, 해외사업환산손익, 기타포괄손익-공정가치 측정 금융자산평가손익, 현금흐름위험회피 파생상품평가손익 등이 이에 해당한다.

바로확인문제

포괄손익계산서는 일정□□ 기업의 재무성과에 관한 정보를 제공해준다.

정답

기간

포괄손익계산서에 표시되는 정보 Ⅲ

수	익	금	융원가(이자비용)
지	분법 적용대상인 관계기업과 공동기업의 당기순손익에 대한 지분		
법	인세비용	세	후 중단영업손익
당	기순손익	기	타포괄손익
총	포괄손익	영	업손익

포괄손익계산서의 분류표시

기업의 재무성과를 이해하는 데 목적적합한 경우에는 포괄손익계산서와 별개의 손익계산서에 항목, 제목 및 중간합계를 추가하여 표시한다

수익과 비용의 어느 항목도 포괄손익계산서, 별개의 손익계산서 또는 주석에 **특별손익** 항목으로 표시할 수 **없다**

수익과 비용을 상계해서는 안 되며, 반드시 총액으로 표시해야 한다

포괄손익계산서의 기본구조

단일포괄손익계산서	두 개의 보고서	
수익	수익	
(비용)	(비용)	
= 당기순손익	= 당기순손익 ➡	당기순손익
± 기타포괄손익		± 기타포괄손익
= 총포괄손익		= 총포괄손익

포괄손익계산서의 표시방법

당기손익과 기타포괄손익은 단일의 포괄손익계산서에 두 부분으로 나누어 표시할 수 **있다**

포괄손익계산서는 단일포괄손익계산서로 작성되거나 두 개의 보고서(당기손익 부분을 표시하는 별개의 손익계산서와 포괄손익을 표시하는 보고서)로 작성될 수 있다

바로확인문제

01 수익과 비용의 어느 항목도 포괄손익계산서, 별개의 손익계산서 또는 주석에 특별손익 항목으로 표시할 수 □□.

02 당기손익과 기타포괄손익은 단일의 포괄손익계산서에 두 부분으로 나누어 표시할 수 □□.

정답

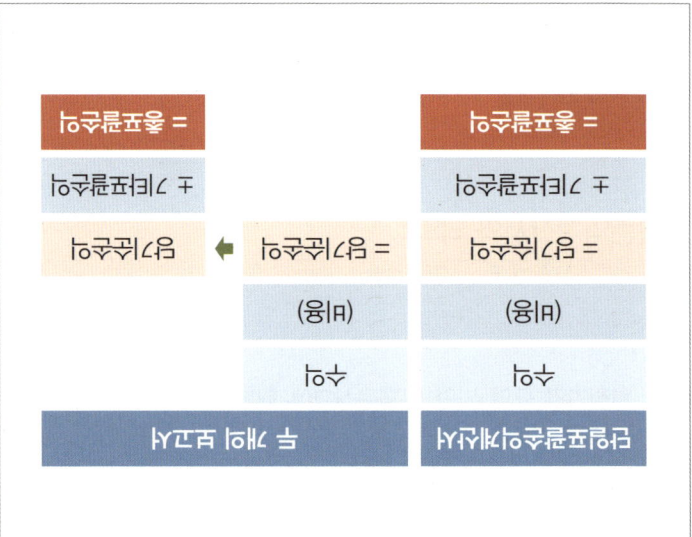

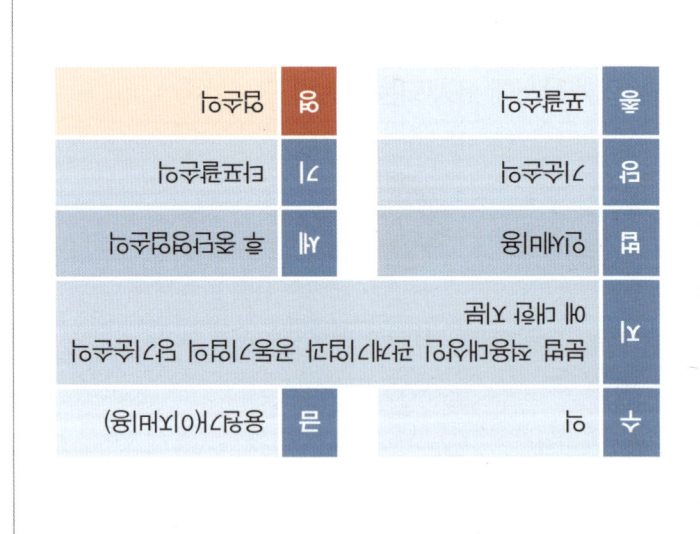

01 없다 02 있다

영업이익의 구분표시 Ⅰ

Ⅰ. 매출액	100억
Ⅱ. 매출원가	(80억)
Ⅲ. 매출총이익	20억
Ⅳ. 판매비와 관리비	(15억)
Ⅴ. 영업이익	5억

영업이익의 구분표시 Ⅱ

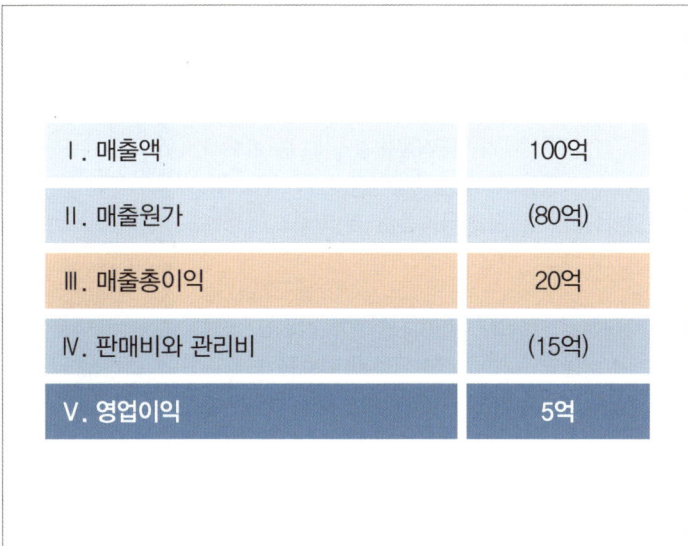

매출액에서 매출원가 및 판매비와 관리비를 차감한 **영업이익**을 포괄손익계산서에 구분하여 표시하도록 규정하였다.

비용의 분류방법 Ⅰ

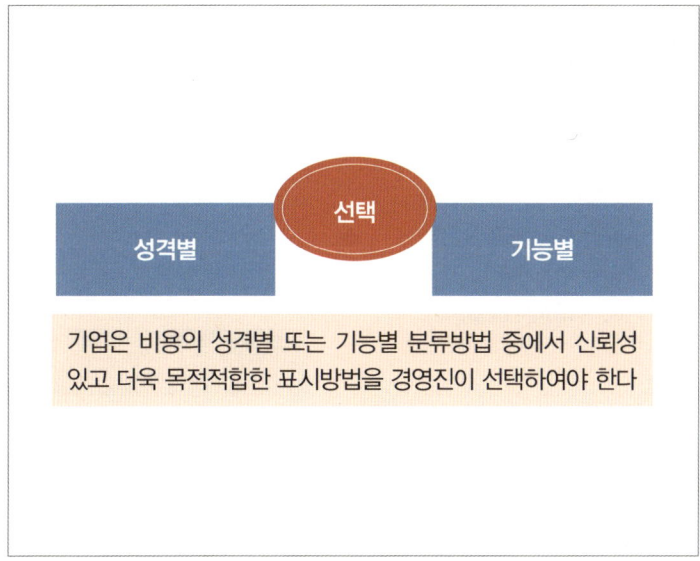

기업은 비용의 성격별 또는 기능별 분류방법 중에서 신뢰성 있고 더욱 목적적합한 표시방법을 경영진이 선택하여야 한다

비용의 분류방법 Ⅱ

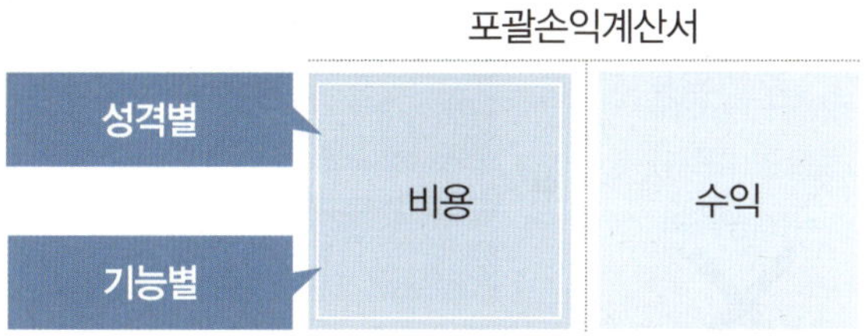

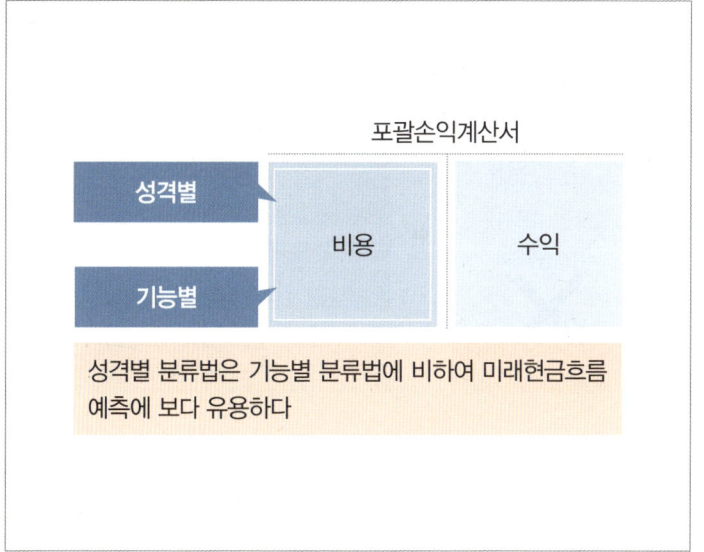

성격별 분류법은 기능별 분류법에 비하여 미래현금흐름 예측에 보다 유용하다

기능별 분류법

- 매출원가
- 물류원가
- 관리비
- 기타비용

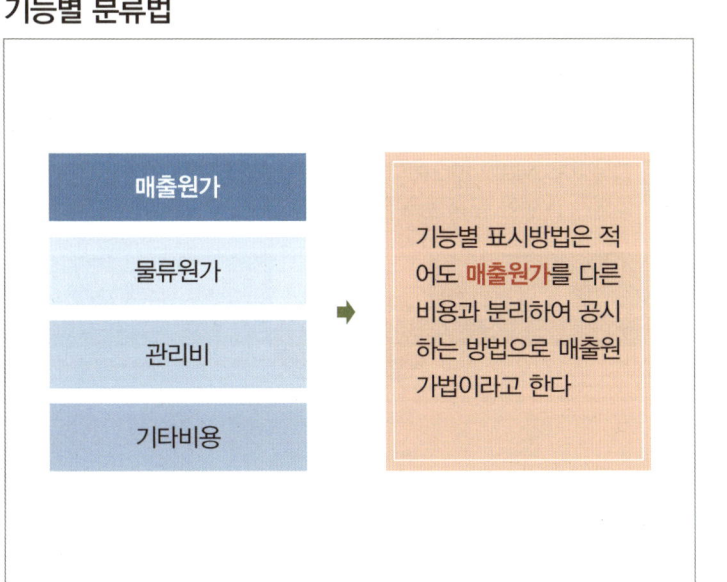

→ 기능별 표시방법은 적어도 **매출원가**를 다른 비용과 분리하여 공시하는 방법으로 매출원가법이라고 한다

성격별 분류법

- 제품과 재공품의 변동
- 원재료와 소모품의 사용액
- 종업원급여비용
- 감가상각비와 기타상각비

→ 주의! 매출원가는 기능별 분류법에서만 나올 수 있다

비용의 분류표시

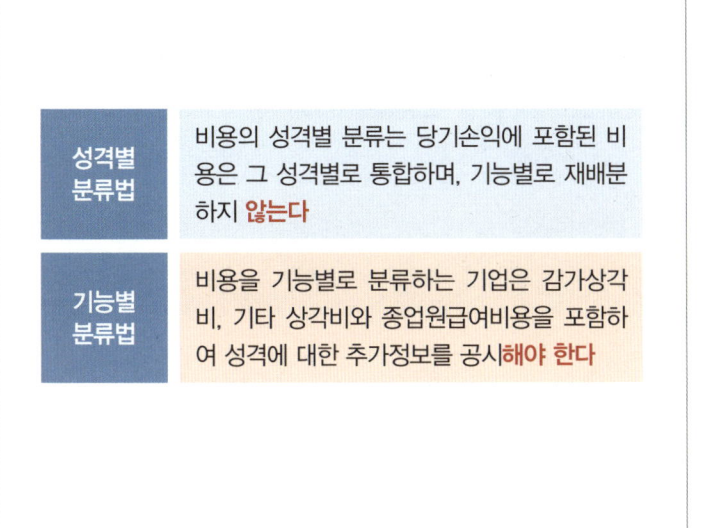

성격별 분류법	비용의 성격별 분류는 당기손익에 포함된 비용은 그 성격별로 통합하며, 기능별로 재배분하지 **않는다**
기능별 분류법	비용을 기능별로 분류하는 기업은 감가상각비, 기타 상각비와 종업원급여비용을 포함하여 성격에 대한 추가정보를 공시**해야 한다**

PLUS 기능별 분류법

기능별 분류법은 성격별 분류보다 재무제표이용자에게 더욱 목적적합한 정보를 제공할 수 있지만, 비용을 기능별로 배분하는 데 자의적인 배분과 상당한 정도의 판단이 개입될 수 있다.

바로확인문제

성격별 포괄손익계산서와 기능별 포괄손익계산서에 공통으로 나타나지 않는 것은 □□□□이다.

정답

매출원가

THEME 59

재분류조정

GUIDE 포괄손익계산서에 표시되는 기타포괄손익의 항목 중, 당기손익으로 재분류조정되는 항목과 재분류조정되지 않는 항목을 구분하여 암기해야 하는 테마입니다.

재분류조정

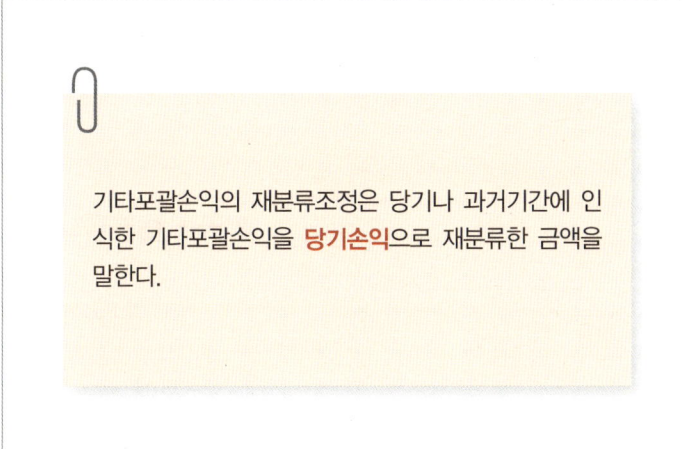

기타포괄손익의 재분류조정은 당기나 과거기간에 인식한 기타포괄손익을 **당기손익**으로 재분류한 금액을 말한다.

재분류조정 비교

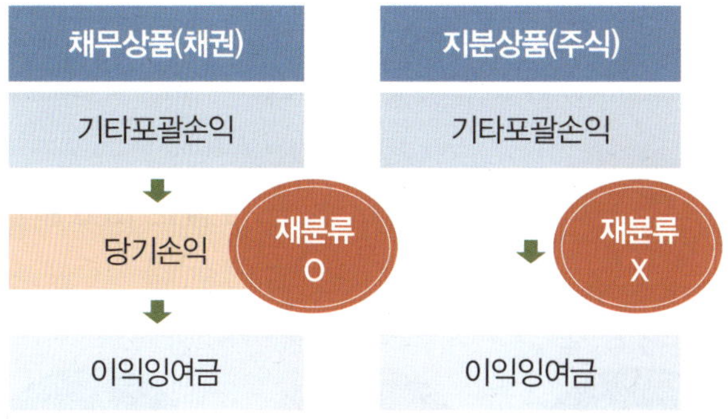

재분류되는 항목

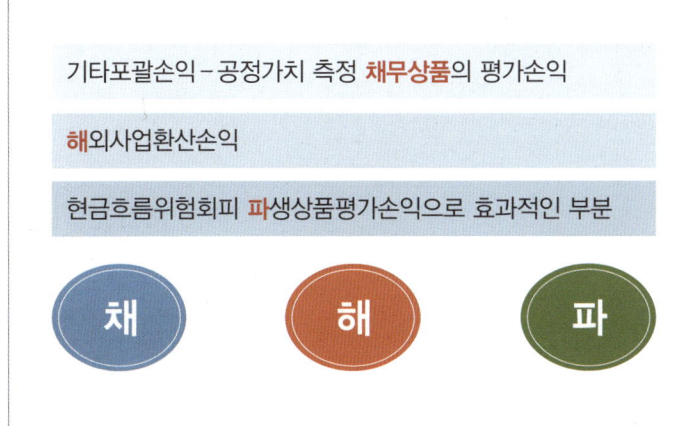

- 기타포괄손익-공정가치 측정 **채무상품**의 평가손익
- **해**외사업환산손익
- 현금흐름위험회피 **파**생상품평가손익으로 효과적인 부분

채 해 파

재분류되지 않는 항목

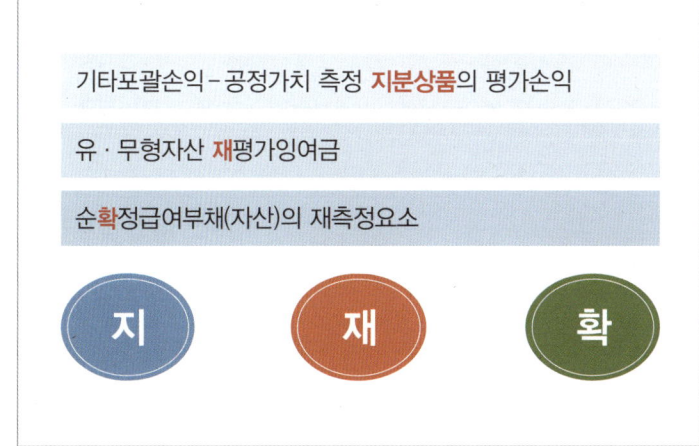

- 기타포괄손익-공정가치 측정 **지분상품**의 평가손익
- 유·무형자산 **재**평가잉여금
- 순**확**정급여부채(자산)의 재측정요소

지 재 확

PLUS 기타포괄손익의 법인세 표시

기타포괄손익의 구성요소와 관련한 법인세비용 금액은 포괄손익계산서나 주석에 공시한다. 재분류조정은 포괄손익계산서나 주석에 표시할 수 있다.

THEME 60

현금흐름표

GUIDE 영업활동, 투자활동 및 재무활동을 구분하는 문제가 출제되는 테마입니다. 영업활동에 의한 현금흐름 계산문제는 자주 출제되므로 반드시 알아야 합니다.

현금흐름표의 의의

일정기간 동안 기업의 현금흐름을 나타내는 동태적 보고서

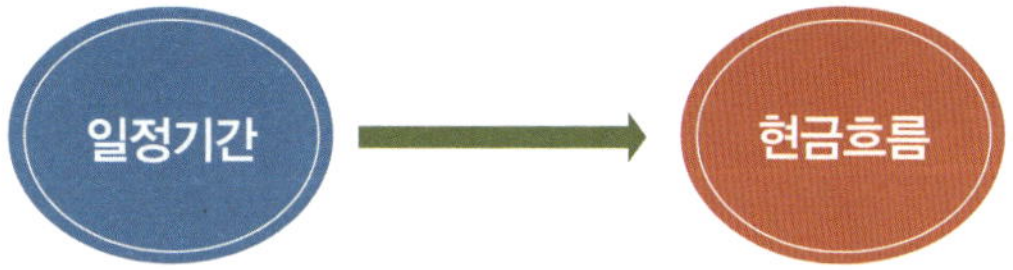

현금흐름표의 구분 I

현금이란 현금(보유 현금과 요구불예금) 및 현금성자산을 말한다

현금흐름을 영업활동, 투자활동 및 재무활동으로 구분하여 표시한다

현금흐름표의 구분 II

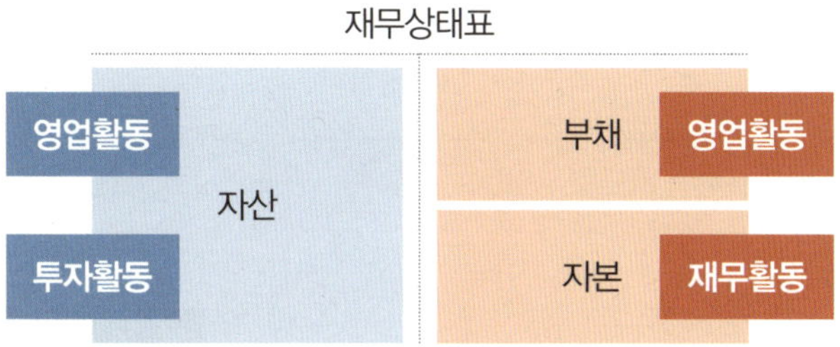

현금흐름표의 구성 I

01.01	구분	12.31
현금 100	영업활동 현금흐름 +100	현금 180
	투자활동 현금흐름 −60	
	재무활동 현금흐름 +40	

현금흐름 80 증가

PLUS 현금흐름

현금 및 현금성자산의 유입과 유출을 말한다.

바로확인문제

01 현금흐름표는 일정□□ 동안 현금의 변화를 보여 주는 보고서이다.

02 현금흐름표는 회계기간 동안 발생한 현금흐름을 영업활동, 투자활동 및 □□□□으로 분류하여 보고한다.

정답

01 기간 02 재무활동

현금흐름표의 구성 Ⅱ

구분	영업활동	투자활동	재무활동	비고
재고자산	○			
매출채권 (선수금 포함)	○			
매입채무 (선급금 포함)	○			
선급비용, 선수수익	○			
미지급비용, 미수수익	○			
단기매매금융자산	○			단기매매 목적
영업 관련 충당부채	○			
비유동자산		○		
대여금, 미수금		○		

현금흐름표의 구성 Ⅲ

구분	영업활동	투자활동	재무활동	비고
사채발행과 상환			○	
차입금과 상환			○	
미지급금			○	
유상증자 등 자본거래			○	
배당금 지급	○		○	선택할 수 있음
배당수익	○	○		
이자수익	○	○		
이자비용	○		○	
법인세 지급	○ (원칙)	○	○	재무활동과 투자활동에 명백히 관련되는 것은 제외

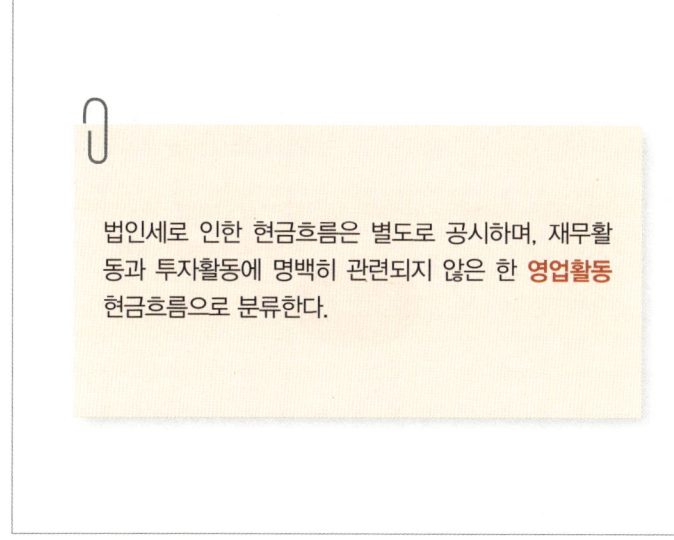

법인세

법인세로 인한 현금흐름은 별도로 공시하며, 재무활동과 투자활동에 명백히 관련되지 않은 한 **영업활동** 현금흐름으로 분류한다.

영업활동 현금흐름 Ⅰ

재화의 판매나 용역의 제공, 구입에 따른 현금유입 · 유출

로열티, 수수료, 중개료 및 기타수익에 따른 현금유입

종업원과 관련하여 직 · 간접으로 발생하는 현금유출

보험회사의 경우 수입보험료, 보험금, 연금 및 기타 급부금과 관련된 현금유입과 현금유출

바로확인문제

법인세로 인한 현금흐름은 별도로 공시하며, 재무활동과 투자활동에 명백히 관련되지 않는 한 □□□□ 현금흐름으로 분류한다.

정답

영업활동

영업활동 현금흐름 Ⅱ

영업활동

법인세의 납부 또는 환급
다만, 재무활동과 투자활동에 명백히 관련되는 것은 제외

단기매매 목적으로 보유하는 유가증권의 취득과 처분에 따른 현금흐름은 **영업활동**으로 분류

투자활동 현금흐름

영업활동과 관련이 없는 자산의 증가 또는 감소에서 발생한 현금흐름이다

현금의 **대여**와 회수활동, 기타 투자자산의 취득이나 처분, 토지나 설비자산 등 유형자산의 **취득**이나 **처분**, 개발비 등 무형자산의 취득이나 처분 등으로 현금의 유입이나 유출을 말한다

재무활동 현금흐름

- 주식이나 기타 지분상품의 발행에 따른 현금유입
- 주식의 취득이나 상환에 따른 소유주에 대한 현금유출
- 담보 · 무담보부사채 및 어음의 발행과 기타 장 · 단기차입에 따른 현금유입
- 차입금의 상환에 따른 현금유출
- 리스이용자의 금융리스부채 상환에 따른 현금유출

이자와 배당금의 수취 및 지급의 활동분류

구분	선택	
이자지급	영업활동	재무활동
배당금지급	영업활동	재무활동
이자수입	영업활동	투자활동
배당금수입	영업활동	투자활동

바로확인문제

01 단기매매 목적으로 보유하는 유가증권의 취득과 판매에 따른 현금흐름은 □□□□ 현금흐름으로 분류한다.

02 유형자산 또는 무형자산 처분에 따른 현금유입은 □□□□ 현금흐름으로 분류한다.

03 차입금의 상환에 따른 현금유출은 □□□□ 현금흐름으로 분류한다.

정답
01 영업활동 02 투자활동
03 재무활동

영업활동 현금흐름의 계산

직접법	총현금유입과 총현금유출을 주요 항목별로 구분하여 표시
간접법	발생주의 순손익을 현금주의 순손익으로 조정하는 방법으로 표시

영업활동 현금흐름을 보고하는 경우에는 **직접법**을 사용할 것을 권장한다

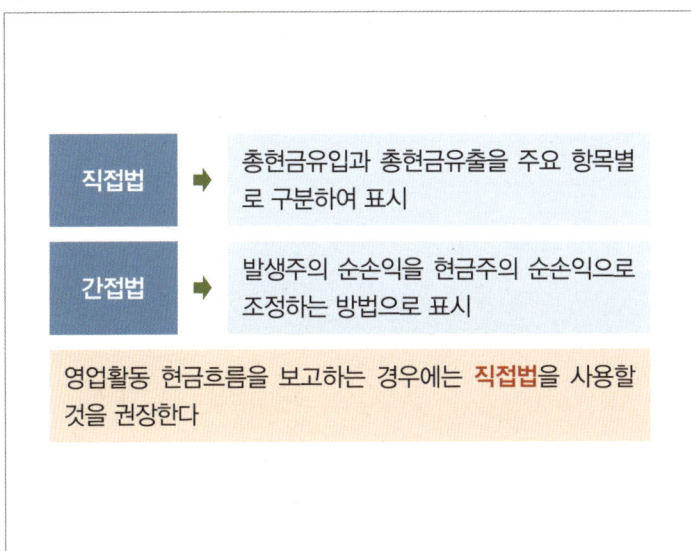

현금주의 순이익에서 발생주의 순이익 계산

현금주의 순이익	→	발생주의 순이익
+		−
자산의 증가 부채의 감소 수익의 발생		자산의 감소 부채의 증가 비용의 발생

좋은 거 +
나쁜 거 −

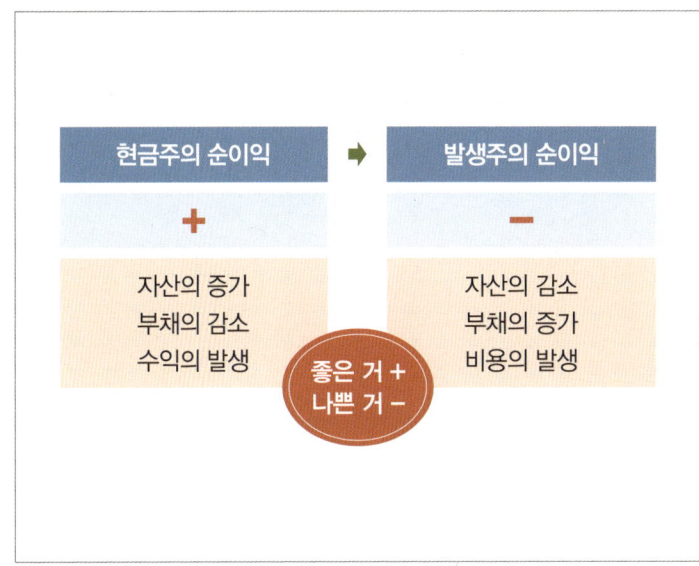

영업활동 현금흐름의 계산(간접법)

영업활동 현금흐름 (= 현금주의 순이익)	←	발생주의 순이익
−		+
자산의 증가 부채의 감소 수익의 발생		자산의 감소 부채의 증가 비용의 발생

좋은 거 −
나쁜 거 +

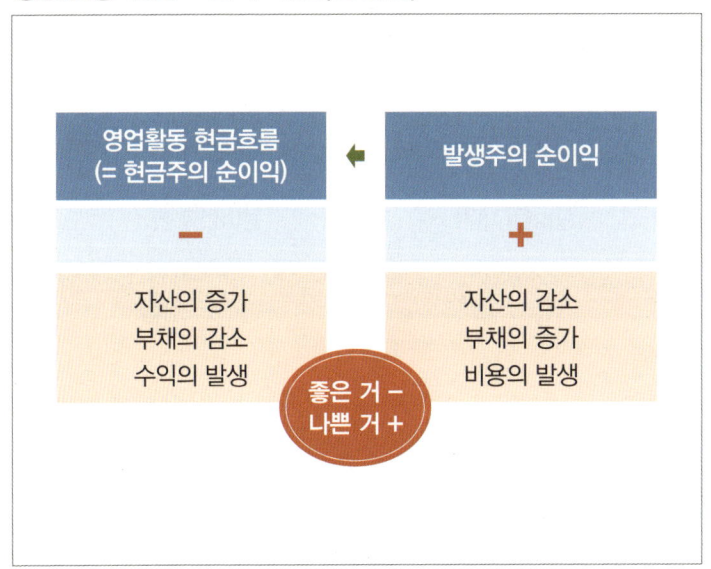

영업활동 현금흐름 계산 시 주의

구분	활동	구분	활동
사채상환	재무활동	유형자산처분	투자활동
미지급금	재무활동	미수금	투자활동
차입금	재무활동	대여금	투자활동

바로확인문제

01 영업활동 현금흐름은 직접법 또는 간접법 중 하나의 방법으로 보고할 수 있으나, 한국채택국제회계기준에서는 □□□을 사용할 것을 권장하고 있다.

02 □□□은 당기순이익의 조정을 통해 영업활동 현금흐름을 계산한다.

정답

01 직접법 02 간접법

현금주의 비용을 발생주의 비용으로 전환

비용계정

현금주의(지급)	발생주의(손익)
기초선급비용	기말선급비용
기말미지급비용	기초미지급비용

현금주의 수익을 발생주의 수익으로 전환

수익계정

발생주의(손익)	현금주의(수입)
기초미수수익	기말미수수익
기말선수수익	기초선수수익

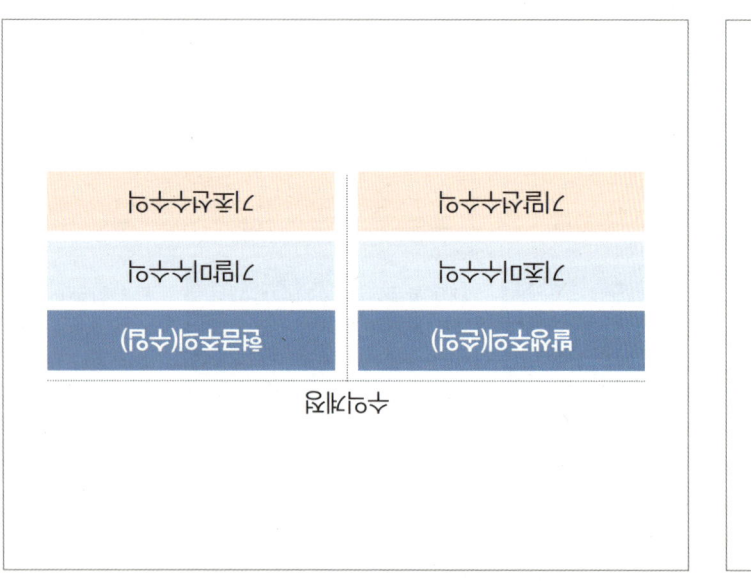

MEMO

CHAPTER

11 기출로 CHAPTER 마무리

01 **재무제표 표시에 관한 설명으로 옳지 않은 것은?** 제24회

① 전체 재무제표(비교정보를 포함)는 적어도 1년마다 작성한다.

② 재무제표는 기업의 재무상태, 재무성과 및 현금흐름을 공정하게 표시해야 한다.

③ 당기손익과 기타포괄손익은 단일의 포괄손익계산서에서 두 부분으로 나누어 표시할 수 없다.

④ 한국채택국제회계기준에서 요구하거나 허용하지 않는 한 자산과 부채 그리고 수익과 비용은 상계하지 아니한다.

⑤ 한국채택국제회계기준을 준수하여 작성된 재무제표는 국제회계기준을 준수하여 작성된 재무제표임을 주석으로 공시할 수 있다.

해설

당기손익과 기타포괄손익은 단일의 포괄손익계산서에서 두 부분으로 나누어 표시할 수 있다.

정답 ③

02 **재무제표 구조와 내용에 관한 설명으로 옳지 않은 것은?** 제23회

① 수익과 비용 항목이 중요한 경우 성격과 금액을 별도로 공시한다.

② 유동성 순서에 따른 표시방법을 적용할 경우 모든 자산과 부채는 유동성 순서에 따라 표시한다.

③ 정상적인 활동과 명백하게 구분되는 수익이나 비용은 당기손익과 기타포괄손익을 표시하는 보고서에 특별손익 항목으로 표시한다.

④ 중요한 정보가 누락되지 않는 경우 재무제표의 표시통화를 천 단위나 백만 단위로 표시할 수 있으며 금액 단위를 공시해야 한다.

⑤ 비용의 성격별 또는 기능별 분류방법 중에서 신뢰성 있고 목적적합한 정보를 제공할 수 있는 방법을 적용하여 당기손익으로 인식한 비용의 분석내용을 표시한다.

해설

수익과 비용의 어느 항목도 당기손익과 기타포괄손익을 표시하는 보고서 또는 주석에 특별손익 항목으로 표시할 수 없다.

정답 ③

03 현금흐름표상 영업활동 현금흐름에 속하지 않는 것은? 제24회

① 신주발행으로 유입된 현금
② 재고자산 구입으로 유출된 현금
③ 매입채무 지급으로 유출된 현금
④ 종업원 급여 지급으로 유출된 현금
⑤ 고객에게 용역제공을 수행하고 유입된 현금

해설

현금흐름표상 영업활동 현금흐름

- 재화의 판매나 용역의 제공, 구입에 따른 현금유입과 현금유출
- 로열티, 수수료, 중개료 및 기타수익에 따른 현금유입
- 종업원과 관련하여 직 · 간접으로 발생하는 현금유출
- 보험회사의 경우 수입보험료, 보험금, 연금 및 기타 급부금과 관련된 현금유입과 현금유출
- 법인세의 납부 또는 환급(다만, 재무활동과 투자활동에 명백히 관련되는 것은 제외)
- 단기매매 목적으로 보유하는 계약에서 발생하는 현금유입과 현금유출

신주발행으로 유입된 현금은 재무활동으로 인한 현금흐름에 해당한다.

정답 ①

04 (주)한국의 20×1년도 현금흐름표 자료가 다음과 같을 때, 투자활동 현금흐름은? 제24회

○ 기초 현금 및 현금성자산	₩9,000
○ 재무활동 현금흐름	(−)17,000
○ 기말 현금 및 현금성자산	5,000
○ 영업활동 현금흐름	25,000

① (−)₩12,000 ② (−)₩8,000 ③ (−)₩4,000
④ ₩4,000 ⑤ ₩8,000

해설

1. 현금 및 현금성자산 감소액: 기말 현금 및 현금성자산(5,000) − 기초 현금 및 현금성자산(9,000) = (−)₩4,000
2. 당기의 현금 및 현금성자산 감소액: 영업활동 현금흐름(25,000) + 투자활동 현금흐름(x) + 재무활동 현금흐름[(−)17,000] = (−)₩4,000
∴ 투자활동 현금흐름(x) = (−)₩12,000

정답 ①

05 다음은 (주)한국의 20×1년도 재무제표 자료이다. (주)한국의 20×1년도 당기순이익이 ₩500,000일 때, 현금흐름표상 간접법으로 산출한 영업활동 현금흐름은? 제21회

○ 감가상각비	₩130,000
○ 매출채권(순액) 증가	140,000
○ 사채상환손실	40,000
○ 재고자산 감소	120,000
○ 단기차입금 감소	50,000

① ₩600,000 ② ₩610,000 ③ ₩640,000
④ ₩650,000 ⑤ ₩690,000

해설

영업활동 현금흐름: 당기순이익(500,000) + 감가상각비(130,000) − 매출채권(순액) 증가(140,000) + 사채상환손실(40,000) + 재고자산 감소(120,000) = ₩650,000
단, 단기차입금 감소는 재무활동 현금흐름에 해당한다.

정답 ④

06 (주)한국의 20×1년 포괄손익계산서상 종업원급여는 ₩10,000이다. 재무상태표상 관련 계정의 기초 및 기말 잔액이 다음과 같을 때, 20×1년 종업원급여 현금지출액은? 제25회

계정과목	기초잔액	기말잔액
미지급급여	₩1,000	₩2,000

① ₩8,000 ② ₩9,000 ③ ₩10,000
④ ₩11,000 ⑤ ₩12,000

해설

종업원급여

현 금 지 급 액	₩?	손익(포괄손익계산서)	₩10,000
기말미지급급여	2,000	기 초 미 지 급 급 여	1,000
	₩11,000		₩11,000

∴ 20×1년도 임차료 지급액: ₩9,000

정답 ②

CHAPTER 12

재무제표 분석

한 합격생은 말했습니다.
업무와 공부를 병행하기 힘들어 포기하고 싶을 때
가까운 곳에서 관리소장을 하는 어떤 이를 떠올렸답니다.
저분도 합격해서 저렇게 근무하고 있는데
내가 뭐가 모자라서 여기서 포기한단 말인가.

지금 여러분이 느끼는 여러 감정들은
공부를 했거나 하고 있는 모두가 겪는
흔하디흔한 일련의 과정일 뿐입니다.

많은 이가 주택관리사 자격을 취득하였고,
많은 이가 주택관리사로 근무하고 있습니다.
여러분도 충분히 이뤄낼 수 있는 목표입니다.

THEME 61

유동성비율 빈출

GUIDE 시험에 자주 출제되는 테마로, 재무상태표를 통해 유동비율, 당좌비율의 공식은 암기해야 시험문제를 해결할 수 있으며, 예시를 통한 연습이 필요한 테마입니다.

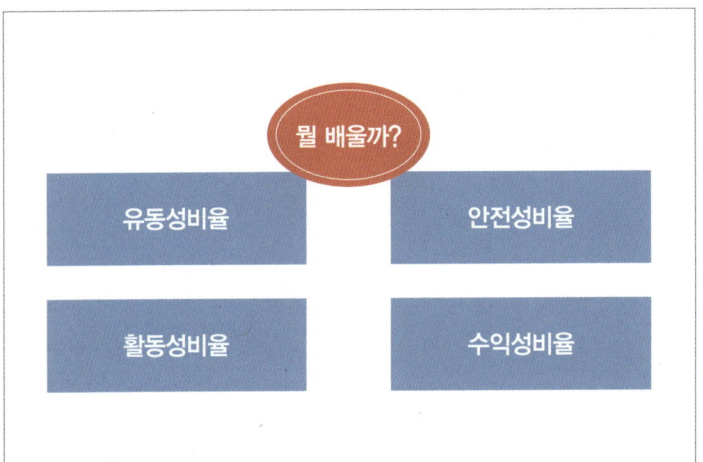

재무비율의 분석

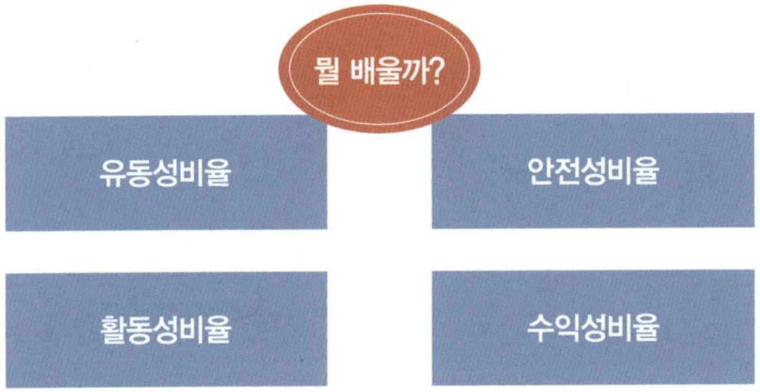

재무상태표의 구조

재무상태표

당 좌 자 산 200	유 동 부 채 200
재 고 자 산 200	비유동부채 300
비유동자산 600	자 기 자 본 500

유동자산 = 당좌자산 + 재고자산

유동성비율

유동비율	=	유동자산 / 유동부채	유동자산 400	유동부채 200
당좌비율	=	당좌자산 / 유동부채	당좌자산 200	유동부채 200

유동자산 – 당좌자산 = 재고자산

유동비율 변동파악 I

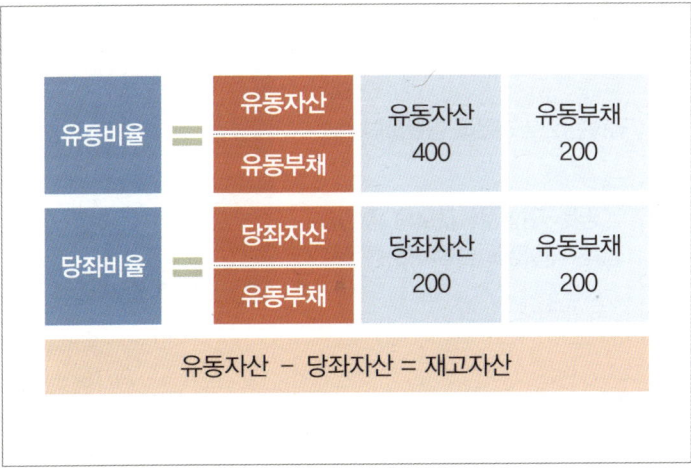

구분	유동자산 · 유동부채 동액 증가	유동자산 · 유동부채 동액 감소
유동비율 100% 초과 (유동자산 > 유동부채)	유동비율 **감소**	유동비율 **증가**
유동비율 100% (유동자산 = 유동부채)	유동비율 불변	유동비율 불변
유동비율 100% 미만 (유동자산 < 유동부채)	유동비율 **증가**	유동비율 **감소**

PLUS **당좌비율**
당좌자산을 유동부채로 나눈 비율로, 당좌자산은 유동자산에서 재고자산을 차감한 금액을 말한다. 재고자산이 큰 금액일 때는 재고자산을 포함한 유동비율은 높지만, 재고자산을 포함하지 아니한 당좌비율은 낮다.

유동비율 변동파악 Ⅱ

유동자산 · 유동부채 동액 증가	• 상품을 외상으로 매입하는 경우 • 현금을 단기간 차입하는 경우
유동자산 · 유동부채 동액 감소	• 외상매입금을 현금으로 지급하는 경우 • 단기차입금을 현금으로 상환하는 경우

유동비율에 영향을 미치지 않는 것

유동자산 간의 거래, 유동부채 간의 거래, 비유동거래 등의 거래는 유동비율에 영향을 미치지 않는다

- 상품을 현금으로 매입
- 매출채권을 현금으로 회수
- 상품을 외상으로 매출
- 주식배당 실시
- 토지와 건물을 교환

➡ 유동비율 **영향 없음**

MEMO

THEME 62

안전성비율

GUIDE 재무제표 분석을 이해해야 하며, 재무상태표를 통해 부채비율, 자기자본비율의 공식을 암기해야 합니다. 예시를 통한 연습이 필요한 테마입니다.

안전성비율

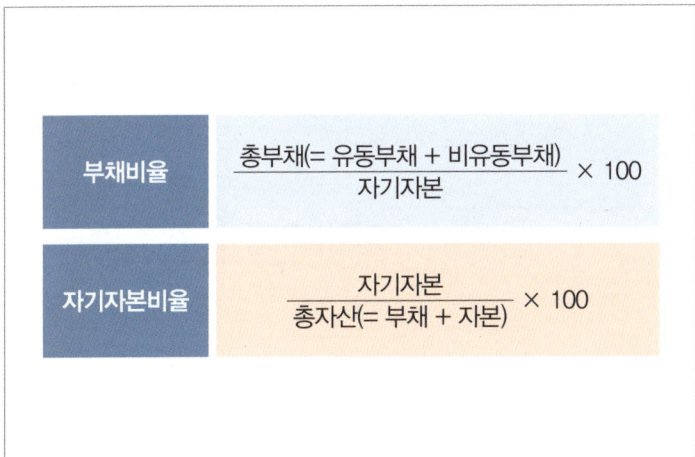

부채비율	$\frac{\text{총부채(= 유동부채 + 비유동부채)}}{\text{자기자본}} \times 100$
자기자본비율	$\frac{\text{자기자본}}{\text{총자산(= 부채 + 자본)}} \times 100$

유동비율 · 부채비율 · 자기자본비율 파악

재무상태표

유동자산 400	유동부채 200	유동비율	200%
	비유동부채 300	부채비율	100%
비유동자산 600	자기자본 500	자기자본비율	50%

MEMO

THEME 63

활동성비율

GUIDE 매출채권회전율과 재고자산회전율의 공식을 암기해야 하며, 또한 매출채권회수기간과 재고자산회전기간을 계산할 줄 알아야 합니다. 정상영업주기도 종종 출제되는 부분입니다.

매출채권회전율과 재고자산회전율

매출채권회전율(회) → 외상매출액 / 평균 매출채권

평균 매출채권 = (기초매출채권 + 기말매출채권) ÷ 2

재고자산회전율(회) → 매출원가 / 평균 재고자산

평균 재고자산 = (기초재고자산 + 기말재고자산) ÷ 2

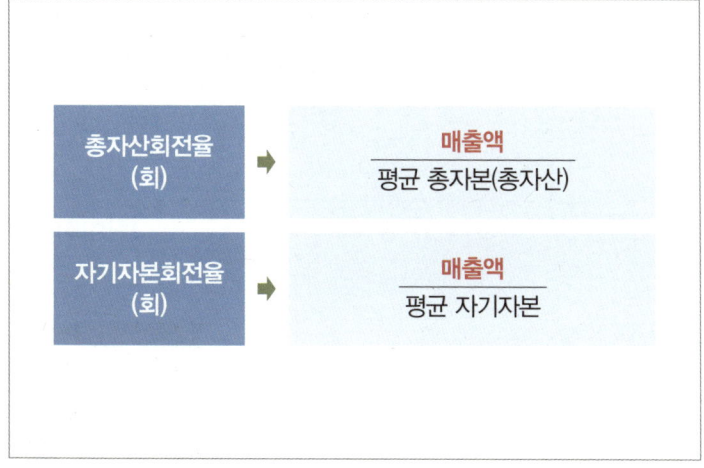

매출채권평균회수기간과 재고자산평균회전기간

1년 365일 / 매출채권회전율 = 매출채권평균회수기간

1년 365일 / 재고자산회전율 = 재고자산평균회전기간

매출채권평균회수기간 + 재고자산평균회전기간 = 영업주기

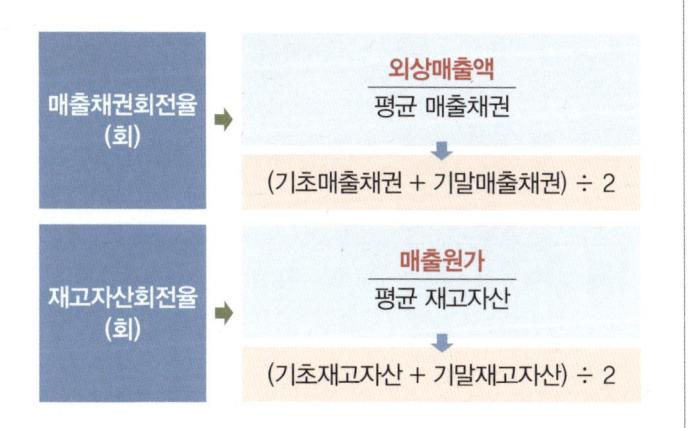

총자산회전율과 자기자본회전율

총자산회전율(회) → 매출액 / 평균 총자본(총자산)

자기자본회전율(회) → 매출액 / 평균 자기자본

PLUS 매출채권회수기간
상품의 외상매출 시점부터 판매대금 현금회수 시까지의 기간을 말한다.

PLUS 재고자산회전기간
상품의 구입 시로부터 판매되기까지의 기간을 말한다.

PLUS 영업주기
영업주기는 판매나 제조를 위한 재화와 용역을 취득한 시점부터 판매로 인한 현금의 회수완료 시점까지 소요되는 기간을 말한다. 상품매매업의 영업주기는 재고자산평균회전기간과 매출채권평균회수기간을 합한 기간을 말한다.

THEME

64

수익성비율

GUIDE 수익성비율은 어렵게 출제되는 테마입니다. 총자산순이익률, 자기자본순이익률, 매출액순이익률의 공식은 암기해야 하며, 자료가 주어졌을 때 계산할 줄 알아야 합니다.

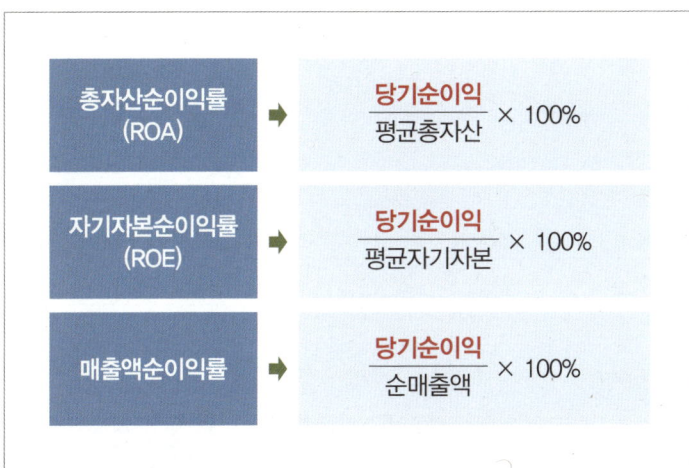

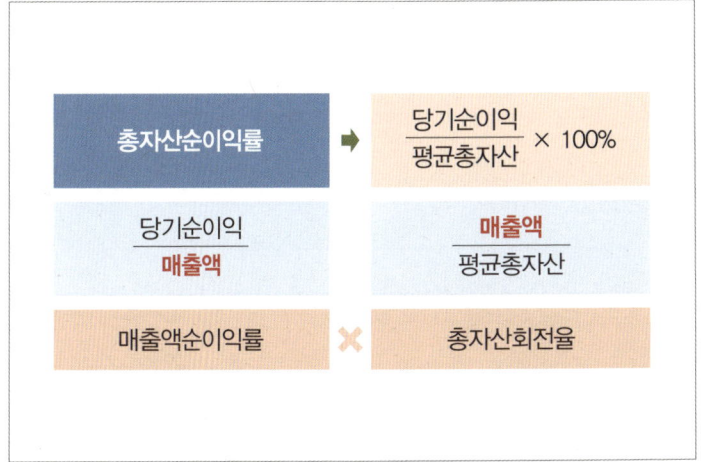

수익성비율

- 총자산순이익률(ROA) ➡ $\frac{\text{당기순이익}}{\text{평균총자산}} \times 100\%$
- 자기자본순이익률(ROE) ➡ $\frac{\text{당기순이익}}{\text{평균자기자본}} \times 100\%$
- 매출액순이익률 ➡ $\frac{\text{당기순이익}}{\text{순매출액}} \times 100\%$

총자산순이익률(ROA)

총자산순이익률 ➡ $\frac{\text{당기순이익}}{\text{평균총자산}} \times 100\%$

$\frac{\text{당기순이익}}{\text{매출액}}$ · $\frac{\text{매출액}}{\text{평균총자산}}$

매출액순이익률 × 총자산회전율

자기자본순이익률(ROE)

자기자본순이익률 ➡ $\frac{\text{당기순이익}}{\text{평균자기자본}} \times 100\%$

$\frac{\text{당기순이익}}{\text{매출액}}$ · $\frac{\text{매출액}}{\text{총자산}}$ · $\frac{\text{총자산}}{\text{자기자본}}$

매출액순이익률 × 총자산회전율 × 1 + 부채비율

자기자본순이익률 분해

자기자본순이익률

매출액순이익률 × 총자산회전율 × **(1 + 부채비율)**

매출액순이익률 × 총자산회전율 × 자기자본비율의 역수

PLUS 수익성비율

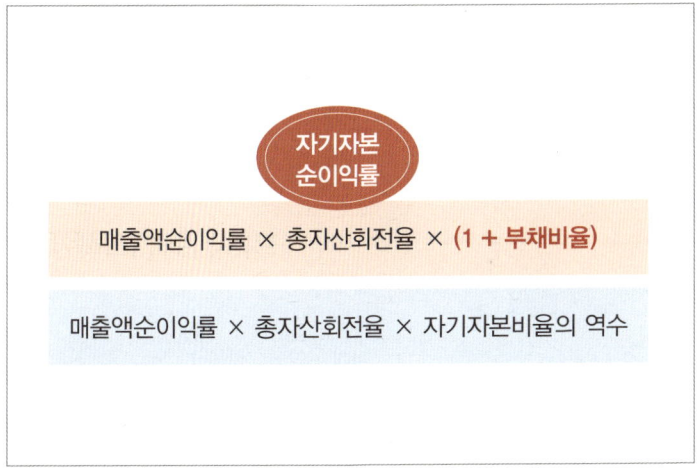

영업성과를 나타내는 재무비율로서 이 비율의 분자는 순이익이고 그 분모는 총자산 또는 자기자본이나 매출액으로 구성된다.

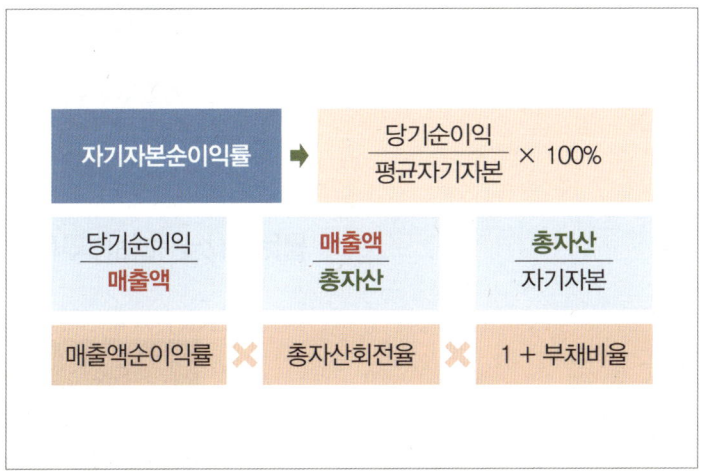

THEME 65

보통주식 평가비율

GUIDE 출제 가능성은 상대적으로 낮은 테마이지만, 주가수익률, 배당성향, 배당수익률의 관계를 이해해야 합니다.

주당순이익과 주가수익률

주당순이익(EPS) → $\dfrac{\text{당기순이익} - \text{우선주배당금}}{\text{가중평균유통보통주식수}}$

주가수익률(PER) → $\dfrac{\text{주당주식시가}}{\text{주당순이익}}$

배당성향과 배당수익률

배당성향 → $\dfrac{\text{배당총액}}{\text{당기순이익}} = \dfrac{\text{주당배당액}}{\text{주당순이익}}$

배당수익률 → $\dfrac{\text{주당배당액}}{\text{주당주식시가}}$

MEMO

CHAPTER 12

기출로 CHAPTER 마무리

01 (주)한국은 상품을 ₩1,000에 취득하면서 현금 ₩500을 지급하고 나머지는 3개월 이내에 지급하기로 하였다. 이 거래가 발생하기 직전의 유동비율과 당좌비율은 각각 70%와 60%이었다. 상품 취득 거래가 유동비율과 당좌비율에 미치는 영향은? (단, 상품거래에 대해 계속기록법을 적용한다) 제23회

	유동비율	당좌비율
①	감소	감소
②	감소	변동없음
③	변동없음	감소
④	증가	변동없음
⑤	증가	감소

해설

1. (차) 재고자산 ₩1,000 (대) 현　　금 ₩500
   매입채무 500
   ∴ 재고자산은 ₩1,000 증가, 현금은 ₩500 감소, 매입채무는 ₩500이 증가하여 결국 유동자산은 ₩500 증가(재고자산 ₩1,000 증가 − 현금 ₩500 감소), 유동부채는 ₩500이 증가한다.
2. 유동비율이 100% 미만인 경우 유동자산과 유동부채가 동액 ₩500이 증가하면 유동비율은 증가한다.
3. 당좌자산이 감소하고 유동부채는 증가하였으므로 당좌비율은 감소한다.

정답 ⑤

02 다음 자료를 이용하여 계산된 매출원가는? (단, 계산의 편의상 1년은 360일, 평균재고자산은 기초와 기말의 평균이다) 제20회

○ 기초재고자산	₩90,000
○ 기말재고자산	210,000
○ 재고자산보유(회전)기간	120일

① ₩350,000　② ₩400,000　③ ₩450,000
④ ₩500,000　⑤ ₩550,000

해설

1. 평균재고자산: [기초재고자산(90,000) + 기말재고자산(210,000)] ÷ 2 = ₩150,000
2. 재고자산보유(회전)기간: 1년(360일) ÷ 재고자산회전율(x) = 120일
   ∴ 재고자산회전율(x) = 3회
3. 재고자산회전율: 매출원가(y) ÷ 평균재고자산(150,000) = 3회
   ∴ 매출원가(y) = ₩450,000

정답 ③

03 (주)한국은 정상영업주기를 상품매입 시점부터 판매 후 대금회수 시점까지의 기간으로 산정한다. 다음 자료를 이용하여 계산한 (주)한국의 정상영업주기는? (단, 매입과 매출은 전액 외상거래이고, 1년은 360일로 가정한다) 제21회

○ 총자산회전율	3회
○ 매출채권회전율	5회
○ 매입채무회전율	6회
○ 재고자산회전율	4회

① 102일 ② 120일 ③ 150일
④ 162일 ⑤ 222일

해설

1. 매출채권 현금회수기간: 상품 외상매출시점부터 판매대금 현금회수 시까지의 기간을 말한다.
   - 매출채권 회수기간: 1년(360일) ÷ 매출채권회전율(5회) = 72일
2. 재고자산 평균회전기간: 상품 구입 시로부터 판매되기까지의 기간을 말한다.
   - 재고자산회전기간: 1년(360일) ÷ 재고자산회전율(4회) = 90일
3. 정상영업주기(통상 영업주기): 원재료 등의 구입 시로부터 판매대금 현금회수 시까지의 기간을 말한다. 따라서 재고자산 평균회전기간과 매출채권 현금회수기간을 합한 기간을 말한다.
   - 정상영업주기: 재고자산 평균회전기간(90일) + 매출채권 현금회수기간(72일) = 162일

정답 ④

04 (주)한국의 평균총자산액은 ₩40,000이고, 매출액순이익률은 5%이며, 총자산회전율(평균총자산 기준)이 3회일 경우, 당기순이익은? 제22회

① ₩2,000 ② ₩4,000 ③ ₩5,000
④ ₩6,000 ⑤ ₩8,000

해설

- 총자산회전율: 매출액(x) ÷ 평균총자산(40,000) = 3회
  ∴ 매출액(x) = ₩120,000
- 매출액순이익률: 당기순이익(y) ÷ 매출액(120,000) = 5%
  ∴ 당기순이익(y) = ₩6,000

정답 ④

PART 2

원가 · 관리회계

THEME 66 | 원가의 분류

THEME 67 | 원가의 흐름 **빈출**

THEME 68 | 제조간접원가의 배부

THEME 69 | 부문별 원가계산 **빈출**

THEME 70 | 개별원가계산

THEME 71 | 종합원가계산 **빈출**

THEME 72 | 결합원가계산

THEME 73 | 전부 · 변동원가계산 **빈출**

THEME 74 | 표준원가계산

THEME 75 | 원가의 추정 **빈출**

THEME 76 | 손익분기점 분석 **빈출**

THEME 77 | 단기 특수의사결정 **빈출**

THEME 66

원가의 분류

GUIDE 중요도는 낮은 편이지만 전반적인 이해가 필요한 테마입니다. 원가의 분류, 특히 변동원가와 고정원가, 기초원가, 가공원가의 개념을 이해해야 합니다.

원가의 3요소

- 재료원가
- 노무원가
- 제조경비원가

원가의 분류

직접원가	제조 간접원가
직접재료원가	간접재료원가
직접노무원가	간접노무원가
직접제조경비원가	간접제조경비원가

추적가능성에 따른 분류

- **직접원가** ➡ 특정제품 또는 부문에 직접적으로 추적할 수 있는 원가
- **간접원가** ➡ 특정제품 또는 부문에 직접적으로 추적할 수 없는 원가

변동원가

조업도의 증감에 따라 변동원가 총액은 증감하나, 단위당 변동원가는 조업도 수준의 변동에 관계없이 **일정**한 행태의 원가

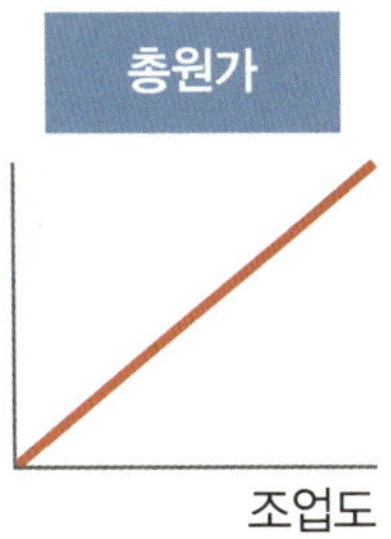

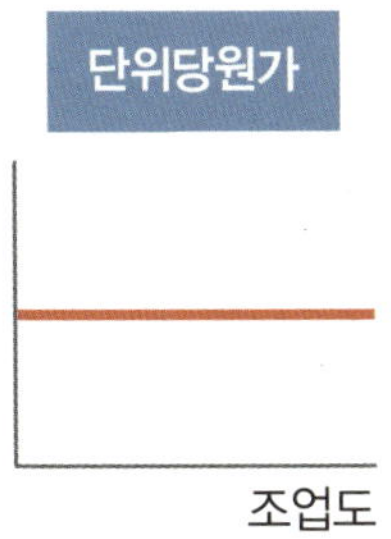

PLUS **조업도**

일정기간 동안의 생산설비 이용 정도를 의미하며, 생산량, 작업시간 등 원가에 영향을 미치는 주요활동의 수준을 지칭하는 개념이다.

PLUS **변동원가**

조업도가 증가 또는 감소함에 따라 원가총액이 직접적으로 비례하여 증가 또는 감소하는 원가를 말한다(예 직접재료원가, 직접노무원가 등).

바로확인문제

변동원가란 조업도 수준에 관계없이 제품 단위당원가가 □□한 원가를 말한다.

정답

일정

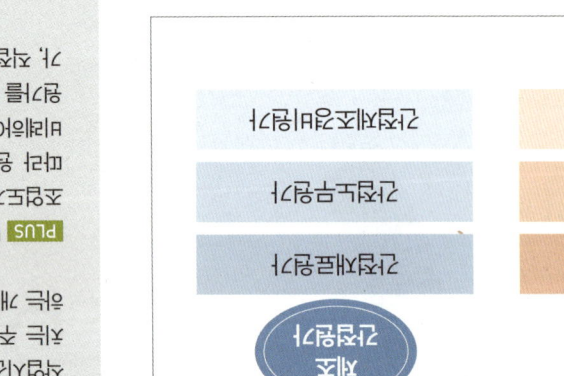

고정원가

조업도 수준의 변동과 관계없이 총고정원가는 **일정**하나, 단위당 고정원가는 조업도의 증감에 **반비례**한다

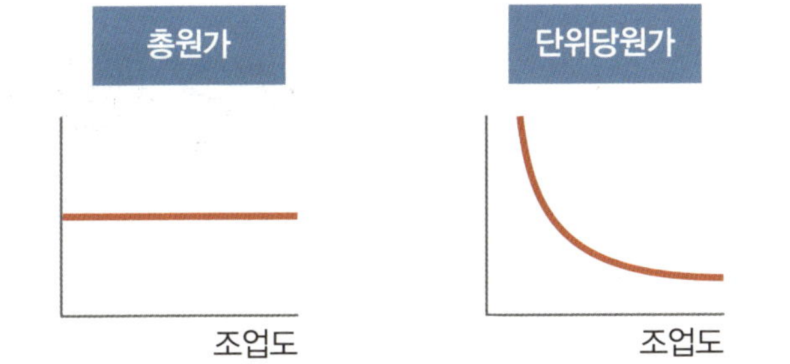

준변동원가(혼합원가)

조업도가 0일 때도 고정비 부분만큼의 원가가 발생하며, 조업도가 증가함에 따라 비례적으로 증가하는 행태의 원가

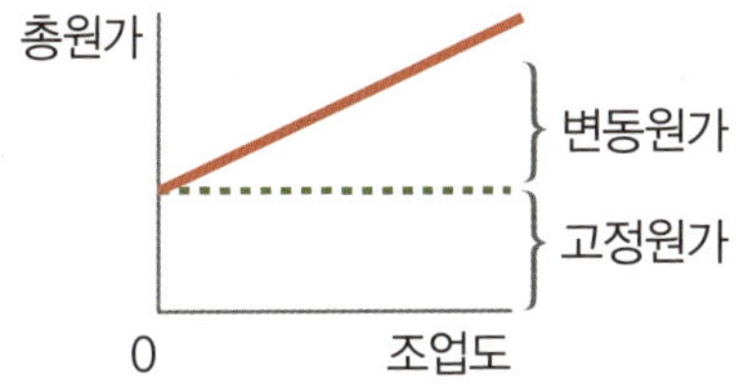

준고정원가

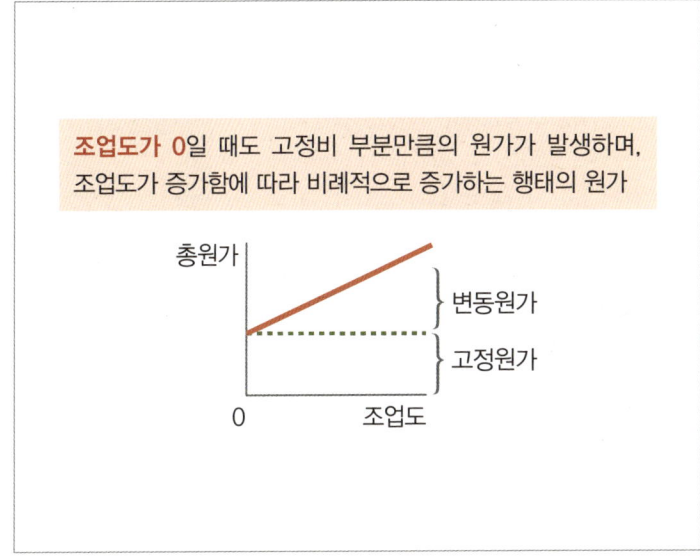

일정범위의 조업도 내에서는 원가발생액의 변동 없이 일정한 금액이 발생하지만 그 범위를 벗어나면 일정액만큼 총액이 달라지는 원가

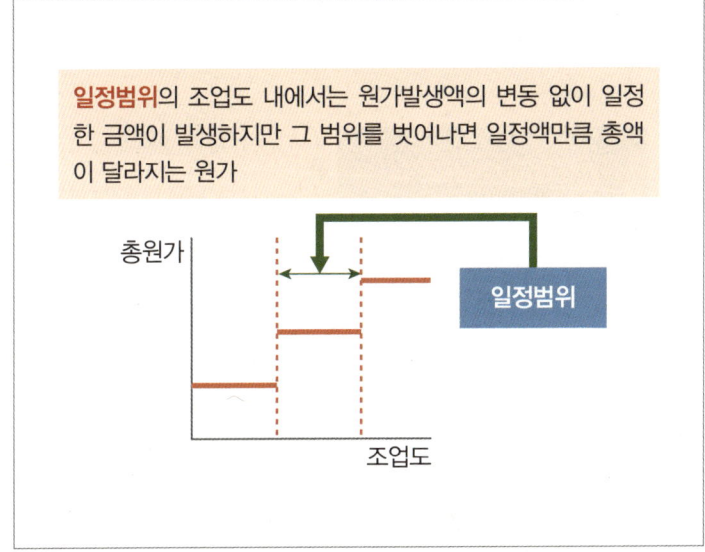

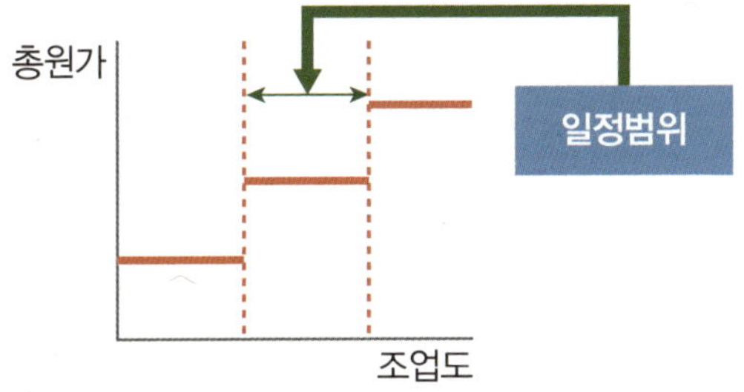

제조원가와 비제조원가

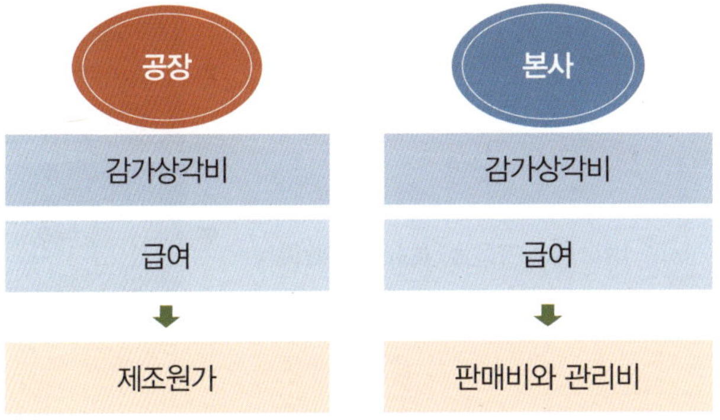

PLUS 고정원가
조업도가 증가하거나 감소하더라도 이에 영향을 받지 않고 원가총액이 항상 일정하게 발생하는 원가를 말한다(예 공장 건물의 임차료 등).

바로확인문제

01 관련범위 내에서 생산량이 증가하면 단위당 고정원가는 □□한다.

02 계단(준고정)원가는 일정한 범위의 조업도 수준에서만 원가총액이 □□하다.

정답
01 감소 02 일정

제조원가의 분류 Ⅰ

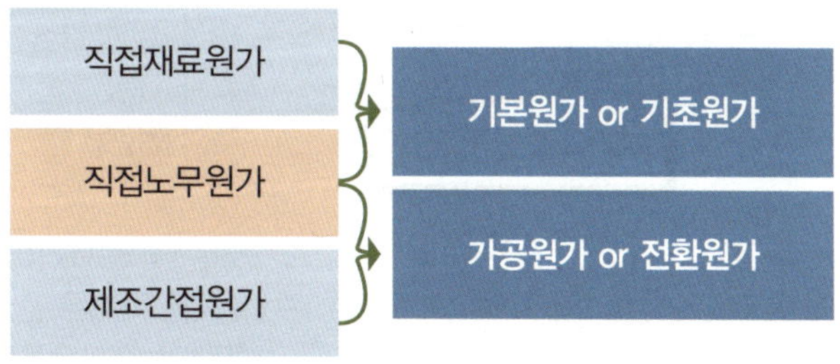

제조원가의 분류 Ⅱ

기본원가 (기초원가)	직접재료원가와 직접노무원가의 합계 금액
가공원가 (전환원가)	직접노무원가와 제조간접원가의 합계 금액

의사결정과의 관련성에 따른 분류 Ⅰ

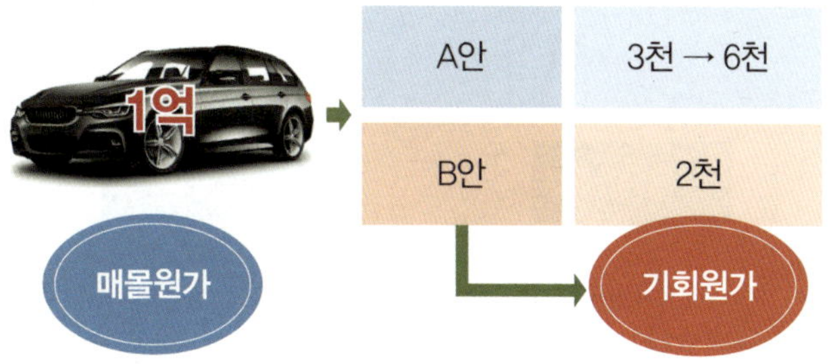

의사결정과의 관련성에 따른 분류 Ⅱ

매몰원가	과거의 의사결정 결과로 인하여 이미 발생한 원가로서 미래의 의사결정과정에서 고려할 필요가 **없는** 비관련원가
기회원가	두 개 이상의 선택 가능한 의사결정안 중 특정안을 선택했을 때 포기된 의사결정안에서 발생할 수 있었을 것으로 기대되는 **상실된 이익**으로서 의사결정과정에서 반드시 고려

PLUS **제조원가**
제품을 생산하는 과정에서 소요되는 모든 원가를 총칭하여 제조원가 또는 제품원가라 한다.

PLUS **매몰원가**
이미 취득한 자산의 원가로 기발생원가(기취득원가 또는 기취득한 자산의 장부가액)가 매몰원가에 해당한다.

바로확인문제
기회원가란 차선의 대체안을 포기함으로 인해 □□된 이익을 말한다.

정답
상실

통제가능성에 따른 분류

통제 가능원가	특정 관리자가 원가발생을 통제할 수 있고 책임질 수 **있는** 원가
통제 불능원가	특정 관리자가 원가발생을 통제할 수 없고 관리할 수 **없는** 원가

회피가능성에 따른 분류

회피 가능원가	조업도 수준이 감소한다면 절감될 수 있는 원가. 즉, **변동원가**가 이에 해당
회피 불능원가	과거, 현재 및 미래에도 계속 발생할 수 있는 원가. 즉, **고정원가**가 이에 해당

원가의 구성도

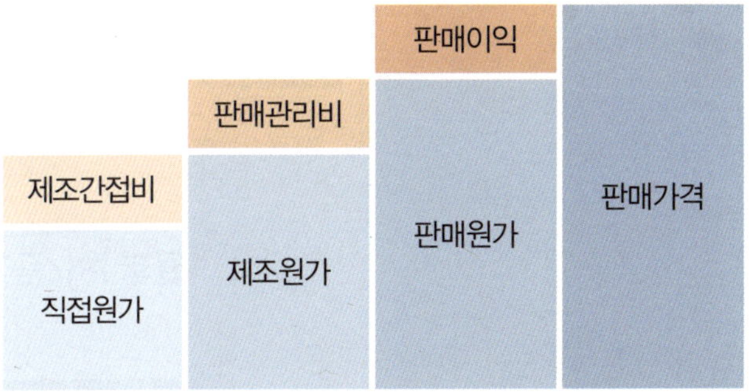

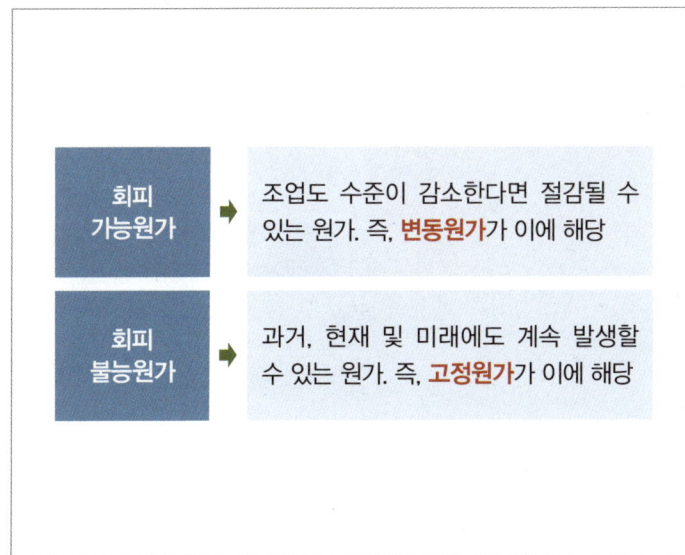

PLUS **직접원가**
직접재료원가, 직접노무원가, 직접제조경비원가 등이 직접원가에 해당한다.

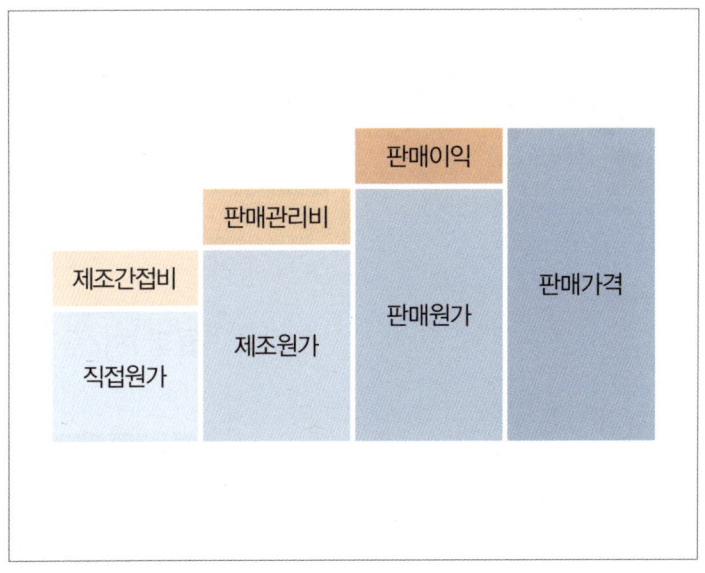

바로확인문제
통제가능원가란 특정 관리자가 원가발생을 통제할 수 있고 책임질 수 □□ 원가를 말한다.

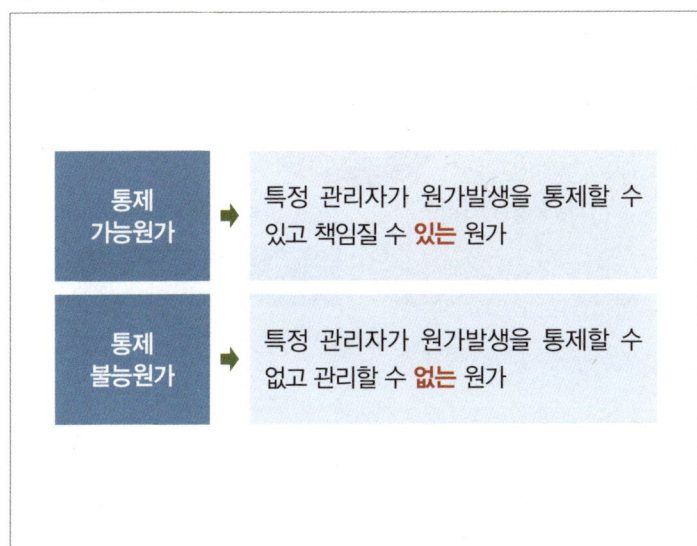

정답
있는

THEME 67

원가의 흐름 빈출

GUIDE 원가의 흐름은 제품원가의 계산과정이 핵심이라고 할 수 있습니다. 각 원가요소별로 소비액을 계산하여 당기제품제조원가와 매출원가를 중심으로 계산하는 문제가 빠짐없이 출제되는 테마입니다.

제조원가의 흐름

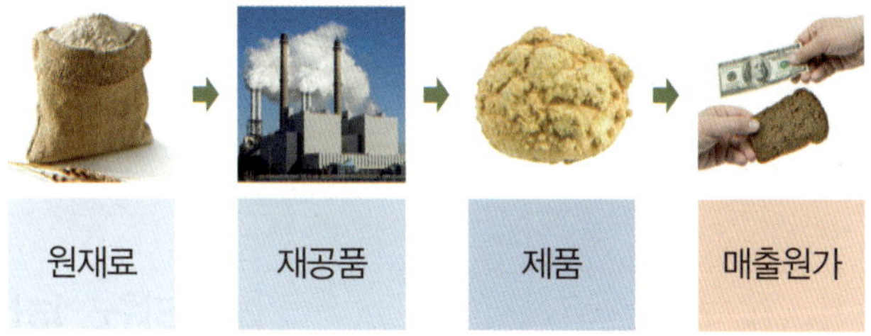

재료원가

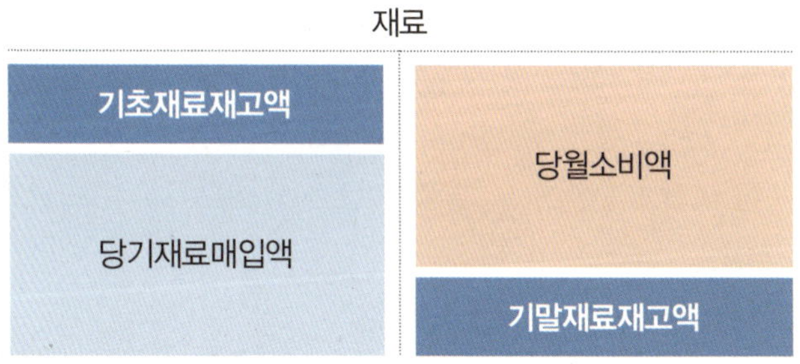

완성품원가의 대체

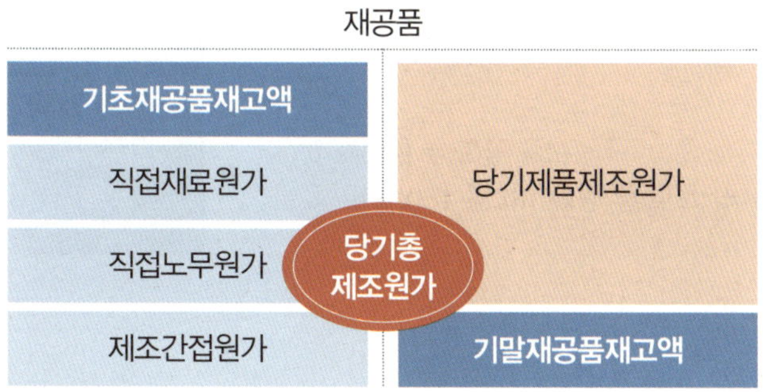

제품원가를 매출원가에 대체

PLUS 재공품 계정
가공 중에 있는 제품에 부과될 직접재료원가, 직접노무원가 및 제조간접원가를 집계하고 이를 완성품원가와 기말재공품원가에 배부하는 것을 기록하는 계정이다.

PLUS 제품 계정
생산공정에서 완성되어 판매를 위해 보관하고 있는 제품에 대하여 제조원가의 총액을 기록하고 매출된 제품에 대한 매출원가를 기록하는 계정이다.

THEME 68

제조간접원가의 배부

GUIDE 제조간접원가 배부의 이해가 필요하며, 제조간접원가의 예정배부(과대배부액 또는 과소배부액)를 계산하는 문제가 출제되므로 제조간접원가 예정배부율을 알아 두어야 합니다.

제조간접원가의 배부방법

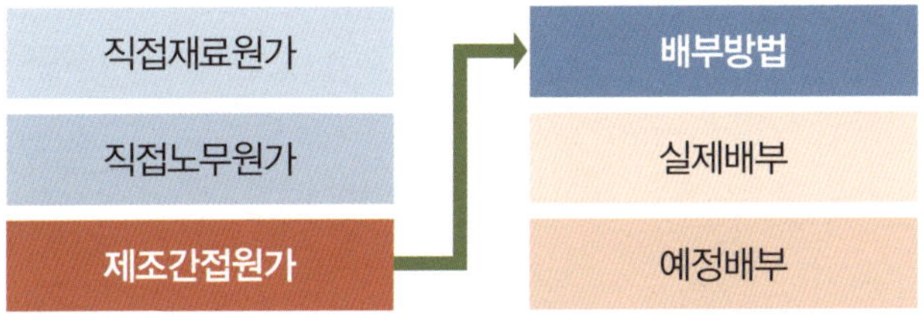

제조간접원가 실제배부

모든 원가요소를 실제 발생한 원가 기준으로 제품원가를 측정하는 방법

실제배부율	제조간접원가 총액 / 실제조업도(실제생산량 또는 실제작업시간)

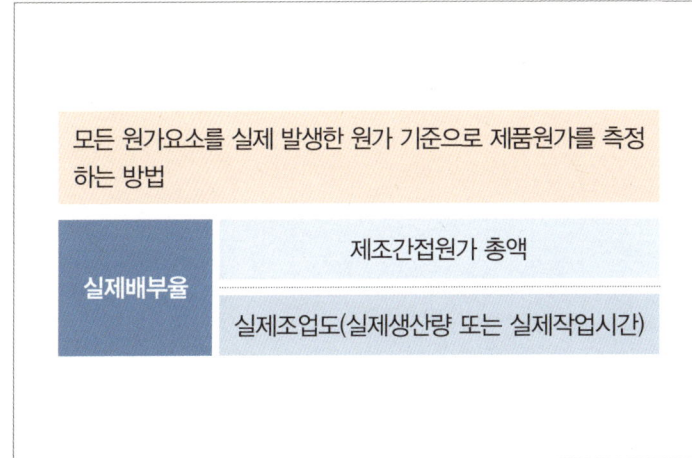

제조간접원가 예정배부(정상원가계산)

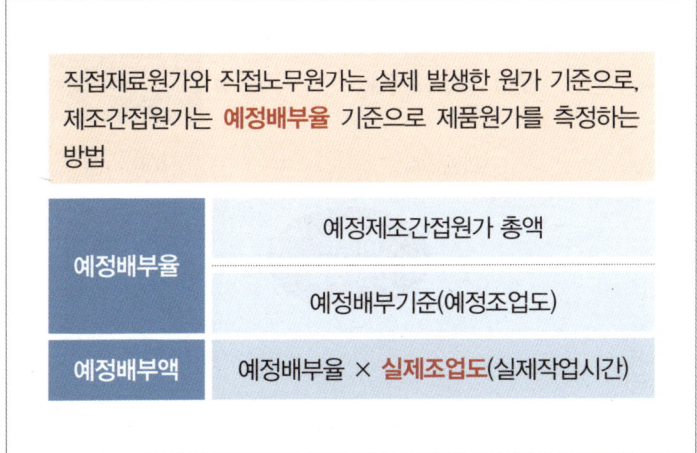

직접재료원가와 직접노무원가는 실제 발생한 원가 기준으로, 제조간접원가는 **예정배부율** 기준으로 제품원가를 측정하는 방법

예정배부율	예정제조간접원가 총액 / 예정배부기준(예정조업도)
예정배부액	예정배부율 × **실제조업도**(실제작업시간)

제조간접원가 배부차이

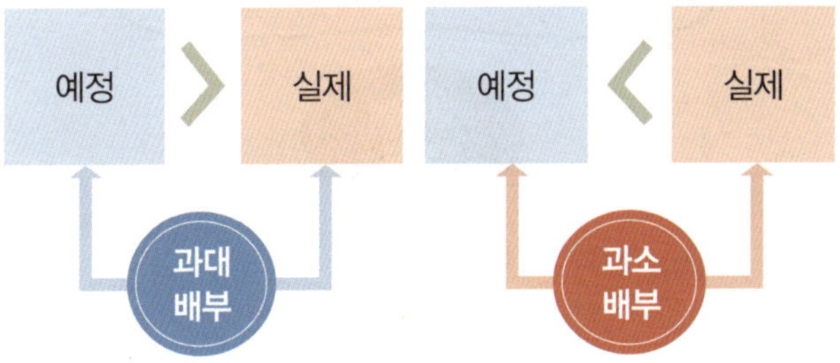

PLUS 제조간접원가 예정배부
원가계산기간 중에 완성된 제품의 원가를 예정배부율에 의하여 신속히 계산하기 위하여 제조간접원가를 예정배부하게 된다.

제조간접원가 배부차이 조정(매출원가가감법)

제조간접원가 배부차이 조정(비례배분법)

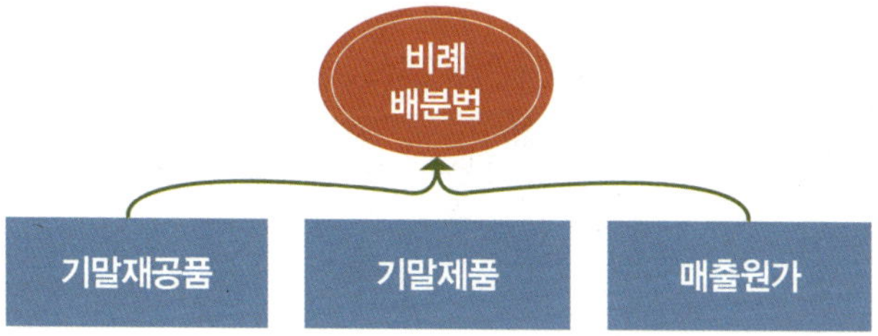

MEMO

PLUS 매출원가가감법

제조간접원가 배부차이 전액을 매출원가에서 가감하는 방법이다. 즉, 제조간접원가를 과대배부한 경우에는 매출원가에서 차감하고, 과소배부한 경우에는 매출원가에 가산함으로써 매출원가를 조정하는 방법이다.

PLUS 비례배분법

제조간접원가 배부차이를 기말재공품, 기말제품 및 매출원가의 잔액에 비례하여 배분하는 방법이다.

THEME 69

부문별 원가계산 빈출

GUIDE 보조부문원가 배부방법인 직접배부법, 단계배부법 및 상호배부법에 의한 계산문제가 출제되고 있으므로 확실하게 정리해야 합니다.

부문별 원가계산

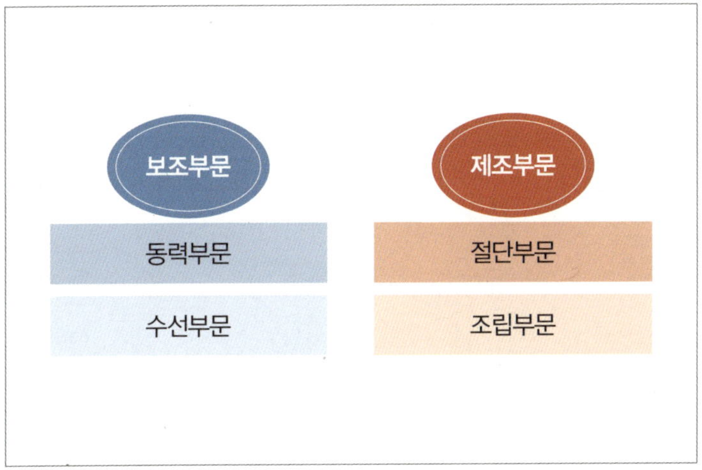

보조부문원가를 제조부문에 배분하는 방법

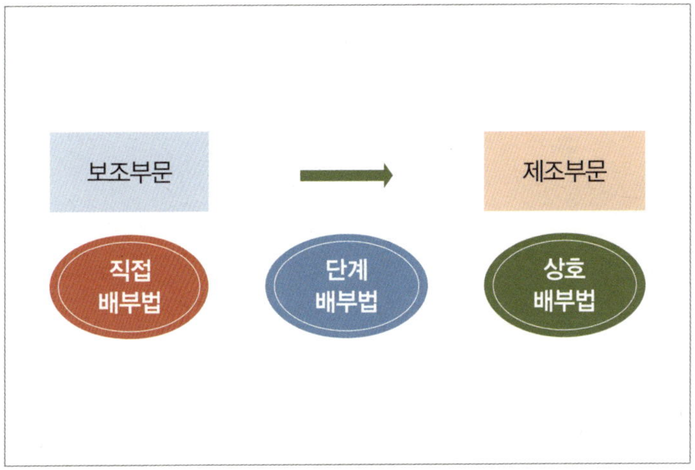

PLUS 단계배부법

단계배부법에서는 배분순서를 합리적으로 결정하는 것이 매우 중요하다.

직접배부법

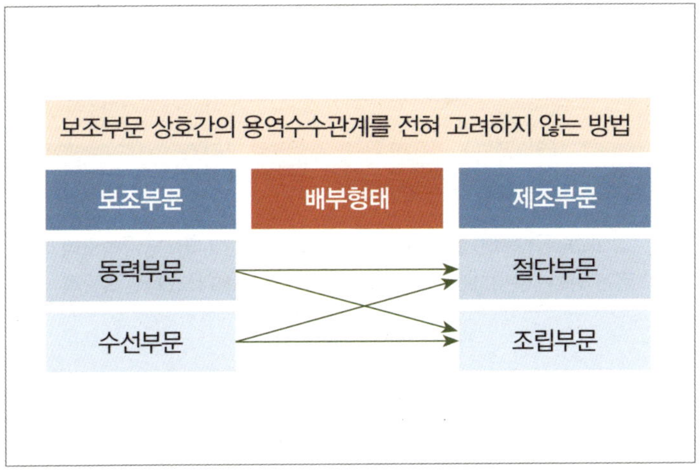

단계배부법 I

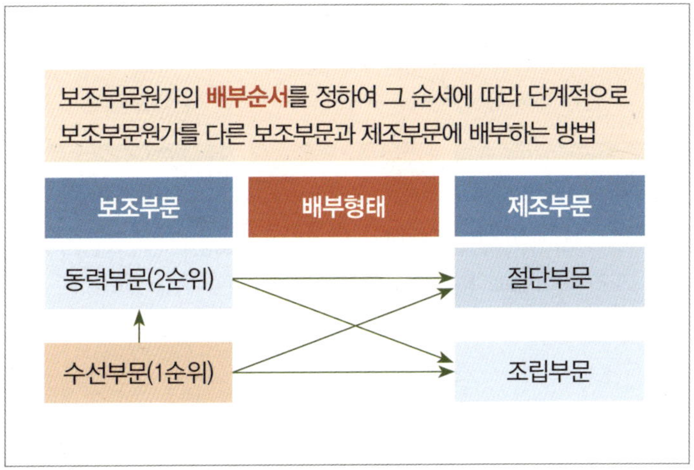

단계배부법 Ⅱ

보조부문원가의 **배부순서**를 정하여 그 순서에 따라 단계적으로 보조부문원가를 다른 보조부문과 제조부문에 배부하는 방법

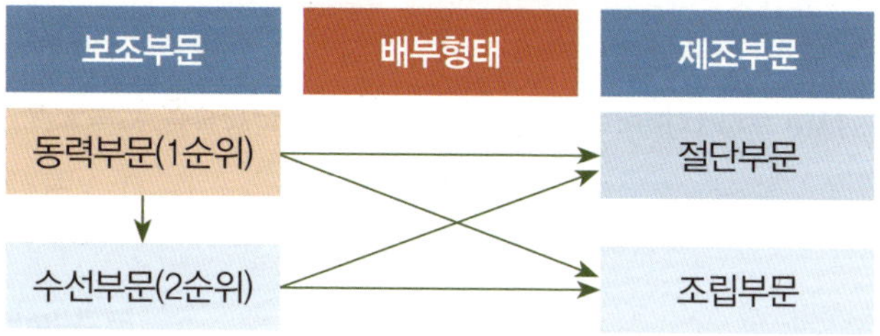

상호배부법

보조부문 간 상호관련성을 완전히 고려하여 그에 따라 보조부문원가를 제조부문과 다른 보조부문에 배분하는 방법

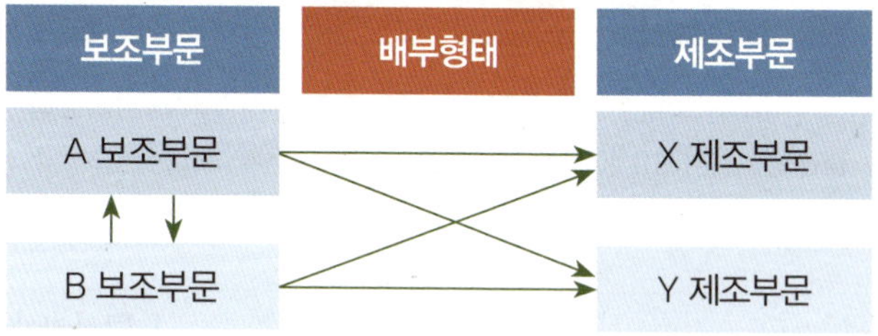

MEMO

PLUS 상호배부법

상호배부법은 보조부문 상호 간의 용역수수를 전부 고려하는 것이므로 가장 정확하고 이론상 합리적이며 타당한 원가배분방식이 된다. 연립방정식을 이용하여 각 보조부문의 총원가를 계산한다.

THEME 70

개별원가계산

GUIDE 중요도는 낮은 편이지만 제조간접원가 배부에 따른 각 제조지시서(제품별) 원가계산이 핵심인 테마로, 제조간접원가 배부율을 알아두어야 합니다.

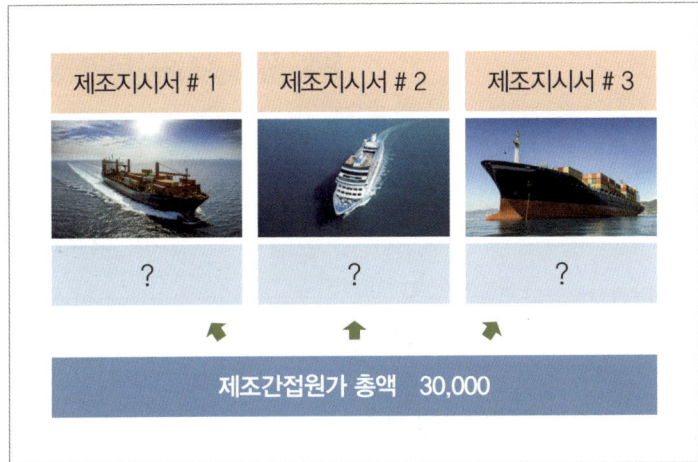

개별원가계산의 개념

제조지시서 # 1	제조지시서 # 2	제조지시서 # 3

?	?	?

제조간접원가 총액 30,000

제조간접원가의 배부기준

가액법
- 직접재료원가법
- 직접노무원가법
- 직접원가법

시간법
- 직접노동시간법
- 기계작업시간법

개별원가계산의 사례

구분	# 1	# 2	# 3	합계
직접재료비	50,000	30,000	20,000	100,000
직접노무비	30,000	10,000	10,000	50,000
제조간접비	(　　)	(　　)	(　　)	30,000
제조원가	(　　)	(　　)	(　　)	180,000

PLUS 개별원가계산

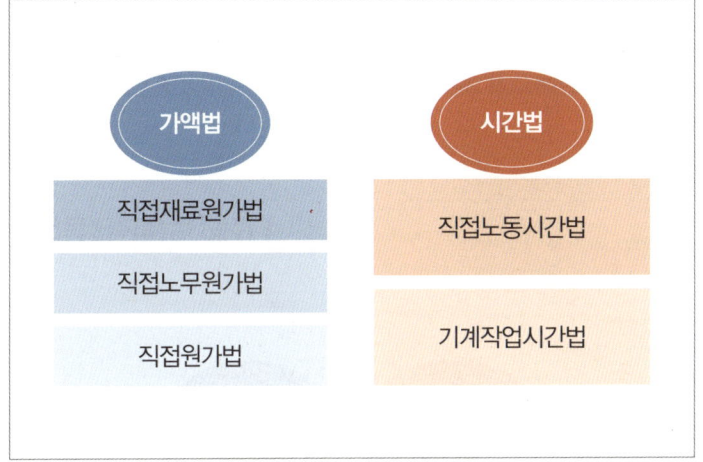

제품별 원가계산을 말하며, 발생원가를 직접원가와 간접원가로 구분하여 직접원가는 제품별로 직접 부과하고, 간접원가는 합리적인 배부기준에 따라 제품별로 배부하는 계산방식이다. 개별원가계산의 핵심은 제조간접원가 배부이다.

PLUS 직접재료원가법

- 제조간접원가 배부율 = 제조간접원가 총액 ÷ 직접재료원가 총액
- 각 제품의 제조간접원가 = 각 제품의 직접재료원가 × 제조간접원가 배부율

THEME 71

종합원가계산 빈출

GUIDE 1문제 정도 출제되며, 원가흐름과정(선입선출법, 평균법)에 따른 완성품환산량 및 기말재공품의 평가가 핵심인 테마로 반드시 정리해야 합니다.

종합원가계산의 개념 I

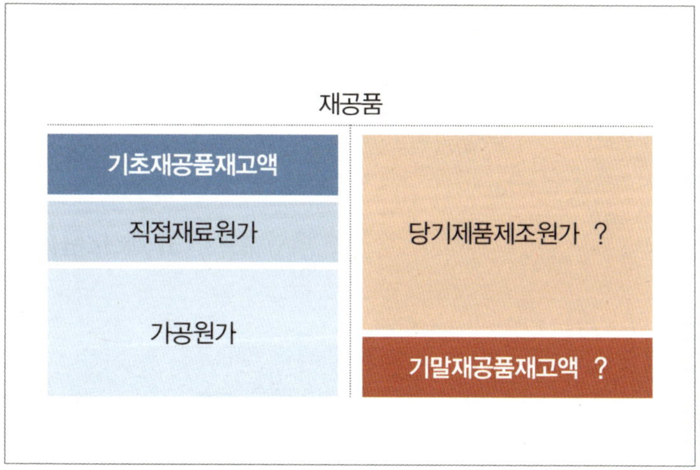

종합원가계산의 개념 II

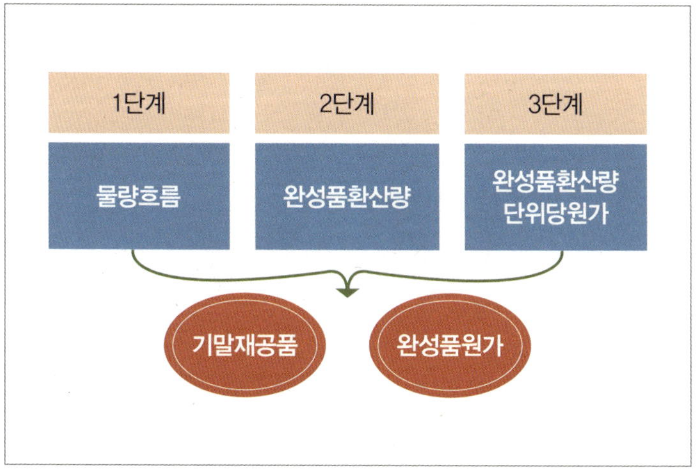

물량흐름 파악

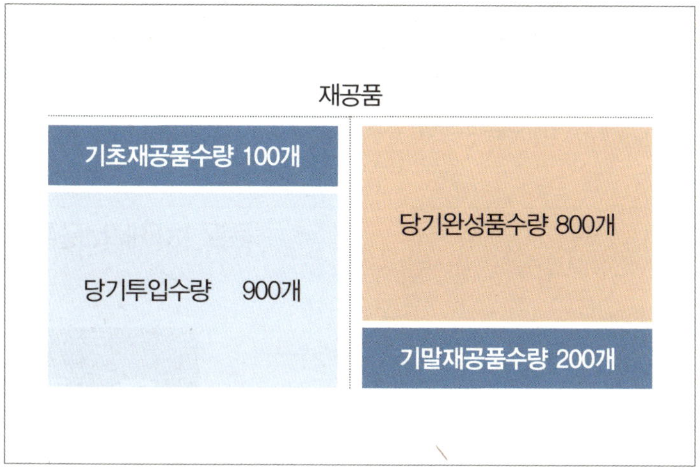

완성품환산량의 계산 I

구분	완성도	완성품환산량
당기완성품수량 50개	완성도 100%	50개
기말재공품수량 100개	완성도 50%	50개
완성품환산량		100개

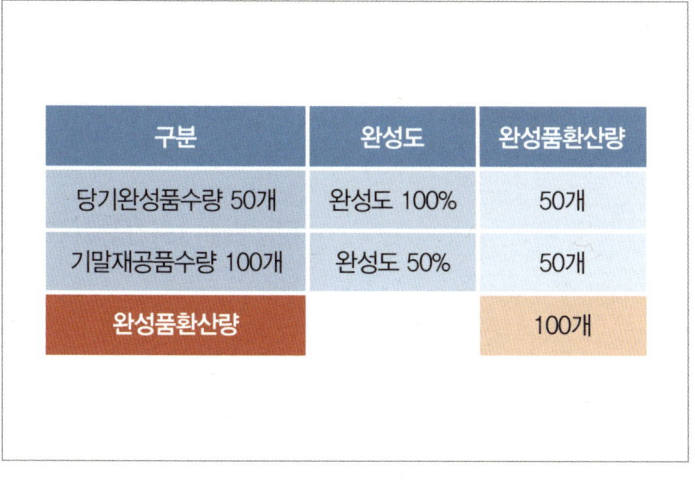

PLUS 종합원가계산
동일 종류의 제품을 연속적인 생산공정을 통하여 대량으로 생산하는 기업에서 적용하는 제품원가계산 방법으로, 당기 총제조원가에 기초재공품원가를 가산한 합계액으로 완성품원가와 기말재공품원가를 계산하는 방법이다.

PLUS 가공원가(또는 전환원가)
직접노무원가와 제조간접원가를 합계한 금액이 된다. 즉, 직접재료원가 이외의 모든 제조원가를 말한다.

완성품환산량의 계산 Ⅱ

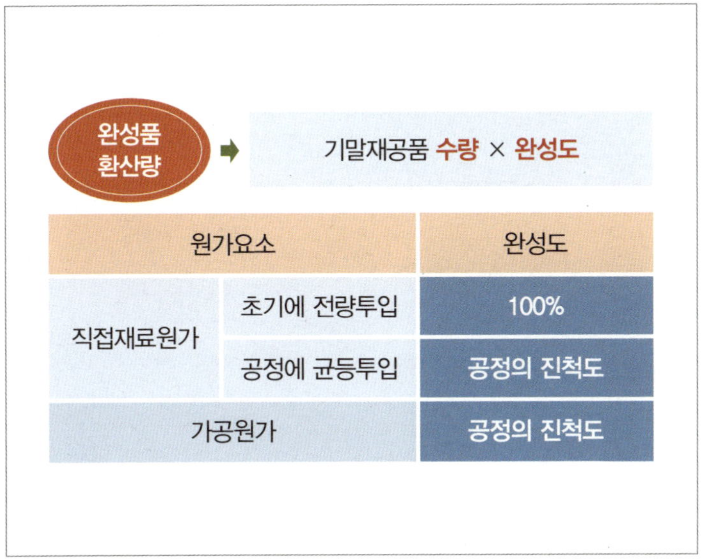

기말재공품의 평가 Ⅰ

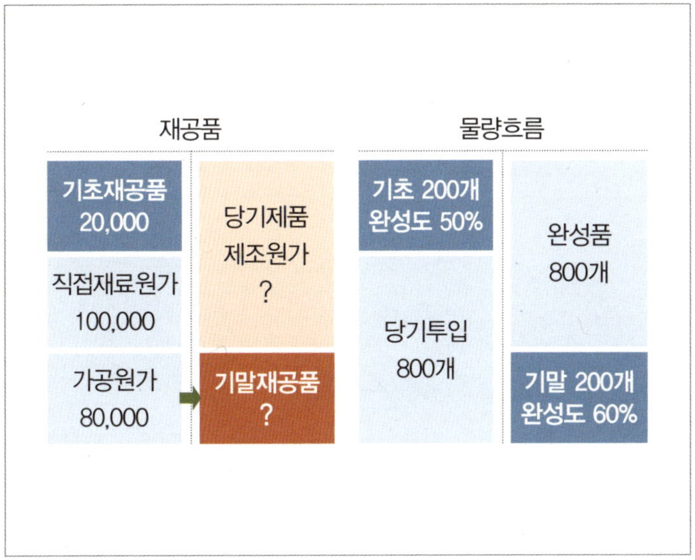

기말재공품의 평가 Ⅱ

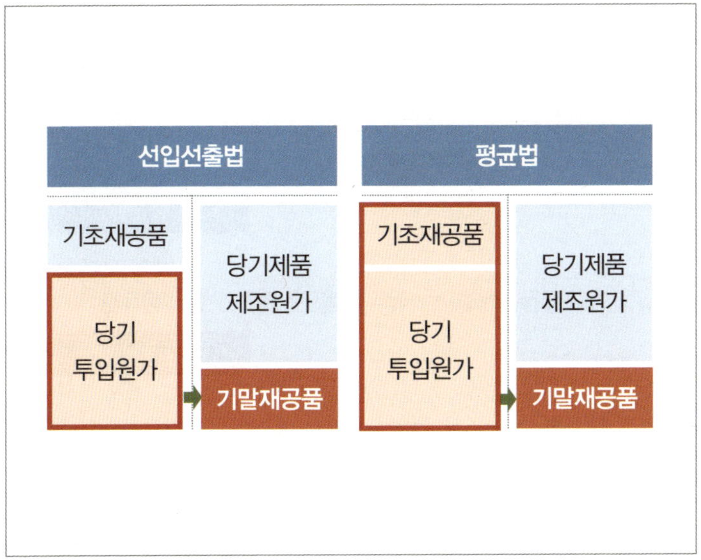

평균법

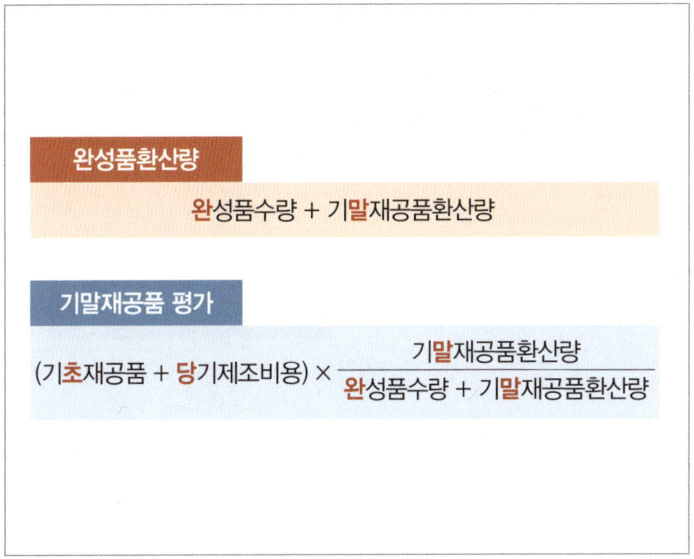

PLUS 완성품환산량

직접재료원가는 공정 초에 전량투입 시 완성도를 100%로 적용하므로 재공품에 대한 완성품환산량 계산 시 재공품수량과 재공품환산량이 일치하지만, 가공원가는 반드시 재공품수량에 완성도를 곱하여 재공품환산량을 적용하여야 한다.

PLUS 평균법

기초재공품원가와 당기발생원가를 구분하지 않고 모든 원가를 동일하게 취급하여 완성품원가와 기말재공품원가에 배분하는 방법이다.

선입선출법

완성품환산량

완성품수량 + 기말재공품환산량 − 기초재공품환산량

기말재공품 평가

$$\text{당기제조비용} \times \frac{\text{기말재공품환산량}}{\text{완성품수량} + \text{기말재공품환산량} - \text{기초재공품환산량}}$$

공손품수량의 계산

재공품

기초재공품수량 100개	당기완성품수량 700개
당기투입수량 900개	공 손 품 수 량 100개
	기말재공품수량 200개

MEMO

PLUS 선입선출법

완성품원가는 기초재공품원가와 당기발생원가가 혼합되어 있고, 기말재공품원가는 당기발생원가로만 구성된 것으로 가정한다.

PLUS 공손품

재료의 하자 및 가공공정의 실수로 인하여 품질 및 규격이 정상품에 미치지 못하는 불합격품을 의미한다.

THEME

72 결합원가계산

GUIDE 중요도는 낮은 편이지만 제품 결합원가의 배부방법(물량기준법, 판매가치법, 순실현가치법)에 따라 각 제품의 결합원가를 계산하는 것이 핵심인 테마입니다.

결합제품원가계산

결합원가의 배부방법

배부방법

- 물량기준법
- 판매가치법
- 순실현가치법

판매가치법

분리점에서 추가가공 전에 판매된다고 가정할 경우 예상되는 상대적인 **판매가치**를 기준으로 각 연산품에 배분하는 방법

결합제품	판매가치	결합원가 배부액
A 제품	A	결합원가 $\times \dfrac{A}{A+B}$
B 제품	B	결합원가 $\times \dfrac{B}{A+B}$

순실현가치법

추가가공할 경우 **순실현가치**를 기준으로 배분하는 방법

A 제품		판매단가 × 생산수량 = 판매가치
B 제품	추가가공원가	판매단가 × 생산수량 = 판매가치

순실현가치 = 최종판매가치 − 추가가공원가 − 추정판매비용

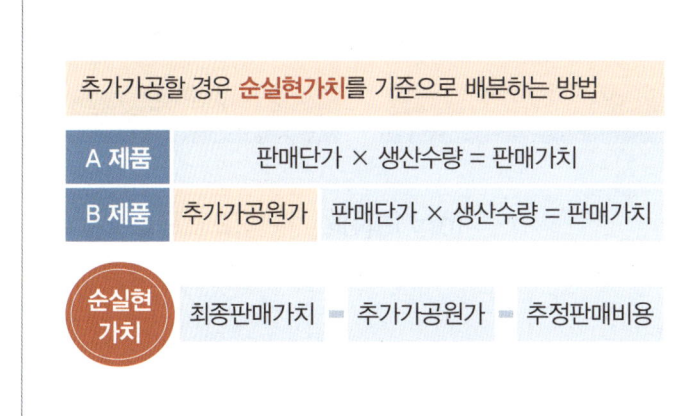

PLUS **결합제품 또는 연산품**
동일공정에서 동일재료가 투입되어 생산되는 두 종류 이상의 서로 다른 제품을 말한다. 이들 결합제품에 대한 원가계산을 결합원가계산 또는 연산품원가계산이라 한다.

PLUS **분리점과 결합원가**
연산품을 생산하는 과정에서 연산품이 개별제품으로 분리되는 생산시점을 분리점이라고 하며, 분리점에 도달하기까지 발생한 모든 제조원가를 결합원가라고 한다.

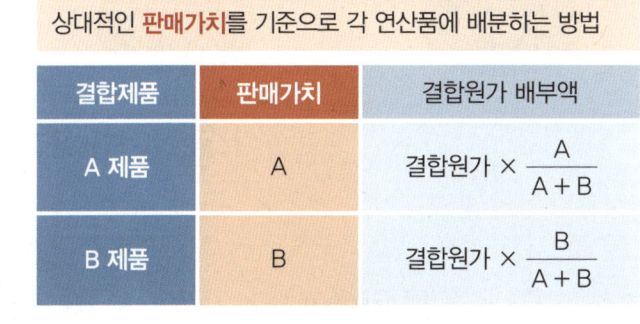

THEME 73

전부 · 변동원가계산 빈출

GUIDE 전부원가계산과 변동원가계산은 고정제조간접원가 포함 여부에 따른 원가계산 구분으로, 순이익의 차이를 이해하고 계산문제를 풀 줄 알아야 합니다. 1문제 정도 출제됩니다.

제조원가와 기간원가

제조원가	기간원가
직접재료원가	변동판매비와 관리비
직접노무원가	고정판매비와 관리비
변동제조간접원가	⬇
고정제조간접원가	기간비용

전부원가계산과 변동원가계산의 차이

전부원가계산	변동원가계산
직접재료원가	직접재료원가
직접노무원가	직접노무원가
변동제조간접원가	변동제조간접원가
고정제조간접원가	**고정제조간접원가 (기간비용)**

전부원가계산과 변동원가계산의 개념

전부원가계산	변동제조원가(직접재료원가 + 직접노무원가 + 변동제조간접원가) 및 고정제조간접원가를 모두 제품의 제조원가에 포함시키는 원가계산방법
변동원가계산	변동제조원가(직접재료원가 + 직접노무원가 + 변동제조간접원가)만을 제품의 제조원가에 포함시키고 고정제조간접원가는 **기간비용**으로 처리하는 원가계산방법

전부원가계산과 변동원가계산의 사례

- 직접재료원가 50,000
- 직접노무원가 30,000
- 변동제조간접원가 20,000
- **고정제조간접원가** 10,000
- 생산량 100개
- 판매량 70개

구분	전부원가계산	변동원가계산
제조원가	110,000	100,000
단위당원가	1,100	1,000
기말재고	33,000	30,000

PLUS 전부원가계산과 변동원가계산의 차이

전부원가계산은 제품생산과정에서 발생하는 모든 제조원가를 포함시키는 외부보고목적의 원가계산방법이다. 반면에 변동원가계산은 고정제조간접원가를 제품원가에 포함하지 않고 기간비용으로 처리하는 원가계산방법으로서 내부관리보고목적으로 활용된다.

전부원가계산과 변동원가계산의 순이익 차이

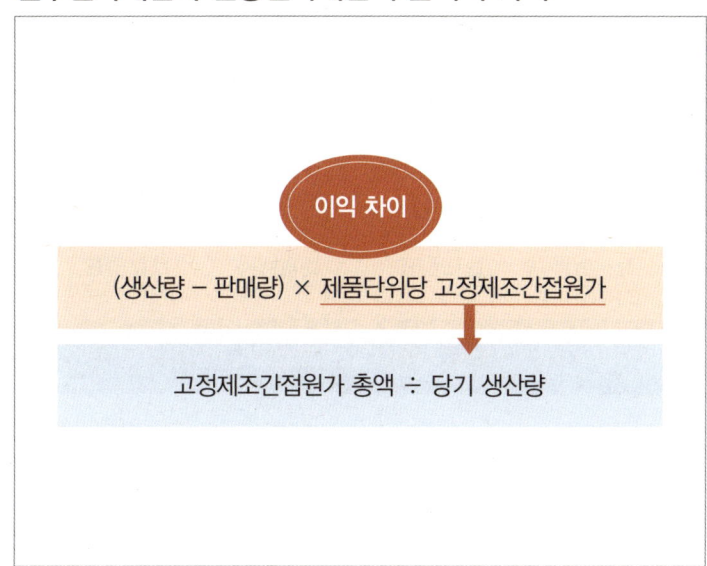

이익 차이

(생산량 – 판매량) × 제품단위당 고정제조간접원가

↓

고정제조간접원가 총액 ÷ 당기 생산량

전부원가계산과 변동원가계산의 순이익 비교

생산량 > 판매량	전부원가계산이익 > 변동원가계산이익
생산량 < 판매량	전부원가계산이익 < 변동원가계산이익

포괄손익계산서의 차이

전부원가계산	변동원가계산
매출액	매출액
(매출원가)	(변동비)
매출총이익	공헌이익
(판매비와 관리비)	(고정비)
영업이익	영업이익

PLUS **공헌이익**

매출액에서 변동원가를 차감한 금액으로서, 고정원가를 회수하고 이익을 창출하는 데 공헌할 수 있는 금액을 의미한다.

THEME

74 표준원가계산

GUIDE 표준원가계산의 개념을 이해하고, 각 원가요소별(재료원가, 노무원가)로 구분하여 유리한 차이 또는 불리한 차이를 계산할 줄 알아야 합니다. 종종 출제되는 테마이므로 확실하게 정리해야 합니다.

차이분석의 일반모형

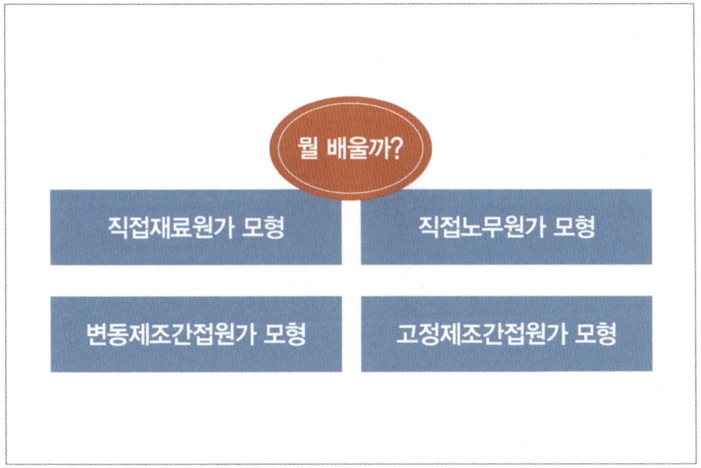

직접재료원가 차이모형 I

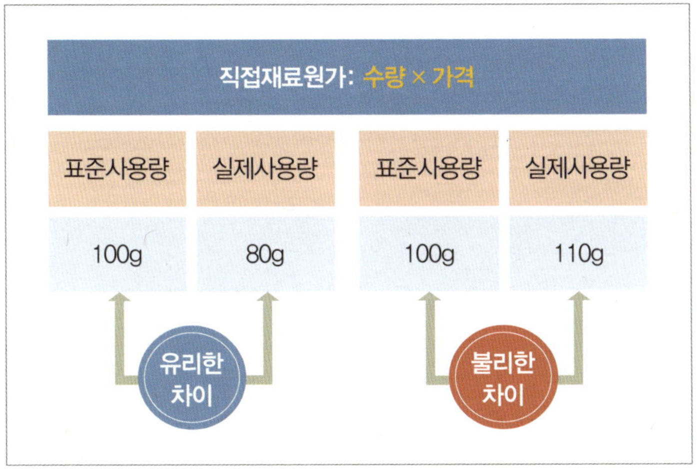

직접재료원가 차이모형 II

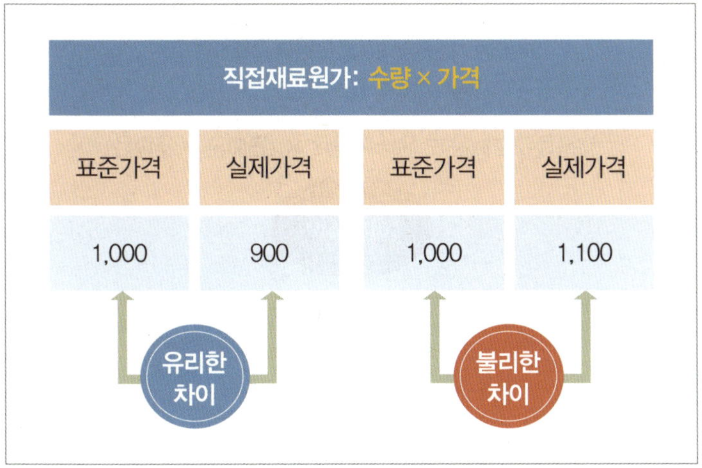

직접재료원가 차이모형 III

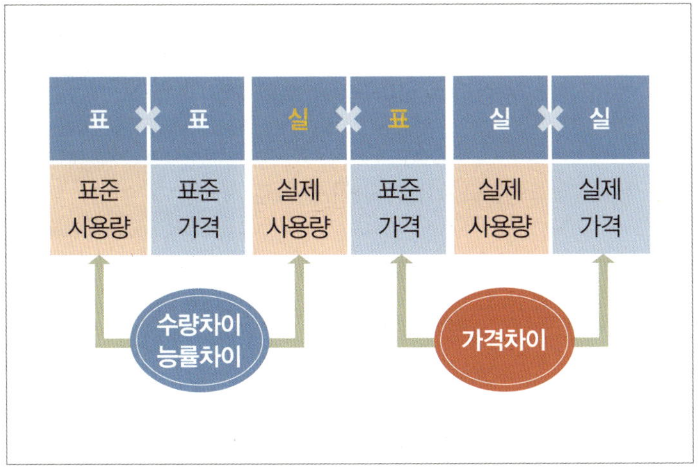

PLUS 차이분석
생산부문의 실제 발생원가와 표준원가와의 차이를 분석하여 원가를 통제하고 성과를 평가하기 위한 것이다.

PLUS 유리한 차이와 불리한 차이
유리한 차이는 실제원가가 표준원가보다 작은 경우, 불리한 차이는 실제원가가 표준원가보다 큰 경우를 말한다.

직접재료원가 차이모형 Ⅳ

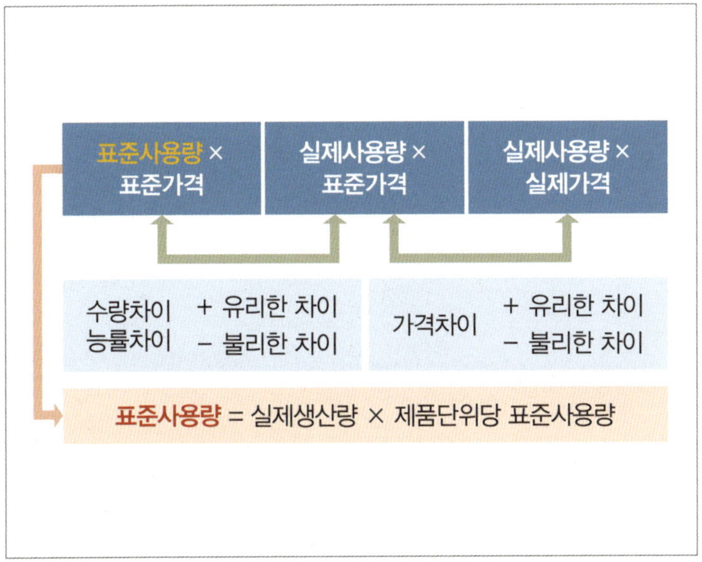

직접재료원가 차이모형 Ⅴ

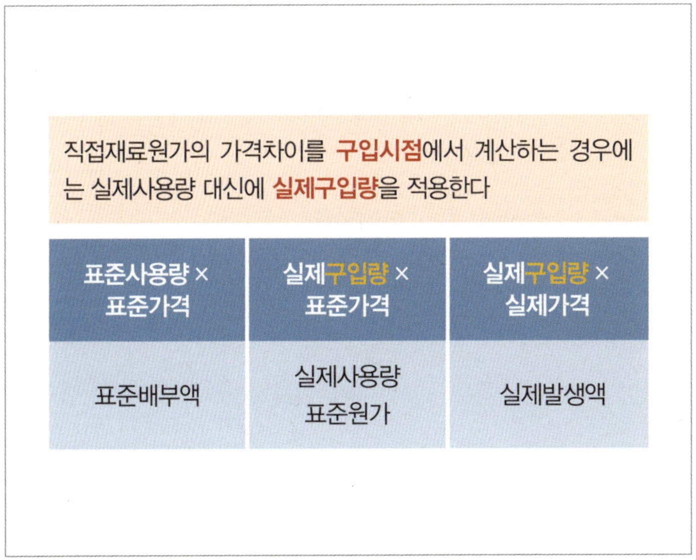

직접노무원가 차이모형 Ⅰ

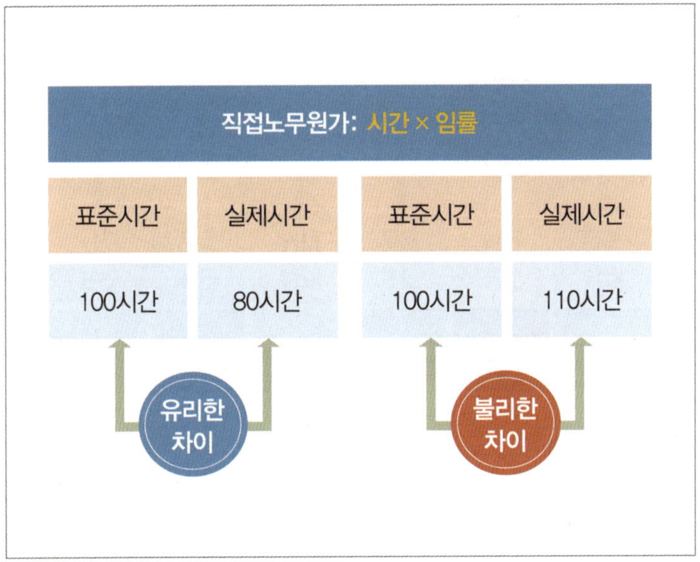

직접노무원가 차이모형 Ⅱ

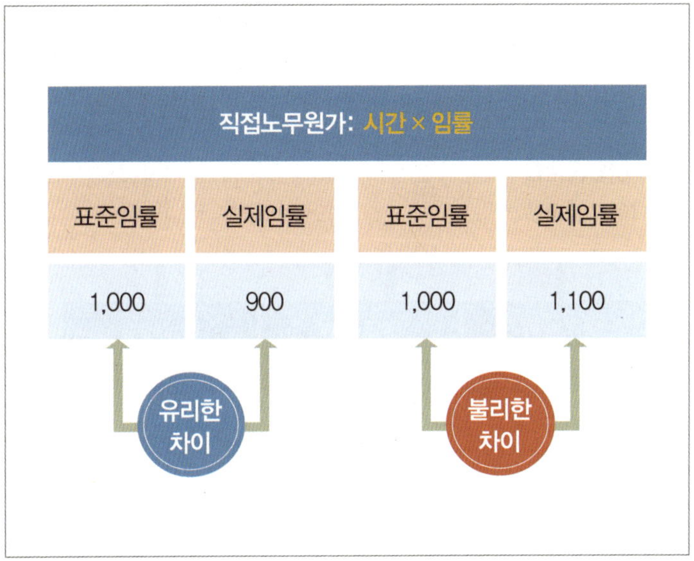

직접노무원가 차이모형 Ⅲ

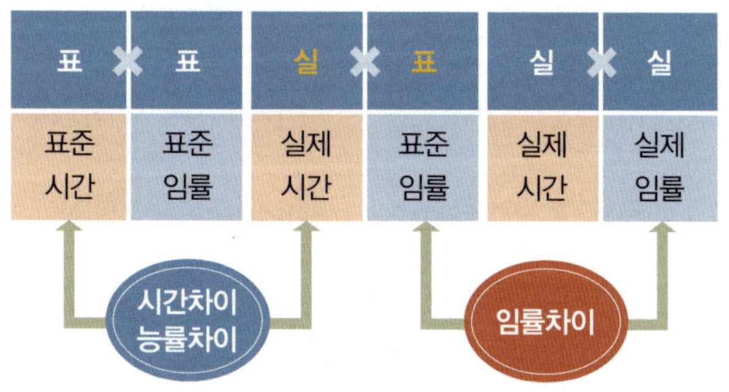

직접노무원가 차이모형 Ⅳ

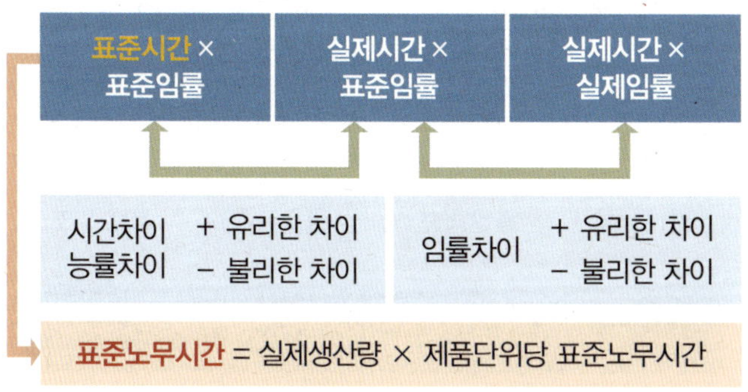

MEMO

THEME 75

원가의 추정 빈출

GUIDE 원가의 형태에 따라 변동원가와 고정원가를 이해하고, 특히 고저점법을 이용하여 원가의 예산액을 계산할 줄 알아야 하며, 예시를 통한 연습이 필요한 테마입니다.

원가의 추정 – 고저점법

고저점법은 조업도를 X축, 원가를 Y축으로 하는 좌표에 각 조업도에서 발생한 원가자료를 나타낸다

최고조업도의 원가와 최저조업도의 원가자료를 직선으로 연결하여 원가함수를 추정하는 방법이다

원가함수: Y = ax + b

a: 단위당 변동원가, x: 생산량, b: 고정비

단위당 변동원가의 추정

최고조업도의 원가에서 최저조업도의 원가를 차감한 금액을 최고조업도와 최저조업도의 차이로 나누어 추정한다

단위당 변동원가

$$\frac{\text{최고조업도의 총원가} - \text{최저조업도의 총원가}}{\text{최고조업도} - \text{최저조업도}}$$

총고정원가의 추정

단위당 변동원가를 이용하여 최고조업도 또는 최저조업도의 원가자료에 대입하여 산정한다

총 고정원가

- 최고조업도의 총원가 – (최고조업도 × 단위당 변동원가)
- 최저조업도의 총원가 – (최저조업도 × 단위당 변동원가)

PLUS 원가추정방법

1. 산업공학적 방법
2. 계정분석법
3. 산포도법
4. 고저점법
5. 회귀분석법
6. 학습곡선법

THEME

76 손익분기점 분석 빈출

GUIDE 매년 1문제 이상 출제되는 테마로, 손익분기점 매출수량 및 손익분기점 매출액의 계산문제, 안전한계율을 이해하고 계산할 줄 알아야 합니다. 유형에 맞추어 반복적인 연습이 필요합니다.

손익분기점 분석

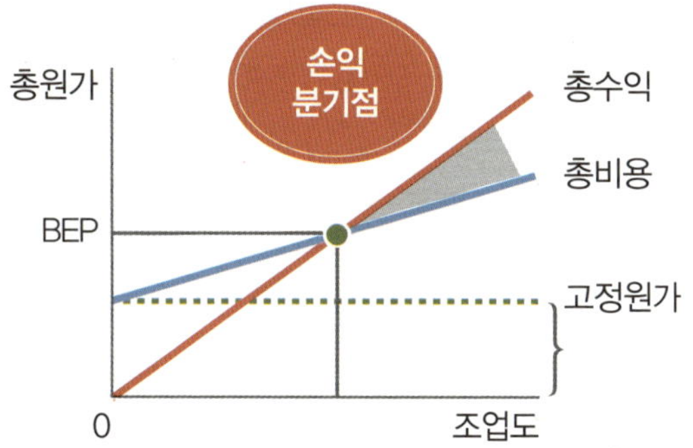

단위당 공헌이익

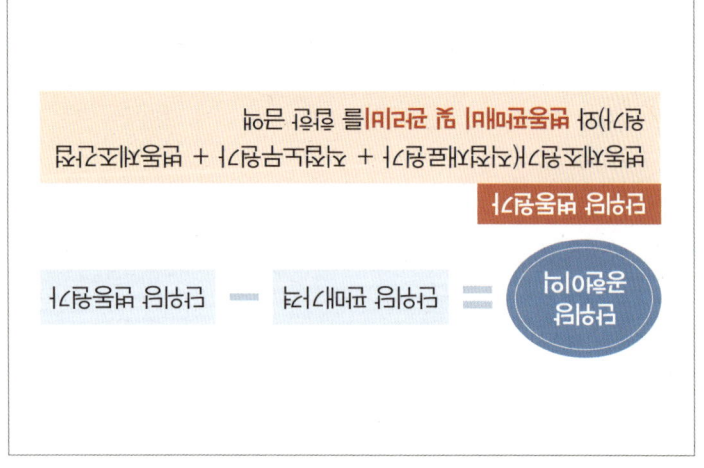

단위당 공헌이익 = 단위당 판매가격 − 단위당 변동원가

단위당 변동원가

변동제조원가(직접재료원가 + 직접노무원가 + 변동제조간접원가)와 **변동판매비 및 관리비**를 합한 금액

공헌이익과 공헌이익률

단위당 판매가격	−	단위당 변동원가	=	단위당 공헌이익
500		200		300
1		변동비율 40%		공헌이익률 60%

손익분기점 매출수량 및 매출액 계산

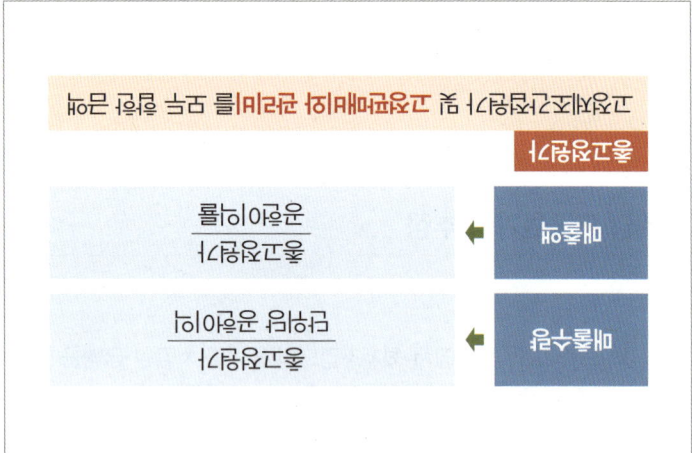

매출수량 ➜ $\frac{\text{총고정원가}}{\text{단위당 공헌이익}}$

매출액 ➜ $\frac{\text{총고정원가}}{\text{공헌이익률}}$

총고정원가

고정제조간접원가 및 **고정판매비와 관리비**를 모두 합한 금액

PLUS 손익분기점(BEP)

매출액과 총비용이 일치하여 이익이 0이 되는 판매량이나 매출액을 말한다. 즉, 손익분기점이란 총공헌이익이 총고정비와 같아지는 판매량이나 매출액이다.

PLUS 공헌이익

매출액에서 변동원가를 차감한 것을 말하는데, 매출액이란 매출수량에 단위당 판매가격을 곱한 금액을 말하며, 변동원가란 변동제조원가(직접재료원가 + 직접노무원가 + 변동제조간접원가)와 변동판매비 및 관리비를 합한 금액을 말한다.

PLUS 공헌이익률

단위당 공헌이익을 단위당 판매가격으로 나누어서 계산하거나, 총공헌이익(매출액 − 변동원가)을 매출액으로 나눈 값을 말한다.

목표이익이 있는 경우의 매출수량 및 매출액 계산 I

법인세가 없는 경우

매출수량 →	$\frac{\text{총고정원가} + \text{목표이익}}{\text{단위당 공헌이익}}$
매출액 →	$\frac{\text{총고정원가} + \text{목표이익}}{\text{공헌이익률}}$

목표이익이 있는 경우의 매출수량 및 매출액 계산 II

법인세가 있는 경우

매출수량 →	$\frac{\text{총고정원가} + \frac{\text{세후순이익}}{(1 - \text{법인세율})}}{\text{단위당 공헌이익}}$
매출액 →	$\frac{\text{총고정원가} + \frac{\text{세후순이익}}{(1 - \text{법인세율})}}{\text{공헌이익률}}$

세금차감 후 순이익 = 세금차감 전 순이익 × (1 − 법인세율)

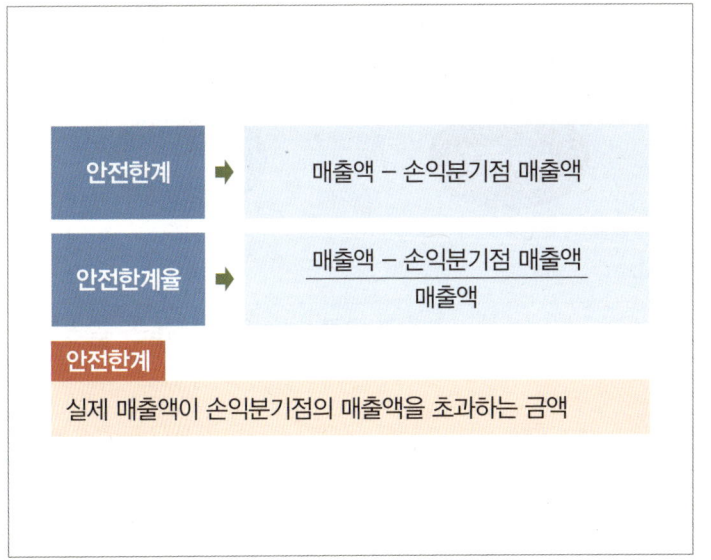

PLUS 안전한계율(M/S비율)

안전한계를 매출액에 대한 비율로 표시한 것을 말한다.

안전한계

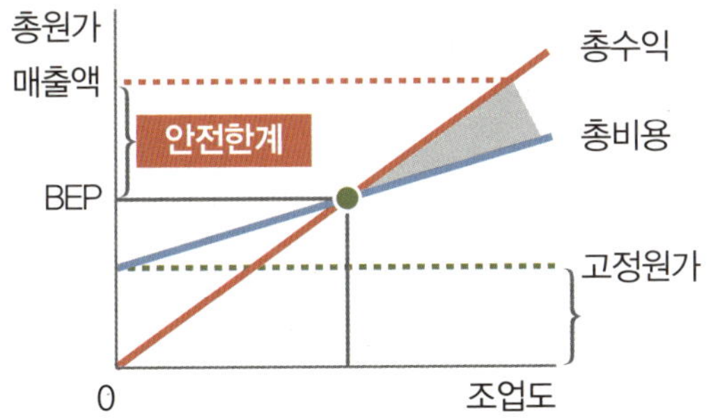

안전한계 및 안전한계율

안전한계 →	매출액 − 손익분기점 매출액
안전한계율 →	$\frac{\text{매출액} - \text{손익분기점 매출액}}{\text{매출액}}$

안전한계

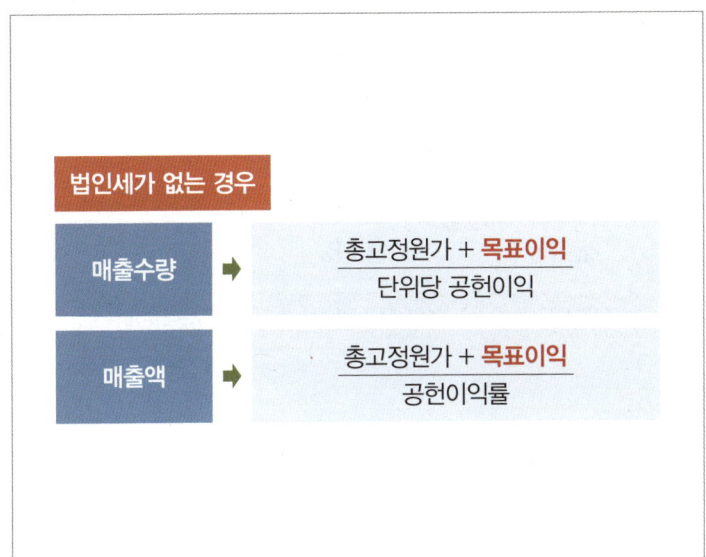

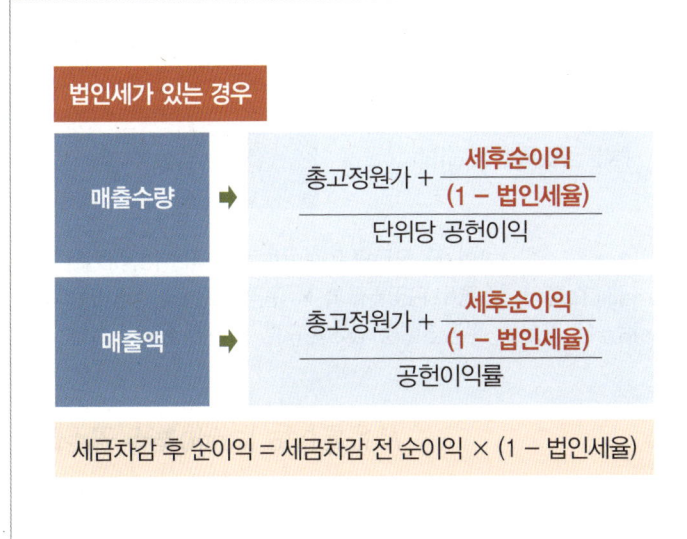

실제 매출액이 손익분기점의 매출액을 초과하는 금액

THEME 77

단기 특수의사결정 빈출

GUIDE 특별주문수락 의사결정이나, 부품의 자가제조 또는 외부구입에 대한 의사결정의 이해가 요구됩니다. 최근에는 특별주문수락 의사결정의 계산문제가 출제되고 있습니다.

특별주문 수락여부의 의사결정 Ⅰ

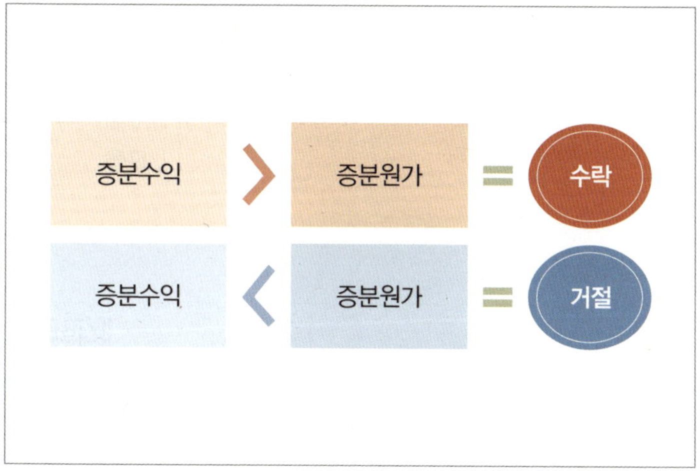

특별주문 수락여부의 의사결정 Ⅱ

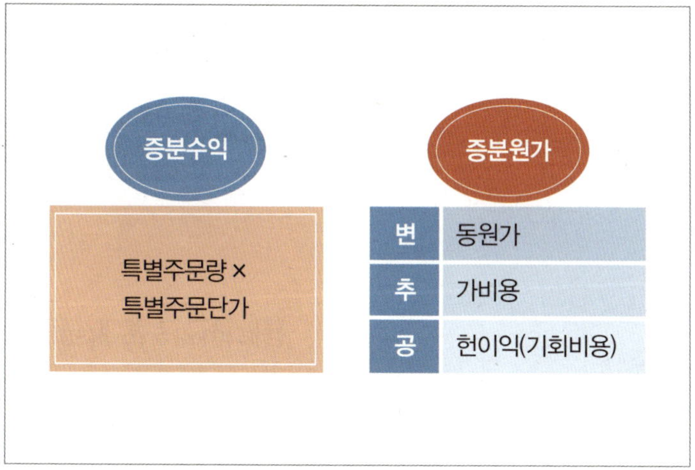

특별주문 수락여부의 의사결정 Ⅲ

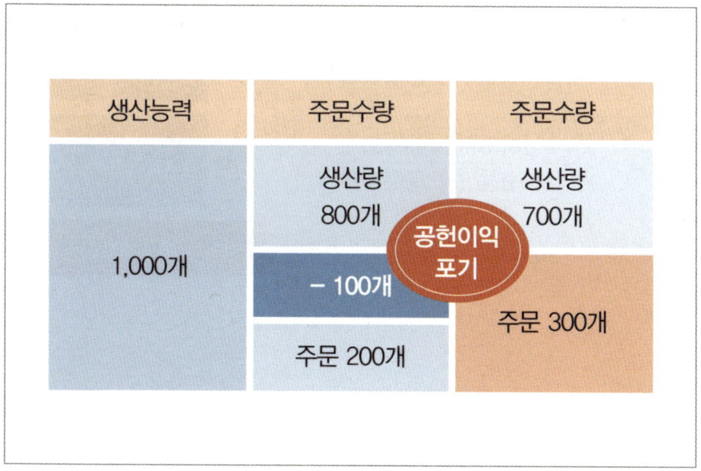

특별주문 수락여부의 의사결정 Ⅳ

특별주문에 대하여 일반적으로 특별주문을 수락할 경우의 증분수익(= 특별주문량 × 특별주문단가)을 알 수 있기 때문에 대응이 되는 증분비용만이 관련된 원가이다

증분수익 > 증분비용 + 기회비용	증분이익이므로 특별주문 수락
증분수익 < 증분비용 + 기회비용	증분손실이므로 특별주문 거절

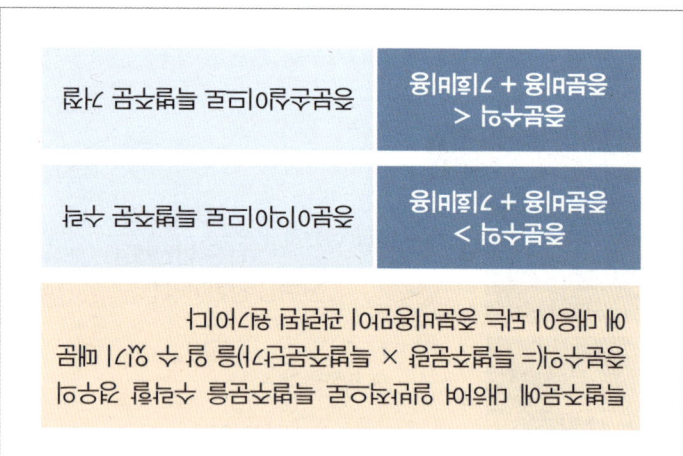

특별주문 수락여부의 의사결정 V

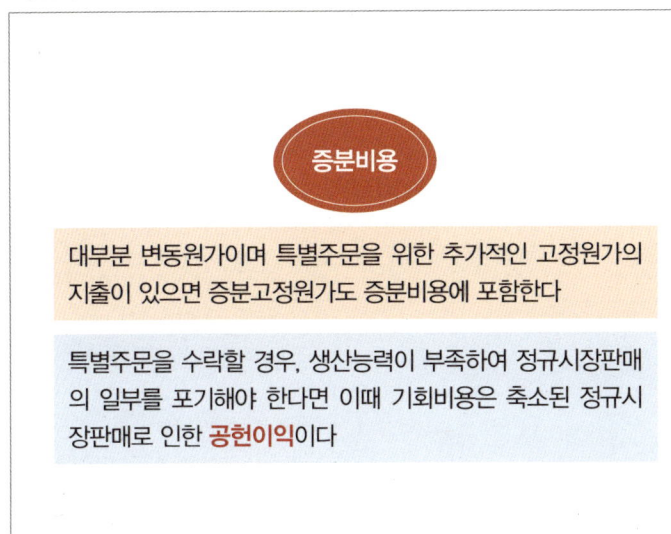

증분비용

대부분 변동원가이며 특별주문을 위한 추가적인 고정원가의 지출이 있으면 증분고정원가도 증분비용에 포함한다

특별주문을 수락할 경우, 생산능력이 부족하여 정규시장판매의 일부를 포기해야 한다면 이때 기회비용은 축소된 정규시장판매로 인한 **공헌이익**이다

자가제조 또는 외부구입의 의사결정 I

제품을 생산하는 데 필요한 부품을 자가제조하는 것과 외부구입하는 것 중 어느 대안이 기업에 유리한지에 대하여 의사결정을 하는 것은 수익과 관계없이 비용만에 대한 분석이다

외부구입가격 > 회피가능원가 + 기회비용	자가제조
외부구입가격 < 회피가능원가 + 기회비용	외부구입

자가제조 또는 외부구입의 의사결정 II

외부구입 시

외부구입원가

자가제조 시

변	동제조원가
고	정제조원가 중 회피가능원가
임	대수익(기회비용)

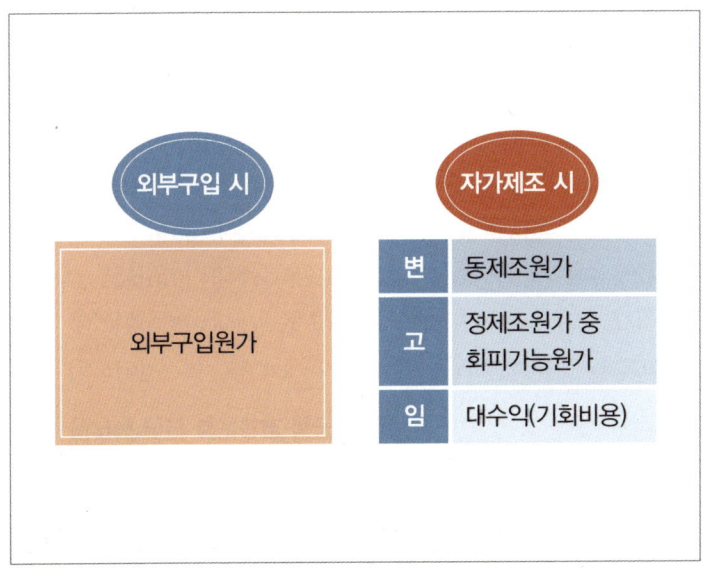

PLUS 회피가능원가와 기회비용

회피가능원가는 주로 변동제조원가이며, 고정원가 중에서 자가제조를 중단할 경우 절감할 수 있는 회피가능 고정원가가 있다면 이 또한 의사결정에 고려할 관련 원가이다. 자가제조를 중단하고 유휴시설을 임대할 경우에는 임대료수익이 기회비용이다.

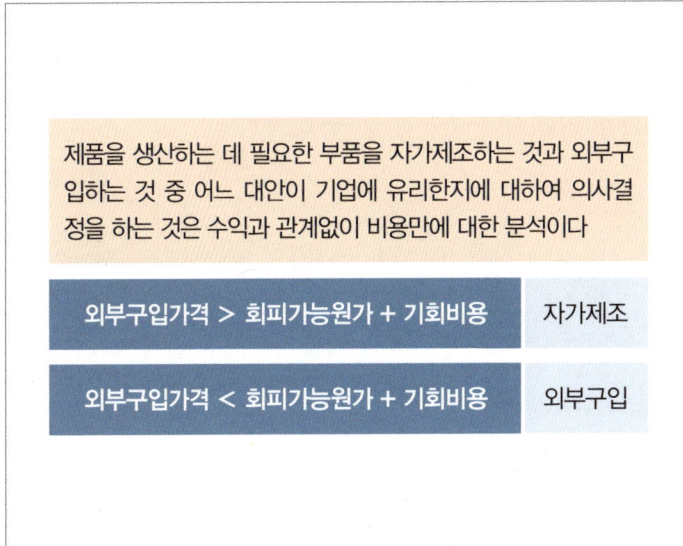

PART 02

기출로 PART 마무리

01 원가에 관한 설명으로 옳은 것은? 제20회

① 기회원가는 미래에 발생할 원가로서 의사결정 시 고려하지 않는다.
② 관련범위 내에서 혼합원가는 조업도가 0이라도 원가는 발생한다.
③ 관련범위 내에서 생산량이 감소하면 단위당 고정원가도 감소한다.
④ 관련범위 내에서 생산량이 증가하면 단위당 변동원가도 증가한다.
⑤ 통제가능원가란 특정 관리자가 원가발생을 통제할 수는 있으나 책임질 수 없는 원가를 말한다.

해설

① 기회원가는 특정대안을 선택함에 따라 포기된 차선의 대안에서 발생될 순현금유입액을 의미하므로 의사결정 시 고려한다.
③ 고정원가는 총액이 일정하므로 관련범위 내에서 생산량이 감소하면 단위당 고정원가는 반대로 증가한다. 반면에 관련범위 내에서 생산량이 증가하면 단위당 고정원가는 반대로 감소한다.
④ 관련범위 내에서 생산량이 증가하면 변동원가 총액이 비례하여 증가하므로 단위당 변동원가는 일정하다.
⑤ 통제가능원가란 특정 관리자가 원가발생을 통제할 수 있고 책임질 수 있는 원가를 말한다.

정답 ②

02 (주)한국의 20×1년도 원가자료가 다음과 같을 때, 당기제품제조원가는? (단, 본사에서는 제품생산을 제외한 판매 및 일반관리 업무를 수행한다) 제21회

○ 직접재료원가	₩3,000	○ 전기료 – 공장	₩120
○ 직접노무원가	2,000	○ 전기료 – 본사	50
○ 간접노무원가	1,000	○ 기타 제조간접원가	1,000
○ 감가상각비 – 공장	250	○ 기초재공품재고액	6,000
○ 감가상각비 – 본사	300	○ 기말재공품재고액	5,000

① ₩6,370 ② ₩7,370 ③ ₩7,720
④ ₩8,370 ⑤ ₩8,720

해설

1. 당기총제조원가: 직접재료원가(3,000) + 전기료–공장(120) + 직접노무원가(2,000) + 간접노무원가(1,000) + 기타 제조간접원가(1,000) + 감가상각비–공장(250) = ₩7,370
2. 당기제품제조원가: [기초재공품재고액(6,000) + 당기총제조원가(7,370)] – 기말재공품재고액(5,000) = ₩8,370

정답 ④

03 (주)한국은 직접노무시간을 기준으로 제조간접원가를 예정배부하고 있다. 20×1년도 예산 직접노무시간은 20,000시간이며, 제조간접원가 예산은 ₩640,000이다. 20×1년도 제조간접원가 실제 발생액은 ₩700,000이고, ₩180,000이 과대배부되었다. 실제 직접노무시간은? 제20회

① 16,250시간 ② 18,605시간 ③ 24,450시간
④ 25,625시간 ⑤ 27,500시간

해설

1. 과대(혹은 과소)배부액: 제조간접원가 예정배부액(x) − 실제 발생액(700,000) = 과대배부액 ₩180,000
   ∴ 제조간접원가 예정배부액(x) = ₩880,000
2. 예정배부율: 예산액(640,000) ÷ 예산 직접노무시간(20,000시간) = ₩32
3. 예정배부액: 예정배부율(32) × 실제 직접노무시간(y) = ₩880,000
   ∴ 실제 직접노무시간(y) = 27,500시간

정답 ⑤

04 (주)한국은 보조부문 A와 B 그리고 제조부분 C와 D를 두고 있다. 보조부문 A와 B의 원가는 각각 ₩400,000과 ₩480,000이며, 각 부문의 용역수수관계는 다음과 같다.

제공처 \ 사용처	보조부문		제조부문	
	A	B	C	D
A	−	20%	30%	50%
B	40%	−	30%	30%

(주)한국이 단계배부법을 이용하여 보조부문원가를 제조부문에 배부할 경우 제조부문 D가 배부받을 보조부문원가합계는? (단, 배부순서는 A부문원가를 먼저 배부한다) 제19회

① ₩320,000 ② ₩344,000 ③ ₩368,000
④ ₩480,000 ⑤ ₩490,000

해설

1. 보조부문 A부문이 보조부문 B부문에 배부되는 금액: 400,000 × 20% = ₩80,000
2. 보조부문 A부문이 제조부문 D부문에 배부되는 금액: 400,000 × 50% = ₩200,000
3. 보조부문 B가 제조부문 D에 배부되는 금액: $(480,000 + 80,000) \times \frac{30\%}{30\% + 30\%}$
   = ₩280,000
4. 제조부문 D가 배부받을 보조부문원가합계: 200,000 + 280,000 = ₩480,000

정답 ④

05 (주)한국은 종합원가계산제도를 채택하고 있으며, 모든 원가는 공정 전반에 걸쳐 균등하게 발생한다. 20×1년도 관련 자료가 다음과 같을 때 선입선출법을 사용하여 계산한 기말재공품 원가는? (단, 공손 및 감손은 없다) 제19회

- ○ 기초재공품: 300단위 (직접재료원가 ₩10,000, 전환원가 ₩5,000) 완성도 40%
- ○ 당기발생원가: 직접재료원가 ₩240,000, 전환원가 ₩120,000
- ○ 완성품: 900단위
- ○ 기말재공품: 200단위, 완성도 60%

① ₩37,500 ② ₩40,000 ③ ₩48,000
④ ₩75,000 ⑤ ₩80,000

해설

1. 완성품환산량: 완성량(900단위) + 월말재공품환산량(120단위)[= 200단위 × 60%] − 월초재공품환산량(120단위)[= 300단위 × 40%] = 900단위
2. 완성품환산량 단위당 원가: $\frac{\text{당기발생원가(360,000)}}{\text{완성품환산량(900단위)}}$ = ₩400
3. 기말재공품원가: 기말재공품환산량(120단위)[= 200단위 × 60%] × 완성품환산량 단위당 원가(400) = ₩48,000

정답 ③

06 20×1년 초에 설립된 (주)한국의 20×1년도 영업활동에 관한 자료는 다음과 같다.

○ 단위당 판매가격	₩1,500	○ 단위당 변동판매관리비	₩50
○ 단위당 직접재료원가	700	○ 고정제조간접원가	800,000
○ 단위당 직접노무원가	350	○ 고정판매관리비	400,000
○ 단위당 변동제조간접원가	100		

20×1년도에 제품을 8,000단위 생산하여 6,500단위 판매하였을 경우, 전부원가계산에 의한 영업이익과 변동원가계산에 의한 영업이익의 차이는? (단, 기말재공품은 없다) 제19회

① ₩100,000 ② ₩120,000 ③ ₩150,000
④ ₩180,000 ⑤ ₩200,000

해설

1. 영업이익 차이: [생산량(8,000단위) − 판매량(6,500단위)] × 단위당 고정제조간접원가(100) = ₩150,000
2. 단위당 고정제조간접원가: $\frac{\text{총고정제조간접원가(800,000)}}{\text{생산량(8,000단위)}}$ = ₩100

정답 ③

07 표준원가계산제도를 채택하고 있는 (주)한국의 20×1년도 직접재료원가와 관련된 자료가 다음과 같을 때, 직접재료원가의 불리한 수량차이(능률차이)는?

제19회 수정

ㅇ 실제 제품생산량	1,600개
ㅇ 제품 단위당 표준재료량	3kg
ㅇ 실제 재료사용량	5,000kg
ㅇ 재료 kg당 실제구입가격	₩48
ㅇ 재료 kg당 표준가격	₩50

① ₩8,500 ② ₩9,000 ③ ₩9,500
④ ₩10,000 ⑤ ₩10,500

해설

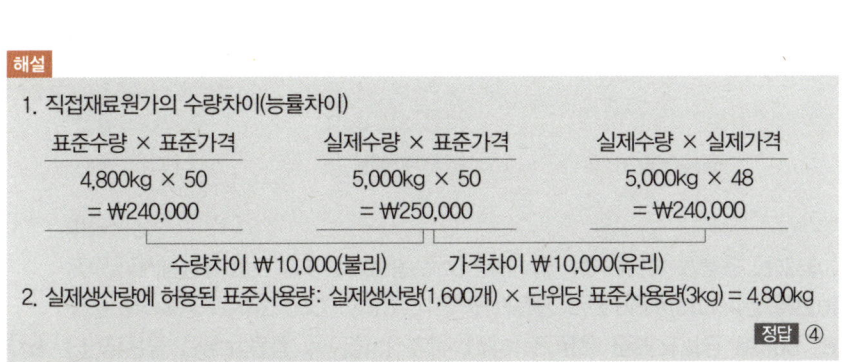

1. 직접재료원가의 수량차이(능률차이)

표준수량 × 표준가격	실제수량 × 표준가격	실제수량 × 실제가격
4,800kg × 50 = ₩240,000	5,000kg × 50 = ₩250,000	5,000kg × 48 = ₩240,000

수량차이 ₩10,000(불리) 가격차이 ₩10,000(유리)

2. 실제생산량에 허용된 표준사용량: 실제생산량(1,600개) × 단위당 표준사용량(3kg) = 4,800kg

정답 ④

08 (주)한국은 고저점법을 사용하여 전력비를 추정하고 있다. 20×1년 월별 전력비 및 기계시간에 근거한 원가추정식에 의하면, 전력비의 단위당 변동비는 기계시간당 ₩4이었다. 20×1년 최고 조업도수준은 1,100 기계시간이었고, 이때 발생한 전력비는 ₩9,400이었다. 20×1년 최저 조업도수준에서 발생한 전력비가 ₩8,800일 경우의 조업도수준은?

제22회

① 800 기계시간 ② 850 기계시간 ③ 900 기계시간
④ 950 기계시간 ⑤ 1,000 기계시간

해설

1. 단위당 변동원가: 600[= 최고조업도원가(9,400) − 최저조업도원가(8,800)] / [최고조업도(1,100시간) − 최저조업도(x)] = ₩4
2. 최고조업도와 최저조업도 차이? = 150시간
   ∴ 최저조업도(x) = 950시간

정답 ④

09 (주)한국은 단일제품을 생산한다. 20×1년의 단위당 판매가격은 ₩200, 고정원가총액은 ₩450,000, 손익분기점 판매량은 5,000단위이다. (주)한국이 20×1년에 목표이익 ₩135,000을 얻기 위해서는 몇 단위의 제품을 판매해야 하는가? 제21회

① 6,300단위　② 6,400단위　③ 6,500단위
④ 6,600단위　⑤ 6,700단위

해설

목표이익하에서 판매수량 계산
1. 손익분기점 판매량: 고정원가총액(450,000) / 단위당 공헌이익(x) = 5,000단위
∴ 단위당 공헌이익(x) = ₩90
2. 목표이익 ₩135,000인 경우
• 판매수량: [고정원가총액(450,000) + 목표이익(135,000)] / 단위당 공헌이익(90) = 6,500단위

정답 ③

10 (주)대한은 20×1년에 생수 200병을 판매할 것으로 예상하고, 다음과 같은 예산손익계산서를 작성하였다. 회사의 연간 최대생산능력은 250병이다.

	단위당 금액	총금액
매출액	₩200	₩40,000
변동원가	120	24,000
공헌이익	₩80	₩16,000
고정원가	50	10,000
영업이익	₩30	₩6,000

(주)대한은 백화점으로부터 생수 100병을 병당 ₩180에 구입하겠다는 특별주문을 받았다. 이 주문을 수락하면 병당 ₩10의 포장비용이 추가로 발생하며, 생산능력의 제약으로 기존 시장의 예산판매량 중 50병을 감소시켜야 한다. 이 특별주문을 수락하는 경우 이익에 미치는 영향은? 제18회

① ₩1,000 증가　② ₩1,000 감소　③ ₩2,000 증가
④ ₩2,000 감소　⑤ ₩5,000 감소

해설

1. 증분수익: 주문수량(100병) × 단위당 주문가격(180) = ₩18,000
2. 증분원가: 변동원가(12,000) + 추가포장비용(1,000) + 기회상실이익(4,000) = ₩17,000
• 변동원가: 주문수량(100병) × 변동원가(120) = ₩12,000
• 추가포장비용: 주문수량(100병) × 포장비용(10) = ₩1,000
• 기회상실이익: 50병 × [판매가격(200) − 변동원가(120)] = ₩4,000
3. 증분이익: 증분수익(18,000) − 증분원가(17,000) = ₩1,000 증가

정답 ①

삶의 순간순간이
아름다운 마무리이며
새로운 시작이어야 한다.

– 법정 스님

MEMO

에듀윌 주택관리사 그림으로 끝내는 네컷회계

발 행 일 2022년 11월 3일 초판 | 2023년 8월 14일 3쇄
저 자 김양수
펴 낸 이 김재환
펴 낸 곳 (주)에듀윌
등록번호 제25100-2002-000052호
주 소 08378 서울특별시 구로구 디지털로34길 55
코오롱싸이언스밸리 2차 3층

www.eduwill.net

대표전화 1600-6700

여러분의 작은 소리 에듀윌은 크게 듣겠습니다.

본 교재에 대한 여러분의 목소리를 들려주세요.
공부하시면서 어려웠던 점, 궁금한 점,
칭찬하고 싶은 점, 개선할 점, 어떤 것이라도 좋습니다.

에듀윌은 여러분께서 나누어 주신 의견을
통해 끊임없이 발전하고 있습니다.

에듀윌 도서몰 book.eduwill.net

- 부가학습자료 및 정오표: 에듀윌 도서몰 → 도서자료실
- 교재 문의: 에듀윌 도서몰 → 문의하기 → 교재(내용, 출간) / 주문 및 배송

9,200여 건의 생생한 후기

한○수 합격생

에듀윌로 합격과 취업 모두 성공

저는 1년 정도 에듀윌에서 공부하여 합격하였습니다. 수많은 주택관리사 합격생을 배출해 낸 1위 기업이라는 점 때문에 에듀윌을 선택하였고, 선택은 틀리지 않았습니다. 에듀윌에서 제시하는 커리큘럼은 상대평가에 최적화되어 있으며, 나에게 맞는 교수님을 선택할 수 있었기 때문에 만족하며 공부를 할 수 있었습니다. 또한 합격 후에는 에듀윌 취업지원센터의 도움을 통해 취업까지 성공할 수 있었습니다. 에듀윌만 믿고 따라간다면 합격과 취업 모두 문제가 없을 것입니다.

박○현 합격생

20년 군복무 끝내고 주택관리사로 새 출발

육군 소령 전역을 앞두고 70세까지 전문직으로 할 수 있는 제2의 직업이 뭘까 고민하다가 주택관리사 시험에 도전하게 됐습니다. 주택관리사를 검색하면 에듀윌이 가장 먼저 올라오고, 취업까지 연결해 주는 프로그램이 잘 되어 있어서 에듀윌을 선택하였습니다. 특히, 언제 어디서나 지원되는 동영상 강의와 시험을 앞두고 진행되는 특강, 모의고사가 많은 도움이 되었습니다. 거기에 오답노트를 만들어서 틈틈이 공부했던 것까지가 제 합격의 비법인 것 같습니다.

이○준 합격생

에듀윌에서 공인중개사, 주택관리사 준비해 모두 합격

에듀윌에서 준비해 제27회 공인중개사 시험에 합격한 후, 취업 전망을 기대하고 주택관리사에도 도전하게 됐습니다. 높은 합격률, 차별화된 학습 커리큘럼, 훌륭한 교수진, 취업지원센터를 통한 취업 연계 등 여러 가지 이유로 다시 에듀윌을 선택했습니다. 에듀윌 학원은 체계적으로 학습 관리를 해 주고, 공부할 수 있는 공간이 많아서 좋았습니다. 교수님과 자기 자신을 믿고, 에듀윌에서 시작하면 반드시 합격할 수 있습니다.

다음 합격의 주인공은 당신입니다!

더 많은
합격 비법

* 에듀윌 홈페이지 게시 건수 기준 (2023년 6월 기준)

1위 에듀윌만의
체계적인 합격 커리큘럼

쉽고 빠른 합격의 첫걸음
합격필독서 무료 신청

1:1관리로 맞춤형 학습 서비스 지원
온라인 강의

① 전 과목 최신 교재 제공
② 업계 최강 교수진의 전 강의 수강 가능
③ 전문 학습 매니저의 합격 전략 설계

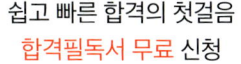

COUPON
당일 등록 회원
시크릿 할인 혜택

설명회 참석 당일 등록 시
특별 수강 할인권 제공

최고의 학습 환경과 빈틈 없는 학습 관리
직영 학원

① 현장 강의와 온라인 강의를 한번에
② 합격할 때까지 온라인 강의 평생 무제한 수강
③ 강의실, 자습실 등 프리미엄 호텔급 학원 시설

친구 추천 이벤트

“친구 추천하고 한 달 만에 920만원 받았어요”

친구 1명 추천할 때마다 현금 10만원 제공
추천 참여 횟수 무제한 반복 가능

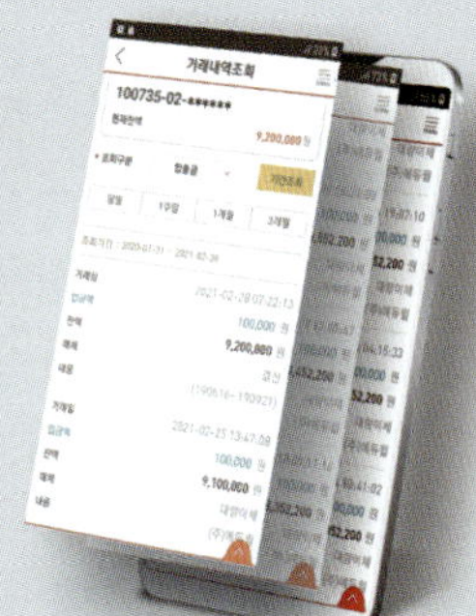

※ *a*o*h**** 회원의 2021년 2월 실제 리워드 금액 기준
※ 해당 이벤트는 예고 없이 변경되거나 종료될 수 있습니다.

친구 추천 이벤트
바로가기

* 2023 대한민국 브랜드만족도 주택관리사 교육 1위 (한경비즈니스)

에듀윌 직영학원에서 합격을 수강하세요

언제나 전문 학습 매니저와 상담이 가능한 안내데스크

재충전을 위한 카페 분위기의 아늑한 휴게실

에듀윌의 상징 노란색의 환한 학원 입구

고품질 영상 및 음향 장비를 갖춘 최고의 강의실

에듀윌 직영학원 대표전화

공인중개사 학원	02)815-0600	공무원 학원	02)6328-0600	편입 학원	02)6419-0600
주택관리사 학원	02)815-3388	경찰 학원	02)6332-0600	세무사·회계사 학원	02)6010-0600
전기기사 학원	02)6268-1400	소방 학원	02)6337-0600	취업아카데미	02)6486-0600
부동산아카데미	02)6736-0600				

주택관리사 학원 바로가기

꿈을 현실로 만드는

에듀윌

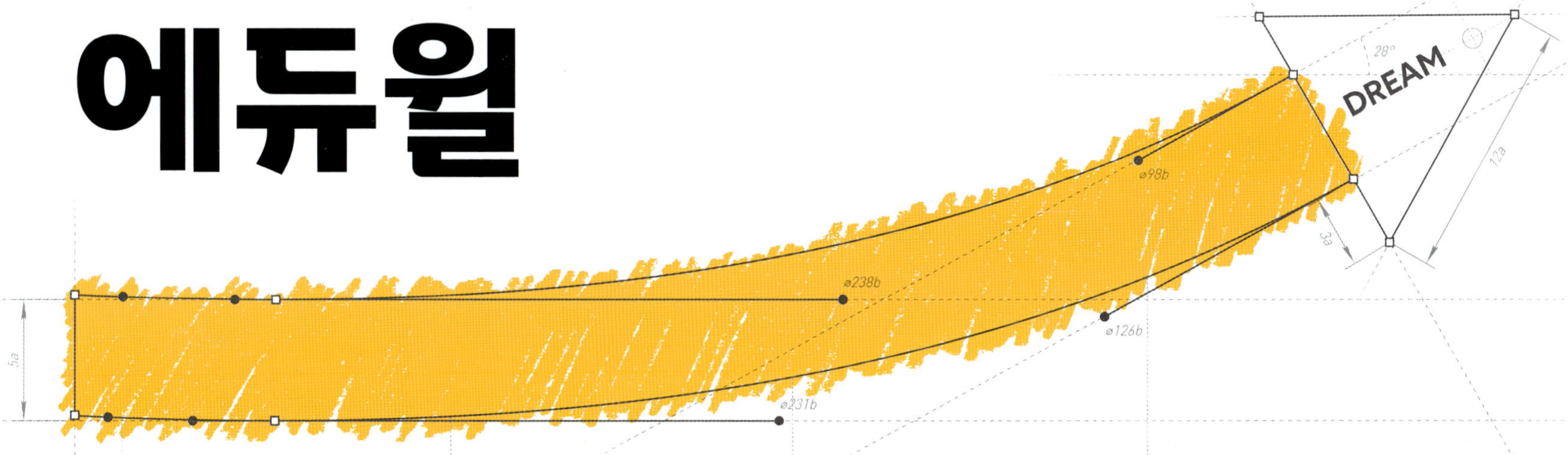

공무원 교육
- 선호도 1위, 신뢰도 1위! 브랜드만족도 1위!
- 합격자 수 2,100% 폭등시킨 독한 커리큘럼

자격증 교육
- 7년간 아무도 깨지 못한 기록 합격자 수 1위
- 가장 많은 합격자를 배출한 최고의 합격 시스템

직영학원
- 직영학원 수 1위, 수강생 규모 1위!
- 표준화된 커리큘럼과 호텔급 시설 자랑하는 전국 52개 학원

종합출판
- 4대 온라인서점 베스트셀러 1위!
- 출제위원급 전문 교수진이 직접 집필한 합격 교재

어학 교육
- 토익 베스트셀러 1위
- 토익 동영상 강의 무료 제공
- 업계 최초 '토익 공식' 추천 AI 앱 서비스

콘텐츠 제휴 · B2B 교육
- 고객 맞춤형 위탁 교육 서비스 제공
- 기업, 기관, 대학 등 각 단체에 최적화된 고객 맞춤형 교육 및 제휴 서비스

공기업 · 대기업 취업 교육
- 취업 교육 1위!
- 공기업 NCS, 대기업 직무적성, 자소서, 면접

학점은행제
- 99%의 과목이수율
- 15년 연속 교육부 평가 인정 기관 선정

부동산 아카데미
- 부동산 실무 교육 1위!
- 상위 1% 고소득 창업/취업 비법
- 부동산 실전 재테크 성공 비법

대학 편입
- 편입 교육 1위!
- 업계 유일 500% 환급 상품 서비스

국비무료 교육
- '5년우수훈련기관' 선정
- K-디지털, 4차 산업 등 특화 훈련과정

• 2022 소비자가 선택한 최고의 브랜드 공무원·자격증 교육 1위 (조선일보) • 2023 대한민국 브랜드만족도 공무원·자격증·취업·학원·편입·부동산 실무 교육 1위 (한경비즈니스) • 2017/2022 에듀윌 공무원 과정 최종 환급자 수 기준 • 2022년 공인중개사 직영학원 기준 • YES24 공인중개사 부문, 2023 에듀윌 공인중개사 오시훈 합격서 부동산공법 체계도 (2023년 7월 월별 베스트) 그 외 다수 교보문고 취업/수험서 부문, 2020 에듀윌 농협은행 6급 NCS 직무능력평가+실전모의고사 4회 (2020년 1월 27일~2월 5일, 인터넷 주간 베스트) 그 외 다수 알라딘 월간 이슈&상식 부문, 월간최신 취업에 강한 에듀윌 시사상식 (2017년 8월~2023년 6월 월간 베스트) 그 외 다수 인터파크 자격서/수험서 부문, 에듀윌 한국사능력검정시험 2주끝장 심화 (1, 2, 3급) (2020년 6~8월 월간 베스트) 그 외 다수 • YES24 국어 외국어사전 영어 토익/TOEIC 기출문제/모의고사 분야 베스트셀러 1위 (에듀윌 토익 READING RC 4주끝장 리딩 종합서, 2022년 9월 4주 주별 베스트) • 에듀윌 토익 교재 입문~실전 인강 무료 제공 (2022년 최신 강좌 기준/109강) • 2022년 종강반 중 모든 평가항목 정상 참여자 기준, 99% (평생교육원, 사회교육원 기준) • 2008년~2022년까지 약 206만 누적수강학점으로 과목 운영 (평생교육원 기준) • A사, B사 최대 200% 환급 서비스 (2022년 6월 기준) • 에듀윌 국비교육원 구로센터 고용노동부 지정 "5년우수훈련기관" 선정(2023~2027) • KRI 한국기록원 2016, 2017, 2019년 공인중개사 최다 합격자 배출 공식 인증 (2023년 현재까지 업계 최고 기록)

eduwill